다시 쓰는
한국현대사

1

다시 쓰는 한국현대사 1
해방에서 한국전쟁까지

박세길 지음

2015년 7월 20일 신판 초판 1쇄 발행
2024년 3월 1일 신판 초판 7쇄 발행

펴낸이 한철희 | 펴낸곳 돌베개 | 등록 1979년 8월 25일 제406-2003-000018호
주소 (10881) 경기도 파주시 회동길 77-20 (문발동)
전화 (031) 955-5020 | 팩스 (031) 955-5050
홈페이지 www.dolbegae.co.kr | 전자우편 book@dolbegae.co.kr
블로그 blog.naver.com/imdol79 | 페이스북 /dolbegae | 트위터 @Dolbegae79

책임편집 소은주·정소연
표지디자인 김동신 | 본문디자인 이은정
마케팅 심찬식·고운성·조원형 | 제작·관리 윤국중·이수민
인쇄·제본 한영문화사

ISBN 978-89-7199-673-7 (04910)
      978-89-7199-683-6 (세트)

책값은 뒤표지에 있습니다.

다시 쓰는 한국현대사 1

박세길

해방에서 한국전쟁까지

돌베개

왜 한국현대사를
다시 쓰는가

지금 이 순간 허리가 잘린 한반도 땅에는 놀라운 각성이 펼쳐지고 있습니다.

그동안 지독히도 접근을 거부해왔던 온갖 영역들이 국민의 손에 의해 새롭게 들추어지고 있습니다. 남북한의 군사력 비교에 관한 새로운 평가가 제기되고 그에 따라 한반도 긴장의 진정한 원인이 무엇인가 하는 중대한 질문이 던져지고 있습니다. 이는 곧 통일의 장애물이 무엇인지에 관한 인식의 대전환과 밀접히 맞물려 있습니다.

확실히 지금 우리는 충격과 분노의 시대를 살고 있습니다. 무수한 사건의 연속 속에서 우리 국민은 그동안 너무도 엄청나게 속아왔음을 깨닫게 되었습니다. 그러나 이는 국민이 자기 운명의 주인이 되기 위한 역사적 대변혁에 있어서 그 첫 장을 넘긴 것에 불과합니다.

아직도 많은 사람이 북한의 남침 위협이 상존하고 있고, 그에 따라 주한 미군의 계속적 주둔은 불가피한 것이라고 보고 있습니다. 또한 일부 야당의 노력만으로도 군부독재정권이 제거되고 그에 따라 민주화의 대업도 완성될 수 있으리라는 기대에 사로잡혀 있습니다. 그리고 조국의 통일은 되면 좋지만 안 되어도 어쩔 수 없는 것이라고 생각합니다.

그러나 미국이 군부독재정권을 탄생시키는 산파 역할을 맡고 있고, 이러한 역할이 분단체제에 의해 끊임없이 합리화되고 있는 현실을 돌이켜본다면 그 같은 생각과 기대는 한낱 무모한 환상에 불과할 뿐입니다. 비옥한 농토를 망치고 있는 몹쓸 가시나무는 가지만 잘라낸다고 하여 없어지지 않습니다. 오직 그것은 뿌리째 뽑아버리지 않으면 안 됩니다. 따라서 우리는 민족의 분단과 가혹한 정치적 억압, 극단적인 빈부격차 등 제반의 불행을 떨쳐버리기 위해 그러한 불행의 근원을 파헤치지 않으면 안 되는 것입니다.

이 같은 근원을 가장 직접적으로, 가장 적나라하게 드러내고 설명해주는 것이 바로 현재 살아 있는 민족성원의 지나온 발자취에 해당하는 현대사입니다. 현대사를 통해서만 지난 40여 년 동안 이 땅에서 전개되었던 엄청난 음모의 전모를 들추어낼 수 있는 것입니다.

진실은 맨주먹뿐인 우리 민중이 자기 운명의 주인이 될 수 있는 강력한 도덕적 무기이자 현명한 길잡이입니다. 이제 우리는 현대사의 진실을 밝힘으로써 모든 불행의 원천을 드러낼 뿐만 아니라 그 같은 불행을 강요한 자들의 씻을 수 없는 범죄행위들을 역사의 심판대 위에 올려놓아야겠습니다.

그동안 우리의 현대사는 자신의 행위를 은폐하고자 하는 범죄자들의 본능적인 발악으로 말미암아 무참히 말살되고 또한 왜곡되어왔습니다. 참으로 너무나도 오랫동안 역사의 진실이 침묵만을 강요당해온 것입니다.

그 결과 우습게도 우리의 현대사는 이 땅이 아닌 외국에서 더욱 풍부하게 연구되어왔습니다. 이는 더없이 큰 불행이요 수치라 아니할 수 없을 것입니다. 다행히도 1980년대에 접어들면서 일부 양심적인 지식인들이 자기헌신적인 노력으로 현대사에 관한 대담한 연구를 시도했고 이제 그 성과가 괄목한 만한 수준에 도달하게 되었습니다. 그러나 아직은 개별 사안에 대한 심층적 연구에 머물면서 하나의 일관된 흐름으로 종합되지 못하고 있고 그 성과 또한 광범위한 국민의 관심에 충분히 부응하고 있지 못한 형편입니다.

전문적인 역사학자도 아닌 제가 감히 이 책을 쓰게 된 것도 이러한 사정에서 연유하는 것입니다. 즉, 지금까지 축적된 연구성과들을 최대한 계승하면서도 더욱 많은 사람이 현대사에 대한 인식을 공유하는 데 도움이 되었으면 했던 것입니다.

우선 1권은 해방 전후부터 한국전쟁 시기까지를 다루었습니다. 이는 이 시기야말로 현존하는 모든 불행의 씨앗이 뿌려지고 그 싹이 튼 시기라고 판단되기 때문입니다.

책을 쓰면서 특히 다음의 부분에 중점을 두었습니다.

첫째, 철저히 민중을 중심에 둔 역사를 쓰고자 했습니다. 그리하여 각 시기마다 민중의 요구와 역할이 무엇이었는지를 부각시키고자 노력했습니다.

둘째, 그러한 민중의 요구와 역할에 대한 외세, 특히 미국과의 관계를 집중적으로 파헤치고자 했습니다. 미국이야말로 현대사의 음모에 대해 일차적으로 책임이 있는 당사자라고 여겼기 때문입니다.

셋째, 남북한의 민중을 동시에 하나의 민족사의 주체로 파악하고자 했습니다. 반쪽만의 역사는 민족사를 불구로 만들 뿐만 아니라 사실 자체를 올바르게 파악할 수 없게 만듭니다.

이 책은 완벽한 통사通史가 되기에는 너무나도 부족할 수밖에 없음을 솔직히 고백해야겠습니다. 가장 결정적인 약점은 일차 사료를 직접 일일이 검토하지 못했다는 데 있습니다. 이것은 필자가 전문적인 역사학자가 아니라는 사정에 따른 것입니다. 대신 기존의 학자나 관련된 사람들의 업적에 크게 의존했습니다. 따라서 이 책의 신빙성은 그분들이 참고한 일차 사료의 객관성에 의해 간접적으로 보장될 것입니다. 이와 함께 해당 시기에 정치적으로 중요한 역할을 담당했던 집단들, 예컨대 한국민주당이나 남조선노동당에 대한 검토가 거의 이루어지고 있지 못한 것 역시 커다란 한계로 지적되어야겠습니다.

요즈음 우리는 세계의 명산이라고 불리는 백두산과 금강산의 화보가 신문에 소개될 때마다 억누를 수 없는 감동에 사로잡히곤 합니다. 이는 단순히 아름다운 자연을 목격했을 때 느끼는 그런 감정만은 아닐 것입니다. 도리어 조국의 통일에 대한 애타는 소망의 반영일 것입니다. 즉, 백두와 금강은 단지 가보고 싶은 곳이 아니라 반드시 가지 않으면 안 되는 곳인 것입니다.

갈라진 우리 민족이 지금 이 순간에도 여전히 하나임을 확인시켜주고 강요된 분단의 철조망을 걷어내는 데 이 책이 조그마한 보탬이 된다면 필자로서는 더없는 보람이 될 것입니다. 부족한 부분은 독자 여러분의 거듭된 노력과 분발에 힘입어 메워지기를 기대합니다.

마지막으로 보잘것없는 글이나마 깔끔한 모습으로 선보일 수 있도록 배려해주신 돌베개 식구 모두에게 깊은 감사를 드립니다.

1988년 10월 15일
박세길

제**2**부

한국전쟁

제1부

해방과 분단

일제 식민지 통치 아래 온갖 고난과 역경을 견뎌낸 우리
민족은 1945년 8월 15일 감격스러운 해방을 맞이했다. 그
러나 감격의 순간은 잠시에 그치고 다시금 분단의 아픔이
우리 민족을 짓누르기 시작했다. 민족분단은 그 자체로
서 민족의 불행이며, 민족의 모든 고통의 근원이다. 통일
로 나아가는 올바른 길을 개척하는 첫걸음은 분단의 참된
원인을 밝히는 것이다. 오늘날의 분단은 삼국시대의 분단
과 그 성격이 확연히 다르다. 단순한 민족 내부의 다툼이
아니라 철저히 외세에 의해 강요된 것이기 때문이며 또한
우리 민족을 외세가 지배할 수 있는 조건이기 때문이다.
민족의 해방이 민족의 분단으로 뒤집혀지는 과정을 철저
히 파헤쳐 민족의 통일을 위한 방안을 찾아보자.

제1장

해방의 길목에서

오랫동안 우리는 외세가 자신의 지배를 정당화하기 위해 주입해놓은 민족열등의식으로 고통을 받아왔다. "일제의 압제로부터의 해방은 '연합국'의 희생에 의해 주어진 것"으로 간주되었다. 우리 민족은 자신의 해방을 위해 제대로 역할을 다하지 못했으며 따라서 해방 이후 자기의 운명을 결정함에 있어 발언권을 갖지 못했던 것은 불가피한 것으로 받아들여졌다.

그러나 과연 연합국, 특히 미국은 우리에게 오로지 해방자로서의 모습만을 지니고 있었는가. 그리고 우리 민족은 자신의 운명을 스스로 결정할 수 있는 자격조차 갖추고 있지 못했는가.

이 질문에 대한 답이야말로 곧 해방의 본질을 해명하는 열쇠가 될 것이다.

1. 일제 침략전쟁 시기의 민족의 수난

1931년 일본 제국주의는 한반도와 인접해 있는 만주에 대한 무력침공을 개시했다.[1] 드디어 동아시아와 태평양 일대를 전쟁의 참화 속으로 몰아넣은 제국주의 침략전쟁의 무모한 불장난이 시작된 것이다.

일본 제국주의는 침략전쟁을 수행하기 위해 식민지 조선을 대륙 침공의 교두보로, 그리고 필요한 인력과 물자의 무제한한 공급지로 삼음으로써 철저하게 전쟁의 제물로 전락시켰다.

그와 함께 일제의 침략정책은 필연적으로 조선 민중에 대한 파쇼적 폭압정치를 수반하게 되었다. 1931년 만주사변 후 곧바로 1개 사단이 증가된 조선 주둔 일본군이 중일전쟁을 거쳐 태평양전쟁 말기에는 그 규모가 약 23만 명에 이름으로써 전 국토를 완전히 뒤덮게 되었다. 경찰병력 또한 만주사변 후에 2,948개 관에서 2만 229명으로 증가했고(1932년), 태평양전쟁이 발발하던 당시에는 3,212개 관에서 3만 5,239명으로 대폭 증가, 광적인 파쇼체제를 뒷받침했다.[2]

일본 제국주의는 이 같은 파쇼체제를 운용하면서 우리 민족의 저항의 씨앗을 말려버리고 강압적인 전쟁동원체제를 보장하기 위해 갖가지 통제정책을 남발하게 되었다. 예컨대 1938년 7월에는 이른바 '국민정신동원연맹'이라는 관제 어용조직을 창설했다. 국민정신동원연맹은 13도 방방곡곡에 지역연맹을 조직함과 동시에 자신의 통제하에 일반 민중을 애국반으로 강제 편입시키고 매달 반상회를 개최했으며, 이후에는 지원병 독려, 창씨개명 독려, 공출·헌금 독려 등 각종

1   일본 제국주의는 1931년에 만주 침공을 개시해 이곳을 지배하고 있던 군벌 장세량을 내쫓은 뒤 다음 해인 1932년 3월 1일 괴뢰 만주국을 수립했다. 일본 제국주의는 여기에 만족하지 않고 1937년에는 본격적인 중국 대륙 침공을 알리는 중일전쟁을 도발했다. 그러나 군국주의 일본은 중국 민중으로부터 의외의 완강한 저항을 받게 됨으로써 좌절의 깊은 수렁으로 빠져들고 말았다. 이러한 상황에서 일제는 자신들이 실패한 주된 요인을 미국이 장제스 정부를 지원하고 있는 데 따른 것이라고 오판한 끝에 1941년에 진주만을 기습함으로써 전쟁을 태평양 해상으로까지 확대시켰다.

2   강만길, 『한국현대사』, 창작과비평사, 1984, 32쪽.

친일행위를 저질렀을 뿐 아니라 조선인을 동원하고 감시하는 등 총독부의 수족 노릇을 했다.

또한 민족성 말살을 위한 정책의 일환으로 1938년 4월을 기해 국어 사용을 전면 금지시켰고 창씨개명·신사참배를 강요함과 동시에 우리 민족을 일본 민족의 일부로 취급하는 소위 '일선동조론'이라는 가당치 않은 이론을 유포시키기도 했다.

조선 민중에 대한 빈틈없는 통제와 함께 항일독립운동에 대한 무차별 탄압이 광범위하게 자행되었다. 한 예로 1931년 가을부터 이듬해 봄에 걸쳐 간도 지방의 연길(옌지), 왕청(왕칭) 두 현을 중심으로 동포 농민들이 소작료 인하를 요구하는 가을 봉기, 그리고 쌀을 구하고 탈취하기 위한 봄의 봉기를 연쇄적으로 확산하자 일본군과 경찰은 우리 동포 4만여 명을 학살하는 만행을 저지르면서까지 저항의 불길을 잡아보고자 발악했다.[3] 또한 반일 독립투사들에 대한 대대적인 검거 선풍이 쉴 새 없이 계속되어 전쟁 말기에는 독립투사 약 3만여 명이 감옥에 갇히는 암울한 상황이 펼쳐지게 되었다.

이러한 가운데 일제는 조선 민중이 지닌 모든 것을 오로지 침략전쟁의 수행을 위해 사정없이 쥐어짜냈다.

먼저 강제적인 식량공출부터 살펴보자. 본래 총독부 보고에 의하면 1938년 약 300만 농기와 농촌 인구의 80퍼센트가 소작인이었다고 한다. 이들 소작인은 대부분 최고 9할에 이르는 고율의 소작료와 각종 고리대로 말미암아 일본인과 친일조선인 지주로부터 극단적인 착취를 당하고 있었다. 그리하여 농민들은 일 년 내내 끼니조차 때우

---

3 조선사연구회 엮음, 조성을 옮김, 『한국의 역사』, 한울, 1985, 224쪽.

기가 힘들었으며 이른바 '보릿고개'라고 불리는 춘궁기가 되면 곳곳에서 굶어 죽는 사람들이 속출하게 되었다.

1930년대의 『조선일보』는 춘궁기에 농민들이 겪어야 했던 비참함을 다음과 같이 묘사했다.

배고픔에 지친 농민은 어떻게 살아야 하나? 덕원(함경남도 소재)에서만 2만 명이 굶어 죽어가고 있다. 집 안에 앉아서 죽음만 기다릴 수는 없기에 2,000여 명이 넘는 사람들은 거리를 헤매고 있다. 비합리적인 한국 농촌경제 체제는 이렇게까지 농민계급을 극악한 처지로 만들어, 농촌은 황폐화된 상태다. 천연재해가 농작물에 큰 타격을 주었는데도 불구하고, 초가을에 소작농민들은 그들이 지은 농산물을 거의 다 잔인한 지주와 파렴치한 고리대금업자에게 모두 빼앗겨버렸다. 농민들은 식량의 부족으로 고통을 당해왔다. 초근목피로 연명하면서 죽음을 목전에 두고 있는 것이다. 이대로 가다간 절망적이다. 그들은 어린아이들을 업고 마을을 떠나 이리저리 방황하지 않으면 안 될 처지에 있다.[4]

이 같은 상황에는 아랑곳없이 일제는 군량미 조달을 목적으로 조선 전역에서 강제적인 '공출'을 실시했다. 이 공출제도로 쌀 생산고의 43.1퍼센트(1941년), 45.2퍼센트(1942년), 55.7퍼센트(1943년)가 강탈되었으며, 1944년에는 63.8퍼센트에 이르게 되었다.[5]

한편 전쟁이 장기화되면서 일본 내의 노동력이 부족해짐에 따라

4   『조선일보』, 1932년 3월 27일자, 브루스 커밍스, 김주환 옮김, 『한국전쟁의 기원』 상, 청사, 1986, 99쪽에서 재인용.

5   조선사연구회 엮음, 앞의 책, 228쪽.

일제는 조선인들을 일본으로 강제로 끌고 가 광산·철도건설 등의 토목공사, 조선·철강 분야 기업에서 노예적 노동에 종사하게 했다.

일본 내 조선인 숫자는 1910년 무렵에는 1,000명가량이었으나 1940년에는 110만 명을 돌파해 119만 명으로 늘어났으며, 이후에도 매년 증가해 일본 제국주의가 패망하는 1945년에는 무려 236만 5,000명에 이르게 되었다. 이 같은 급격한 증가는 당연히 강제연행의 결과였다.

1939년부터 일본 정부는 일본에서 광산과 토목사업을 경영하는 업자들이 조선인을 집단적으로 연행하는 것을 인가했으며, 이에 따라 '모집' 형식으로 조선인을 동원하는 계획이 세워졌다. 모집이란 말뿐이었고 실제로는 기업의 신청에 기초해 총독부가 조선의 각 도와 군에 동원할 조선인 수를 할당한 후 말단의 면사무소에서는 유지와 경찰 등이 하나가 되어 조선인을 '사냥'한 것이었다. 1942년이 되면 이러한 '모집' 형식조차 조선총독부 각 지방청의 '관 알선에 의한 공출'이라는 형식으로 바뀌었으며, 이윽고 1944년부터는 강압적인 '징용령'이 시행되었다.

소화 17년 10월 경상북도의 어느 역전을 걸어가고 있을 때 갑자기 일본인에게서 "일하러 가자"는 말을 듣고, 처넣어지듯 배에 태워졌다. 다급함을 알고서 부두까지 달려온 처자의 모습을 잠깐 봤을 뿐 그대로 일본행, 그 후 북해도 空知지청, 奈井江 탄광의 가건물에 처넣어졌다. '지옥' 그대로였다. "식사는 콩뿐이고 작업복은 南京袋(허름한 여름 옷)이고 이부자리는 얇았다. 새벽부터 늦은 밤까지 강제노동을 당했다."[6]

강제연행! 그것은 바로 일본 제국주의에 의한 동양판 '노예사냥'

에 다름 아니었다. 계속해서 당시 강제로 끌려간 조선 노동자들이 겪어야 했던 참상의 일부를 살펴보자.

　강제 징용된 조선인은 공사장에서 군대식으로 편성되어 군대와 같은 규율로 통제되었고 도망을 막기 위해 공사장 주변을 고압 전류가 흐르는 철조망으로 둘러 강제 수용했다. 군사기밀에 관한 공사인 경우 기밀을 지킨다는 이유로 공사가 끝난 후 집단 학살한 예도 있었다. 평양의 미림 비행장에서는 징용된 노동자 800여 명을 4년간 혹사시키다 공사가 끝날 무렵에 집단 학살하였고 '천도열도'에서도 5,000명의 징용된 노동자를 역시 기밀누설 방지를 핑계로 학살했다고 한다. 패망의 길에 들어선 일본 군부의 조선인 노동자에 대한 만행은 그야말로 광적인 것이었다. 이를테면 유구섬에 끌려간 조선인 노동자 약 1,700명은 배에 태워진 채 미군의 폭격 앞에 내던져져 전원 사망했고, 이 섬에 미군이 상륙할 무렵에는 조선인 노동자가 도망 혹은 투항할 것이라 하여 모두 동굴 속에 가두어 학살했다.[7]

　한편 만주사변 때부터 이미 전쟁 인력의 부족을 느낀 일제는 장차 조선인에 대한 징집제를 실시할 것을 구상했다. 그러나 식민지 청년을 무장시키는 데 따르는 위험부담 때문에 이를 실시하지 못하다가 중일전쟁이 시작된 뒤에는 그 위험부담을 안고라도 지원병의 형태로 조선 청년을 전쟁에 이용하기로 하고 「육군 특별지원병령」을 공표

6　위의 책, 228쪽.
7　강만길, 앞의 책, 37쪽.

했다(1938년 2월). 이 제도에 따라 1938년부터 징병령이 실시되기 전인 1943년까지 1만 8,000명가량의 조선 청년이 일본군에 '지원'했다. 이들 가운데는 일시적인 흥분으로 철없이 지원한 경우도 있었지만 지원병 제도를 성공시키기 위한 일본 측의 교묘한 술책과 함께 전시하의 농촌 피폐를 견디다 못한 수많은 청년이 '살길을 찾기 위해' 지원한 경우가 많았다. 따라서 지원병은 소작농민의 아들들이 주류를 이루었다.

지원병 제도로 시작된 조선 청년의 전쟁동원은 태평양전쟁이 막바지에 다다르자 마침내 징집제도로 바뀌어(1944년) 패전할 때까지 약 20만 명이 전쟁의 총알받이로 내몰리거나 상상을 초월하는 혹독한 노동에 시달렸다. 또한 이른바 '학도지원병' 제도가 강행되어 (1943년) 전문학교 학생과 대학생 약 4,500여 명이 전쟁터로 끌려가 무고한 희생을 강요당했다.[8]

다음은 일제에 의해 강제로 전쟁터에 끌려간 우리 동포들이 겪어야만 했던 참상의 일부를 소개한 것이다.

남양의 한복판 '트럭' 섬은 우리 동포가 8,000여 명이나 가서 가혹한 압제 밑에 혹사를 당하다가 죽은 곳이다. '싸이판'이 함락되고 식량공급이 안 되자 일본인은 조선 사람들에게 식량을 안 주기 시작하여 전부가 영양부족으로 쓰러짐에도 불구하고 신지구축이 하루가 바쁘다는 구실로 일만 시켜서, 굶어 죽는 동포가 매일 생기는 지경에 이르렀다. 급기야 이 트럭 섬에도 미군의 공습이 시작되어 일본군에게도 식량공급이 두절되고 말았다. 수천여 명의 조선 동포는 처음에는 나무뿌리, 풀잎

---

8   위의 책, 35~36쪽.

으로 살다가 그것도 모자라서 산과 들의 풀이란 풀은 다 뜯어먹고 쥐 한 마리에 100원씩 매매하고 뱀, 벌레 등을 닥치는 대로 먹다 못하여, 무참히도 굶어 죽었다.[9]

이 밖에도 수십만 명의 조선의 젊은 여성을 정신대라는 이름 아래 전장으로 끌고 가 일본인 병사를 위한 위안부로 삼았고, 중학생은 말할 것도 없고 나이 어린 국민학생까지 위험한 군사시설 공사에 내모는 등 일제의 조선 민중에 대한 침탈행위는 극에 달하고 있었다.

이러한 일들은 일제의 침략전쟁으로 말미암아 직접적으로 우리 민족에게 가해진 고통의 극히 일부분에 불과하다. 전쟁이 안겨준 재앙은 극소수 친일파를 제외하고는 민족성원 모두에게 공통적인 것이었다. 단적으로 일본 제국주의의 극단적인 수탈은 조선의 경제 전반을 완전히 파괴함으로써 실업자를 대량으로 양산해내고 말았다. 그리하여 조선총독부의 발표만 보더라도 1930년대 말 실업률은 53퍼센트라는 실로 가공할 수치를 보여주고 있었다. 이렇게 하여 뿌리가 뽑힌 이 나라 민중은 고향을 떠나 간도와 하와이 등 새로운 삶의 터전을 찾아 유랑하게 되는, 때 아닌 민족의 대이동을 연출했다.[10]

한편 조선 민중에 대한 일본 제국주의의 가혹한 수탈과 탄압은 일부 친일파의 적극적인 협력과 지원 아래 자행되었다. 친일파란 한마디로 대다수 민중의 참혹한 고통에는 아랑곳없이 식민통치에 기생해 호의호식하던 지주, 매판자본가, 일본군·경찰과 총독부의 말단 하수

---

9   김천영 편저, 『연표 한국현대사』, 한울림, 1985, 140~142쪽 참조.

10 조선사연구회 엮음, 앞의 책, 218쪽.

인 등 민족을 배신한 자들이었다. 이 밖에도 체제에 안주해 개인적 안일만을 추구하고자 했던 비양심적 종교인, 학자, 문인 등도 친일파의 무리에 가세하고 있었다. 그러면 이들 친일파가 저지른 추악한 행각들을 몇 가지 예를 통해 살펴보자.

우선 정일권, 박정희, 김석원 등 이후 남한 군부 내에서 실권을 잡은 일단의 젊은 야심가들은 일본군 말단 장교로서 일제의 침략전쟁을 위해 앞장서 복무함과 동시에 한반도와 만주 등 곳곳에서 독립투사들을 때려잡는 데 열을 올렸다.

구자경, 노덕술 등이 포함되어 있는 총독부 경찰 소속 친일파들은 전쟁물자를 수탈하기 위해 군·면 서기와 함께 공출을 독려하러 다녔고, 야밤에 민가를 습격해 주민들을 징용노무자와 보국대로 끌어냄과 동시에 애국투사를 잡아다 가혹한 고문을 가하는 등 그 죄악상은 이루 말로 다할 수 없었다.

과거 조선시대의 봉건적 지배층으로서 나라를 팔아먹은 대가로 귀족 대우를 받았던 이완용, 박제순 등의 후손들은 일제의 침략전쟁을 돕기 위해 거액이 소요되는 비행기 헌납을 추진했고 원봉수, 손창윤 등 친일지주들은 소작인들에게서 거두어들인 수천 석의 쌀을 군량미로 바쳤다.

이와 함께 이광수, 최남선, 최재서, 백철 등 이른바 황민작가로 불리는 친일작가들에 의해 일본의 식민통치와 침략전쟁을 찬양하고 민족성 말살정책에 동조하는 매국문학이 기승을 부렸다. 예컨대 이광수는 평론을 통해 "일본정신이 곧 진리"요, "조선인은 그 민족감정과 전통의 발전적 해소를 단행"하고 "아주 피와 살과 뼈가 일본인이 되어버려야" 하기 때문에 금후의 조선의 민족운동은 황민화(일본인화)운동으로 집약되어야 한다고 뻔뻔스럽게 단언하기도 했다.

여기에 그치지 않고 이들 친일작가는 학병지원을 독려함으로써 젊은 학생들을 죽음의 전장으로 내모는 데 서슴지 않고 앞장섰다. 1943년 11월 한 달 동안 『매일신보』에만도 김팔봉, 김동환, 임학수, 김용제, 모윤숙, 서정주 순으로 학도병을 격려하는 시가 계속 발표되었다. 뒤이어 유진오의 「병역은 힘이다」, 주요한의 「나서라 지상명령이다」라는 글이 윤치호, 장덕수의 독려 담화문과 함께 같은 신문에 실렸다.[11]

위에 언급한 것은 역사와 민족 앞에 씻을 수 없는 죄과를 범하게 된 친일파 행각의 극히 작은 일부에 불과하다.

2. 조선 민족은 결코 죽지 않았다 — 해방을 향한 투쟁

우리는 앞에서 일본 제국주의의 침략정책이 우리 민족에게 얼마나 가혹한 시련을 안겨주었는지를 살펴보았다. 분명 이 같은 시련은 이미 공인된 사실이지만 그 당시 전 세계 어느 식민지에서도 그 유례를 찾아볼 수 없는 참으로 극단적인 경우에 해당하는 것이었다. 따라서 1930년대 이후 항일독립투쟁의 전개 양상을 제대로 이해하기 위해서는 반드시 이 같은 일제의 엄청난 억압과 탄압을 반드시 고려해야만 하는 것이다.

적어도 1930년대 후반에 접어들면서부터 식민지 민중으로서의 자

---

11 이상 친일파의 행각에 관해서는 임종국, 「일제 말 친일군상의 실태」, 송건호 외, 『해방전후사의 인식』, 한길사, 1979 참조.

신의 처지를 개선하고 궁극적인 독립을 쟁취하기 위한 일체의 투쟁은 철저히 압살되었다. 이처럼 숨쉴 틈조차 없는 극악한 일제의 파쇼통치 아래서 유일하게 우리 민족이 의존할 수 있는 것은 손에 무기를 들고 일제의 폭력에 투쟁하는 것뿐이었다.

실제로 우리 민족은 그러한 무장투쟁을 통해 나날이 드높아지는 반일의식을 더욱 고취하고 또한 결집해나갔다. 이렇게 볼 때 1940년 이후 국내의 항일독립투쟁이 겉으로 보기에는 죽어 있는 것 같았지만, 이는 도리어 대규모 봉기의 폭발을 예고하는 '태풍의 눈'과도 같은 것이었다고 할 수 있다. 우리는 앞으로 이 점을 확인하게 될 것이다.[12]

1931년 만주사변을 기점으로 일제의 침략정책이 노골화되는 시기에 조선의 일부 민족개량주의자들은 식민지 지배자의 파쇼적 위협 앞에 굴복해버리고 말았다. 반면 노동자, 농민을 위시한 광범위한 민중은 더욱더 완강하게 투쟁해나감으로써 항일독립투쟁의 확고한 주역으로 등장했다.

노동운동의 경우만 보더라도 1931년부터 1935년까지 주요 파업이 총 920건, 참가인원이 7만 929명에 달함으로써 1920년대의 투쟁을 훨씬 능가하고 있었다. 학생들 역시 각종 지하서클을 결성하는 등 독립운동의 대열에 과감히 합류했다.

그러나 이 시기 항일독립운동과 관련해 우리가 특히 주목해야 할 대상은 농민이다. 당시 식민지 조선 인구의 9할은 농민이었다. 따라

---

12 물론 당시 우리 민족의 항일투쟁에는 많은 약점이 도사리고 있었다. 다양한 사상과 견해를 가진 집단 상호 간 그리고 각계각층 애국세력이 충분히 단결되어 있지 못했고 파괴된 역량을 효과적으로 메워주지도 못했다. 그러나 이러한 사실이 민중의 완전한 좌절 혹은 투쟁의 포기로 이해되어서는 결코 안 될 것이다.

서 인구의 절대 다수를 차지하는 농민이 투쟁에 나서야 일제 식민통치의 손아귀로부터 민족의 독립을 되찾을 수 있다는 것은 지극히 당연한 일이었다.

침략전쟁 시기 일제의 파쇼적 무단통치의 위협 앞에 일부 민족개량주의자들이 비굴하게 굴복해가는 와중에도 농민들은 도리어 일제의 식민 지배와 반봉건적 지주제의 질곡으로부터 자신을 해방시키기 위한 투쟁을 더욱 세차게 벌여나갔다.

농민들은 일제의 폭압적 파쇼통치 아래서도 스스로를 조직하기 위해 비밀스러운 지하 농민조합의 창설에 혼신의 힘을 기울였다. 이 같은 형태의 농민조합이 특히 힘을 발휘한 곳은 함경도 지방이었다. 1931년 3월부터 1932년 7월 사이에만도 약 950명이 지하 농민운동 관계로 총독부 경찰에 검거되었는데, 그중 86퍼센트인 819명이 함경도에 거주하고 있었다. 총독부 당국자들은 만주에 인접해 있는 이곳 함경도 사람들이 '성질이 거칠고 다루기 힘들며 극단적으로 민족주의적이고 당국에 반항적'이라고 불평을 늘어놓았다. 그러나 총독부 당국자들을 더욱 놀라게 한 것은 계속되는 지도자의 검거에도 불구하고[13] 함경도 지역에서 지하 농민운동이 파괴되지 않은 채 꾸준히 발전해가고 있었다는 사실이다. 그만큼 농민운동의 역량은 높은 수준으로 성숙되어 있었고 또한 대중적 지반을 가지고 전개되었다. 일제 당

---

13 일제 통계에 의하면 1931~1935년 사이에 농민운동 관련으로 검거된 수는 총 43건 4,121명이었다(한국민중사연구회 엮음, 『한국민중사』 II, 풀빛, 1986, 211쪽). 또한 1935년과 1936년에 걸친 6개월 동안 1,043명이 같은 사유로 함경도 지역에서 검거되었고 1937년에는 228명이 추가로 검거되었다(스칼라피노·이정식, 한홍구 옮김, 『한국공산주의운동사』 1, 돌베개, 1986, 268쪽).

국자들은 이 지역에서 대단히 강하고 잘 짜인 조직체계와 대결하지 않으면 안 되었다. 농민들은 군·면 단위에 이르기까지 농민조합의 조직체계를 갖추고 있었고, 동시에 청년·부인·소년운동을 효과적으로 결합하기 위해 청년부·부녀부·소년부 등을 설치했다. 당시의 상황에 관해 총독부는 "(함경도) 성진군 내에서 깊이 뿌리를 내리고 있는 적색농민조합에 대해서 성진경찰서는 전력을 기울여 검거를 시작하고…… 조합원 총수는 실로 4,000여 명에 달하고[14] 각지에 지부를 두는 등 정연한 기관을 조직하고 있다"라고 기록하고 있다.[15]

조직체계 못지않게 농민들의 활동 역시 극히 주도면밀하게 이루어졌다. 11세에 불과한 소년이 경찰서의 동정을 살피기도 했고, 총독부가 항일무장조직에 대항하기 위해 만들어놓은 관제 자위조직인 경방단 내부에도 농민운동의 정보원이 잠입해 있었으며, 대규모 지하저장소나 동굴에 식량을 비축하기도 했다.[16] 특히 이 같은 활동들은 앞으로 살펴보겠지만 가까운 지역에서 전개되고 있던 항일무장투쟁과 긴밀한 관련성을 갖는 것이었다. 이 밖에도 농민들은 『농민투쟁기』, 『돌격대』 등 각종 출판물을 간행하고 야학회, 신문강연회 등을 개최함으로써 농민대중을 각성시키기 위한 사업을 활발히 벌여나갔다.

이 같은 강력한 조직력을 기반으로 농민들은 일제의 식민통치와

14　농민조합의 규모는 같은 함경도 내 정평군의 농민조합 조직 정도를 통해서도 짐작할 수 있다. 정평군에서는 자작농의 21퍼센트, 소작농의 54퍼센트, 자작 겸 소작농의 29퍼센트가 농민조합에 가입하고 있었는데, 이는 합법적 조직이 아닌 지하운동 형태를 취하고 있던 점에 비추어본다면 결코 낮은 수준이라고는 볼 수 없다(나미키 마사히토並木眞人 외, 『1930년대 민족해방운동』, 거름, 1984, 179쪽 참조).

15　한국민중사연구회 엮음, 앞의 책, 212쪽.

16　스칼라피노·이정식, 앞의 책, 268쪽.

봉건적 착취를 쳐부수기 위해 과감한 투쟁을 벌여나갔다. 대표적인 예로는 1934년부터 1937년까지 장기간에 걸쳐 일어난 명천 농민의 저항이 있다.

1934년 봄, 이 지역의 농민들은 고리대의 착취와 소작권의 박탈, 납세, 강제부역과 농업노동자에 대한 박해에 반대해 빚문서, 소작계약서 등을 불태워버리고 주재소, 면사무소, 악질 지주들을 습격하는 등 각종 방법으로 싸워나갔다. 특히 일제와 지주의 살인적 약탈에 대한 분노에서 시작된 '기아반대투쟁'은 전 군을 휩쓸었고 그동안 수탈된 양곡을 농민들이 재탈환하기도 했다. 여기에 그치지 않고 명천 농민들은 무수단에서 성진에 이르는 임동선 군용도로 건설에 대한 동원과 군량미로 쓰일 양곡 수집을 단호히 거부했고, 일제가 군수품을 공급할 목적으로 양조장을 설치하는 것이나 일본군이 군사훈련을 강요하는 것에 완강히 반대하고 나섬으로써 일제의 침략정책에 정면으로 맞서 투쟁해나갔다. 농민들의 투쟁은 1935년에서 1936년 사이에 이르러 더욱 규모가 커지고 적극적이 되었다. 농민들은 낫, 도끼, 호미 등 평소에 늘 쓰던 도구들을 활용해 초보적인 무장투쟁 단계로 진입해갔다. 아울러 조직체계도 이에 맞게 동과 면마다 계엄대·동지탈환대·규찰대·연락대 등을 조직함으로써 일제의 탄압과 검거에 효과적으로 대응했다. 당시 농민들의 투쟁에 대해 총독부 관리는 다음과 같이 보고하고 있다.

동지 중 검거자가 나올 경우에는 많은 사람들이 동지의 탈환을 극력 기도…… 주요한 간부는 동굴을 파서 그 속에 잠복하고, 모든 공작은 이 동굴에서 진행되었으며 관헌에 의한 발각을 극력 방지했다. …… (이런 동굴이) 지금까지 발견된 것만도 35개소에 달하고 있다.[17]

대규모 농민저항에 봉착한 일제는 야수적인 탄압을 가해왔다. 일제는 각 동네마다 경찰을 배치함과 동시에 친일지주들을 중심으로 경방단과 같은 자위조직을 만들어냄으로써 물샐틈없이 농민들을 조여갔다. 대규모 검거·투옥과 함께 농가와 곡식에 대한 무자비한 방화가 명천 일대에 휘몰아쳤다. 그러나 이 같은 일제의 가혹한 탄압은 일시적으로 급한 불을 끄기는 했어도 농민들의 강인한 저항의지를 잠재우지는 못했다.

함경도 지방에서 일어난 농민운동은 지리적 위치에서 그리고 그와 관련된 정치적 의미에서 극히 중요한 의미를 지녔다. 즉, 함경도는 당시 항일독립운동의 결정적인 기지로 자리 잡고 있었던 만주의 간도지방과 이어져 있었고, 간도와 함께 항일무장투쟁의 일차적인 정치적 지반의 역할을 하고 있었던 것이다. 이렇게 항일무장세력과 함경도 지역의 농민운동은 밀접히 결합되어 있었고 또 서로 영향을 주고받았다. 구체적으로 말해서 이 지역의 농민운동은 무장대원과 식량, 의복 등 무장투쟁에 필요한 인력과 물자의 주된 공급원임과 동시에 작전의 협력자였으며, 무장투쟁은 농민운동을 끊임없이 고무하고 생명력을 유지시켜주는 역할을 했다.

그러면 이러한 점을 염두에 두면서 만주와 한반도 북부지방을 무대로 펼쳐졌던 항일무장투쟁의 전개과정을 살펴보자.

일찍이 수많은 애국자가 일제의 광폭한 탄압에 맞서 더욱 유리하다고 판단한 만주 지역을 무대로[18] 항일무장투쟁을 전개하기 시작했

---

17 한국민중사연구회 엮음, 앞의 책, 213쪽.
18 만주 지역이 우리 민족의 항일무장투쟁을 위한 주요 무대가 된 것은 몇 가지 이유가 있었다. 첫째, 이 일대의 험준한 산악지형과 배후의 광활한 만주벌판을 배경으로 일제의

다. 이미 1920년부터 1925년까지 6년간에 걸쳐 압록강과 두만강 연안에서는 3,929회의 전투가 전개되고 있었다.[19] 만주에서 벌어진 이 같은 무장투쟁은 1930년대에 접어들어 더욱 규모가 커지고 격렬해져 약 16만 명에 달하는 항일무장부대가 이 지역을 장악하고 있었으며[20] 전투횟수도 급격히 늘어났다. 조선총독부 통계에 나타난 1931년부터 1936년까지 '항일무장대'의 출몰횟수는 2만 3,928회, 전투에 참여한 연인원은 136만 9,027명, 탈취한 총기는 3,179정에 이르렀다.[21]

이처럼 만주 지역에서 우리 민족이 벌인 대대적인 무장투쟁은 이 지역이 일제의 대륙침략의 관문[22]이었다는 점에서 특히 중요한 의의를 지니고 있었다. 즉, 일제는 모든 병력과 군 장비의 보급을 담당하고 있는 생명줄과도 같은 이 지역을 항일무장부대의 위협으로부터 지키기 위해 막대한 부대를 투입할 수밖에 없었고, 자연히 일제의 대륙침략은 상당한 차질을 빚게 되었던 것이다.

반면 항일무장부대는 이 지역이 갖는 중요성을 고려한 일제의 대대적인 공세에 직면함으로써 크나큰 시련을 겪었다. 결국 1930년대 중엽에 이르러서는 무장부대의 상당 부분이 중국 본토로 퇴각하지 않으면 안 되는 상태에 이르게 되었다.[23] 물론 이러한 퇴각은 국내 민중

광폭한 탄압으로부터 무장역량을 더욱 효과적으로 보호할 수 있었고, 둘째, 강인한 투쟁력을 과시하고 있던 함경도 지방과 만주 간도 지역의 농민들로부터 필요한 지원을 얻어내기에 용이했으며, 셋째, 이웃 중국 민중과 항일공동전선을 펴기에 적합했기 때문이다.

19 조선사연구회 엮음, 앞의 책, 218쪽.
20 브루스 커밍스, 앞의 책, 80쪽.
21 조선사연구회 엮음, 앞의 책, 224쪽.
22 일제는 중국 대륙을 침략함에 있어서 병력과 군수물자를 수송하기 위해 한반도에 부설되어 있는 경부선, 경인선 등의 철도를 거친 뒤 만주 지역을 통과하는 경로를 활용했다.
23 한국민중사연구회 엮음, 앞의 책, 215쪽 참조.

과의 연계가 결정적으로 약화된다는 의미에서 전체 항일독립운동에 커다란 한계를 조성하는 것이었다.[24]

한편 일부 무장부대가 중국 본토로 퇴각했음에도 여전히 한반도와 인접해 있는 동만주 지역에서 끈질기게 저항을 계속하고 있던 일단의 무장부대가 있었다. 1930년대 중반을 넘어서도 계속 한반도에 근접한 위치에서 활동을 했던 이 부대를 가리켜 당시 일제 총독부는 '김일성부대'[25](종종 '김일성비匪'라고도 표현됨)라고 부르고 있었다. 미 국

---

24 1930년대 초 만주 지역에서 활동했던 대표적인 무장부대로는 이청천이 이끄는 한국독립군, 양세봉의 조선혁명군, 한인 사회주의자들로 구성된 무장부대를 들 수 있다. 그러나 이들은 상호 간에 단결력이 결여된 채 종종 극심한 분파투쟁에 휘말리기도 했고 동시에 모든 항일역량을 효과적으로 묶어내지도 못했다. 이러한 요인과 함께 이들은 국내외 민중 속에 깊이 뿌리내리지 못함으로써 결국 일제의 대공세에 밀려 대부분 중국 본토로 퇴각한 뒤 새로이 진용을 정비하지 않으면 안 되었던 것이다.

25 김일성부대의 지도자로 알려진 김일성이라는 사람이 현재 북한의 김일성과 동일한 인물인지는 여전히 논란거리가 되고 있다. 남한 정부가 옹호하는 입장은 현재의 김일성은 항일투쟁의 전설적 인물인 김일성의 이름을 사칭한 가짜 김일성이라는 것으로 요약할 수 있다. 반면 커밍스 등 일부 한국사 전문학자들은 항일투쟁 시기의 김일성과 현재 북한의 김일성이 동일 인물임을 인정하고 있다. 그러나 이러한 차이에도 불구하고 양측 모두 1930년대 중반 이후 '김일성부대'가 활약했다는 사실은 은연중에 인정하고 있으며, 이는 일제 총독부 자료에서도 확인되는 분명한 역사적 사실이라고 할 수 있다. 따라서 여기서는 항일투쟁 시기의 김일성과 현재 북한의 김일성이 동일 인물인지 여부에 구애받지 않고 김일성부대의 항일투쟁 행적에 초점을 맞추고자 한다.

당시 이들의 활동은 특히 우리가 깊은 관심을 기울여야 할 대상임에 분명하다. 왜냐하면 이 부대의 활동이야말로 1930년대 후반부터 해방까지의 우리 항일독립투쟁의 연속성과 민중적 성격을 해명하는 주요한 열쇠를 쥐고 있기 때문이다. 그러나 유감스럽게도(?) 우리는 이러한 작업에 필요한 자료를 확보하는 데 상당한 어려움을 느낄 수밖에 없다. 왜냐하면 현재 남한 사회에서 공인되고 있는 당시 상황에 관한 자료 대부분이 일제 경찰의 심문조서인데, 김일성부대의 핵심 간부는 검거된 예가 거의 없어 그 같은 자료는 애초부터 기대하기 힘들기 때문이다. 또한 1930년대 후반부터는 조선 내 일간신문에 김일성부대의 활동상에 관해 자주 보도되고는 있었지만 대부분 지나칠 정도로 왜곡되어 있는 것이 사

무성이 소개한 한 자료는 김일성부대에 관해 다음과 같이 설명하고
있다.

일본 제국주의자들과 전투를 하는 과정에서 유능한 지도자들이 나타났
다. 그 가운데에서도 김일성부대는 특히 뛰어났다. 김일성부대 사람들
은 모두 매우 용감했다. 이 부대가 거의 모든 작전들을 수행하였다. 이
부대의 행동은 항상 계획적이고 재빨랐으며 정확했다. 이 부대는 두 대
의 중포를 갖고 있었기 때문에 일본군과의 격렬한 전투에도 버틸 수 있
었다. 일본인들은 김일성부대를 잡기 위해 1년이나 쫓아다녔지만 허사
였다.[26]

여러 가지 자료를 종합해볼 때 김일성부대가 다른 항일무장부대
에 비해 오랫동안 한반도 근처에서 작전을 펼칠 수 있었던 이유는 이
지역에 거주하고 있는 민중, 특히 그중에서도 농민들과 긴밀하게 결
합되어 있었다는 점 때문이었다. 이 같은 농민들과의 협조관계는 주
로 만주와 한반도 북부지방을 기반으로 성립된 '조국광복회'[27]를 통해

실이다(이에 관해서는 김준엽·김창순, 『한국공산주의운동사』 5, 청계연구소, 1986, 66~
69쪽 참조).

26 브루스 커밍스, 앞의 책, 86쪽.

27 조국광복회는 1936년 5월 주로 만주와 한반도 북부에 거주하고 있는 각계각층의 항
일세력을 결집한 일종의 민족통일전선 조직체였다. 북한 측 자료에 의하면 조국광복회는
김일성이 주도해 결성된 것으로, 그 회원 수는 최고 20만 명에 달하는 것으로 되어 있다.
반면 일제 총독부 자료는 조국광복회의 지도적 간부로서 오성륜, 엄수명, 이상준 등을 들
고 있으며 이 명단에 김일성은 빠져 있다(김준엽·김창순, 앞의 책, 64쪽 참조). 여하튼
김일성의 정체를 둘러싼 논란과 마찬가지로 조국광복회 역시 다양한 견해의 차이가 있음
에도 그 존재 자체는 공통적으로 인정되고 있는 셈이다. 단지 조국광복회가 언제 어떻게

조직적으로 추진되었다. 예컨대 김일성부대의 간부들이 지도적 역할을 담당하고 있던 조국광복회 갑산공작위원회[28]와 이를 발전시킨 조선민족해방동맹은 국내에서 모든 항일세력을 단결시키기 위한 활동을 전개하는 한편, 이를 기반으로 항일무장유격대에 참여할 청년을 모집하고 필요한 식량, 의복, 정보, 자료를 조달하는 등의 활동을 전개했다.[29]

이와 같이 국내에 지반을 갖게 된 김일성부대는 1937년에 이르러서 괄목할 만한 활동을 보이게 된다.

1937년 6월 4일 김일성은 소수의 유격대(일제 관헌자료에 의하면 80명, 북한 측의 주장에 의하면 150명)를 이끌고 혜산진에서 약 24킬로미터 떨어진 압록강변의 황량하고 외딴 마을 보전(현재는 보천보)에 대한 공격을 감행한 것이다. 현지의 동조자들이 제공한 뗏목을 타고 압록강을 건넌 김일성의 유격대는 오후 10시를 기해 경찰주재소, 면사무소, 산림보호구, 농업시험장, 우체국 등등의 관공서를 향해 공격을 개시해 경찰 7명을 살해하고 7명에게 중상을 입혔을 뿐만 아니라 각종 선전문을 살포하고 물자를 노획했다. 김일성은 마을 주민을 모아놓고 정열적인 연설을 한 뒤 압록강을 건너 산악지대로 사라졌다.[30]

최초로 한반도 내에 항일무장부대가 진격해 온 이 혜산진 사건은 두말할 필요도 없이 일제에 엄청난 충격을 안겨주었다. 당시 어느 일

소멸되었는지는 아직 불분명한 상태로 남아 있다.

28 이에 관한 사실은 갑산공작위원회의 일원으로서 나중에 일제 경찰에 검거된 박달의 심문조서를 통해 확인되었다(스칼라피노·이정식, 앞의 책, 292쪽 참조).

29 위의 책, 290~291쪽 참조.

30 위의 책, 293쪽.

본인 검사는 이 사건이 한반도 전체를 놀라게 했다고 기술하기도 했다.[31]

비록 북한 측 자료에 따른 것이기는 하지만 김일성부대는 혜산진 공격에 뒤이어 1937년 6월 30일 간삼봉에서 압도적 다수의 일본군을 상대로 전투를 벌인 결과 약 1,500여 명의 적을 살상 혹은 포획하는 전과를 올렸다.[32]

한편 김일성부대의 한반도 진공작전에 놀란 일제는 대규모 토벌작전을 감행하기 시작했다. 이 토벌작전으로 김일성부대와 연계되어 있던 인물이 압록강 건너 장백현에서 59명, 그리고 국내에서 162명이 각각 검거되었다. 이러한 검거 선풍과 함께 일제는 유격대에 대한 식량공급을 차단하기 위해 외딴 마을에 사는 주민들에게는 식량 배급 제도를 실시함으로써 유격대에 제공할 여분의 식량을 보유하는 것을 금지시켰다. 또한 백두산과 압록강 근처의 600여 마을에는 집단부락제를 실시하고 무장자위대를 조직한 뒤 이들 자위대에게 1만 6,000여 정의 소총을 지급했다. 이와 함께 일제는 토벌작전을 용이하게 하기 위해 약 1,000킬로미터의 도로를 새로 개설하는 한편 기존 도로에 대한 대대적인 보수작업을 추진했다. 이 밖에도 유격대와 그 동조자들의 출몰을 감시하기 위한 방편으로 모든 주민에게 사진이 부착된 주민증을 지니고 다니도록 조치했다.[33]

이러한 일제의 대토벌작전이 김일성부대의 활동을 완벽하게 봉쇄

---

31 위의 책, 269쪽 참조.
32 위의 책, 294쪽 참조.
33 위의 책, 294, 296쪽 참조.

했는지 여부는 확인할 수 없다.[34] 여하튼 만주 지역에 더욱 규모가 큰 일본 군대가 주둔하기 시작했던 1941년 이후부터는 적어도 일제 총독부 자료에 나타난 김일성부대의 활동은 급격히 퇴조하게 된다.[35] 그러나 이와는 달리 북한 측의 자료는 "김일성이 나름대로 다가오는 일제의 패망을 예견하고 역량을 효과적으로 보호하기 위하여 무모한 대규모 전투를 지양하는 선에서 소부대 활동과 정치사업에 치중하는 것으로 방향전환한 것"이라고 주장하고 있다. 유감스럽게도 현재의 여건에서는 이 주장이 사실인지 여부에 대해 충분히 확인할 수 없다. 단지 1944년 11월 말경의 일제의 다음과 같은 보고서를 통해 이 주장의 일단을 추측해볼 수 있을 뿐이다.

현재 김일성은 만주에서 활동할 게릴라들을 바쁘게 훈련시키면서 블라디보스톡 부근의 오간스카야 야전학교에 있다. 최근에 입수된 정보에

---

34   북한 측 자료들은 일제의 대토벌작전 이후인 1938~1940년 사이 김일성과 그의 유격대가 일제에 대해 거듭해서 위대한 승리를 거두었다고 주장하고 있다. 일본군은 복병에 의해 심한 타격을 입었고 이 기간 일본군이 입은 인명손실은 막중했다고 한다. 그러나 각각의 전투에서 적이 입은 구체적인 피해 상황을 서술할 때에는 북한 측 자료에서조차도 작전규모가 극히 작았고 김일성의 '총명함'은 주로 '나비와 닭의 싸움' 전술, 즉 적의 주위를 맴돌아 포위되지 않는 전술을 활용했다는 사실에 있음을 인정하고 있다. 물론 이러한 전술은 때로는 영하 40도까지 떨어지는 혹독한 추위 속에서 100여 일 동안이나 장거리 행군 속에서 이루어내야만 하는 힘겨운 것이었다.

35   북한 측 자료는, 국내에서 김일성부대의 활동에 관한 보도가 1940년대에 들어와서 자취를 감춘 것은 김일성부대의 활동이 '조선 인민에게 주는 정치적 영향을 두려워한 일제의 보도금지 조치 때문'이라고 주장하고 있다.

이 주장의 사실 여부를 떠나서 참고로 알아둘 사항은 이전까지 김일성부대에 관련된 사실을 대서특필해왔던 『조선일보』와 『동아일보』가 1940년 8월에 일제에 의해 폐간되었다는 점이다(김준엽·김창순, 앞의 책, 69~70쪽 참조).

따르면 김일성은 미국 공군의 공습과 때를 맞추어 철도를 파괴하기 위하여 한·만 국경의 요충지에 파견할 요원들을 훈련시키고 있다.[36]

비슷한 예로 1945년 6월의 일본 경찰의 기밀문서들은 김일성이 1945년 8월에 소련으로부터 '해방군'을 이끌고 한반도로 진격해 올 예정이라는 정보에 상당히 주목하고 있었다.[37]

한편 항일무장단체의 활동과 연관되어 시시각각 다가오는 일제의 패망 조짐에 발맞추어 조선 민중 사이에서는 해방에 대한 열기가 가일층 고조되어가고 있었다. 조선 총독 자신도 이 같은 분위기에 대해 불안한 모습을 감추지 못한 채 "조선이 가령 제2전선의 화약고인 이상 전황이 불리하게 되면 언제고 폭동화하지 않는다고 할 수 없다", "사이판 섬의 함락은 이후의 조선 통치를 매우 곤란하게 하는 것이라고 믿는다"라고 솔직하게 고백하기도 했다.[38]

다음은 일제 패망 직전에 조선 민중 사이에 나타난 분위기에 대한 묘사다.

물가는 살인적으로 폭등하고 임금은 기아적이며 수탈은 더욱더 강화되어 모든 조선인의 반일감정이 극도로 첨예화되고 있는 것만은 명확한 것이었다. 물론 징용이나, 보국대 등의 노무를 강제적으로 공출하고 농민들이 노예와 다름없는 모습으로 사냥되어 공장과 광산 등에서 강제노역으로 시달리고 이에 더하여 징병과 학도병 제도의 추달을 받게 되어

36　브루스 커밍스, 앞의 책, 85쪽.
37　김정원, 『분단한국사』, 동녘, 1985, 112쪽.
38　조선사연구회 엮음, 앞의 책, 232쪽.

엄청난 생명이 전장으로 내몰리게 되었다. 그 결과 깊은 산중에는 탈주병과 징병기피자가 무리를 지어 숨어 살게 되어 바야흐로 조선은 게릴라전 전야의 모습을 띠게 될 정도였다.[39]

이렇듯 일제의 침략전쟁이 막바지에 도달함에 따라 조선 민중의 반일감정은 그 어느 때보다도 극에 달해 있었다.

조선에서 중국으로 그리고 일본 점령하의 베이징을 탈출해 항일독립운동의 전초기지를 찾아든 한 젊은이는 고국의 상황을 묻는 동지에게 "그런 만큼 국외에서 무기를 손에 들고 적에게 돌진하는 항일무장 독립군의 존재는 국내의 동포들에게 커다란 희망과 용기 그리고 자신감을 불러일으키고 있다"라고 이야기했다.[40] 이 말은 매우 중요한 의미를 담고 있다. 즉, 조선 민중은 광란적인 일제의 전시체제라는 혹독한 시련 속에서도 항일무장단체의 계속적인 투쟁을 목격함으로써 조선 민족이 살아 있음을 느끼고 해방이 반드시 쟁취될 것이라는 확신을 품고 있었던 것이다. 그리고 이러한 확신은 일제 식민통치에 약간의 균열만 생겨도 화산처럼 폭발해 오를 거대한 에너지로 결집되어가고 있었다.

당시 중국의 충칭에서는 김구[41]가 지도하는 대한민국 임시정부의 하부조직인 '한국광복군'이 조직되어 한반도 진공을 위한 맹훈련

---

39 위의 책, 232쪽.

40 위의 책, 233쪽.

41 김구는 상하이 임시정부의 주석으로서 이봉창, 윤봉길 의사의 의거를 실질적으로 추진한 보기 드문 애국자다. 그는 이승만 등 일부 분파주의자들의 불미스러운 방해책동과 일제 침략 시기의 광범위한 이탈과정 속에서도 임시정부의 명맥을 끝까지 유지했고 결국은 광복군 창설에 성공하게 되었다.

에 돌입하고 있었고, 만주 일대에서는 소부대 항일무장단체가 계속해서 국경 주위에 출몰해 일본 제국주의의 후방을 교란함으로써 그들의 간담을 서늘하게 하고 있었다. 또한 중국의 연안(옌안)에서는 1942년 '조선독립동맹'[42]이 조직되어 화북(화베이) 일대에서 일본군과 항전을 전개함과 동시에 역시 국내 진공을 꾀하고 있었으며, 국내에서도 1944년 8월 여운형의 지도로 서울에서 비밀리에 '건국동맹'이 결성되어 국외에서 독립을 꾀하는 조직과 계속 연락을 취하면서 해방을 맞이할 날을 적극 준비해나갔다.[43]

바야흐로 조국 광복의 대사변이 전 한반도를 휘몰아치게 되는 순간이 눈앞에 박두해오고 있었다.

---

42 독립동맹이 결성되는 과정은 극히 복잡하다.

애초에 1932년 12월 상하이에서는 김원봉의 의열단과 민족운동가들, 만주에서 후퇴한 이청천 등의 무장세력을 중심으로 한국민족혁명당이 조직되었다. 한국민족혁명당은 1937년에 당명을 조선민족혁명당으로 바꾸고 당의 무장부대로 조선의용대를 조직했다. 그 뒤 몇 차례의 재편과정을 거친 조선의용대가 일제의 중국 본토에 대한 침략에 밀려 본부를 중국 남부의 계림(구이린)으로 옮기자 이에 불만을 품은 청년들은 항일전쟁의 최전선인 화북(화베이)지방으로 거점을 옮겼다. 이들은 몇 번에 걸친 조직의 발전을 꾀하다 최종적으로 김두봉을 주석으로, 무정을 조선의용군 총사령관으로 하는 독립동맹으로 확대 발전시켰다. 조선의용군은 태항산(타이항산)지구에서 1941년의 호가장(후자좡) 전투, 1942년의 반소탕전 등에서 혁혁한 전과를 거두는 한편, 이상조를 만주에 파견해 북만 지구 특별위원회를 조직한 뒤 만주에 유격근거지의 건설을 꾀하고 국내와의 연락을 강화하던 중 해방을 맞이했다.

대체로 1930년대 초 만주에서 활동하다가 중국 본토로 퇴각한 항일무장단체의 실질적인 전투역량이 최종적으로 조선의용군으로 편입되었다고 볼 수 있다(한국민중사연구회 엮음, 앞의 책, 217~218쪽 참조).

43 조선사연구회 엮음, 앞의 책, 233쪽.

3. 민중이 주인 되는 시대
—일제의 패망과 조선인민공화국의 창건

역사 이래 수많은 침략세력은 과도한 욕심을 부리다가 끝내는 자기 무덤 속을 향해 뛰어들곤 했다. 이는 침략이 확대될수록 그에 대한 저항세력 또한 확대된다는 간단한 사실에 기인한다.

일본 역시 예외는 아니었다. 1945년 8월 8일 소련의 참전을 계기로 미국과 아시아 피압박 민족 등 국제 민주진영은 마침내 일본을 사면팔방에서 포위하는 데 성공했다.

일본은 이제 돌이킬 수 없는 파멸의 늪을 향해 치닫기 시작했다. 결국 패색이 짙어진 일본 제국주의는 마지막 살길을 모색하기 위해 일찌감치 미국에 투항하고 말았다. 일본은 같은 제국주의 국가의 일원인 미국의 품에 안김으로써 장차 도래할 사회주의권과 민족해방운동에 대항하는 공동전선 속에서 새로운 지위를 부여받을 것을 기대한 것이다.

군국주의 일본의 패망에 발맞추어 조선 민중은 악독한 식민통치를 허물어버리기 위해 총궐기했다. 전국 어디에서나 식민지 지배자와 그 하수인들에 대한 엄중한 심판이 내려졌다. 민중의 고혈을 짜내며 호의호식하던 악의 무리들은 완전히 파산해 갈피를 잡지 못했다.

반면 감옥에서 고생하던 3만여 명에 달하는 진정한 애국자들과 험준한 산악에서 그리고 멀리 해외에서 온갖 고난을 무릅쓰며 조국의 독립을 위해 온몸을 불살랐던 역전의 투사들은 해방의 감격과 함께 동포의 뜨거운 가슴에 안겼다.

이들이야말로 진정한 의미에서 민중의 영웅이었다. 오랜 투쟁 기간 이들이 외쳤던 민족해방과 사회개혁을 위한 요구들은 이제 그 실현을 눈앞에 둠으로써 의심할 여지 없는 확고한 진리로 받아들여졌다.

단군 이래 수천 년 동안 숱한 외래 침략자들과 봉건적 착취에 시달려왔던 이 나라 민중은 이제 절호의 기회를 맞이해 온갖 압제의 굴레를 벗어던지고 자신의 요구에 맞게 자신의 힘으로 자주적인 독립국가와 민주사회의 건설을 향해 힘찬 발걸음을 내디뎠다.

한편 전황이 시시각각 불리하게 전개되어 일본의 무조건 항복이 박두하자 조선총독부의 아베 총독은 한국에서 폭동이 일어날 사태를 우려하고 80만 일본인의 안전과 재산의 보호, 10만 군대의 해체와 철수 등 항복 후의 사태를 염려해 저명한 한국 지도자로 하여금 과도적 정부의 구성을 준비하게 함으로써 자신들이 철수하기 전에 일본에 우호적인 분위기가 형성되기를 희망했다.

이는 명백히 자신들의 안전을 위해 조속히 조선 민중에 항복함으로써 평화롭게 철수하기를 원한다는 의사를 밝힌 것이었다. 이러한 희망에 따라 일본 총독부는 최종적으로 여운형을 행정권의 인수 책임자로 선택했다. 여운형은 이미 1944년에 일본의 궁극적인 패배를 확신하면서 건국동맹을 결성해 이후의 사태에 대비해왔다. 8월 15일 아침 엔도 정무총감과의 회담에서 여운형은 행정권 인수 의사를 밝히고 다음의 5가지 조건을 제시했다.

1. 전 조선의 정치범·경제범을 즉시 석방하라.
2. 조선의 수도인 경성에 3개월(8, 9, 10월)분의 식량을 확보하라.
3. 치안의 유지와 건설사업에 아무런 간섭도 하지 말라.
4. 조선의 추진력인 학생들의 훈련과 청년의 조직화에 간섭을 하지 말라.
5. 조선 내 각 사업장에 있는 일본 노무자들을 우리 건설사업에 협력시커라.[44]

총독부는 이러한 조건들을 주저 없이 수락했다. 여운형은 일본이 항복하자 바로 8월 15일 저녁에 안재홍을 비롯한 건국동맹 위원을 중심으로 건국준비위원회를 조직했다. 17일에는 부서 결정을 완료하고 '치안의 확보, 건국사업을 위한 민족 총역량의 일원화, 교통·통신·금융·식량대책의 강구' 등 건국준비위원회의 설립 목적을 표명하는 담화문을 발표하고, 약속에 따라 조선총독부로부터 치안유지의 권한과 방송국, 각 언론기관 등을 이양받았다.[45]

이렇게 하여 총독부로부터 사실상의 항복을 받아낸 가운데 극히 신속하면서도 광범위하게 건국준비위원회가 도처에서 결성되어갔다. 그리하여 8월 말경에는 전국적으로 145개의 건국준비위원회 지부가 등장하게 되었다. 이러한 건국준비위원회는 지방 수준에서 인민위원회[46]로 신속히 전환해갔고, 북한의 상당 부분과 남한의 일부 지역에서는 건국준비위원회를 거치지 않고 해당 지역 민중의 손으로 인

---

44 이동엽, 「8·15를 전후한 여운형의 정치활동」, 송건호 외, 앞의 책, 343쪽.
45 김병오, 『민족분단과 통일문제』, 한울, 1985, 28~29쪽.
46 인민위원회는 특수한 형태의 민중적 자치기관 혹은 권력기구다. 인민위원회는 크게 세 가지 특징을 지니고 있다. 첫째, 민중이 선출한 대표로 구성되며 위원회가 행정·사법 등 모든 통치권한을 행사한다. 즉, 3권 귀일(입법·사법·행정이 인민위원회에 단일하게 귀속되는)의 원칙에 입각해 있다. 둘째, 각급 행정단위, 예컨대 도·군·면의 통치기관은 중앙에서 하향적으로 선정되지 않고 해당 인민위원회가 독자적으로 구성한다. 요컨대 지방자치의 원칙이 관철되는 것이다. 셋째, 인민위원회는 계급별 구성이 아닌 지역별 구성을 원칙으로 한다. 동시에 모든 인민위원회 내부에는 해당 시기의 역사적 과업을 공유하는 모든 계급과 계층의 대표가 동시에 참여하게 된다. 따라서 인민위원회는 그 정치적 기초를 통일전선에 두게 되는 것이다. 이 점이 러시아에서의 소비에트와 다른 점이다. 해방 이후에 이 땅 위에 등장한 인민위원회도 최초에는 부락 단위에서 출발했으며 그 구성에 있어서 다양한 계급과 계층을 포괄하고 있었다. 일부의 경우에는 이른바 지방유지라고 불리는 부유한 우익 인사가 인민위원회를 이끌기도 했다.

민위원회가 결성되었다. 전체적으로 볼 때 인민위원회는 남한은 말할 것도 없고 북한에서도 대부분 소련군이 진주하기 전에 그 모습을 드러내고 있었다.

이렇게 해서 등장한 인민위원회는 대부분의 지역에서 실질적인 통치기능을 발휘해나갔다. 전남 지방을 예로 들어 당시의 상황을 살펴보면 다음과 같다.

> 전남의 토착적인 활동가들은 1945년 8월 17일에 건준 지부를 설치했고 18일에는 1,400여 명의 정치범을 석방했다. 그 이후 곧바로 치안대가 기능을 발휘하기 시작했다. 10월 중순 광주는, 일본에 대한 '불순행위'로 11년간 옥살이를 하고 석방된 김석의 지도 아래 약 300여 명의 치안대와 학생들에 의해 통제되고 있었다. 도 차원의 인민대표자회의는 9월과 10월에 걸쳐 몇 차례의 회합을 가졌다. 약 147명의 치안대원이 목포를 지배했는데 그곳에서는 '노동자위원회'가 몇몇 공장을 접수하였다. 인민위원회는 모든 군에 존재했으며, 어느 미군 관찰자에 따르면, 거의 모든 군에서 통치기능도 행사했다고 한다.[47]

인민위원회는 대체로 조직부·선전부·치안부·식량부·재정부를 갖추었으며 지역적 특성에 따라 보건후생, 귀환동포, 소비문제, 노동관계, 소작료 등의 문제를 다루는 부서를 설치했다. 많은 지방인민위원회는 놀라울 정도로 기민하게 지방의 일본인들이나 부유한 한국인들로부터 자발적 혹은 강제적으로 기부금을 거두어들임으로써 세입을

47　브루스 커밍스, 김주환 옮김, 『한국전쟁의 기원』 하, 청사, 1986, 141쪽.

증가시켰다. 인민위원회는 한국을 떠나는 일본인들로부터 조그만 집에서 큰 공장에 이르기까지 일본인 재산의 경영권 이전이나 명칭 변경을 서약하는 증서를 받아내는 데 성공했다. 전체적으로 볼 때 지방인민위원회는 근본 내용에 있어서 서로 일치하는 강령을 내걸었는데, 한 예로 경남 통영군의 인민위원회는 ① 모든 일본인 재산은 한국인에게 돌려주어야 한다, ② 모든 토지와 공장은 노동자, 농민에게 속한다, ③ 모든 남녀는 평등한 권리를 갖는다 등을 강령으로 삼고 있었다.[48]

분명 인민위원회는 당시 민중 사이에서 대단한 인기를 누리고 있었고 동시에 미래를 희망적으로 볼 수 있게 하는 확고한 담보로 여겨졌다. 예컨대 경북 영양군의 군민 80퍼센트는 인민위원회에 소속되어 있었으며 군민들은 인민위원회를 신뢰했다. 이를 바탕으로 영양군 인민위원회는 군내 극빈자를 위해 쌀을 구입할 수 있는 돈 170만 원(현재로 환산하면 약 2억 원)을 거둘 수 있었다.[49]

인민위원회의 등장과 함께 건국사업을 뒷받침하기 위해 8월 16일 서울 풍문여고에 사령부를 둔 건국청년치안대가 조직되었다. 치안대는 각지에서 민중의 자발적인 치안조직인 학도대·청년대·자위대·노동대 등을 흡수 통합해 전국적으로 162개의 지부를 둔 단일한 체계의 건국치안부로 재차 공식 출범했다. 또한 일제에 의해 강제 징집되었던 사병들을 중심으로 국군준비대가 창설되었으며 약 6만여 명의 인원을 확보하면서 그중 일부는 군사훈련에 돌입하기도 했다.

이처럼 독립국가 건설을 위한 일련의 작업이 상당히 빠른 속도로

---

48 위의 책, 107~108쪽.
49 위의 책, 183쪽.

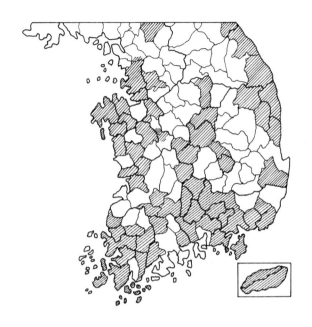

〈그림 1〉 인민위원회가 통치기능을 행사했다고 추정되는 지역
출전: 브루스 커밍스, 「한국전쟁의 기원」 하, 112쪽.

진척되었다. 이와 동시에 민중 스스로 사회개혁을 위한 적극적 조치
들을 끊임없이 취해나갔다.

　대부분의 공장에서는 노동조합이 신속히 결성되었고 조합 노동자
들은 공장을 접수해 자주적으로 관리해나갔다. 또한 농민들은 모든
곳에서 농민조합을 결성한 뒤 일본인과 친일지주들로부터 빼앗긴 토
지를 되찾거나 소작료 인하를 단행했다.

　이렇게 민중의 자발적인 건국사업을 바탕으로 드디어 1945년 9월
6일 전국에서 모인 민중 대표 1,000여 명이 서울에서 회합을 갖고 역
사적인 '조선인민공화국'의 창건을 만천하에 선포했다. 공화국은 그
즉시 가장 급박한 과제로 부각되고 있던 일본 제국주의 법률의 완전

한 폐기, 친일협력자·민족반역자의 토지 몰수, 철도·통신·금융기관의 국유화 등을 골간으로 하는 정책 시안을 공표했다.

이렇게 우리 민중은 일제의 패망이라는 호기를 맞이해 놀라운 단결력을 유지하는 가운데 질서정연하면서도 신속하게 건국사업을 성공적으로 이끌었다.

말할 필요도 없이 이러한 민중의 탁월한 능력은 오랜 기간에 걸친 항일투쟁 속에서 단련되고 준비된 것이었다. 그러한 맥락에서 1945년 8·15 직후 우리 민중이 보여준 모습은 일제의 혹독한 탄압 아래서도 결코 투쟁을 포기하거나 역량이 완전히 파괴되는 것을 경험하지 않았음을 웅변적으로 말해주고 있는 것이다. 요컨대 우리 민중은 능히 해방을 주체적으로 맞이할 수 있는 자격과 조건을 갖추고 있었던 것이다.

그러면 여기서 우리 민족의 해방이 갖는 특수한 형태에 대해 살펴보자.

한마디로 우리 민족의 해방은 식민지 지배자인 일본 군국주의의 패망이라는 조건하에 성취되었다. 이 점이 여타의 식민지 피억압 민족과 구분되는 특수한 측면이다. 문제는 일제를 패망으로 몰고 간 힘이 어디에서 나왔는가에 있다. 이 점은 이미 살펴본 대로 아시아 피억압 민족과 소련·미국 등을 포함하는 광범위한 국제 민주역량에 의한 반일 공동전선의 승리에 있음은 의심할 여지가 없다.

그러나 여기서 주의할 점은 일본이 패망하는 데 미국의 역할이 매우 중요하기는 했지만 미국의 힘만으로 이루어진 것은 아니라는 사실이다. 사실상 태평양전쟁[50]의 핵심 지역은 일본인 이내가사부로가 지적하고 있듯이 미국과 접전을 벌이고 있던 태평양 해상이 아니라 만주와 북중국, 그중에서도 동만주 지역이었다.[51] 왜냐하면 일본이 전쟁을 도발한 궁극적인 목적은 중국을 포함한 동아시아 대륙을 손에 넣는 것이었고 만주는 바로 이러한 대륙침략의 관문에 해당했기 때문이다. 바로 그래서 일본은 미국조차 가장 막강한 부대로 평가했던 관동군을 만주 지역에 배치했던 것이다. 관동군이 지닌 위력은, 미국이 독자적으로 이와 대결할 때 1년 이상의 전쟁과 100만 명 이상의 미군의 희생을 각오해야 한다는 판단을 하고 그 부담을 소련에 떠넘기려 했다는 사실을 통해 여실히 드러난다.[52]

여하튼 막강한 관동군을 포함해 일본 육군의 대부분과 대항한 것은 아시아 민족과 소련이었다. 특히 일본 본토와 중국 대륙을 연결하는 길목에 해당하는 동만주 땅에서 조선과 중국 민중이 펼친 항일무장투쟁은 일본의 대륙침략정책에 심대한 차질을 안겨주었다.[53] 즉, 이들 항일무장세력은 일본의 중추신경을 끊임없이 교란했던 것이다.

이 같은 아시아 민족의 역할이 없었다면, 다시 말해 일본이 아시아 민족에게 발목이 잡힌 채 만신창이가 되지 않았더라면 미국 역시 그 같은 승리를 거두지 못했을 것이다. 따라서 미국이 스스로 우리 민족의 해방에 기여했다고 자처하고자 한다면 그에 앞서 침략의 위협으로부터 자신들을 지켜준 조선과 중국 등 아시아 민족의 커다란 역할

50　태평양전쟁이라는 용어는 다분히 미국의 역할만을 강조하기 위한 것이라 할 수 있다. 본래 전쟁을 일으킨 주범에 해당하는 일본은 태평양전쟁을 '대동아전쟁'이라 표현했는데, 오히려 이 용어가 전쟁의 실상을 더욱 정확히 표현하고 있다고 보인다. 즉, '대동아전쟁'이라는 용어는 전쟁의 주된 대상과 무대가 태평양에 인접한 동아시아 지역이었음을 잘 밝혀주고 있는 것이다.

51　브루스 커밍스, 『한국전쟁의 기원』 상, 81쪽.

52　조순승, 『한국분단사』, 형성사, 1983, 43쪽.

53　브루스 커밍스, 위의 책, 81쪽.

과 희생에 대해 감사의 표시를 할 줄 알아야만 했다.

그럼에도 미국은 자신의 역할을 절대시하는 가운데 승리의 결과를 독차지하고자 했다. 그리하여 미군은 이미 자체의 힘으로 일본의 식민통치를 허물어버리고 새 조국 건설을 위한 사업에 성공적으로 임하고 있던 한반도 땅에 재앙의 씨앗을 품은 채 발을 들여놓았다.[54]

54　해방이 자력에 의한 것인지 타력에 의한 것인지는 현대사를 올바로 이해하기 위해 반드시 해명되어야 할 문제다.

이미 앞에서 지적했지만 우리는 식민지 종주국인 일본의 패망이라는 조건 아래서 해방을 맞이했다. 그리고 이러한 일제의 패망은 국제 민주진영의 단결된 투쟁에 힘입어 가능했다. 세계대전이라는 상황에 비추어볼 때 이 같은 국제 민주진영에 의한 일본 군국주의 타도는 하나의 필연이었다. 다시 말해 우리 민족의 힘만으로 일본을 '축출'한다는 것은 애초부터 있을 수 없는 일이었던 것이다. 아울러 일본 군국주의를 타도하는 데 우리 민족이 극히 중요한 역할을 했다는 것 역시 이미 밝힌 바와 같다.

따라서 우리 민족은 한반도가 일본의 대륙침략을 위한 교두보가 되었다는 점에서 가장 혹독한 억압의 대상이 되었던 반면, 그것의 당연한 결과이기는 하지만 일제의 패망으로 '혁명을 위한 결정적 시기'를 더욱 손쉽게 맞이할 수 있었던 것이다. 문제는 '민중 자신의 힘으로 주권을 손에 넣고 자신의 요구에 따라 자주적으로 그 주권을 행사했는가'에 있다. 이에 대한 해답은 8·15해방 직후 극히 신속하면서도 광범위하게 등장했던 인민위원회를 통해 간단히 얻을 수 있을 것이다.

그러면 이 문제를 더욱 일반적인 차원에서 살펴보자.

제2차 세계대전은 파시즘 진영과 국제 민주진영 간의 투쟁이라는 측면과 함께 제국주의 상호 간의 대립이라는 측면을 아울러 지니고 있다. 이로부터 세계대전의 결과 일부 국가가 승리했음에도 전체 제국주의 진영은 급속히 그 지위가 약화되고 말았다. 제2차 세계대전의 종료와 함께 전 세계 피억압 민족들이 민족해방의 기치를 높이 들고 정치적 독립을 획득했던 것이나 새로운 사회주의 진영이 비상히 그 세력을 확대할 수 있었던 것은 이 같은 제국주의 세력의 참담한 패배를 객관적 조건으로 하고 있는 것이다.

그러면 제2차 세계대전이 어떻게 피억압 민족의 해방을 위한 결정적 계기를 마련해주었는지 몇 가지 예를 통해 알아보자. 제국주의 열강과 그 지원을 받는 국민당의 압제에 시달리고 있던 중국 민중은 또다시 일본 군국주의의 전면적 침략에 봉착했다. 거국적인 항일투쟁 과정에서 국민당과 중국 민중은 상반된 길을 걷게 되었다. 국민당은 일본군이 해안의 주요 도시를 점령함에 따라 그 근거지를 상실하고 말았고 동시에 불철저한 항일투

4. 먹구름을 몰고 온 미군

일본과의 전쟁이 한창 진행될 당시의 미국과 소련, 그리고 각지의 반식민지 저항세력은 공동의 적을 앞에 놓고 비교적 순탄한 동맹관계를

———

쟁으로 말미암아 그 신망이 갈수록 떨어지고 있었다. 이에 반해 민중은 공산당의 지도 아래 광활한 농촌지역을 배경으로 효과적인 항일투쟁을 벌여나감으로써 그 힘이 급속히 강화되어갔고 동시에 정치사상적 단결도 투쟁을 통해 더욱 탄탄해졌다. 그러던 중 일본 군국주의는 중국 민중을 포함한 국제 민주진영의 단합된 투쟁에 직면하자 패망의 늪에 빠져들고 말았다. 이제 중국 민중에게 남은 과제는 여타의 제국주의 열강이 전쟁의 후유증으로 미처 진용을 재정비하고 있지 못한 틈을 타서 휘청거리는 국민당 세력을 제압하고 완전한 승리를 거두는 것이었다. 중국 민중은 이 과제를 성공적으로 수행했다.

다음으로 베트남은 80년간이나 프랑스의 식민지 지배를 경험했던 나라다. 제2차 세계대전 중 일본 군국주의는 예외 없이 베트남에도 밀려들었고 프랑스를 밀어낸 뒤 자신이 주인의 지위를 차지해버렸다. 그러던 일본 역시 결국은 패망해 물러가고 말았다. 이렇듯 제국주의 열강이 서로 치고받고 싸우다가 함께 허물어지는 결정적 시기를 맞이해 프랑스와 일본에 대항해 탁월한 투쟁을 전개해온 베트남 민중은 지체 없이 봉기를 단행함으로써 자신의 요구에 맞는 독립정부를 세울 수 있었다.

동부 유럽의 여러 나라도 비슷한 과정을 거쳤다고 볼 수 있다. 동부 유럽에 대한 히틀러의 대대적인 침공은 이 지역 내에 완강하게 버티고 있던 봉건적 지배질서를 크게 교란시키는 역할을 했다. 반면 사회주의자들은 파시즘에 대한 끈질긴 저항을 통해 민중 속에서 급속히 정치적 영향력을 확대해나갔다. 그러던 중 히틀러 역시 국제 민주진영의 반격으로 참담한 패배를 맞게 되었다. 독일 침략세력이 물러가고 국내의 봉건세력은 전쟁 중 망명을 하거나 침략세력에 협조한 탓에 정치적 파산을 겪게 됨에 따라 소련의 강력한 지원을 받는 사회주의자들은 자신의 주도로 인민민주주의 국가를 세울 수 있었다.

지금까지의 예를 통해 볼 때 우리 민족이 국제 민주진영의 승리를 결정적 조건으로 하여 해방을 쟁취했다는 점은 특수하고 예외적이라기보다는 오히려 당시 피억압 민족의 해방에 일반적으로 나타났던 현상의 일부임이 확인된다.

이러한 맥락에서 볼 때 우리의 해방을 '주어진 해방'으로 단정 짓는 것은 역사의 발전법칙에 대한 몰이해와 함께 민족사에 있어서 민중의 역할을 배제함으로써 나타나는 고루한 사대적 견해에 불과한 것이다. 이런 사대적 견해는 그 태동의 계기에 있어서나 그것이 야기한 결과에 있어서나 모두 외세의 지배를 정당화하기 위한 것일 뿐이다.

유지할 수 있었다. 그러나 승리가 분명해지고 전리품을 챙겨야 할 순간이 다가오자 이들 상이한 각 진영은 심각한 이해의 대립을 드러내기 시작했다.

확실히 미국은 전쟁이 끝난 뒤 일본을 대신해 아시아 지역에서의 지배권을 확립하기 위해 일찍부터 준비를 서두르고 있었다. 그리하여 미국은 애써 대일본 전선에 끌어들였던 소련의 진출 범위를 최소화함과 동시에 일본 군국주의와 혈전을 벌여온 아시아 각 나라의 '반식민지 저항운동'이 독립의 주도권을 쥐는 것을 최대한 억제하고자 했다.

이를 더욱 명료하게 하기 위해 미국은 일본과의 전쟁에서 얻어낸 정치적 소득을 규정지은 「일반명령 1호」를 공표했다. 이 명령은 모든 작전지역 내의 일본군은 연합국의 항복 접수에 협력할 것과 무엇보다도 해당 지역의 승인받지 못한 무장저항단체[55]에 항복해서는 안 된다는 것을 지시하고 있었다. 이와 함께 이 명령은 일본으로 하여금 맥아더가 선정하는 정치적으로 받아들일 수 있는 세력에게 조선, 필리핀, 네덜란드령 동인도제도·인도차이나의 지배권을 이양하도록 규정하고 있었다.[56]

이 같은 「일반명령 1호」의 방침에 따라 중국에 주둔하고 있던 미 해병대는 전쟁이 종결된 직후부터 일본군과 연합해 중국 내 반식민지 무장세력(주로 마오쩌둥의 홍군)을 새로운 적으로 하는 전투에 돌입했

---

55 예를 들어 중국 공산당 휘하의 동군, 조선의 조선인민혁명군, 베트남의 베트민 무장부대, 필리핀의 후크단 등이 있다. 이들 무장세력은 공통적으로 반제·반봉건 혁명을 추구하고 있었고 그 일환으로 항일전선에 주도적으로 참여했다.

56 조이스 콜코·가브리엘 콜코, 「미국과 한국의 해방」, 서대숙 외, 『한국현대사의 재조명』, 돌베개, 1982, 23쪽.

다. 또한 미군이 탈환한 필리핀에서는 식민지 부활을 위한 계획이 급속도로 추진되었다.

이와 비슷한 맥락에서 미국은 단독으로 일본을 점령함으로써 소련에 대항한 친미적 일본을 만들기 위해 전력을 기울였다. 이 같은 방침은 즉각적으로 소련의 반발을 불러왔다. 소련 측으로서는, 미국이 병력을 아시아 지역으로 이동시킬 수 있었던 것은 우선 유럽에서 소련군이 희생한 덕분이며 소련이 연합국의 대의에 다대한 기여를 했기 때문에 세계 어느 곳에서나 어느 정도 동등한 권리를 요구할 자격이 있다고 확고하게 믿고 있었던 것이다. 사실 소련군이 71만 4,000명의 일본군과 맞붙은 2주간의 격렬한 전투에서 최소한 8,000명의 인명손실을 입으면서도 여순(뤼순)과 대련(다롄)항에 공정부대 투하를 포함한 신속한 공격을 한 덕택에 미국은 중국에서의 전투에 발이 묶이는 것을 면할 수 있었다.[57] 그러나 미국은 일본에서의 점령군 정부 구성에 대한 소련의 참여 요구를 '단 며칠 동안 전쟁에 참가한 나라로서 점령군 정부 구성에 참여한다는 것은 절대로 받아들일 수 없는 일'이라며 즉각 거부했다. 결국 8월 11일 미국 정부는 동맹국들이 여하한 부대를 일본에 파견할지라도 통일 점령군 정부의 최고사령관을 지명하는 것은 오직 미국뿐이라는 것을 주요 내용으로 하는 정책각서를 최종 공표했다. 영국과 소련은 이 결정에 반대를 표명했지만 소용이 없었다.

사태가 이처럼 진전되는 가운데 한반도를 두 동강 내는 시초가 되는 38선 설정이 이루어졌다.

8월 14일 청진과 나남에 소련군이 상륙했으며 16일에는 훨씬 더

---

57 위의 글, 19쪽.

남쪽인 원산에서 상륙작전이 감행되었다. 이러한 소련군의 진공 추세에 비추어볼 때 한반도 전체가 소련군에 장악되는 것은 단순한 시간 문제로 보였다. 그러나 당시 미군에게는 가장 가까운 거리에 있는 부대가 한국에서 600마일 이상이나 떨어진 오키나와 주둔 미군이었다. 이러한 상태에서 미국은 한반도 내에서 향후 자신의 지위를 보장받기 위해 38선을 경계로 한반도를 분할 점령할 것을 소련에 제의했다. 이러한 제의를 하게 된 배경에 대해 당시 이 작업에 참여했던 국무성 일반참모부의 딘 러스크 대령은 훗날 의회에서 이렇게 증언했다.

> 육군 측은, 가능한 한 북쪽에서 항복받기를 원하는 미국의 정치적 욕구와 미군이 그 지역에 도달하기에는 분명한 한계를 갖고 있는 점을 조화한 제안을 요청했다. 우리는 38도선을 권고했는데…… 이것은 미군의 책임 지역 내에 한국의 수도를 포함시켜놓는 것이 중요하다고 생각했기 때문이다.[58]

소련은 한반도 분할점령에 관한 미국의 제안을 별다른 반대 없이 받아들였고 서울에 진출해 있었던 일부 소련군은 그 즉시 38선 이북으로 되돌아갔다.[59] 이에 발맞추어 맥아더는 9월 2일 일본의 공식 항

---

58 김학준, 「분단의 배경과 고정화 과정」, 송건호 외, 앞의 책, 70쪽.
59 소련군이 그 당시 한반도 전 지역을 손쉽게 점령할 수 있는 위치에 있었음에도 미국의 분할점령 제의를 간단히 받아들인 이유가 무엇인지는 뚜렷하지 않다. 단지 몇 가지 방향에서 짐작할 수 있는데, 우선 소련은 한반도에서 양보하는 것으로 일본에 대한 군사점령에 참여할 수 있는 기회를 얻어내고자 희망했을 수 있다. 또 한편으로는 독일과의 전쟁에서 엄청난 파괴를 경험한 소련으로서 그 복원에 필요한 시간을 벌기 위해 가급적 미국과의 충돌을 피하고자 했을 가능성도 있을 것이다.

복 서명과 함께 이를 포고하고, 한반도에서 38선 이북의 일본군의 항복은 소련이, 이남의 일본군의 항복은 미국이 접수한다고 발표했다.

이렇게 38선은 일본군의 무장해제라는 '순수한 군사적 목적'에 의해 임의적으로 설정된 듯이 보였다. 그러나 냉정히 살펴보면 순수한 군사적 목적에 의한 38선 설정이란 전혀 불필요한 일이었다. 왜냐하면 8월 15일 아베 총독과 여운형 사이에 협약이 맺어진 사실을 통해 드러나듯이 조선 내의 일본군과 총독부 관리들은 본국의 패망과 함께 가급적이면 별 탈 없이 조속하게 철수하기를 희망하고 있었기 때문이다. 물론 미군이 미처 이러한 점을 확인하지 않았을 가능성은 있다. 그렇다고 해도 미국의 입장에서는 피로에 지쳐 있는 자국 군대를 애써 한반도에 투입하는 것보다는 이미 손쉽게 일본군의 무장해제를 달성할 수 있는 위치에 도달해 있던 소련군에게 맡겨버리는 것이 '순수한 군사적 관점'에 부합하는 조치였을 것이다. 우리는 불과 얼마 전, 약간의 정치적 손실을 감수하면서까지도 관동군에 대한 공격임무를 소련에 떠맡기고자 무척이나 애썼던 미국의 모습을 생생히 기억하고 있다. 여하튼 미국이 38선을 확정하게 된 진정한 동기가 무엇이었는가 하는 문제는 이후 미군이 남한 땅에 진주하기 전에 도리어 조선총독부로 하여금 군사력을 계속 유지하도록 종용했다는 점에서 더욱 분명히 밝혀진다.

따라서 미국이 한반도의 분할점령을 제의한 것은 일본군의 무장해제라는 군사적 목적이 아닌 「일반명령 1호」에서 포괄적으로 기도되고 있는 것처럼 전쟁에 대한 정치적 소득을 확보하기 위한 것으로 이해되어야 한다. 이 문제는 그로부터 얼마 후 미군이 38선 이남에 진주한 이후 보여주었던 행위를 통해 더욱 구체적으로 확인할 수 있을 것이다.

미군이 남한 땅에 진주한 것은 9월 8일이었다. 이는 8월 15일 해방된 날로부터 약 3주 뒤의 일이었다. 그 사이 일본 총독부는 여운형이 이끄는 건국준비위원회에 통치권을 이양하고 있었고 그에 따라 총독부 건물에는 태극기가 의연히 휘날리게 되었다. 그러나 그때 미군 선발대가 비밀리에 도착해 "미군이 진주하기까지 모든 체제를 변경하지 말고 계속 유지하되, 정식 항복할 때 일본 통치기구를 그대로 미군에게 인계하라"라고 통고했다. 미국의 통고를 받은 조선총독부는 8월 18일 오후에 여운형에 대한 행정권 이양을 취소한다고 발표하고, 일단 인계했던 신문사와 학교 등을 다시 접수했다. 이와 함께 건물에 게양되었던 태극기도 다시 일장기로 바뀌었다.[60] 물론 사정이 이렇게 변화했음에도 건국준비위원회는 지속적으로 활동을 강화함으로써 9월 6일 인민공화국의 창건을 이끌어내는 데 성공했다.[61]

미군이 진주하기 하루 전인 9월 7일 맥아더 사령부는 38선 이남에 대한 점령정책을 명시한 「조선 인민에게 고함」이라는 포고 제1호를 발표했고 이 포고문은 그 즉시 비행기로 남한의 상공에 뿌려지게 되었다. 그 내용은 다음과 같다.

---

60 김병오, 앞의 책, 29쪽.

61 건국준비위원회의 계속적인 활동에 당황한 조선총독 아베는 8월 28일 연합군 최고사령관 맥아더에게 한국의 일반적 상황을 전하고 치안유지의 권한을 요구하는 전문을 보냈다. "공산주의자와 선동가들이 이러한 상황을 이용하여 평화와 질서를 교란하고 있다." 이에 대해 다음과 같은 즉각적인 회답이 왔다. "귀하는 우리 군대가 책임을 떠맡을 때까지 …… 38선 이남의 한국에서 질서를 유지하고 통치기구를 보전할 것을 지시한다. …… 나는 귀하에게 그곳의 질서를 유지하고 재산을 보호하기 위해 필요한 권한을 부여하며 지시하는 바이다." 이를 받아본 총독의 회신은 "귀하의 명철한 회답을 받고 본인은 지극히 기쁘다"라는 것이었다(조이스 콜코·가브리엘 콜코, 앞의 글, 31쪽 참조).

조선 인민에게 고함

......

본관은 태평양 방면 미 육군 총사령관으로서 본관에게 부여된 권한으로 써 이에 북위 38도선 이남의 조선 및 조선 인민에 대한 군정을 펴면서 다음과 같은 점령에 관한 조건을 포고한다.

제1조 북위 38도선 이남의 조선 영토와 조선 인민에 대한 최고통치권은 당분간 본관의 권한하에 시행된다.

제2조 정부, 공공단체 및 기타의 명예직원과 고용인, 또는 공익사업, 공 중위생을 포함한 전 공공사업 기관에 종사하는 유급 또는 무급 직원과 고용인 그리고 기타 제반 중요한 사업에 종사하는 자는 별도의 명령이 있을 때까지 종래의 정상기능과 업무를 수행할 것이며 모든 기록 및 재 산을 보호보존하여야 한다.

제3조 모든 주민은 본관 및 본관의 권한하에서 발포한 일체의 명령에 즉각 복종하여야 한다. 점령군에 대한 반항행위 또는 공공의 안녕을 교 란하는 행위를 감행하는 자에 대해서는 가차 없이 엄벌에 처할 것이다.

제4조 주민의 재산권은 이를 존중한다. 주민은 본관의 별도 명령이 있 을 때까지 일상의 직무에 종사한다.

제5조 군정 기간에 있어서는 영어를 모든 목적에 사용하는 공용어로 한 다. 영어 원문과 조선어 또는 일본어 원문에 해석 또는 정의가 불명하거 나 일치하지 않을 때에는 영어 원문을 기본으로 한다.

제6조 앞으로 모든 포고, 법령, 규약, 고시, 지시 및 조례는 본관 또는 본관의 권한하에서 발포될 것이며, 주민이 이행해야 할 사항들을 명기 하게 될 것이다.

일본 요꼬하마에서 1945년 9월 7일

태평양 방면 미 육군 총사령관

육군대장 더글라스 맥아더[62]

이와 함께 이틀 후에 발표된 포고 제2호에서는 "조선인으로서 포고명령을 위반한 자는 사형 등의 엄벌에 처하겠다"라는 경고를 하고 있었다.[63]

9월 8일 하지 중장이 이끄는 미군[64]은 공군의 엄호하에 완전무장을 하고 마치 적진에 상륙하듯 무시무시하게 인천에 상륙했으며 미리 일본 군경을 동원해 한국인들에게 일체의 외출을 금지하게 했다. 그러나 많은 시민이 '해방군'인 미군에 대한 반가운 마음으로 이들을 환영하고자 외출했고, 결국 경비구역을 침범했다는 이유로 일본 경찰의 총격을 받아 상당수의 사람들이 죽거나 다쳤다. 한국인들이 이에 항의하자 미군 당국은 정당한 공무집행이라며 오히려 살인을 저지른 일본 경찰을 두둔했다.[65]

어느 모로 보나 남한에 진주한 미군의 태도는 해방자라기보다 정복자에 가까웠다. 그들이 발표한 포고문에는 한국의 해방을 경축하는 구절은 전혀 찾아볼 수 없었고 오로지 복종의 강요와 저항에 대한 경

---

62 미 국무성 비밀외교문서, 김국태 옮김, 『해방 3년과 미국』, 돌베개, 1984, 48~49쪽.

63 김병오, 앞의 책, 32쪽.

64 당시 남한에 진주한 미군은 제24군단 소속 제4, 6, 7보병사단으로서 그 수는 7만 2,000여 명에 이르는 대부대였다. 그 이후 주한 미군은 약간 증가했는데 1945년 5월 20일자 『뉴욕타임스』에 의하면 1945년 10월 현재 주한 미군의 최소치는 7만 7,643명이었다(조순승, 앞의 책, 63쪽).

미군은 남한의 주요 지역에 골고루 배치되었는데 이러한 전술적 점령은 제6사단 제20보병연대가 제주도에 도착한 11월 20일까지 계속되었다.

65 송건호, 「해방의 민족사적 인식」, 송건호 외, 앞의 책, 20쪽.

고만이 번뜩이고 있었다. 이에 반해 미군이 일본인들을 대하는 태도는 마치 동지를 대하듯 극히 우호적인 것이었다.[66] 일본인 역시 진주한 미군을 열렬히 환영했고 쉽게 협조적인 자세를 취했다. 이 같은 현상에 대해 당시 미국의 『뉴욕타임스』는 9월 11일자 사설에서 "우리는 일제의 식민정책을 시행한 쓰레기들에게는 부드럽게 대하고 우리가 해방시킨 민중들에게는 강경하게 대해야 하는가"라는 심각한 의문을 제기하기도 했다.[67]

계속해서 9월 9일 4시 30분 서울에 진주한 제24군단의 하지 중장과 아베 총독이 조선총독부 제1회의실에서 항복 조인식을 가졌다. 때맞추어 총독부 건물에 게양되어 있던 일장기는 내려지고 그 대신 성조기가 높이 솟아올랐다.[68]

이렇게 하여 미군정 시대가 막을 올리게 되었다.[69]

미군정은 과거 일본 총독부의 지위와 체계를 그대로 인수했다. 총독부 일본인 관리들도 상당 기간 그대로 유임되었고 이후에는 자문역할로서 미군정을 보좌했다. 이러한 맥락에서 볼 때 항복 조인식은 일본 식민통치 질서의 근본적 해체가 아니라 통치권을 일본에서 미국의 손으로 이양하기 위한 절차라고 해도 조금도 틀린 이야기가 아닐

---

66 이와 관련한 사실로서 9월 6일 도착한 21명의 미군 장교로 구성된 선발대의 태도는 극히 시사적이다. 미군 선발대가 도착하자 주한 일본군 사령관인 토시마로 쓰가이 중장은 이들을 조선호텔에 묵게 했다. 그리고 미군 선발대는 한국인들의 방문을 거절한 채 일본의 고위 군장성과 총독부 관리들에게 며칠 동안 흥청망청 계속된 파티를 열어주었다고 한다(브루스 커밍스, 앞의 책, 235쪽).

67 위의 책, 237쪽.

68 김병오, 앞의 책, 31쪽.

69 하지는 처음에는 조선총독부라는 명칭을 그대로 사용하고자 했으나 한국인의 격렬한 반발에 부딪혀 이를 철회했다.

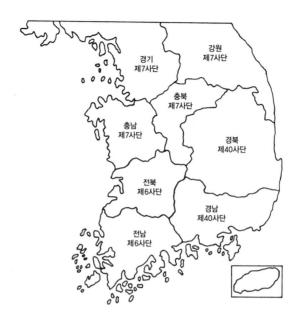

〈그림 2〉 미군의 남한 점령 배치도(1945년 가을)
출전: 브루스 커밍스, 『한국전쟁의 기원』 하, 133쪽.

것이다. 이 같은 절차를 거친 미군정은 그 즉시 자신만이 남한 내의 유일한 정부임을 선언했고 그에 따라 '인민공화국'은 간단히 부정되었으며 궁극적으로는 미군정의 무력으로 분쇄되었다.[70]

---

[70] 미군정은 자신만이 38선 이남의 유일한 정부임을 선언하면서 남한 내의 모든 정당으로 하여금 그 강령과 간부 명단을 등록하도록 했으며 '조선인민공화국'에 대해서도 하나의 정당으로 등록하도록 명령했다. 그러나 인민공화국은 이를 거부한 채 전국적인 선거를 실시하겠다고 공표했다. 이에 격노한 미군정은 앞으로 통치권을 주장하는 집단에 대해서는 수하를 막론하고 무력을 동원해 분쇄하겠다고 언명했으며 실제 행동으로 옮겼다. 어떤 미군 장교는 다음과 같이 말했다. "우리가 이곳에 도착해 보니 이미 조선인민공화국이 지배력을 행사하려고 기도하고 있었다. 그들은 일본인 관리들을 그대로 유임시키

분명 대다수 한국 민중의 요구와는 전면 배치되는 이 같은 미군정의 정책은 처음부터 남한을 미국 독점자본의 안정된 시장으로 확보하는 것과 함께[71] 소련에 대한 대항기지로 삼고자 하는 강력한 동기에서 출발했다.

국무성에서 파견된 정치고문 베닝호프는 미군이 한국에 상륙한 지 1주일 후 번즈 국무장관에게 "남한을 묘사하는 데 가장 적합한 표현은 불꽃만 갖다 대면 즉시 폭발할 화약상자라 할 수 있겠습니다"라고 보고했다. 그는 그러한 상황을 주로 소련의 음모로 돌렸다.

> 소련의 첩자들이 그들의 정치적 이념을 남한 전체에 퍼뜨리는 활동을 하고 있다는 것은 의심할 여지가 없습니다. …… 공산주의자들은 일본인 재산의 '즉각적인' 탈취를 주장하고 있어 법과 질서에 위협이 될 것 같습니다. 서울의 정치상황에서 가장 고무적인 단 하나의 요소는 장년층과 유식층의 한국인 가운데 있는 수백 명의 보수주의자들의 존재입니다. 그들 중 많은 사람들은 일본에 협조했던 사람들이기는 하지만 그 같은 낙인은 궁극적으로는 지워질 것입니다.[72]

베닝호프는 9월 말에 한국에 관한 자신의 첫인상에 대해 다시 부연하면서 대부분 과거 일본에 협력했던 경력을 지닌 '민주적 혹은 보수집단'과 일제하에서 저항운동을 벌여온 '조선인민공화국이란 이름의 정부를 세우려 하고 있는…… 급진적 혹은 공산주의적 집단'을 대

기로 한 명령을 위반했다. 그래서 우리는 그들을 분쇄했다."

71 이와 관련한 사항은 제2장의 '참담한 남한의 실정' 참조.

72 조이스 콜코·가브리엘 콜코, 앞의 글, 34쪽.

비시켰다. 아울러 군사점령의 주된 목표는 소련의 지원을 받은 공산주의자가 정부를 조직하는 것을 방지하는 것에 두어야 한다고 지적했다. 또한 미군이 한국에 진주한 지 한 달 후 맥아더의 참모들은 한국 내 주요 지휘관들에게 점령의 제일차적 임무는 "공산주의에 대한 방벽을 구축하는 것"이라는 간단한 지시를 보냈다.[73]

이처럼 당시 미국의 정책집단은 완고한 반공주의에 사로잡혀 있었고, 모든 사물을 오로지 반공주의라는 색안경을 통해 보고 있었다. 좀 더 구체적으로 말하면 이들의 눈에 비치는 세계 곳곳의 다양한 형태의 변혁운동은 단순히 소련의 세력팽창을 위한 기도로만 여겨졌다.[74] 불행하게도 미군정은 이러한 편견에 사로잡혀 당시 남한의 실정을 객관적으로 파악할 수 있는 능력을 완전히 상실하고 있었다. 그들은 남한 민중의 개혁에 대한 요구가 사실상 소련과는 하등 관계가 없으며[75] 또한 반드시 공산주의의 개혁 방향과 일치하는 것은 아니라는

---

73 위의 글, 34~35쪽.

74 이 같은 관점은 한국전쟁 이후 미국 전역에 몰아쳤던 매카시 선풍과 맥락을 같이하고 있다. 매카시즘이 내포하고 있는 기본 관점은 "공산사회는 그 정점에 소련이 대권국가로서 군림하는 하나의 일사불란하게 통일된 구조를 갖는 체제로서, 나머지 국가는 그 정점에서 시달된 결정이나 명령을 수행하는 괴뢰 이상일 수 없다. 뿐만 아니라 전 세계에 걸쳐 어느 곳에서나 취약한 지역만 있으면 전쟁이나 폭력혁명을 시도하는 본질적으로 팽창주의적인 성격을 갖는 체제다"라는 것에 있다. 그러나 이러한 극단적인 반공주의적 관점은 첫째, 중소 분쟁 등으로 말미암아 공산권이 전일적으로 통일된 체제가 아니라는 사실이 드러나고, 둘째, 베트남전쟁에서 실패한 데서 오히려 미국이 팽창주의적 경향을 지니고 있음을 확인하게 되며, 셋째, 광범위한 비동맹권의 등장으로부터 민족해방운동 등 각종 변혁운동이 소련과 독립적으로 추진된다는 사실이 입증됨으로써 그 허구성이 급속히 폭로되기 시작했다.

75 하지 자신도 남한에서 일어난 급진적인 운동이 소련과 연관되어 있다는 사실에 대해 확신을 하고 있는 것은 아니었다. 예컨대 하지는 1946년 11월 2일 맥아더에게 다음과 같

점을 제대로 이해하지 못했던 것이다. 결과적으로 극단적인 반공주의적 편견은 미군정으로 하여금 한국 민중의 민족적 독립과 사회의 민주적 개혁을 향한 순수한 열망에 대해 불필요한 적대감만을 키우고 말았다.

이러한 가운데 유일하게 미군정의 마음을 편안하게 해주었던 것은 일단의 친일파뿐이었다. 이들의 반공주의적인 입장은 미군정의 입장과 일치하고 있었고 미군정을 불안하게 만드는 어떠한 요구도 내걸지 않았다. 이 같은 요인으로 말미암아 일제의 패망과 더불어 파산지경에 이르게 된 이들 친일파는 새롭게 미군정을 맞이해 과거의 지위를 되찾는 데 성공했다. 미군정은 대부분 친일 경력이 뚜렷한 인사들을 각종 고문과 군정관리 자격으로 채용함으로써 일제 잔재의 청산이라는 시대적 요청을 거역하고 말았다. 미국은 여기에 그치지 않고 이후에도 시종일관 이들 친일파를 중심으로 정부를 구성하는 것을 자신들의 정책으로 삼아나갔다.

그리하여 일제 잔재는 고스란히 유지되고 토지분배 등 사회개혁에 대한 민중의 요구는 철저히 억압당했다. 바야흐로 미군정은 우리 민족의 역사를 일제강점기라는 '지나온 터널' 속으로 다시 밀어 넣고 있었던 것이다.

은 보고를 했다. "공산주의자들의 활동은 이제 적극적인 조치를 취하지 않으면 지배력을 획득할 수준에 도달하고 있습니다. 우리는 급진적 요소들은 대부분 소련 측의 선동에 의한 것이라고 믿고 있습니다만 확실한 증거를 확보하지는 못했습니다."(조이스 콜코·가브리엘 콜코, 앞의 글, 37쪽)

제2장

좌절과 분노

1. 모스크바 삼상 결정, 그 진실과 허위

격동의 한 해가 저무는 1945년 12월 말, 또다시 전체 한국인과 주변 강대국이 대결의 소용돌이에 휘말리기 시작했다.

그러한 현상은 분열된 한반도의 재통일에 관한 강대국 간의 국제협정인 모스크바 삼상 결정에서 비롯된 것이었다. 확실히 1946년은 모스크바 삼상 결정에 대한 치열한 찬반양론으로 시작되었다. 불행하게도 이 같은 공방전은 오늘날까지도 민족 내부에 두터운 분열과 불신의 장벽을 높이 쌓이게 하는 요소가 되었다.

이러한 당시의 사태 전개와 밀접한 관련이 있는 것이 이른바 신탁통치 문제다. 이는 미국의 루스벨트 대통령이 최초로 구상한 제안이었다.

루스벨트는 테헤란회담과 얄타회담 등 연합국 수뇌가 회동한 자리에서 한국에 대해 최고 30년에 이르는 신탁통치를 실시할 것을 제안했다.[1] 미국이 약소국에 대한 강대국의 공동지배를 의미하는 신탁

---

[1]   조순승, 앞의 책, 27~38쪽 참조.

통치를 구상하게 된 것은 일본 등 적대국의 식민지를 전리품으로 획득함에 따라 이에 대한 연합국 상호 간의 이해를 조정하고 확인해둘 필요성이 있었기 때문이었다.

물론 미국은 자국을 포함해 소련, 영국, 중국 등 4개국에 의한 신탁통치를 실현함으로써 궁극적으로 한반도를 자신의 수중에 넣을 수 있을 것이라고 판단했다. 왜냐하면 영국과 중국은 미국의 동맹국이면서도 영국은 동아시아에 대해 별다른 관심을 가지고 있지 않았고 중국은 미국에 예속되어 있는 상태였기 때문에 결국 소련이 반대한다고 하더라도 수적으로 고립됨으로써 신탁통치의 주도권은 미국에 돌아갈 것이라고 생각했기 때문이었다. 이러한 맥락에서 이제 신탁통치는 소련군이 주둔하고 있는 북한을 포함한 한반도 전체를 차지할 수도 있는 효과적인 방안으로 등장했다.

1945년 12월 16일 모스크바에서 개최된 미·소·영 삼상회의에서 미국은 이러한 기대를 그대로 드러냈다.

미국은 회담을 통해 본격적인 신탁통치 체제가 수립될 때까지 조선을 통치하기 위해 미소 양군 사령관을 우두머리로 하는 단일 정부를 설치할 것을 제안했다. 이 제안에 따르면 조선인은 단지 행정관, 고문관, 조언자의 자격으로만 참여하게 되어 있었으며, 그 기간에 단일민족 정부를 수립한다는 조항은 전혀 없었다. 이에 대해 소련은 조선 민중의 공통된 열망을 충족시키기 위해 임시 조선 민주주의 정부를 수립하는 것이 긴급함을 밝히고 가능한 한 속히 장구한 일제의 식민통치가 가져온 참담한 결과를 청산할 것을 요구하는 구절을 협정의 최종안에 삽입하도록 압력을 가했다.[2]

다음으로 미국은 미·소·영·중 대표들로 구성된 행정부가 신탁통치 기간에 입법·사법·행정에서 전권을 행사하도록 짜여야 하며 그 기간을 5년으로 하되 10년으로 연장할 수도 있도록 하자고 제안했다. 이에 대해 소련은 이 기간에도 임시 조선 정부가 주권을 행사하도록 하고 4개국은 단지 조선의 독립과 민주적 발전을 위해 필요한 제반 원조를 하는 후견적 위치에 머물러야 하며 기간은 5년 이내로 한정해야 한다고 주장했다. 아울러 후견제 실시 여부도 임시정부와 미소 공동위원회의 협의를 거쳐 최종 결정할 것을 요구했다.[3]

모스크바 삼상회의는 그 원인은 분명히 밝혀져 있지 않지만 대체로 소련의 주장을 기본으로 한 결정사항을 채택했다. 결정의 핵심 내용은 각 계층의 모든 민주세력이 참여하는 임시 조선 민주주의 정부를 수립하고 이 임시정부와의 협의 아래 최고 5년간 4개국에 의한 후견제 실시 여부를 결정하되 후견 기간에는 전적으로 조선인이 임시정부를 통해 스스로를 통치할 수 있게 한다는 것이었다.

모스크바 삼상 결정의 전문은 다음과 같다.

1. 조선을 독립국으로 부흥시키고 조선이 민주주의 원칙 위에서 발전하게 하며 장시간에 걸친 일본 통치의 악독한 결과를 쾌속히 청산할 제 조건을 창조할 목적으로 조선 민주주의 임시정부가 창건되는데 임시정부는 조선의 산업, 운수, 농촌경제 및 조선 인민의 민족문화의 발전을 위하여 모든 필요한 방책을 강구할 것이다.
2. 조선 임시정부 조직에 협력하며 이에 적응할 제 방책을 예비 작성하기 위한 남조선 미군 사령부 대표들과 북조선 소련군 사령부 대표들

---

2   위의 책, 95쪽.
3   같은 곳.

로써 공동위원회를 조직한다. 위원회는 자기의 제안을 작성할 때에 조선의 민주주의 제 정당 및 사회단체와 반드시 협의할 것이다. 위원회가 작성한 건의문은 공동위원회에 대표로 되어 있는 양국 정부의 최종적 결정이 있기 전에 미·영·중·소 제국 정부의 심의를 받아야 한다.

3. 공동위원회는 조선 민주주의 임시정부를 참가시키고 조선 민주주의 제 단체를 인입하여 조선 인민의 정치적·경제적·사회적 진보와 민주주의적 자치 발전과 조선 독립의 확립을 원조 협력(후견)하는 제 방책도 작성할 것이다. 공동위원회의 제안은 조선 임시정부와 협의 후 5년 이내의 기한으로 하는 조선에 대한 4개국 후견의 협정을 작성하기 위하여 미·영·중·소 제국 정부의 공동심의를 받아야 한다.

4. 남북조선과 관련된 긴급한 제 문제를 심의하기 위하여 그리고 남조선 미군 사령부와 북조선 소련군 사령부의 행정 및 경제 부문에 있어서의 일상적 조정을 확립하는 제 방책을 작성하기 위하여 2주일 이내에 조선에 주둔하는 미·소 양국 사령부 대표로써 회의를 소집할 것이다.[4]

이렇게 하여 우리 민족의 운명에 관계된 가장 중요한 사항이 우리 민족의 대표가 아닌 강대국의 손으로 결정되고 처리되는 사태가 발생하게 되었다. 말할 필요도 없이 이러한 사태는 우리 민족의 자주권에 대한 근본적 손상을 의미하는 것이다. 그럼에도 모스크바 삼상 결정은 미소 두 강대국이 한반도를 분할 점령하고 있는 상황에서 분단 상

---

4 같은 곳.

태를 해소하고 통일 독립국가를 수립할 수 있는 현실적 방안임을 부정할 수는 없었다. 그것은 첫째, 임시정부를 통해 조선 민중의 주권행사를 제도적으로 뒷받침하고 있다는 점, 둘째, 어떠한 형태의 제국주의적 침탈도 허용하지 않음은 물론 특정 강대국의 독점적 지배도 배제하고 있다는 점에 그 근거를 두고 있다. 다시 말해 모스크바 협정은 그것이 원만히 실현되고 우리 민족이 스스로의 운명을 개척해나갈 수 있는 자주적 역량만 충분히 준비된다면 목적하는 바 통일 독립국가 건설의 대로를 여는 데 효과적 방책이 될 수 있었던 것이다. 그러기에 우리 민중은 모스크바 협정의 내용을 정확히 이해한 뒤로는 그 실현을 위해 모든 노력을 다 기울였던 것이다.

한편 미국은 모스크바 삼상 결정이 본래 자신의 의도와는 다르게 결말지어지자 극히 곤란한 상태에 빠져들고 말았다. 왜냐하면 제국주의의 식민지 지배와 민중에 의한 통치권 행사는 근본적으로 대립되기 때문이다. 더욱이 조선 민중의 자주독립과 사회의 민주적 발전에 대한 열망이 한껏 고양되어 있는 상황에서 그러한 대립은 더욱 첨예해질 수밖에 없는 것이다. 그러므로 임시정부 수립을 통해 조선인들에게 통치의 권한을 부여한 모스크바 삼상 결정은 한반도에 대한 미국의 이해에 전면 배치되는 것이었다.

따라서 모스크바 삼상 결정의 내용이 전달되자 미국 내의 냉전주의자들은 즉각 거부 반응을 보였다. 그들에게는 모스크바 삼상 결정의 실현을 위해 노력한다는 것이 하등 쓸모없는 데다 심지어는 무모하기까지 한 것이었다.

그리하여 모스크바 삼상 결정은 미국과 소련의 협력관계 아래 만들어진 마지막 작품이자 동시에 그 파산을 예고하는 전주곡이 되고 말았다. 이와 함께 루스벨트 이후 미국 정부 내에서 소련과의 협상을 통해 국제문제를 풀어가고자 했던 일단의 정책집단은 급속히 후퇴하게 되고 소련과의 전면적 대결을 추구하는 냉전주의자들이 정책 결정의 주도권을 잡아나가기 시작했다.

이러한 전반적 정세 변화 속에서 미국 내 냉전주의자들과 국내 친일파들은 모스크바 삼상 결정의 원만한 실현을 방해하기 위한 일련의 음모를 획책하기 시작했다.

모스크바 삼상 결정이 채택되자 미군정은 회담에 참석한 번즈 미국무장관을 소련과 내통한 불순분자로 내모는 가운데 삼상 결정의 원만한 실현을 방해하기 위한 계획의 일환으로 12월 말경 모스크바 삼상회의 소식이 남한으로 전달되는 과정에서 심각한 은폐와 왜곡을 자행했다.[5] 결국 진상은 철저히 가려진 채 미군정에 우호적인 남한의 언론들은 한결같이 모스크바 삼상회의는 소련의 주장으로 조선에 대한 신탁통치를 실시하기로 했다는 완전히 날조된 소식을 연일 대서특필했다.[6]

1946년 1월 10일 친일지주의 소굴인 한국민주당은 자신들의 간행물을 통해 "소련은 신탁통치를 강조했고 미국은 즉각적인 독립을 옹호했다"라는 그릇된 선전을 늘어놓았다. 비슷한 시기에 이승만 휘하의 독립촉성국민회의 본부는 미군정 당국자들이 참석한 가운데 한민당과 동일한 내용의 결의문을 채택했다. 남한의 일부 지역에서는 소

5　모스크바 협정을 국내에 처음 전달한 것은 워싱턴발 합동통신이었는데, 합동통신은 모스크바 협정을 곧바로 신탁통치안인 것처럼 보도했다. 이러한 보도는 1945년 10월 미 극동국장 빈센트의 "미국은 한국에 대해 신탁통치를 고려하고 있다"라는 발언으로 야기된 한국 민중의 불만스러운 분위기와 결합되어 모스크바 협정에 대한 반발을 쉽게 불러일으켰다(김도현, 「이승만 노선의 재검토」, 송건호 외, 앞의 책, 한길사, 313쪽 참조).

6　브루스 커밍스, 『한국전쟁의 기원』 하, 27쪽 참조.

련의 단독지배 아래 5년간의 신탁통치를 강행하기 위해 소련군이 곧 진주해 올 것이라는 등의 흑색선전이 극성을 부리고 있었다.[7]

　이러한 극단적인 날조행위와 함께 이승만과 김성수 등 일단의 친일파들은 미군정 당국의 보호와 지원 아래 있지도 않은 신탁통치를 반대한다는 허울을 쓰고 실질적으로는 모스크바 협정에 반대하는 시위를 조작해내기 시작했다. 이들은 한 걸음 더 나아가 자신들의 운동을 애국적인 것으로 가장하기 위해 모든 외국군의 즉각적인 철수와 38선의 폐기를 공공연히 주장하고 나섰다. 말할 필요도 없이 이승만 일파의 이러한 행위는 처음부터 끝까지 철저한 기만성을 띠는 것이었다. 지난날 미국의 윌슨 대통령에게 조선에 대한 신탁통치를 구걸한 것은 바로 이승만이었고, 불과 몇 달 후 단독정부 수립을 고창함으로써 38선을 고정화시키려고 날뛴 것 역시 이승만이었으며, 몇 년 후 미군의 철수를 완강하게 반대하고 나선 것 또한 이승만이었다.

　최초의 순간에 사건의 진상을 정확히 파악하지 못하고 있었던 조선 민중은 조속한 독립에 대한 열망으로 이승만 일파가 주도하는 시위에 휩쓸려 들어갔다. 이렇듯 사태가 자신의 의도대로 진전되고 있다고 판단한 미군정 당국과 친일파들은 이른바 반탁운동을 재빨리 반소련운동과 결합시켜나갔다. 이제 반탁은 곧 반소련과 동일한 의미를 갖는 듯했다. 그리고 모스크바 협정을 지지하는 것은 조국을 소련에 팔아먹으려는 행위로 매도되었으며, 이와 함께 모스크바 협정을 지지하는 세력에 대한 불법적 탄압이 급속히 고개를 들기 시작했다.

7　위의 책, 26~31쪽 참조.

소련을 자기들의 조국으로 여기고 우리 민족을 분열시켜 소위 인민공화국의 가치 아래 혼란을 야기하고 결국에는 우리나라를 소련의 한 연방으로 만들려는 일부 반역분자들이 있습니다. …… 우리는 기필코 이를 분쇄해야 되겠습니다.[8]

특히 미군정의 행위는 명백히 이율배반적인 것이었다. 그들은 입으로는 협정에 찬동했으면서도 손으로는 협정을 지지하는 세력을 탄압하고 있었던 것이다.

한편 남북의 민주진영은 오도된 소식이 전달된 지 얼마 후 모스크바 삼상회의 진행의 전모와 협정의 내용을 정확히 이해하기에 이르렀다. 그리하여 진정한 애국자들과 자각된 민중은 모스크바 협정이 미소 양군의 분할점령이라는 조건 아래 외세의 지배와 민족의 분열을 막고 통일 독립국가를 건설할 수 있는 현실적 방안이라고 평가하고 이를 전국적으로 지지하기로 함과 동시에 그 정당성을 밝히기 위한 운동을 세차게 벌여나갔다.

이러한 노력의 결과, 이미 1946년 1월 23일경에는 서울에서만도 200여 단체, 30만 시민이 참석한 가운데 모스크바 협정의 즉각적인 실현을 촉구하는 대규모 집회가 개최되기도 했다. 집회에서는 모스크바 협정이 ① 조선을 완전 독립국가로 재건하고, ② 조선에서 일본 제국주의의 악독한 잔재를 급속히 제거하며, ③ 민주주의 임시정부 수립을 원조·협력하고, ④ 38선을 시급히 철폐하여 행정 경제의 통일 조정 등을 구체적으로 심의하기 위한 것이므로 마땅히 지지해야 한다

---

8   위의 책, 15쪽.

는 주장이 나왔다. 이와 함께 '삼상 결정을 중심으로 소수의 반민주주의적 경향과 절대 다수의 민주세력이 분립하고 있음'이 지적되었다.[9]

사태는 1월 26일경에 이르러 새로운 계기를 맞이하게 되었다. 이날 미소 공동위원회 소련 측 대표인 스티코프 중장은 남한에서 벌어지고 있는 사태의 진실을 접하게 되자 기자회견을 자청해 모스크바 회담 경과의 전말을 공개했다.

소련 측의 기자회견은 미국과 그의 군사정부의 위신에 치명적인 타격을 안겨주었다. 반탁논리에 농락당하고 있던 한국 민중은 충격을 받아 어리둥절했다. 기자회견은 다음의 사실을 밝혀주고 있었다. 첫째, 처음에 신탁통치를 제안했던 것은 미국이었다. 둘째, 미국의 제안에 의하면 신탁통치는 10년까지 계속될 수도 있었다. 셋째, 미국은 신탁통치의 실시에 앞서서 한국 전체의 통일 민족정부를 수립하는 데 아무 관심이 없었다.

이제 소련이야말로 조선인의 이익의 진실한 옹호자가 된 것처럼 보였다.[10]

이렇게 하여 반탁운동의 기만성은 여지없이 폭로되었고 그 대열 또한 급속히 허물어져갔다. 이러한 반탁운동은 1947년 3월 1일 남산 집회를 마지막으로 최소한의 대중운동으로서의 의의를 완전히 상실해버렸고 이후부터는 모스크바 협정의 실현을 촉구하는 민중운동에 대한 반동적 테러운동으로 전락하고 말았다.

---

9 김천영, 앞의 책, 122~124쪽.
10 미국의 애치슨은 스티코프가 회견을 통해 밝힌 사실은 전부 타당한 것임을 실제로 인정했다. 그러나 그는 미국의 구상이 확정된 계획으로서가 아니라 토의의 기초로서 제안된 것이었다고 밝혔다(조순승, 앞의 책, 99쪽 참조).

반면 모스크바 협정을 지지하는 대열은 시간이 흐름에 따라 꾸준히 확대되어나갔다. 노동자·농민대중은 말할 것도 없고 김규식 등 이른바 중도파 인사들도 협정의 핵심인 임시정부 수립을 적극 촉구하고 나섰다. 특히 1947년 하반기 이후 미국과 이승만 일파가 모스크바 협정의 실현을 방해하고 나선 주된 이유가 단독정부 수립에 있음이 본격적으로 드러나기 시작하면서부터는 모스크바 협정이 갖는 정당성은 확고부동한 것이 되었다.

물론 김구처럼 끈질기게 협정을 반대하고 나선 사람도 있었다. 그러나 김구가 협정을 반대한 동기는 미국과 이승만의 동기와는 근본적으로 성격을 달리하고 있었다. 한마디로 김구는 지나치게 조급했고 당시 국내외적 조건에 대해 냉철하게 분석해보지 않은 상태에서 즉각적인 독립만을 고창했던 것이다. 결국 김구의 이러한 오판은 그의 기대와는 다르게 민주진영의 분열을 초래했고 자신 또한 노동자·농민대중으로부터 멀어지게 만들었다. 그의 오판은 결국 미국과 이승만의 식민지 예속화와 민족분열 음모를 도와주는 것이 되고 말았다.[11]

여기서 반드시 짚고 넘어가야 할 점이 있다. 종종 모스크바 협정의 실현을 둘러싼 민주진영과 비민주진영의 공방전을 찬탁이냐 반탁이냐의 대결로 표현한다. 그러나 당시 민주진영이 신탁통치를 옹호한 적은

---

11 이 점에 관해 백기완은 다음과 같이 평가하고 있다.
"백범이 반탁의 입장을 취함으로써, 그의 애국적 자의식 속에는 그의 탁치 반대 의사가 외세의 간섭에 대한 저항으로 느껴졌겠으나 외세를 배척하는 또 하나의 방법인 외세를 이용하는 전략을 잃어버린 셈이 되었다. 따라서 가장 뼈아픈 치명타는 일찍부터 관용과 포용, 통일의 주체로서의 백범(김구)이 탁치안을 놓고 담당해야 할 과제, 즉 탁치안을 앞에 둔 모든 항일 세력의 단합을 도모할 지반을 스스로 파괴한 결과를 가져오고 있었다." (백기완, 「김구의 사상과 행동의 재조명」, 송건호 외, 앞의 책, 292쪽)

단 한 번도 없었다. 오히려 미국의 신탁통치 음모를 폭로·공격하고 있었다. 민주진영이 옹호한 것은 신탁이 아니라 그 당시 표현대로 '모스크바 협정의 총체적 실현'이었으며, 그중에서도 1947년 7·27인민대회에서 확연히 나타났던 민주주의 임시정부의 촉구였다.[12] 여기에서 우리는 온갖 왜곡과 기만으로 점철된 실제 역사과정이, 그것이 지나간 역사로 기록되는 순간에 또다시 왜곡되는 사태를 보게 된다.

이 같은 혼란의 와중에 1946년 3월 20일 서울 덕수궁에서 모스크바 협정의 실현을 논의하기 위한 미소 공동위원회가 개최되었다.

공동위원회는 모스크바 협정 자체에 대해 각각의 세력이 첨예한 이해의 대립을 보이고 있던 점을 고려한다면 이미 그 파산을 예고하고 있었다고 해도 과언이 아니었다.

예상대로 공동위원회가 개최되자마자 미소 양측은 심각한 이견을 노출시키고 말았다.

소련 측 대표는 반탁운동에 참여했던 단체와 개인들은 임시정부 수립을 위한 협의 대상에서 배제할 것을 요구했다. 반탁운동 세력들은 미국에 우호적인 대부분의 정당과 개인들을 망라하고 있었으므로 이 같은 소련의 제안이 채택된다면 한반도에는 반제국주의적인 통일정부가 수립될 것이 분명했다. 따라서 미국은 일부 조선인들이 '반탁의사'를 표시하는 것은 '4대국에 의한 신탁통치(후견)의 실시 여부는 임시정부와 협의를 거쳐 결정'되도록 한 모스크바 협정에 비추어볼 때 전적으로 '표현의 자유'에 속한다는 점을 지적함으로써 소련의 주장에 전면적으로 반박하고 나섰다.

---

12 브루스 커밍스, 앞의 책, 32쪽 참조.

그러나 미국의 이러한 논리는 '반탁운동'의 실제 모습과는 상당히 거리가 먼 것이었다. 유감스럽게도 '반탁운동'의 중추세력이었던 이승만 일파의 논리는 미국의 주장과는 달리 모스크바 협정 자체를 거부하는 것이었으며 심지어는 미소 공동위원회마저도 극히 못마땅한 눈으로 보고 있었다.[13]

애초부터 서로 양보할 수 없는 문제를 놓고 대립을 보였던 미소 양측은 결국 이견을 좁히지 못한 채 공동위원회의 결렬로 나아가고 말았다.

공동위원회가 아무런 성과도 없이 결렬된 데에는 미국과 소련 모두에 책임이 있었다. 이들 두 강대국은 한결같이 조선의 통일정부 수립보다는 한반도 내에 자국의 이익에 부합하는 정부를 수립하는 것에 우선적인 관심을 두었다. 예컨대 공동위원회가 결렬된 직후 소련 대표 스티코프는 다음과 같이 말했다.

소련 대표단이 특정한 인사들을 협의 대상에서 제외할 것을 주장한 주원인은 소련이 조선의 가까운 이웃이므로 소련에 충성하는 임시 민주정부가 조선에 수립되는 것에 관심을 갖고 있기 때문이다. 모스크바 결정에 반대하며 소련을 비난하는 조선인들은 소련을 중상모략하고 소련의 명예를 훼손시킨 자들이다. 만약 그들이 권력을 장악하게 된다면 그 정

---

13 이승만 일파는 처음에는 소련이 참여하는 어떠한 국제협정에도 반대한다는 의사를 밝혔고 이후 전반적인 대세가 모스크바 협정에 대해 우호적인 방향으로 흐르고 있던 1947년경에 이르러서는 협정에서 말하는 신탁통치(후견)와 민주주의가 무엇을 말하는지(미국식 민주주의인지 소련식 민주주의인지에 대해) 분명해지지 않는 한, 미소 공동위원회의 활동에 협력할 수 없다는 의사를 분명하게 밝혔다(조순승, 앞의 책, 97, 126쪽 참조).

권도 소련에 비우호적일 것이며, 관리들은 소련에 대한 조선 민중들의 적대행위들을 조장하게 될 것이다.[14]

미국의 책임은 더욱 크다고 할 수 있다. 무엇보다도 미국은 모스크바 협정에 명시된 '일제통치 잔재의 조속한 청산'이라는 원칙에서 벗어나 시종 친일파들을 옹호함으로써 협정의 실현에 '근본적' 장애를 조성했다. 그러나 더욱 중요한 것은 이미 앞에서 살펴본 대로 미국은 모스크바 협정의 원만한 실현을 통한 통일정부 수립에 이렇다 할 성의를 보이지 않았다는 점이다.

여러 가지 사실을 종합해볼 때 미국은 소련의 협조를 얻어 한반도 내에 자국에 유리한 통일정부를 세우는 것이 어렵다는 판단을 하고 일찌감치 남한만의 단독정부를 수립하기 위한 계획을 검토하기 시작했다고 볼 수 있다.

미소 공동위원회가 진행되고 있던 1946년 4월 6일 미국의 AP 통신은 "미군정 당국은 남조선만의 단독정부 수립에 착수했다"라는 소식을 전했다.[15]

비슷한 시기에 하지는 공산주의자가 참여하지 않는 남조선 과도정권이 성립될 가능성을 비친 바 있고, 미소 공위에 앞서서는 이승만과 장시간 회담했고 뒤이어 맥아더를 방문했으며, 그 후 이승만에게 지방 여행을 권고했다. 이승만은 하지의 권고에 따라 미소 공위가 결렬된 이후인 1946년 6월 3일 마침내 정읍에서 다음과 같은 발언을 했다.

---

14   조순승, 앞의 책, 109쪽.
15   김도현, 앞의 글, 316쪽 참조.

우리는 무기휴회된 공위가 재개될 기색도 보이지 않으며 통일정부를 고대하나 여의케 되지 않으니 남쪽만이라도 임시정부 혹은 위원회 같은 것을 조직하여 38선 이북에서 소련이 철퇴하도록 세계 공론에 호소하여야 할 것입니다.[16]

이는 명백히 남한만의 단독정부 수립 가능성을 시사하는 것이었다.

2. 참담한 남한의 실정

미군이 남한에 진주했을 때의 모습이 해방자라기보다는 정복자의 모습에 가까웠다는 사실은 이미 살펴본 대로다. 확실히 미군은 적진을 점령하듯이 남한을 정복했고 하나의 전리품으로 손에 넣었다. 이는 미군정이 남한 땅에서 수행한 정책들이 과거 수많은 제국주의자가 식민지를 개척할 때 활용했던 정책과 너무도 흡사하다는 사실을 통해 간단히 입증된다.

특별히 멀리 갈 것도 없이 미군정의 체제와 정책은 과거 일본이 이 땅에 들어와서 했던 것의 단순한 반복 또는 그 연장이라고 해도 과언이 아니었다. 미군정은 스스로를 일본의 총독부와 동일시했고 일본이 이 땅에 설치해놓은 모든 기구를 고스란히 인수해 다시 활용했다. 친일 경력이 분명한 자들이 미군정의 주위에 포진했고[17] 반봉건적인 지주 – 소작관계는 근본적 개혁 없이 계속 온존되었으며 억압적 식민

16 위의 글, 316쪽.

통치 체제 역시 그 완고한 생명력을 유지해나갔다.

우선 미군정은 치안유지의 문제를 과거 일본인들이 만들어놓은 경찰기구를 그대로 인수함으로써 해결하고자 했다. 이러한 미군정 정책의 결과, 경찰 간부의 8할은 과거 일제의 주구 노릇을 하던 자들로 채워졌으며 특히 그중에는 북한에서 쫓겨 내려온 친일파 중 상당수가 포함되었다. 이러한 이유로 경찰의 횡포는 이루 말할 수 없이 극심했다.

매일같이 많은 사람들이 증거도 없이 경찰의 편파적인 생각에 따라 체포되었다. 어떤 경찰관은 '저놈은 맘에 안 드니 데려다가 두들겨 패고 감옥에 처넣자'고 말했다. (당시 경찰 간부를 지낸 바 있는 최능진의 증언)[18]

경찰의 창설과 더불어 그 활동을 뒷받침해줄 수 있는 온갖 파쇼적 법령체계가 난폭스럽게 등장했다. 1945년 11월 2일의 군정법령 21호는 다음과 같이 규정하고 있다.

앞으로 새로운 명령이 내려질 때까지 혹은 앞서 폐기된 것이 아닌 모든 현행법과 과거의 총독부가 공포한 규정, 명령, 지시 및 각종 문서들 중에서 1945년 8월 9일까지 유효했던 것은 합법적 당국(미군정)에 의하여 폐기될 때까지 계속 발효한다.

---

17 미군정에 협력했던 대표적 세력 중 하나는 친일지주들을 중심으로 결성된 한민당이었다. 다소 지엽적인 것이기는 하지만 미군정은 영어를 할 줄 아는 한국인들을 우선적으로 고용했는데 이들은 대부분 부유한 지주계급 출신이었다.

18 브루스 커밍스, 『한국전쟁의 기원』 상, 280쪽.

그리하여 1908년의 군사법령, 1910년의 정치집회금지법, 1936년의 선동문서통제령, 심지어는 1907년의 치안유지법 제2호 등 악명 높은 일제강점기 법률들이 그대로 효력을 유지하게 되었으며 경찰 총수 조병옥은 이러한 맥락에서 1912년에 제정된 일본 법률을 근거로 1946년 가을 무렵에 애국자들에 대한 대량 예비검속을 단행하기도 했다. 이러한 상태는 적어도 1948년 4월 8일까지 그대로 유지되었다(그 이후 더욱 가혹해졌다).[19]

한편 남한의 민중은 전국 어디에서나 조선인민공화국 창건과정에서 건국사업을 뒷받침하고 내외 친일세력으로부터 자신을 보위하기 위해 놀라울 정도의 기동성을 발휘하면서 자위대·노동대·치안대 등 각종 무장단체들을 광범위하게 결성해나가고 있었다. 이후 미국에 의해 강제적인 군사적 점령이 이루어지자 이들 무장단체는 대원 수 6만여 명에 이르는 국군준비대로 통합해 더욱 강력한 대응태세를 마련해 갔다. 그러던 중 1945년 10월 15일 전라북도 남원에서 미군의 지원을 받는 경찰들이 국군준비대와 크게 충돌하는 사건이 발생했다.[20] 이 사건을 계기로 상당한 위기의식을 느낀 미군정 당국은 즉각 국방경비대 창설작업에 착수했다. 동시에 국군준비대를 강압적으로 해체하고 그 간부들을 체포해 중형에 처해버렸다.

국방경비대의 수뇌부는 경찰과 마찬가지로 과거 일본 군대의 하수인이 되어 독립투사를 체포하는 데 앞장섰던 반민족적 인사들로 채워졌다. 경비대 초대 사령관인 원용덕을 위시해 채병덕, 장도영, 정일

---

19 위의 책, 270~271쪽 참조.
20 위의 책, 284쪽.

권, 박정희 등이 모두 일본군 말단 장교 출신이었다. 반면 미군정은 일본인에 의해 투옥된 경력이 있는 사람은 자격을 박탈함으로써 진정한 애국자들의 참여를 엄격히 배제했다. 그러나 이러한 수뇌부의 매국적 성격과는 달리 그 하층을 이루는 일반 사병들과 일부 장교들은 비록 배고픔을 견디다 못해 몸을 의탁했지만 순수한 민중의 아들로서 여전히 가슴속에는 뜨거운 애국심을 간직하고 있었다. 국방경비대의 창설은 그 자체로 남북을 분열시키고 남한만의 단독정부를 만들겠다는 미국의 음모가 최초로 명확히 드러난 구체적 사례였다(〈표 1〉 참조).[21]

식민통치의 아성이 정비되어나감과 동시에 애국 민중에 대한 폭압적인 탄압은 날로 극심해져갔다. 제1차 미소 공동위원회가 결렬된 이후부터는 모든 애국적 정당과 민주단체들이 불법화되었고 민중 지도자들에 대한 대규모 검거 선풍이 휘몰아쳤다. 『매일신보』, 『인민일보』 등 애국적 언론들은 일방적으로 폐간처분을 당하거나 엄격한 검열제 실시로 활동하는 데 결정적 제약을 받았다. 말할 필요도 없이 파업·시위·집회 등 제반 민주적 권리가 송두리째 짓밟히기 시작했다. 극히 단순한 예로 1946년 5월 1일 노동절 기념집회에 참가했다는 이유로 영등포 조선실업 노동자 다수가 경찰과 미군 헌병대에게 강제로 출근을 저지당하고 불법적으로 해고되었으며, 같은 공장 기숙사 내의 여성 노동자 40여 명에게는 식사공급이 중단되었다.

한편 미군정 아래 남한 민중의 경제적 여건은 참담하기 이를 데

---

21 본래 군대는 국가체제의 핵심적 요소 가운데 하나다. 이러한 맥락에서 국방경비대의 창설은 남한 내에 단독정부를 세우기 위한 사전작업으로 이해될 소지가 많았다.

부대명	창설일·장소	부대편성	비고
제1연대	1946. 1. 15 태능	1946. 9. 18 연대편성 완료	자원이 많아 당대 완료
제2연대	1946. 2. 28 대전	1946. 12. 25	4대 정위 최홍희 완료
제3연대	1946. 2. 26 이리	1946. 12. 25	3대 정위 김백일 완료
제4연대	1946. 2. 15 광주	1946. 12. 25	2대 정위 정일권 완료
제5연대	1946. 1. 29 부산	1947. 1. 1	2대 부위 백선협 완료
제6연대	1946. 2. 18 대구	1948. 6. 15	6대 소령 김종갑 완료
제7연대	1946. 2. 7 청주	1947. 1. 15	당대 편성완료
제8연대	1946. 4. 1 춘천	1946. 12. 7	
제9연대	1946. 11. 16 제주	1947. 3. 20 대대편성 완료	1948. 5. 15 제11연대 편성
제10연대	1948. 5. 1 강릉	8연대 3대대 기간	1948. 7. 1 태백산 공비토벌 참가
제11연대	1948. 5. 4 수원	2, 3, 4, 5, 6연대에서 1개 대대씩 차출 편성	1948. 5. 15 제9연대 흡수
제12연대	1948. 5. 1 군산	3연대 2대대 기간	1948. 11 여수반란 진압 출동
제13연대	1948. 5. 4 온양	2연대 일부병력 기간	1949. 7. 5 옹진전투 참가
제14연대	1948. 5. 4 여수	4연대 1개대대 기간	1948. 10. 28 부대 해체
제15연대	1948. 5. 4 마산	5연대 1개대대병력 기간	1948. 11. 3 여수반란 진압 출동

〈표 1〉 연대창설 현황

출전: 「육군역사일지」, 1945~1950.

없었다.

　본래 일제강점기의 한국 경제는 본국 일본에 철저히 예속되어 있었기 때문에 해방과 함께 일본과의 연계고리가 끊어지자 재생산 체계가 급속히 허물어지기 시작했다. 예컨대 해방 당시 제조업 부문의 94퍼센트가 일본 자본, 기술자의 80퍼센트가 일본인으로 구성되어 있었는데, 일본이 패망과 더불어 자본과 기술자를 철수시킴으로써 극히 일부를 제외하고는 대부분의 공장이 가동을 멈춰야 하는 극단적 상황에 직면하게 되었다. 설상가상으로 남북의 분단은 이러한 곤란을 더욱 가중시켰다. 당시 조선의 공업은 북한에 압도적으로 편재되어 있었으며, 따라서 남한의 공업은 중화학공업 생산액의 20퍼센트, 그리고 전 공업 생산액의 40퍼센트 정도에 불과한 실정이었다. 이러한 가운데 남북 간의 경제적 통일을 파괴시킨 민족분단으로 대부분 북한에서 생산되고 있던 중화학공업 부문, 특히 화학·전력·비료[22] 등은 남한 내에서 거의 공급이 중단되는 사태가 빚어지고 말았다.

이와 같이 남한 경제 전반에 나타난 파멸적 현상에 대해 세계 최고의 경제강국을 자랑하는 미국[23]은 의외의 무능력만을 드러내고 있었다.

애초에 미군정은 출범 직후 전체 남한 재산의 80퍼센트에 달하는 구 일본인 재산을 모두 군정청에 귀속시키는 조치를 단행했다. 1945년 12월 6일 미군정은 법령 제33호 「조선 내 소재 일본인 재산권 취득에 관한 건」을 공포·시행했는데, 그 제2조에는 "1945년 8월

22　남한에는 삼척산업 삼척공장, 조선화학비료 인천공장, 왕자제지 인천공장 등 세 개의 비료공장이 남아 있었는데 이 공장들은 북한 흥남질소공장의 70만 톤이라는 연간 생산능력에 비해 그 생산능력이 6퍼센트에 불과한 4만 2,000톤 정도에 그치고 있었다. 때문에 남한에서는 1946년에 들어와서 미 군정청의 관리하에 겨우 3,603톤의 비료를 생산했는데, 이것은 1935년에서 1944년까지 10년간 평균 생산실적 55만 8,134톤의 0.6퍼센트에 지나지 않는 것이었다(이종훈, 「한국 자본주의 형성의 특수성」, 김윤환 외, 『한국경제의 전개과정』, 돌베개, 1981, 125쪽).
그러나 비료와는 달리 중요 발전소 대부분이 북한에 있는 전력은 1948년 5월 14일 최종 송전이 중단되기 전까지는 38선을 넘어 계속 남한에 공급되었다.
23　제2차 세계대전 직후 미국의 국민총생산량은 전 세계의 3분의 2에 달하고 있었다.

9일 이후 일본 정부, 그 기관 또는 그의 국민, 회사, 단체, 조합……
등이 소유 관리하는 전 재산 및 그 수입에 대한 소유권은 1945년 9월
25일부로 조선 군정청이 취득하고 조선 군정청이 그 재산 전부를 소
유함"이라고 규정되어 있었다.[24]

그리하여 그동안 노동자들이 자주적으로 관리하고 있었던 대부분
의 공장과 은행들이 미군정의 소유로 넘어가게 되었다.[25] 이와 함께
토지 등 각종 자원이 일제강점기의 동양척식주식회사의 후신인 신한
공사로 귀속되었다. 해방 직후 남한에서는 동양척식주식회사와 같은
대농장은 소작인들이 대표를 뽑아 농지를 관리하고 있었고 일본인 소
지주들은 대부분의 경우 토지를 내버리고 경찰이 있는 도시로 떠나버
렸다. 소유자 없는 이러한 토지를 소작인들은 자신의 토지로 삼았고
분배를 할 때는 '지방인민위원회'가 주체가 되어 분배하는 것이 보통
이었다. 이처럼 농민이 주인이 되어가고 있었던 일본인 토지가 미군
정으로 다시 귀속되는 과정에서 당연히 상당한 농민의 저항이 일어날
수밖에 없었다.[26]

---

24 사쿠라이 히로시櫻井浩, 「한국 농지개혁의 재검토」, 서대숙 외, 앞의 책, 417쪽.
25 일본인이 남한에 투자한 기업체 수는 2,576개에 이르렀는데, 그중에는 은행 43개,
상업회사 136개, 전기회사 51개, 식품·양조회사 472개, 기계제작회사 322개, 인쇄소
102개, 제약회사 111개, 운수회사 75개, 광산회사 74개, 금속회사 84개, 해운회사 5개,
기타 국제전신회사·정부전매사업체 등이 포함되어 있었다.
26 사쿠라이 히로시, 앞의 글, 417쪽.
미군정은 식민지 시대의 토지대장(면적, 소유주 주소, 지가 등을 기록)과 지적도(위치,
형상, 지번 등을 기록)를 이용해 철저한 조사를 거친 뒤 구 일본인 등의 소유지를 군정청
의 관리하에 끌어넣었다. 이 조사는 1945년 말부터 시작해 다음 해 봄의 파종기까지 완료
되었는데 조사과정에서 미군과 동행한 한국인 9명이 타살당함으로써 군정청의 토지몰수
에 대한 농민의 저항이 있었음을 말해주고 있다(위의 글, 418쪽).

이렇게 해서 미군정은 과거 일본 총독부를 능가하는 거대 지주, 거대 자본가로서 남한 땅에 군림하게 되었다.

미군정은 이렇게 압수한 광범위한 재산을 기초로 통치비용을 조달하고 남한 내 동조세력을 규합했으며 나아가 남한을 미국의 영구적인 상품시장으로 만드는 정책을 펼쳐나갔다.

우선 남한 인구의 절대 다수를 차지하는 농민들에게 사활적 이해가 걸려 있던 토지문제부터 살펴보자.

미군정 산하의 신한공사는 과수원, 뽕밭, 산림 등을 제외하고도 28만여 정보의 토지와 55만 4,000여 호의 소작농가를 관리하는 거대지주가 되었다. 신한공사의 토지를 소작하는 농가는 남한 총농가 수의 27퍼센트에 이르며 소작지면적도 총경지면적의 13퍼센트를 상회하고 있었다. 더구나 이들 토지는 생산력이 높은 토지였기 때문에 숫자로 나타난 비율보다도 농업 생산에서 커다란 의미를 지니고 있었다. 예를 들면 1947년 신한공사 소유지의 쌀 생산고는 전체의 25퍼센트에 달했다. 이 같은 광대한 토지에 대해 신한공사는 거액의 소작료를 거두어들여 소작료 수입은 매년 10수억 원에 달했고 1947년 4월 1일부터 1948년 3월 1일까지의 수지결산을 보면 5억 8,070여만 원에 달하는 순익을 올리고 있었다. 이러한 신한공사의 폭리가 소작농민들에 대한 과도한 착취에서 나온 것임은 두말할 필요도 없는 일이었다. 소작계약의 상세한 내용은 알 수 없지만 "과거의 동양척식주식회사 또는 불이흥업 등의 거대 지주들이 농민들에게 강요하여온 그것과 조금도 다름이 없으며 그것의 복사 이외의 아무것도 아니다"라는 평가도 있었던 것을 보면 농민들에게 크게 불리했으리라는 것은 쉽게 짐작이 간다. 어쨌든 신한공사의 창립을 규정한 미군정 법령 제52호 제1조에 "공사 사장으로서의 미국군 장교는 군정장관의 동의를 얼어 미국의 이익에 관계 있는 정책문제를 결정하는 전권을 가짐"이라고 규정하고 있는 바와 같이 신한공사는 막대한 소작료 징수를 통해 미군정의 통치와 주한 미국인 부양에 필요한 비용의 상당 부분을 조달했다.[27]

토지문제는 여기서 그치지 않았다. 1946년 당시 남한의 전체 농민 중 39퍼센트가 자작 겸 소작, 45퍼센트가 소작농의 처지에 있을 정도로 한국인이 지주로 있는 소작관계 역시 광범위했다. 미군정은 소작료를 경작수화물 총액의 3분의 1을 초과하지 못하도록 하는 등 부분적인 개혁조치를 취하기도 했지만 한국인 지주들이 미군정의 강력한 지지세력이 되고 있었기 때문에 근본적인 토지개혁은 계속 뒤로 미루어지고 있었다.

이 같은 토지개혁의 지연이야말로 남한 농민들의 가장 중요한 불만사항이었다는 점은 의심할 여지 없는 사실이었으며 동시에 악화일로를 걷고 있는 사회불안과 대규모 민중항쟁의 원천적 요인이 되었다.

공업분야에서의 심각한 혼란 역시 미군정의 편파적 정책 때문에 효과적으로 극복되지 못했다.

미군정은 공업정책에서도 민족자립경제의 토대 구축과 민중복리 증진에는 아무런 관심도 기울이지 않았다. 그들이 오직 관심을 가졌던 것은 이후에도 계속 남한을 지배하기 위해 자신에게 우호적인 조선인 자본가계급을 양성하고 남한을 장기적으로 미국의 경제에 종속시키는 것뿐이었다. 그리하여 급박하게 해결해야 했던 기술자 양성과 설비투자는 계속 방치되었으며, 그 결과 남한의 공업은 1948년에 들

---

27   위의 글, 417~422쪽 참조.

어와서도 1941년에 비해 기업체 수는 60퍼센트, 고용자 수는 70퍼센트, 생산액은 83퍼센트가 각각 감소했다.[28]

이 같은 미군정의 공업정책을 면방직공업을 중심으로 살펴보자.

미군정은 그 나름대로 면방직공업을 부흥시킨다는 목표 아래 관련 귀속 기업체를 대부분 친일 경력이 분명한 정치적 지지자들에게 헐값에 불하했고 다른 한편으로는 미국산 원면의 원조를 시작했다.[29] 원조의 경우 설비자금은 말할 것도 없고 운전자금의 확보마저 불가능한 상황에서 당시의 면방직공업에 대한 값싼 원면의 배급은 면업계의 사활적 문제가 되었고, 그 배급을 둘러싼 치열한 경쟁은 극에 달했다. 결국 이러한 경쟁 속에서 원면의 배급은 미군정에 유착된 일부 대기업에 편중될 수밖에 없었다. 더욱이 미국산 원조 원면은 그 가격에서 국산 면을 훨씬 밑돌고 있었다. 그 결과 원면 배급에서 소외된 중소기업은 경쟁에서 뒤처짐으로써 끝내 몰락할 수밖에 없었고 아울러 국내 원면 생산업자인 농민들도 심대한 타격에 직면했다.[30] 이로써 미군정

---

28 이종훈, 앞의 글, 122쪽.

29 당시의 주된 원조는 GARIOA(점령지역 구호원조)였는데 명목상의 목적은 점령지역의 사회안정을 기하기 위한 구제원조로서 주로 당시의 악성 인플레를 진정시키는 것에 두고 있었으나 실제적인 목표나 그 결과에 있어서는 장기적인 미국 상품의 시장 개척이라는 전략에 봉사하고 있었다.

30 제2차 세계대전 이후 한국의 미국 상품시장으로의 전환을 가장 잘 보여주는 것은 면화생산 동향일 것이다. 제2차 세계대전 전 '면화증산계획'의 입안·실시와 관련해 일본 방적산업에 대한 한국의 원료공급은 1945년 이후 미국의 값싼 원조 원면에 밀리게 되었고 그 결과 급속히 생산이 줄어들었다. 경작면적을 보면 1940~1944년 시기와 비교해 1946년도에는 2분의 1로, 또 1958년도에 이르면 4분의 1로 감소했다. 이와 반대로 외국 면화 도입량과 소비량은 거꾸로 급속히 늘어나 국내 면이 점하는 비율의 감소와 동시에 남한 방적업의 해외 의존도는 증대되고, 최근에는 거의 100퍼센트까지 수입 면, 특히 미국 면에 의존하고 있다.

은 다수의 중소기업과 농민의 희생으로 자국의 상품판매에 연계된 매판자본의 토대를 쌓아나가게 되었다.[31]

이처럼 상당히 무책임한 미군정의 정책들은 남한 민중을 견디기 어려운 고통 속으로 몰아넣게 되었다. 예컨대 극단적으로 높은 물가 상승과 실업률, 사상 유례없는 살인적인 식량난이 당시 남한 민중을 짓누르고 있었던 대표적 재앙들이었다. 이제 그 재앙의 실상이 어떠했는지를 살펴보자.

공업생산의 파탄, 반봉건적 소작관계의 온존과 비료공급의 절대 부족으로 농업생산력이 정체되면서 전반적인 물자공급이 크게 축소된 가운데 미군정이 통치비용을 조달할 목적으로 화폐를 무더기로 찍어냄으로써 물가는 하늘 높은 줄 모르고 치솟아올랐다. 이미 1945년 12월경에 이르러서는 이전의 8월에 비해 물가가 무려 70배 수준에 도달해 있었다. 반면 노동자들의 임금 인상폭은 물가에 비해 형편없이 뒤떨어졌기 때문에 1945년 이후 실질임금이 1935년도 일제강점기의 기아임금에 비해 3분의 1 이하로 하락해 있었다.[32] 그 결과 노동자들은 한 달에 쌀 두세 말 값의 임금을 받기 위해 1주일에 100여 시간이나 되는 장시간의 고된 작업에 시달렸다.

1946년 6월 8일 파업을 단행한 동양방적 인천공장의 노동자 대표

31 이종훈, 앞의 글, 123~124쪽 참조.

32 1937년 6월의 임금 및 물가지수를 100으로 할 때 1945년 7월에는 임금과 물가가 모두 200에 이르렀는데, 11월에는 임금은 2,000에 이른 데 비해 물가는 8,000으로 껑충 뛰어올랐다. 1946년 1월에 군정 당국은 반인플레법을 통과시켜 임금을 동결시켰다. 그러나 물가는 동결되지 않았기 때문에 상황은 더욱더 악화되어갔다. 3월에 이르면 임금은 1월과 마찬가지로 3,200인 데 비해 물가는 1만 9,000을 가리키고 있었다(조이스 콜코·가브리엘 콜코, 앞의 글, 40쪽).

최경헌은 다음과 같이 진술했다.

회사와 우리 노동자 간의 이번 문제는 쟁의라기보다는 차라리 애걸이라고 표현하는 것이 나을 성싶다. …… 하루 광목 2마 반과 백 원을 준다는 감언이설에 속아 작년 12월에 입사하였는데 광목이라고는 3월에 고작 20마를 받았고 밥은 수수밥만 주니 어떻게 먹고 살겠는가?[33]

이러한 살인적인 기아임금 아래서나마 일자리가 절대적으로 부족해 곳곳에서 실업자 홍수사태가 휘몰아치고 있었다. 한 자료에 따르면 1946년 11월 30일 현재 서울시 인구가 160만 정도였는데 그중 97퍼센트가 안정된 직장을 갖고 있지 못한 것으로 나타났다.[34]

이러한 광란적 고물가와 실업의 홍수사태 속에서도 미군정 당국자들과 일단의 자본가들은 도리어 이 상황을 악용해 고율의 이윤을 착복하는 데 혈안이 되어 있었다. 이들은 살길을 찾아 방황하는 부녀자와 어린 소년·소녀들을 무더기로 끌어다가 살인적인 저임금 노동현장으로 몰아세웠다. 마크 게인은『일본일기』에서 다음과 같이 당시 상황을 묘사했다.

미 군정청 관리하의 어느 방적공장에는 1천 3백여 명의 종업원 중에 9백여 명이 나이 어린 소녀였으며 이들은 모두가 영양부족 탓인지 9세도 채 안 되어 보였다.[35]

---

33 김천영 편저, 앞의 책, 423쪽.
34 고바야시 히데오小林英夫, 「해방 직후의 한국 노동운동」, 서대숙 외, 앞의 책, 446쪽.

그러나 미군정 통치하의 남한에서 그 무엇보다도 심각한 것은 식량문제였다. 이미 밝힌 대로 반봉건적 지주제도의 광범위한 온존, 비료 등 농업자재 공급의 절대적 부족과 값의 폭등은 전반적인 농업생산성을 감퇴시켜 급기야는 사상 초유의 식량위기를 초래하고 말았다.

식량공급이 절대적으로 부족한 상황에서 미군정의 비호를 받는 일부 친일파들은 높은 물가상승을 악용해 양곡을 매점매석했고 미군정 당국은 식량을 비밀리에 일본으로 반출함으로써 이러한 위기를 더욱 가중시켰다. 식량 부족으로 말미암은 민중의 고통은 참혹하기 그지없었다. 한 예로 1946년 2월 초, 강원도 삼척 지방에 거주하고 있던 7,000여 노동자들은 식량 부족으로 전원 아사 직전에 놓여 있었으며, 굶주림을 견디다 못해 매일 4~5명씩 죽어가고 있었다. 이러한 사정은 남한 어디에서나 마찬가지였으며 대부분의 공장노동자들은 점심을 굶은 채 하루 종일 고된 작업에 시달렸다. 굶주림에서 벗어나기 위한 민중의 몸부림 또한 비장함의 극을 달리고 있었다. 1946년 3월 28일 소년·소녀·노동자를 포함한 서울 시내 노동자 수백 명이 시청으로 몰려가 "일을 하려 하나 배고파 못하겠소. 쌀을 주오!"라고 외치며 처절한 시위를 벌였다. 4월 5일 식목일에는 행사에 동원된 용산구 일대의 시민들이 마찬가지로 시청으로 몰려가 "쌀! 쌀! 쌀을 다오! 쌀이 없으면 죽음을 다오!"라고 외치며 결사적으로 항거했다.[36]

이렇듯 급박한 상황에서 미군정 당국은 토지개혁 등 문제의 근본적 해결은 뒤로 미룬 채 1946년 1월 25일자로 '미곡 수집령'을 발표

35　위의 글, 447쪽에서 재인용.

36　김천영 편저, 앞의 책, 200쪽.

하고 시행에 옮김으로써 식량위기에 강압적으로 대처하고자 했다. 그들의 계획이라는 것은 생산비의 7분의 1에도 미치지 못하는 가격으로 양곡을 강제로 수집한 뒤 배급제를 통해 필요한 사람들에게 전달한다는 것이었으며, 그나마 양곡 수집을 위한 기금도 극심한 물가상승을 부채질하는 가운데 무더기로 돈을 찍어서 충당했다.

그러나 봄이면 농가의 9할 정도가 식량이 모두 바닥나고 마는 당시의 농촌 실정에 비추어볼 때 사실상 강탈과 다름없는 양곡 수집은 남한 전역의 농민들로부터 심각한 저항을 불러일으킬 수밖에 없었다. 경기도 어느 마을에서는 노인들이 식량공출 트럭 앞에 몸을 던져 결사적으로 저항하는 사태까지 발생했다. 난관에 부딪힌 미군정은 중무장한 미군의 호위 아래 경찰과 관리들로 이른바 '탈취대'를 구성, 강제적인 공출에 나섰다. 공출에 저항하는 농민은 그 즉시 수갑이 채워져 경찰서로 연행되었으며, 유치장에서는 터무니없이 비싼 값으로 경찰들이 파는 것 이외에는 아무런 음식도 먹을 수 없었다. 그리하여 다음 해인 1947년 5월 1일까지 농민 8,600여 명이 미곡 수집 위반자로 체포되어 형을 받았다.

공출과정 못지않게 배급제 또한 민중에 대한 미군정의 태도를 잘 드러내주고 있었다. 한마디로 미군정은 식량배급제를 통해 남한 민중의 생존 여부를 결정할 수 있는 강력한 무기를 손에 넣게 되었다. 그리하여 미군정은 정치적 반대자들에 대한 탄압의 일환으로 식량배급을 중단하는 조치를 활용할 수 있었다. 요컨대 하지 장군은 총과 배급표를 쥔 자가 한국의 모든 것을 지배한다는 사실을 정확히 관찰했던 것이다.

이상이 극히 일부기는 하지만 미군정 아래서 남한 민중이 겪어야 했던 고통의 실상이다.

그렇다면 최초에 해방자로서 미군을 맞이했던 남한 민중의 미군정에 대한 생각은 어떠했겠는가. 다음의 사실이 이를 잘 설명해줄 것이다.

한국여론협회가 1946년 8월 중에 실시한 여론조사 결과 미군정이 잘한 점은 위생시설이라는 응답이 2퍼센트였고 나머지 98퍼센트는 잘한 것이 없다는 반응을 보였다.[37]

3. 10월 인민항쟁[38]

분명 미군정의 이와 같은 정책은 독립과 민주주의를 향한 한국 민중의 염원과는 거리가 멀었다. 한국 민중에게 그것은 새로운 시련이자 투쟁의 개시를 의미하는 것이었다.

투쟁을 승리로 이끄는 요체는 굳건한 단결에 있다. 이러한 요청에 따라 노동자·농민들을 위시한 각계각층의 민중은 각자의 고유한 이해에 입각해 스스로를 광범위하게 조직해나감으로써 지속적인 투쟁

---

37 위의 책, 367쪽.
38 10월 인민항쟁은 항쟁 이후 민중이 스스로 붙인 명칭이다. 반면 남한 정부는 오늘날까지도 동일한 사건에 대해 '대구폭동'이라는 용어를 써왔다. 그러나 이 용어는 그것이 표현하고 있는 지역적 협소성으로 말미암아 실제로 남한 전역에 걸쳐 전개되었던 사건의 진상을 제대로 표현하고 있지 못한 데다 지나치게 이데올로기적이다. 이 밖에도 10월 인민항쟁은 '대구봉기', '추수봉기' 등 다양하게 불리고 있으나 추수봉기 역시 항쟁의 전 민중적 성격을 축소하고 농민에게만 초점을 맞추고 있다는 약점이 있다. 따라서 필자는 역사적 사실을 가장 정확하게 표현하고 있고 항쟁에 참여했던 주체 스스로가 명명했던 '10월 인민항쟁'이라는 용어를 이데올로기 문제와는 무관하게 사용하기로 했다.

을 벌여나가는 데 혼신의 노력을 기울였다.

우선 1945년 11월 초 전국의 노동운동 지도자들이 모인 가운데 '조선노동조합전국평의회'(이하 전평)가 결성되었다. 전평은 1946년 2월에 조합원 수가 57만 명에 달하는 규모에 이름으로써 사실상 전국의 노동자 대부분을 조직화하는 데 성공했다.[39] 이토록 짧은 기간에 그와 같은 수준에 도달한 것은 세계 노동운동사에서 유례를 찾기 힘든 것이었다. 이후 전평은 최저임금제, 8시간 노동제, 노동자의 공장 관리위원회 참가 등 노동자계급 고유의 요구는 물론이고, 나아가 나라의 완전한 독립과 제반 민주적 권리를 쟁취하기 위해서도 모든 민중의 선두에 서서 탁월한 투쟁력을 발휘해나갔다.[40]

곧이어 1945년 12월 8일, 당시 가장 많은 인구를 차지하고 있던 농민을 조직화하기 위한 방안으로 서울에서 전국농민조합총연맹(이하 전농)의 결성대회가 개최되었다. 전농이 발표한 조직체계와 가입원 수는 전국 13도에 도 연맹, 군 단위에 188개 지부, 면 단위에 1,745개 지부가 있으며 조합원 수는 약 330만 명인 것으로 되어 있다.[41] 아울러 전농은 그 강령에서 일본 제국주의와 민족반역자의 토지

---

39 전평은 16개 산별 노조를 기본으로 구성되었으면서도 11개의 지방평의회와 주요 지방에 지부를 두는 방식으로 지역적 성격을 결합시키고 있었다. 북한의 경우 1945년 11월 30일 전평 북조선총국을 창설해 별도로 조직 확대에 들어갔으며 이후 1946년 5월 25일 북조선 직업총동맹으로 전환함과 동시에 특수한 실정에 따른 9개 항의 새 강령을 내놓았다(김남식, 『남로당연구』 I, 돌베개, 1984, 70~71쪽 참조).

40 고바야시 히데오, 앞의 글, 452~455쪽.

41 북한에서는 전농 역시 전평과 마찬가지로 특수한 사정에 입각한 독자적 발전을 추구했다. 북한은 전농 결성대회의 결의에 근거해 1946년 1월 31일 '전농 북조선연맹'을 결성했고 이후 5월부터는 북조선 농민동맹으로 개칭해 완전히 독립했다(김남식, 앞의 책, 84쪽 참조).

를 몰수해 빈농에게 분배할 것, 친일파와 민족반역자 이외의 조선인 지주의 소작료는 3·7제로 하고 금납을 원칙으로 할 것, 일본 제국주의와 민족반역자의 산림, 하천, 소택 등을 몰수해 국유로 하여 농민이 사용하게 할 것, 수리조합을 국영으로 하고 그 관리는 농민이 하게 할 것, 그 밖의 소작조건 등 20여 개 항의 목표를 내걸었다.[42]

이 밖에도 전국청년단체총동맹,[43] 전국부녀총동맹, 조선문화단체 총동맹,[44] 학병동맹[45] 등 다양한 대중단체들이 광범위하게 건설되었다. 특히 전국청년단체총동맹(이하 청총)은 ① 청년의 대동단결과 민주주의 국가 건설에 적극 참가, ② 일제 잔재·봉건적 요소 제거와 반동세력의 철저한 숙청, ③ 청년의 정치·경제·문화적 지위 향상, ④ 심신단련, 진리탐구, 인격향상, ⑤ 민주주의 제국 청년과의 상호 협력 강화, ⑥ 세계평화 건설에의 공헌 등 청년으로서의 공동의 요구를 강령으로 내걸었으며 이후 투쟁과정에서 중요한 비중을 차지하게 된다.[46]

이러한 과정을 거쳐 결성된 각종 민주적 대중단체들은 일부 정당

---

42 사쿠라이 히로시, 앞의 글, 396쪽.

43 북한에서는 서울의 청년단체총동맹의 결성보다 15일 앞선 11월 27일 '민주주의 깃발 아래 애국적 청년들은 단결하라' 라는 구호 아래 광범한 청년단체를 망라한 민주주의청년동맹을 발족시켰다.

44 청년단체총동맹, 문화단체총동맹 등은 명칭에서 드러나듯이 다양한 연관단체를 하나로 규합한 연합조직이었다.

45 학병동맹은 일제에 강제징용되었던 학병들이 중심이 되어 결성한 단체로 ① 제국주의 세력을 철저히 구축해 민족해방의 완전을 기할 것, ② 신조선 건설의 추진력이 될 것, ③ 신조선 문화운동에 진력할 것, ④ 현 과도기에 있어서 치안유지에 협력하고 장차 국군 건설에 노력할 것 등을 강령으로 내걸었다.

46 김남식, 앞의 책, 92쪽. 특기할 만한 점은 위에서 소개한 모든 대중단체가 공통적으로 인민공화국에 대한 절대지지와 사수를 행동방침으로 내세우고 있으면서도 초기에는 미군정에 대한 적대의식을 직접적으로 나타내지는 않았다는 사실이다.

과 손잡고 상설적인 공동전선을 구축하는 것을 목표로 1946년 2월 15일에 '민주주의민족전선'(이하 민전) 결성대회를 가졌다.[47] "주장하자 인민의 권리, 건설하자 민중의 국가"라는 현수막이 내걸린 가운데 대회는 민전의 원칙적 노선을 다음과 같이 천명했다.

1. 특정 계급만이 아닌 조선의 모든 애국적 민주세력의 공동전선이고
2. 제국주의 침략세력과 그 하수인 격인 일체의 매국도당에 대한 공동의 투쟁기관이며
3. 자주적이며 민주적인 통일정부를 위한 공동의 준비기관이다.[48]

위와 같이 단기간 내에 광범위한 대중단체가 등장할 수 있었던 것은 지난날 숱한 고난 속에서도 꺾이지 않고 지속되어온 항일투쟁의 뚜렷한 성과물이었다. 또한 각 단체의 강령에서 표현되고 있듯이 당시의 한국 민중은 자신들이 쟁취해야 할 목표를 분명하게 인식하고 있었다.

이렇듯 한국 민중이 자신의 운명을 스스로 개척해나가기 위해 조직적·의식적 준비를 해나가는 가운데 미군정이 강요해온 온갖 정치적 억압과 경제적 파탄은 필연적으로 대규모 민중항쟁을 불러일으킬 수밖에 없었다. 이미 9·24총파업투쟁이 벌어지기 전인 1946년 한 해만

---

47 개별 단체들의 경우와 마찬가지로 북한에서는 1946년 7월 22일 서울의 민전과는 독자적으로 '북조선민주주의민족통일전선'을 조직했다. 이후 남북에 각각 별개의 정부가 세워진 상태에서 1949년 6월 남북의 민전은 합동해 '조국통일민주주의전선'(조국전선)을 결성하게 된다.

48 김천영 편저, 앞의 책, 152쪽 참조.

도 170건의 파업에 총 5만 7,000여 명의 노동자들이 참가하는 등 각 계각층 민중 사이에서는 광범위한 저항의 불씨가 지펴지고 있었다.

투쟁의 선두에 선 것은 단연 전투적 노동자계급이었으며 투쟁을 고양시킨 결정적 계기는 1946년 9월 부산지구 철도노동자들의 파업 이었다. 당시 남한 노동자들이 기아선상에서 허덕이고 있었음은 이미 앞에서 언급했지만, 그중에서도 철도노동자는 저임금과 열악한 노동 조건으로 그 고통이 더욱 심했다. 그뿐만 아니라 철도 침목의 노후화 를 방치한 채 태평양전쟁 중 정비가 불충분했던 노선을 그대로 사용한 데다가 석탄 부족, 차량 수리공장의 조업 중지 등 악조건이 겹쳐 사고 가 잦았으며, 노동조건이 전체적으로 비참함의 극을 달리고 있었다.

이 같은 상태를 극복하기 위해 1946년 9월 15일 철도노동자들은 군정 당국에 6개 항목의 요구조건을 제출하고 1주일 이내에 회답해 줄 것을 요청했다. 그 내용은 노동자에게 1일 4홉, 가족에게 3홉의 식 량을 배급할 것, 일급제 반대, 임금 인상, 해고·감원 절대 반대, 급식 (점심 식사)을 종전대로 계속할 것, 민주적인 노동입법의 즉각적 실시 등으로 생존에 필요한 최소한의 요구이자 동시에 모든 노동자에게 공 통된 사항이기도 했다. 그럼에도 미군정 당국은 이러한 노동자들의 절실한 요구를 간단히 거부해버렸다.[49]

이러한 미군정의 처사는 그동안 쌓이고 쌓였던 노동자들의 불 만을 일거에 폭발시키고 말았다. 9월 23일 부산지구 철도노동자 7,000여 명은 앞에서 제시한 사항들을 다시 요구하면서 전면적인 파 업에 돌입했다. 드디어 9·24총파업의 불길이 타오르기 시작한 것이

---

49 고바야시 히데오, 앞의 글, 460쪽 참조.

다. 불과 하루 만에 부산의 철도파업은 서울까지 파급되었으며 남한 전역의 철도 수송이 완전히 마비되었다. 며칠 뒤 파업은 인쇄, 전기, 체신, 토건 등 전 부문으로 파급되었다.[50] 아울러 그 요구조건도 쌀 배급의 증가, 노동자의 결사의 자유 보장, 민주적 노동법 제정, 정치범 석방 등 더욱 정치적인 성격을 띠기 시작하더니 급기야는 파업노동자들이 '모든 권력을 인민위원회로'라는 혁명적 슬로건을 공공연히 외치기 시작했다.

파업이 진행되는 동안 많은 학생이 동맹휴학을 통해 투쟁대열에 합류했고 대부분의 신문도 파업의 목적에 동조하는 기사를 발표했다.

전평의 지도 아래 남한 전역에 걸쳐 이루어진 총파업에 참여한 노동자 수는 25만 1,000여 명으로 추산되었는데, 이는 당시 남한 노동자의 대부분을 포함하는 것이었다. 말할 필요도 없이 이 같은 급속한 파업의 확산은 적당한 계기만 주어지면 순식간에 폭발해버릴 만큼 당시 남한 노동자계급의 불만이 극도로 고조되어 있었다는 점과 함께 전평이라는 강력한 조직의 통일적 지도가 있었다는 점에 그 이유가 있었다.

총파업투쟁은 파업농성 중인 용산의 철도노동자 중 1,700여 명이 검거되는 등 즉각적인 미군정의 탄압에 직면했으나 좀처럼 꺾이지 않으면서 연일 계속되었다.

그리하여 노동자들의 끈질긴 파업투쟁은 학생과 일반 시민을 투

---

50 전평은 철도노동자 4만 명 전체에게 9월 24일을 기해 전면 파업에 돌입할 것을 촉구했고 동시에 '남조선 총파업투쟁위원회'를 조직해 전 부문의 노동자에 대해 총파업을 단행할 것을 호소했다. 총파업은 이 같은 전평의 주도와 긴밀히 결합해 진행되었다고 볼 수 있다.

쟁에 나서도록 적극 고무하게 되었으며 급기야는 남한 전역을 휘몰아치게 한 10월 인민항쟁의 도화선을 마련하기에 이르렀다.

항쟁의 직접적인 도화선은 대구에서 극적으로 마련되었다. 10월 1일 9·24총파업을 지지하는 대구의 400여 개 공장의 노동자들은 집회를 가진 뒤 학생·일반 시민 약 1만여 명과 함께 '미군은 물러가라' 등의 구호를 외치며 대대적인 가두시위에 돌입했다. 불행하게도 시위 도중 경찰의 발포로 시민 1명이 희생되는 사태가 발생했다.

경찰의 만행에 분노한 대구 시민 1만 5,000여 명은 철야로 항의시위를 계속한 끝에 다음 날인 10월 2일 오전 10시경 대구경찰서 앞 광장에 집결해 즉각 항의집회를 개최했다.

분노와 흥분으로 들끓고 있는 가운데 한 청년이 나서서 "동지의 죽음에 대한 보복은 이때를 두고 다시 없습니다"라며 열변을 토했다. 그 순간 날카로운 총성과 함께 연설을 하던 청년은 경찰이 쏜 총에 맞아 피를 흘리며 쓰러졌다.

사태는 여기서 그치지 않았다. 계속해서 5명의 연사가 다투어 나섰으며 그들 역시 차례로 피투성이가 된 채 쓰러져갔다.

순식간에 벌어진 이 같은 참변으로 운집해 있던 시민들의 분노가 일거에 폭발해 시민들은 원한의 표적이었던 경찰서를 향해 맨몸으로 돌진했다. 수십 명이 목숨을 잃는 가운데 대구 시민들은 끝내 탄압의 아성인 경찰서를 때려부수고 무기를 탈취해 무장한 뒤, 100~200명씩 대오를 지어 시내의 모든 파출소를 공략함으로써 대구 전체를 완전히 장악하고 말았다. 드디어 민중봉기가 시작된 것이다.

저녁 6시 대구 지역 일원에 계엄령이 선포됨과 동시에 탱크와 기관총으로 무장한 미군이 시내에 진입해 대대적인 진압에 나섰다.[51]

그러나 이미 한번 점화된 봉기의 불길은 인근 지역 중소도시와 농촌을 향해 무섭게 번져갔다.

미국의 식민통치에 대한 민중의 사무친 증오심은 불꽃만 당기면 터져버리는 폭약과도 같아서 남한 전 지역이 순식간에 항쟁의 불길에 휩싸였다.

미국의 식민통치는 뿌리째 흔들리기 시작했다. 농촌지역에서 일어난 봉기는 대부분 그때까지도 완강하게 버티고 있었던 인민위원회의 지도 아래 진행되었다. 대구에서 봉기가 단행되고 난 다음 날인 10월 3일, 대구와 인접해 있는 영천, 의성, 군위, 왜관, 선산, 포항, 영일 등지에서 동시에 각 지역별로 수천에서 수만 명 규모로 집회가 열린 후 미군정의 통치기구에 대한 공격이 시작되었다. 이 지역 봉기의 주력은 단연 농민들이었으며 그 주된 요구는 '쌀 공출을 폐지하라', '북한에서와 같은 토지개혁을 실시하라', '모든 권력을 인민위원회로 넘겨라' 등 당시 가장 절실하면서도 혁명적인 성격을 반영한 것이었다.

경상도 지역의 주요 지방 대부분이 봉기의 불길에 휩싸임과 동시에 항쟁은 계속되었고 그 범위도 더욱 확대되었다. 경기도 광주에서는 경찰서를 습격해 수감 중인 애국자들을 석방시켰고 동시에 서울 외곽의 수색경찰서를 공격했다. 전라도에서는 10월 31일 화순탄광 노동자들의 파업시위를 기폭제로 도내 전역이 봉기에 돌입했다. 화순탄광 노동자 5,000여 명은 일제히 파업에 돌입해 이 중 3,000여 명이 광주를 향해 도보행진을 벌였다. 이에 발맞추어 목포의 전화 교환원들도 파업을 단행해 모든 통신을 마비시킴으로써 미군 병력의 투입을

---

51 이상 10월 1일 대구에서 발생한 사건에 관해서는 김천영 편저, 앞의 책 407, 409, 411쪽 참조.

차단하고자 노력했다.

항쟁은 모든 지역에서 각계각층 민중이 노동자와 농민을 중심으로 튼튼히 단결한 가운데 흐트러짐 없이 진행되고 있었다.

한 예로 서울에서는 10월 3일 노동자와 남녀 학생을 위시한 애국 시민 1만여 명이 미 군정청 청사 앞에서 '쌀을 달라!', '식민지 교육 반대', '수감 중인 애국자 석방', '테러 배격' 등 전 민중의 한결같은 요구를 내걸고 공동시위를 벌였다. 또한 대전에서 시위에 참여했다는 이유로 당국에 연행된 31명의 시민 중에는 노동자 7명, 농민 6명, 실업자 9명, 의사 3명, 상인 2명 등 각계각층이 골고루 포함되어 있었다.[52]

한편 거국적인 민중항쟁으로 심각한 위기에 봉착한 미군정은 자국의 군대는 물론이고 그들이 거느리고 있는 경찰, 국방경비대, 정치 깡패 등 온갖 탄압기구들을 총동원해 피비린내 나는 진압작전에 나섰다. 그들은 사실상 남한 전역에 계엄령을 선포함으로써 모든 언론활동을 완전히 봉쇄하고 대구에서는 10인 이상이 한자리에 모이는 것도 금지하는 등 전 민중에 대한 삼엄한 경계망을 펼쳤다. 동시에 도처에서 야만적인 민중 학살이 다반사로 자행되었다. 10월 7일 마산에서는 미군과 경찰이 시위 중인 애국시민 6,000여 명을 향해 무차별 사격을 가함으로써 그 일대를 시뻘건 피로 얼룩지게 만들었다. 이러한 만행은 당국의 허가 아래 이루어진 집회에서도 행해졌다. 12월 중순 전주의 민주적 청년단체들은 당국의 계획된 허가 아래 시내를 평화적으로 행진하고 있었다. 이때 경찰은 시위자들을 함정에 몰아넣기 위해 곳곳에 장애물을 설치하고 있었다.

---

52 브루스 커밍스, 『한국전쟁의 기원』 하, 224쪽.

군중들은 시내의 길 한가운데에 포위되어 있었으므로 대피할 길이 없었다. 경찰은 공중을 향하여 발포를 시작했다. 군중은 한데 모여들었다. 과민한 경찰은 군중을 향해 사격 높이를 낮추었으며 뒤이어 비명을 지르는 사람들을 향하여 말을 타고 돌진했다. 곤봉과 소총의 개머리판이 난무했다. 사람들이 흩어졌을 때는 20여 명—남자, 여자 및 어린이를 포함한—이 피투성이가 된 채 죽어 있었다.[53]

이러한 학살 만행은 남한의 모든 지역에서 때와 장소를 가리지 않고 무차별적으로 이루어졌으며 이 과정에서 1,500여 명의 민중이 그들의 손에 생명을 잃었고 2만 6,000여 명이 심한 부상을 입었다. 또한 1946년 12월 말까지 계속된 민중항쟁의 소용돌이 속에서 무려 1만 5,000여 명이 체포·연행되었다. 경찰서로 끌려간 뒤에는 혹독한 고문에 시달려야 했으며, 체포된 민중의 가옥은 경찰과 깡패들의 손에 무참히 파괴되고 약탈되었다. 엄청난 대량체포로 감옥과 유치장이 완전히 만원이 되어 수용할 수 없게 되자 미군정은 곳곳에 임시 수용소를 설치하고 파업 참가자와 시위자들을 가두어 넣었다. 이와 함께 모든 애국정당과 민주단체의 지도자들에 대해 아무런 근거도 없는 일대 검거 선풍이 불어닥쳤고, 곳곳에서 항쟁에 참가한 일반 민중에 대한 식량배급이 중단되었다.

이렇게 하여 약 3개월 동안 계속된 10월 인민항쟁은 미군정의 가혹한 탄압으로 수많은 민중이 살상당한 채 끝나고 말았다.

그러면 여기서 10월 인민항쟁을 불러일으킨 원인에 관해 당시 주

---

53   위의 책, 229쪽.

요 정당·사회단체가 표명한 견해들을 살펴보자.

신진당, 조선공산당, 한국독립당, 인민당, 독립노동당, 남조선신민당, 민족혁명당, 사회민주당, 청우당 등 각 민주적 정당은 10월 24일경 연석 간담회를 갖고 다음과 같은 의견서를 하지 중장에게 제출했다.

이번 사태에 대한 각 정당의 공통된 의견은 ① 미소 공동위원회 무기휴회와 아울러 통일 임시정부 수립의 희망이 단절되어 조국해방 전도에 대한 절망감에서 오는 격렬한 울분, ② 경찰 및 각 행정기관, 기타 사업 기구 내에 박혀 있으며 횡포한 행동을 하는 민족반역자, 친일파 및 군정에 아첨하는 신형 왜놈 등 일제 잔재적 반동분자에 대한 극도의 증오, ③ 무정견한 식량정책에서 나온 가혹한 공출제에 대한 반감과 식량난으로 인해 조선 민족 해방 이전의 생활보다 더 불행하고 정치적 자유도 유명무실하다고 생각케 되고 이 절박한 현상에 대한 반발의식이 극도에 달하여 광범하고 심각한 민중의 봉기에까지 이르게 된 것임을 부인할 수 없다는 데 일치되었습니다. 따라서 금번 사태는 그 대상이 첫째, 경찰, 둘째, 행정관청, 셋째, 불순한 권력가 및 모리배 등에 있는 것이 특징이며 …… 이 사태를 진압하려는 군정 당국과 경찰 당국의 취한 태도가 토벌적 보복수단으로 대량검거, 폭행 등에 의한 공포정치를 실현하는 듯하고 그보다 금번 사태에 반감을 가진 측 인원을 동원하여 계획적 복수전을 하는 측이 있다고 하는데 이것이 사실이라면 이는 신생 조선의 앞길을 막는 무모한 활동이라 할 것입니다. 그러므로 첫째, 각하(하지)는 이 거대한 민중봉기가 전혀 선동만으로 발생되었다고 지적하였으나[54] 우리는 이 점에 절대로 항의하는 바입니다. 5천 년간 꾸준히 계승되어온 자기 민족의 역사와 문화와 생명력을 가진 조선 민족으로서

각자의 절망적인 생활과 조국의 정치적 불안에 기인하지 아니하고 오직 악질적 선동에만 의하여 죽음을 무릅쓰고 폭동을 일으켰다는 것은 조선 민족의 긍지를 모욕하는 것입니다. 과거 동학당 봉기도 3·1운동도 그당시 집권자들은 이를 전혀 선동에 의한 폭동이라고 잔인한 탄압을 하였으나 그것은 조선 민족 생명의 정당한 투쟁과정이었읍니다.[55]

이 의견서에서 지적한 대로 예나 지금이나 압제자들은 민중을 아무런 이성적 판단도 하지 못하고 주체성도 없이 휩쓸려 다니는 우매한 집단으로 취급한다. 그렇기 때문에 민중의 정의로운 투쟁도 압제자의 눈에는 언제나 겁없이 날뛰는 무분별한 폭동으로 비칠 수밖에 없는 것이다. 그러나 이미 밝힌 여러 가지 사실을 종합해볼 때 당시 남한 민중은 단지 자신들의 처지에 대해 불만족스러워한 것뿐만 아니라 바람직하지 못한 현실을 야기하는 근원과 그러한 현실이 변혁되어야 할 방향에 대한 충분한 이해를 갖추고 있었다. 말할 필요도 없이 그러한 의식과 열정은 오랜 민족사의 수난 속에서 민중이 스스로 겪어온 풍부한 체험 그리고 선각자들의 탁월한 교육적 노력으로 생겨난 것이었다. 특히 일제가 패망하고 난 뒤 극히 짧은 기간이나마 민중 스스로가 인민위원회를 중심으로 자신의 열망에 기초한 자주적인 독립국가와 민주사회 건설에 매진했던 해방 초기와 이후 미군의 진주로

---

54 하지가 한 말은 다음과 같다.
"공산주의자들의 선동과 지령이 없었다면 10월 2일의 피비린내 나는 제 사건들이나 혼란은 일어나지 않았을 것임은 명백하다. 간단히 말해 10월 봉기는 공산주의자들이 조종한 것이지 결코 자발적으로 일어난 것은 아니었다."(위의 책, 234쪽)
55 김천영 편저, 앞의 책, 449~451쪽.

이 모든 희망이 좌절되어가는 과정은 그 자체로 민중에게 역사와 사회발전 법칙에 관한 풍부한 교육적 효과를 안겨주었던 것이다.

이처럼 10월 인민항쟁은 상당 부분 자연발생적 성격을 지녔음에도 광범위한 민중의 자각과 구체적인 전망 위에서 출발했음을 결코 부인할 수 없는 것이다.

이와 함께 10월 인민항쟁을 겪으면서 남한 민중은 비록 당장의 요구는 실현되지 못한 채 엄청난 희생을 강요당했지만 풍부한 투쟁 경험을 통해 자신을 더욱 단련하고 강화할 수 있었다. 무엇보다도 민중은 항쟁을 경험하면서 단결의 필요성과 그 위력을 절실히 깨닫고 아울러 단결된 투쟁을 벌여나갈 수 있는 효과적인 무기들을 창조적으로 계발해냈다. 예컨대 노동자계급은 각개격파를 당하는 쓰라린 경험 속에서 전국적 범위에 걸친 동시적 총파업의 필요성을 체득했고, 그러한 가운데 통신수단이 극도로 미비한 상황을 극복하고 상호 연락체계를 확보하기 위한 수단으로 봉화와 징소리 등 평소에 익숙한 수단을 활용하는 지혜를 발휘해나갔다.

그리하여 다음 해인 1947년 3월 22일에는 미군정의 광폭한 테러정치에 항의하는 더욱 통일되고 짜임새 있는 대중투쟁을 조직할 수 있게 되었다. 즉, 3월 22일 서울, 부산, 광주, 인천, 대구, 이리(현재의 익산) 등 주요 산업도시의 노동자 약 20만 명은 '테러 배격, 노동조합의 자유 보장, 토지개혁, 미소 공위 속개' 등을 요구하며 일시에 24시간 총파업을 단행했다. 이에 호응해 농민 16만 명과 시민 8만여 명이 투쟁에 궐기함으로써 남한 민중은 더욱 발전된 단결력을 과시했던 것이다.

이처럼 남한 민중은 대규모 항쟁을 통해 괄목할 만한 성장을 보이고 있었다. 바로 여기에 투쟁의 의의가 있고 성과가 있는 것이다.

4. 북한에서의 사회개혁

해방 직후 북한의 상황은 남한과 비교해볼 때 그다지 큰 차이를 보여주지는 않았다. 단지 차이가 있었다면 일본인들과 친일파들이 민중으로부터 더욱 격렬한 공격을 받았고 그로 인해 대부분의 식민지 관리와 경찰들이 해방되자마자 상대적으로 안전하다고 여겨졌던 남쪽으로 도망쳐 내려왔다는 사실 정도다.

대체로 북한의 '이질화'는 소련의 정책적 영향 없이 독자적으로 추진되었다고 볼 수 있다. 소련군은 북한에 진주하자 처음에는 점령군의 일반적 행동방식에 따라 기존 총독부 체제를 그대로 인수해 이를 통해 치안을 유지하고자 했다. 예컨대 함경남도 소련군 사령관과 도지사는 한반도 진주 즉시 다음과 같은 성명을 발표했다.

> 한국에 대한 정치 일정이 결정될 때까지, 소련군은 기존의 정부와 군사기구(일제의)를 통하여 각 도를 통치할 것이다. …… 공공치안을 파괴하거나 해롭게 하는 자는 중벌이나 사형에 처할 것이다.[56]

그러나 소련군은 함흥에 이미 인민위원회가 존재하는 것을 확인하자마자 일본인들을 추방하고 행정을 인민위원회에 넘겨주었다고 한다. 마찬가지로 8월 25일 평양에 있는 소련군 사령부는 건국준비위원회 지방지부가 총독부의 행정권을 접수할 수 있도록 허가했으며 즉시 주요 일본인 재산을 국유화했다.[57]

56　브루스 커밍스. 앞의 책, 254쪽.

이후 북한에 진주한 소련군은 미국 정보기관과 남하한 사람들이 공통적으로 인정하고 있듯이 적어도 지방적 수준에서는 북한의 행정에 간섭하지 않는 태도를 취했다.[58] 전체적으로 북한 내에서 소련군의 입장은 지극히 소극적이었는데 이는 당시 소련 정책의 중점이 자국을 전쟁의 파괴로부터 복구하는 것과 함께 동유럽의 공산화에 두어졌다는 것에 기인한다고 여겨진다.

그리하여 북한의 인민위원회는 남한과는 달리 지속적으로 통치권을 행사할 수 있는 조건을 확보하게 됨으로써 이후의 상황을 확실하게 주도해나가게 되었다. 따라서 1945년 이후 북한의 상황은 인민위원회와 소련군의 관계보다는 인민위원회와 북한 민중과의 관계 여하에 더욱 크게 좌우되었다고 보는 것이 타당할 것이다. 이와 관련해 초기 인민위원회 지도부를 구성했던 인물들의 면모를 살펴보면 여러모

---

57 위의 책, 254쪽. 소련군은 맥아더 사령부가 발표한 「조선 인민에게 고함」이라는 포고문에 견줄 만한 것을 공표했는데 그 내용은 다음과 같다.

"조선인들이여! 소련 군대와 동맹군대는 조선에서 일본 약탈자를 구축하였읍니다. 조선은 자유국이 되었읍니다. 이것은 다만 조선 역사의 제1장에 불과한 것입니다. 이와 마찬가지로 조선의 행복도 조선 인민의 영웅적인 투쟁과 근면한 노력에 의해서만 달성되는 것입니다. 일본 통치하에서 살아온 고통의 사실을 기억합시다. 담 위에 놓인 돌멩이까지도 괴로운 노력과 피땀에 대해서 말하고 있지 않습니까. 누구를 위하여 당신들은 일하였읍니까? 왜놈들이 고대광실에서 호의호식하며 조선 사람들을 멸시하며 조선의 풍속과 문화를 모욕한 것을 당신들은 잘 압니다. …… 공장, 기업소 및 경영주, 상업가 또는 기업가들이여! 왜놈들이 파괴한 공장과 제조소 등을 회복시킵시다. 새로운 생산기업을 개시합시다. 소련군 사령부는 모든 기업소의 재산보호를 확보하여 그 기업소의 정상적인 작업의 보증을 백방으로 원조할 것입니다. 조선 노동자들이여! 노력에 의한 영웅심과 창조적인 노력을 발휘합시다. 조선인의 훌륭한 민족성의 하나인 노력에 대한 애착심을 발휘합시다. 진정한 사업에 대해서 조선의 경제적 및 문화적 발전을 계획하는 자만이 모국 조선의 애국자가 되며 충실한 조선인이 됩니다. 해방된 조선 인민 만세!"(김병오, 앞의 책, 37쪽)

58 브루스 커밍스, 앞의 책, 263, 265쪽.

로 도움이 될 것이다.

1930년대 초 이후 일제에 싸우다가 감옥에서 평균 5년 이상씩을 복역한 '투사'들은 8월 15일 석방되어 즉각 인민위원회의 요직을 맡았다. 그들 가운데 박정애 같은 여자는 그 이후에도 계속하여 북한 지도층의 고위 간부를 지냈다. 황해도 인민위원장이었던 김덕영은 1945년 이전 여러 번 정치범으로 복역한 바 있었다. 강원도 인민위원회 교육부장이었던 이기영은 유명한 프롤레타리아 문학가였는데 그는 일제에 의해 체포되었고 그의 저작은 금서로 지목된 바 있었다. 초기에 홍원 인민위원회 위원장이었으며 나중에 함경남도 인민위원회 산업부장을 지낸 이봉수는 홍원 출신으로 일본 명치대학에서 경제학을 전공했고 3·1운동에 적극적으로 참여했으며 동아일보 경제부장을 지냈고 '수차례에 걸쳐 투옥된' 바 있었다.[59]

이와 함께 해방 후 몇 달 동안에 걸쳐 공식적인 미 국무성 자료가 불만스럽게 인정했듯이 '거의 대부분 노동자와 농민 출신'으로 구성되는 새로운 계층이 통치기관의 요소요소를 장악해 들어갔다. 이들은 과거에는 사회의 최하층부를 구성했던 계층으로 남한의 미군정이 보기에는 새로운 잡것들이 판을 치는 것과도 같이 여겨졌을 것이다.[60] 여하튼 북한에서는 해방과 동시에 일제강점기의 식민지 통치기구를 구성했던 일본인과 친일파들이 신속히 제거되었던 것은 분명한 사실

59 위의 책, 266~267쪽.
60 위의 책, 267~268쪽.

이었다.

초기의 남한에서와 마찬가지로 북한 역시 상당 기간 실질적인 중앙기구 없이 지방적 차원에서 모든 행정활동이 독자적으로 이루어졌다.[61] 이는 인민위원회와 그에 연계된 각종 단체가 외부세력에 의해 이식되거나 특정 정치집단의 주도 아래 일방적으로 창설되지 않고 민중 사이에서 자연스럽게 만들어져 나옴으로써 나타나는 불가피한 현상이었다. 따라서 적어도 해방 이후 일정 기간 북한의 정치질서는 전형적인 상향적 정치에 기반을 두고 있었다고 볼 수 있다.

이러한 요인들 때문에 북한의 인민위원회가 초기부터 민중의 요구에 밀착되어 활동할 수밖에 없었다는 사실은 충분히 수긍할 수 있는 문제다. 우리는 함경남도 인민위원회의 포고문을 통해 당시 인민위원회의 활동상을 간접적으로나마 이해할 수 있을 것이다.

18세 이상의 모든 남녀는 투표권 및 공직의 피선거권을 갖는다. …… 조선 민족의 주권은 인민들 자신에게 있다. …… 일본인 및 친일파 소유의 모든 공장, 광산, 농장, 수송시설 및 재산은 몰수하여 국가가 이용하며 노동자위원회가 그 관리를 맡는다.[62]

다음으로 우리가 주목해야 할 것은 인민위원회를 물리적 힘으로 떠받쳐주면서 일반적인 치안업무를 수행했던 일단의 무장단체(혹은 치안단체)의 움직임이다. 해방과 동시에 북한에서도 남한과 마찬가지

61　1946년 2월 이전까지 조만식이 의장으로 있는 북조선 5도 행정국이 존재했지만 아직까지는 중앙기구로서의 실질적 기능을 발휘했다고 보기는 힘들다.

62　브루스 커밍스, 앞의 책, 264쪽.

로 치안대·보안대·인민방위군 등 각종 무장자위조직을 민중이 자발적으로 조직했다. 이들 지방적 수준의 대소규모 무장자위조직은 1945년 10월경에 이르러 도 인민위원회 차원의 보안대로, 12월에는 북한 전역을 포괄하는 단일한 보안대 체계로 흡수 통합되었다.

과거 경찰의 업무를 대신한 보안대의 활동에 관해 상세히 알 수는 없다. 그러나 몇몇 미국 측 자료는 보안대에 관한 흥미 있는 정보를 제공해준다. 예컨대 1946년 4월 28일부터 5월 5일까지의 미군 정보기관의 보고서에 따르면 간부 훈련소에 입소한 보안대원은 도·시·군 인민위원회가 선발한 중등교육 이상의 학력 소지자로서 '정치, 사상, 도덕'이 건전하며 '진정으로 인민에 대한 관심을 가지고 있는' 사람으로 그 자격 요건을 규정하고 있었다.[63] 또한 교육방법은 후보생들의 능동적 참여를 강조했고 후보생들은 모든 문제를 철저히 토론한 다음 다시 더 깊숙이 토론하여 '사상을 완전히 이해하고 발전시킬 기회'를 갖도록 했다고 한다.[64]

또한 미 극동사령부에서 발간한 『북한군대사』는 북한의 경찰(보안대)이 일제강점기와는 전혀 달리 대중적이고 지역적으로 잘 확립되어 있다고 지적한다. "새로운 경찰(여자도 상당수 포함)은 업무를 잘 익혔다. 그들은 대중 속에 뿌리를 두었으며 인민의 존경과 협력을 받았다." 그리고 한국전쟁 중 포로로 잡힌 북한의 어느 면 경찰서장을 조사해본 결과, 그는 '정직하고 견문이 넓었으며 자부심이 강했고' 일제강점기의 경찰과는 아주 달랐다. 그 포로의 말에 따르면 비록 이따

---

63 새롭게 구성된 지방경찰은 대부분 가난한 농민들이었다. 공식적인 미국 측 자료에 의하면 이와 같은 가난한 농민들이 "기존 경찰의 모든 업무를 담당했다"고 한다.
64 브루스 커밍스, 앞의 책, 290쪽.

금 있기는 했지만 북한에서 고문에 의한 심문은 법적으로 금지되었으며, 고문은 대개 질문이나 재교육에 의한 수사로 대체되었다고 한다. 그리하여 북한 경찰은 일본 제국주의 학정의 상징이었던 '고문에 의한 자백'을 강요한다는 비난을 받지는 않았다.[65]

북한에서 한층 더 본격적이고도 전면적인 개혁이 일어난 것은 1946년 2월 '북조선 임시인민위원회'가 발족되고부터다. 임시인민위원회[66]는 북한 전역을 포괄하는 실질적인 의미에서 최초의 중앙기구였다. 아울러 정상적인 선거절차를 따르지 않고 급박한 개혁사업을 위해 임시로 창설되었다는 의미에서 일종의 '임시혁명정부'와도 같은 것이었다.[67] 임시인민위원회는 3월 23일 '일제 잔재의 숙청', '국내 반동세력과의 투쟁', '기본권의 보장', '대기업의 국유화와 개인 상공업의 장려', '지주의 토지 몰수', '8시간 노동제 확립' 등을 주요 내용으로 한 20개 정강을 발표함으로써 이후 개혁의 방향을 제시했다.

임시인민위원회의 주도 아래 가장 먼저 착수된 사업은 토지개혁이었다. 당시 북한은 남한과 마찬가지로 전체 인구 중에서 농민이 차지하는 비중이 매우 컸다. 그러한 가운데 농가의 4퍼센트밖에 안 되

---

65 위의 책, 291쪽.

66 최초의 정상적인 선거는 1946년 10월 3일 시·군·도·직할시 인민위원회의 위원들을 선출하기 위해 이루어졌다. 이 선거로 1947년 2월에는 최고 입법기관인 북조선인민회의가 개회되었으며 이 회의가 제정한 법에 따라 여러 부와 국으로 이루어진 북조선인민위원회라는 명칭의 행정부가 만들어졌다. 이와 같은 형태의 북한 정부구조는 1948년까지 존속되었다(조순승, 앞의 책, 113쪽 참조).

67 북조선 임시인민위원회는 다음의 세 가지를 강령으로 내걸었다. ① 우리는 완전히 독립국가의 건설을 기함. ② 우리는 전 민족의 기본 요구를 실현할 수 있는 민주주의 정권의 수립을 기함. ③ 우리는 일시적 과도기에 있어서 국내 질서를 자주적으로 유지해 대중생활의 확보를 기함.

는 지주가 총경지면적의 60퍼센트나 차지하고 있는 반봉건적 지주소작제도는 농민뿐만 아니라 전체 민중을 빈곤과 굴종 속으로 몰아넣는 사회발전의 결정적 장애물로 간주될 수밖에 없었다.[68] 따라서 토지개혁은 임시인민위원회가 스스로 표방했던 '반제·반봉건 혁명'을 수행함에 있어 첫 번째 관문에 해당하는 것이었다.

토지개혁은 1946년 3월 5일 「북조선 토지개혁에 관한 법령」이 공포되고 이를 직접 추진할 수 있는 담당 조직으로서 빈농과 농업노동자로 구성된 1만 1,500여 개의 '농촌위원회'가 만들어짐으로써 본격적으로 추진되었다. 농촌위원회의 주도 아래 일본인, 민족반역자, 5정보 이상을 소유한 대지주의 땅은 모두 몰수되어 토지가 없거나 부족한 농민에게 가족 수에 따라 무상으로 분배되었다.[69] 지주라 하더라도 과거 항일독립운동에 공헌한 경우에는 특별한 혜택이 부여되었고, 토지개혁에 대해 우호적으로 스스로 땅을 포기하는 지주에 대해서는 가옥과 일정한 토지를 소유한 채 고향에서 사는 것이 허용되었다. 그러나 반항하는 지주들에 대해서는 규정에 따라 가차 없이 토지를 몰수했고 다른 지역으로 강제 이주시켰다.[70]

그리하여 4만 4,000여 명의 북한 지주들이 완전히 토지를 몰수당했고 나머지 지주들도 상당히 큰 면적의 토지를 빼앗겼다. 이는 지주들로부터 자금을 제공받는 정치집단이 존립할 가능성이 제거된 것을

---

[68] 한 조사에 따르면 1945년의 북한에서는 농촌 인구의 25.8퍼센트가 토지를 소유한 반면 22.4퍼센트는 자작 겸 소작인이고 44.9퍼센트는 소작인, 5.4퍼센트는 공유지 무단 입주자 그리고 1.5퍼센트는 농업노동자였다고 한다(김정원, 앞의 책, 122쪽 참조).

[69] 이 당시는 개인 영농을 기본으로 해서 토지분배가 이루어졌다. 북한에서 토지에 대한 사회주의적 집단화가 이루어진 것은 한국전쟁 이후의 일이다.

[70] 브루스 커밍스, 앞의 책, 295~302쪽 참조.

의미했다. 반면 토지 재분배는 농촌 인구의 70퍼센트 이상, 즉 북한 총인구의 약 50퍼센트에 혜택을 준 것으로 추정되며, 재분배된 토지 면적은 전 북한 농지면적의 50퍼센트 이상이었다. 북한의 지주들은 조직화되어 있지 못했기 때문에 중국이나 북베트남에서처럼 커다란 저항이나 유혈사태는 발생하지 않았다. 이렇게 토지몰수가 순조롭게 진행된 것은 처음에는 대지주, 다음에는 중소지주 등의 순서로 토지 개혁이 단계적으로 진행된 데에도 이유가 있었다.[71]

토지개혁에 이어 1946년 6월에는 8시간 노동제, 사회보장보험, 더욱 나은 근로조건 등을 규정한 「노동법령」이 공포되어 시행에 옮겨졌다. 그로부터 한 달 뒤인 7월에는 축첩, 매음, 여아 살해 등 일체의 봉건적 여성착취를 금지한 「남녀평등권에 대한 법률」이 제정·공포되었다.

이어서 「주요 산업 국유화령」이 공포됨에 따라 과거 일본인이나 민족반역자가 소유했던 철도·은행·주요 기간산업 등 1,034개의 공장 기업소가 국유화되어 노동자의 관리에 맡겨졌다. 반면 소규모 상품생산 공장은 우호적인 민족자본가들에게 매각되어 이들의 개혁사업에 대한 능동적 참여를 유도했다. 소유 형태의 변혁뿐만 아니라 각급 공장의 생산능력을 증대시키기 위한 별도의 조치가 취해졌다. 즉, 1947년경에 접어들어 기술전문가와 숙련노동자들에 대한 대량 교육 프로그램이 도입되었으며 1947년 1월 한 달 동안에 전문가 1,500여 명과 숙련노동자 2만여 명이 새로운 교육을 통해 배출되었다. 이와 함께 국민학교부터 대학교에 이르기까지 교육체계가 정비되었고 문

---

71   김정원, 앞의 책, 122~123쪽.

맹퇴치운동이 대대적으로 전개되었다.[72]

1945년부터 1948년까지 3년 동안에 걸친 비정치적 분야의 개혁 중 가장 괄목할 만한 진척을 보인 것은 산업개발의 효과적인 조직과 증진이다. 북한 측 보도에 따르면 1947년과 1948년의 연간계획은 실효를 거두었으며 대부분의 부문에서 목표를 달성했다고 한다. 그럼에도 전기와 직물 부문 이외에는 해방 전의 생산량에 도달한 부문이 없었다. 그러나 일본·남한과의 관계 단절이라는 불리한 여건을 무릅쓰고도 북한 경제는 괄목할 정도로 발전했다. 미 국무성은 한국전쟁 전의 북한 경제의 발전 요인을 다음과 같이 분석했다.

특별한 재정적 힘이 북한 정권으로 하여금 북한 경제에 원동력을 불어넣어 자원을 점차적으로 투자부문에 돌림으로써 성장의 조건을 마련할 수 있게 했다.[73]

위와 같은 제반 개혁조치의 결과 실제 북한 민중의 생활환경이 얼마나 개선되었는지는 정확히 알 수 없다. 단지 당시 북한을 방문한 바 있는 인사들의 눈을 통해 간접적으로나마 추측을 할 수 있는데, 예컨대 1948년 김구와 동행해 북한을 방문했던 신문기자 서광제는 『북조선 기행』에서 다음과 같이 묘사하고 있다.

---

72 조이스 콜코·가브리엘 콜코, 앞의 글, 46~47쪽 참조.
북한 소식통들의 보고에 따르면 1948년까지 취학 아동들의 94.3퍼센트가 학교에 등록했다(김정원, 앞의 책, 139쪽).
73 같은 곳.

마을마다 집들이 청결하고 새로 기와를 올린 집이 많았다. 라디오나 전기곤로를 사가는 농부가 많았는데 나는 설마 그들이 자신들이 쓰려고 하겠는가, 심부름이겠지 하고 생각하면서 물어보았다. "그것을 어디로 갖고 가는 것입니까?" 농부는 천연덕스럽게 "우리 집에서 쓰려고 사가는 거요"라고 대답하며 휘적휘적 가버렸다. 해방 전에는 자신의 집을 짓는다든지, 소를 산다든지, 가구를 장만한다든지, 전기를 쓴다든지 하는 것은 생각할 수 없는 일이었다.[74]

또한 김구 자신도 다음과 같이 북한을 방문한 인상을 밝혔다.

서평양 외곽 20리 되는 농촌지대를 돌아보았는데 농가에 전기가 신설되고 지붕도 거의 전부 새로이 한 것을 보면 마음이 괴롭거나 민생이 절박한 환경은 아닌 것 같다.[75]

---

74 가지무라 히데키梶村秀樹, 「해방 3년사」, 가지무라 히데키 외, 김동춘 엮음, 『한국현대사연구』 I, 이성과현실사, 1988, 61쪽에서 재인용.
75 김천영 편저, 앞의 책, 1106쪽.

제3장

배신과 음모

1. 위반된 약속 ─ 모스크바 협정의 파탄

1947년 봄, 미국은 냉전시대의 막을 올리는 중대한 정책 전환을 단행했다. 바로 '트루먼 독트린'으로 불리는 소련에 대한 적극적인 봉쇄정책을 개시한 것이다. 이로써 미국은 제2차 세계대전 당시 독일과 일본 등 파시즘 국가에 대항하기 위해 불가피하게 선택했던 소련과의 밀월관계에 확실한 종지부를 찍었다.

이러한 맥락에서 미국은 패전국 서독을 소련에 대한 방패막 혹은 전진기지로 다시 부흥시키기 위한 이른바 '마셜 플랜'을 실천에 옮기고 소련과 인접해 있으면서 반제·반봉건투쟁의 기치를 높이 들고 있던 그리스와 이란 등에 전면 개입해 역사의 시곗바늘을 되돌려놓는 반동적 역할을 수행했다.

국토의 절반이 미군정의 통치 아래 있었던 한반도에도 대소 봉쇄정책은 예외 없이 적용되었다. 오히려 한반도는 미국과 소련이 군사적으로 직접 대치하고 있음으로써 가장 첨예한 냉전의 시험장이 되고 있었다. 이러한 상황에서 한반도를 분할 점령하고 있던 미소 두 강대국이 협상으로 분단을 해소하고 통일정부의 수립을 보장할 만한 여지는 극도로 협소해질 수밖에 없었다. 그에 따라 미국은 남한 단독정부의 수립을 확고한 방침으로 내세우게 되었다.[1] 1946년 6월 미 국무장관 마셜은 한국에서의 소련의 비협조적인 태도를 비난하면서 남한에서 독자적인 계획을 추진할 뜻을 밝혔는데 미국의 언론은 이를 단독정부 수립으로 받아들였다.[2]

이처럼 남한만의 단독정부 수립이 기정사실로 되어가고 있는 시점에 애초부터 불가능한 타협을 모색하는 것에 불과한 제2차 미소 공동위원회가 1947년 5월 21일 서울 덕수궁에서 재개되었다.

공동위원회는 회담 직전 미국의 마셜 국무장관과 소련의 몰로토프 외상 간에 이루어진 타협안으로 희망이 다소 보이는 듯했다. 즉, 미국은 모스크바 협정을 적극적으로 반대하는 한국인들을 협의 대상에서 제외해야 한다는 소련의 주장을, 비록 그것이 '표현의 자유'를 제약하는 것으로 해석된다 하더라도 받아들이기로 했다. 마찬가지로 소련은 일부 정당과 사회단체들이 이전에 모스크바 협정을 반대한 바 있더라도 그들이 '공동성명 제5호(제5선언)'에 서명함으로써 그에 대한 지지를 선언하고 공동위원회의 임무에 대해 '적극적인 반대를 선동하는 것'을 삼간다면 그들을 협의 대상에 포함하는 것에 동의했다.

협의를 위한 위원회가 평양과 서울에 설치되었으며 북한에서는 38개 단체 1,290만 명, 남한에서는 425개 단체 5,200만 명이 각각 신

---

[1]   이승만에게 호의적인 입장을 갖고 있었던 점령국 담당 존 힐더링은 강력한 단독정부 수립론자였다. 1946년 12월 4일 이후 미국에 머물고 있던 이승만은 사전에 그로부터 정책을 파악하고 미국 내의 극단적인 반공주의 의원과 언론을 상대로 단독정부 수립을 위한 운동을 맹렬하게 전개했다. 말할 필요도 없이 이러한 이승만의 행동은 이후 남한 단독정부 수립이 자신의 외교적 활동의 성과인 것처럼 치장함으로써 단독정부 내에서 주도적 위치를 차지하겠다는 다분히 정략적인 계산이 깔린 것이었다.

[2]   임종국, 앞의 글, 217~218쪽.

청서를 제출했다.[3] 이 같은 숫자는 당시 남한의 성인 인구가 약 950만 명이었고 북한은 약 450만 명이었다는 사실에 비추어볼 때 분명 잘못된 것이었다. 이러한 문제점은 전 회원 수를 122만 명으로 주장하는 남한 내의 소위 조선기술자·건축가 동맹 같은 존재 자체가 의심스러운 단체들이 신청서를 제출함으로써 더욱 심각해졌다. 그 당시 조선 전체의 노동자 수는 100만 명도 채 못 되었다.

결국 소련은 일부 단체에 대해 거부권을 행사함으로써 남한 내의 협의 대상 단체들을 대폭 삭감해 제시했다.[4] 소련 측이 제시한 자료에 따르면 중도파세력을 우파에 포함시킨다 하더라도 남한 내의 성향은 좌파가 47개 단체에 1,910만 명인 데 비해 우파는 71개 단체 1,940만 명이었다. 여기에 북한 내의 38개 단체를 더하면 전국의 상황은 우파세력의 규모가 남한 내의 규모와 동일한 반면 좌파는 85개

3　이승만 일파는 미소 공위에 대해 계속 비협조적인 자세를 취했고 그러한 맥락에서 협의신청서 제출조차 거부했다.

4　소련 측이 협의 대상에서 배제되어야 한다고 주장한 정당·사회단체는 다음 사항에 해당하는 것들이다.

① 소련이 사회단체로 분류하지 않은 단체.

② 지구당과 그 밖의 '남한이나 북한의 전 지역을 대표하는 성격을 갖지 못한 순전히 지역적이며 중요하지 않은 단체', 그리고 회원 수 1만 명 이하의 정당·사회단체.

③ 모스크바 결정을 반대하기 위해 특별히 창설된 단체들. 단, 그와 같은 정당들은 반탁위원회에서 정식으로 탈퇴하고 모스크바 결정 및 공동위원회에 맞서 싸우기를 중단할 때에만 포함할 수 있다.

④ 단체의 존재나 회원 수가 의심스러운 단체들.

⑤ 어느 한쪽 또는 양쪽 대표단이 받아들이지 않는 단체.

소련은 이러한 기준에 따라 반탁위원회에 소속된 대부분의 정당들을 협의 대상에서 탈락시켰다. 반탁위원회는 1946년 1월에 결성되어 6월에 개편된 단체로 한민당, 신한민족당 등 15개 우익정당이 가입해 있었다. 반탁위원회는 기본적으로 모스크바 협정 자체를 반대하는 입장에 서 있었으며 제2차 미소 공위가 개최되기 직전에 가장 활발하게 활동했다.

단체에 3,230만 회원의 규모가 된다.[5] 공인된 좌익단체들이 공인된 우익단체들에 비해 회원 수에서 거의 두 배에 달하는 셈이다.[6]

이 같은 소련의 제안에 대해 미국은 즉각 반발하고 나섰다. 미국 측은 어떤 정당이나 사회단체도 그 단체가 공동위원회, 모스크바 협정 혹은 미소 양국의 어느 한쪽에 대해 적극적인 반대를 조장하거나 선동하지 않는 한 배제해서는 안 된다는 입장을 견지했다.

양측의 주장은 제각기 나름대로 일리가 있어 보였다. 그럼에도 이에 대한 평가는 결국 한국 민중의 요구가 무엇이었으며 미소 양국이 이를 어떻게 반영하고 있었는지를 살펴봄으로써 가능해질 것이다.

제2차 미소 공위가 진행되고 있던 1947년 7월 3일 '조선신문기자회'에서 발표한 가두 여론조사 결과는 이러한 평가에 상당한 도움이 될 것이다.

---

5 좌파, 우파, 중도파라는 표현은 대체로 지향하는 이념에 바탕을 두고 있다. 여기서는 일차적으로 남북의 민전에 가입하고 있는 정당·사회단체를 좌파로 보고 그에 적대적인 집단을 우파, 그리고 중립적인 부분을 중도파로 분류하고 있다. 그리고 이 글에서는 중도파를 우파에 포함시켜 좌파와 대비하고 있지만 실제 중도파의 정치적 경향은 좌파에 더욱 가까웠다. 그런데 반드시 유의할 점은 이러한 구분이 현실에서의 정치적 동맹과 대립을 그대로 반영하는 것은 아니라는 사실이다. 예컨대 1948년 이후 미국에 의한 남한 단독정부 수립계획이 분명해졌던 시점에 남북의 좌파, 중도파, 우파의 일부는 단독선거와 단독정부 수립에 반대하는 공동전선을 펴기도 했다.
참고로 미국의 저명한 한국사학자 브루스 커밍스는 실제 우리 역사에 나타난 좌익과 우익의 차이로 다음 세 가지를 들었다. ① 한국 사회에 내재한 일제 잔재의 철저한 박멸과 친일파의 철저한 숙청, ② 대중정치와 대중조직 및 그것이 함축하고 있는 형평의 달성, ③ 자원의 할당, 특히 토지분배의 불평등을 야기하고 있는 봉건제도의 척결(브루스 커밍스, 『한국전쟁의 기원』 상, 159~160쪽).
6 조순승, 앞의 책, 131쪽.

장차 수립될 임시정부는 어떠한 형태의 것이어야 하며 어떠한 정책을 실시해야 할까 하는 데 대해서 국민의 관심은 실로 크다. 여기에서 조선신문기자회에서는 이에 대한 여론을 들어보고자 3일 오후 5시부터 1시간 동안 서울 시내 중요 지점 10개소에서 일제히 통행인 2천 4백 95명에 대하여 5가지 설문으로 여론조사를 실시했는데 그 결과는 다음과 같다.

1) 6월 23일 반탁테러 사건은?

　ㄱ) 독립의 길이다 651표 (26%)

　ㄴ) 독립의 길이 아니다 1,736표 (71%)

　ㄷ) 기권 72표 (3%)

2) 미소 공위와의 협의에서 제외할 정당 사회단체는?

　ㄱ) 있다 (72%)

　한민당 1,227표, 한독당 922표, 독촉국민회 309표, 남로당 174표, 대한노총 91표, 광청 30표, 건청 19표, 전평 14표, 민전 9표, 기타(유령단체, 반탁 정당단체, 친일단체, 신한국민당, 근로인민당, 입법의원, 좌우합작위원회, 독청, 청총, 학련, 애국부인회)

　ㄴ) 없다 341표 (14%)

　ㄷ) 기권 331표 (13%)

3) 국호는?

　ㄱ) 대한민국 604표 (24%)

　ㄴ) 조선인민공화국 1,708표 (70%)

　ㄷ) 기타 8표 (1%)

　ㄹ) 기권 139표 (4%)

4) 정권 형태?

　ㄱ) 종래 제도　327표 (14%)

　ㄴ) 인민위원회　1,757표 (71%)

　ㄷ) 기타　262표 (10%)

　ㄹ) 기권　113표 (3%)

5) 토지개혁 방식?

　ㄱ) 유상몰수 유상분배　427표 (17%)

　ㄴ) 무상몰수 무상분배　1,673표 (68%)

　ㄷ) 유상몰수 무상분배　260표 (10%)

　ㄹ) 기권　99표 (5%)[7]

　언쟁과 상호 비난이 꼬리를 무는 가운데 미국은 제2차 미소 공위에 즈음하여 일시적으로 모스크바 협정 반대시위를 금지하던 종래의 조치를 취소하고 민중운동에 대한 대대적인 탄압을 개시했다. 결국 양측이 이렇다 할 합의점을 찾을 수 없어 공동보고서를 작성하지 못하게 되었다고 발표함으로써 공동위원회는 8월 12일 완전히 교착상태에 빠지고 말았다.

　그 이후 협상은 정부 간의 협상으로 옮겨졌다. 미 국무장관 대리

7　노중선 엮음, 『민족과 통일』, 사계절, 1985, 215~216쪽.
이 자료를 살펴볼 때 미소 공위의 쟁점과 관련해 주목해야 할 점은 협의 대상에서 배제되어야 할 정당·사회단체의 존재 여부와 좌우익에 대한 대중의 지지 정도다. 이러한 맥락에서 여론조사 결과에 나타난 '우선적으로 배제되어야 할 정당·사회단체'는 소련이 협의 대상에서 탈락시킨 단체와 대체로 일치한다. 또한 좌익이 내건 요구는 대체로 70퍼센트 정도의 지지를 얻고 있음이 확인된다.

로버트는 소련·영국·중국 외상에게 새로운 제안을 담은 서한을 보냈다. 이 제안은 모스크바 협정에 관련된 4대국이 9월 8일 워싱턴에서 만나 모스크바 협정을 대신할 새로운 방법을 검토하자는 것이었다. 제안의 구체적 요지는 "유엔 감시하에 남북한의 인구 비례에 따른 총선거를 실시해 통일정부를 세우자"라는 내용으로 이승만이 1946년 12월 방미 중에 제안한 내용과 동일한 것이었다. 영국과 중국은 이 제안을 승인했으나 소련은 거부했다. 소련은 이에 대해 "조선 민중이 연합국의 간섭 없이 정부를 수립할 수 있도록 미·소 양군이 즉시 철병하자"라는 내용의 새로운 제안으로 응수했다. 결국 미국은 한국문제를 자신들이 지배하고 있는 유엔에 상정하기로 결심했다.[8]

이렇게 하여 미소 공동위원회는 1946년 3월 20일에 시작되어 한국문제 해결에 아무런 도움도 주지 못한 채 1년 반 만에 종결되었다. 이 같은 미소 공동위원회의 실패는 결코 놀라운 사실이 아니었다. 미소 양국은 애초부터 상반된 목표를 추구하고 있었고 한국의 통일된 독립은 부차적 의의만을 지니고 있었다. 어느 쪽도 결과적으로는 적대 진영에 가담하게 될지도 모르는 통일 한국의 수립을 위한 대가로 한반도의 반쪽에 대한 기득권을 포기하기를 원하지 않았다.

예상대로 협상이 실패로 끝나자 미소 양국은 협상의 실패에 대한 내외의 비난으로부터 자신을 지키고 한반도 내에서 더욱 유리한 고지를 점령하기 위한 새로운 방안을 모색하는 데 열중했다. 이미 밝혀진 대로 미국은 남한 단독정부 수립이라는 방침을 더욱 굳히고[9] 이를 위

---

8   김병오, 앞의 책, 57쪽.
9   이와 관련해 당시 미국의 정책을 가장 충실히 대변하고 있던 이승만은 1947년 9월 17일에 다음과 같이 남한만의 총선거를 주장하는 성명을 발표했다.

한 국제적 지원을 얻어내기 위해 유엔을 이용하기로 작정했다. 분명 미국은 유엔이라는 국제기구를 내세움으로써 한국 분단에 대한 자국의 책임을 소련에 전가할 수 있을 것이라고 기대했다. 반면 소련은 한국 내에서 자국에 우호적인 세력이 더욱 우위에 있다는 그 나름의 셈법으로 동시 철병을 주장했다. 이 같은 소련의 주장이 당시 한국 민중의 요구에 더욱 부합했던 것은 사실이다. 그러나 소련은 이후 국제기구에서 미국과 언쟁을 벌이는 것 외에는 한국의 재통일을 위해 그 어떠한 역할을 할 수도 없었고 또 하지도 않았다.

이러한 역사적 경험은 극히 소박한 교훈, 즉 한 나라의 독립은 그 나라 민중의 자주적인 투쟁에 의하지 않고는 그 어떤 강대국의 힘으로도 불가능하다는 사실을 분명하게 깨우쳐주었다.

2. 임시정부 수립 촉진 인민대회 — 1947년 7월 27일

미소 공동위원회가 난항을 거듭하다 끝내는 파탄에 이르게 되는 과정 속에서도 한국 민중은 모스크바 협정의 원만한 실현에 대한 희망을

———

"남조선만으로라도 총선거를 행하여 국회를 세워야 국권회복의 토대가 생겨서 남북통일을 역도(달성)할 수 있을 유일한 방식으로 믿는 터이므로 누가 나의 주의와 위반되시는 이가 있다면 나는 합동만을 위하여 이 주의를 포기할 수 없을 것이다. 내가 총선거를 주장하는 것은 남북을 영영 나누자는 것이 아니요, 남조선만이라도 정부를 세워서 국제상의 발언권을 얻어 우리의 힘으로 통일을 촉성할 문호를 열자는 것이며 만일 이보다 더 나은 방식이 있다면 우리가 다시 생각해볼 여지가 있을 것이지만 아무 다른 방식이 없는 경우에는 이것이 유일한 방식이니 전 민족이 다 합심해서 이것을 촉진하는 것이 가할 것이다."

쉽게 버리지 못했다.

당시 미소 두 강대국이 한반도를 분할 점령하고 있는 여건에 비추어볼 때 모스크바 협정은 통일정부를 수립하는 데 가장 효과적이며 나아가 유일한 방도로 받아들여졌고, 반면 협정의 파탄은 곧 민족 분단을 불가피하게 초래하는 것으로 여겨졌다. 그리하여 한국 민중은 모스크바 협정의 실현을 촉구하는 투쟁을 광범위하게 벌여나갔다. 그 대표적인 예가 1947년 7월 27일 남한 전역에서 민주주의민족전선 주최로 개최된 '임시정부 수립 촉진 인민대회'였다.

서울에서는 수많은 군중이 참석한 가운데 오전 10시에 집회가 시작되었다. 개회가 선언되고 애국가 제창, 미소 공위의 성공을 축원하는 묵상, 해방의 노래, 미소 공위 경축의 노래가 있었다. 대회에서는 농민, 노동자, 부녀자, 청년, 학생 대표들의 결의 표명이 있은 뒤 다음과 같은 내용의 결의문이 채택되었다.

- 통일적 민주주의 임시정부를 단시일 내에 수립하자면 모스크바 삼상 결정을 정확히 실천하는 미소 공동위원회를 성공시키는 이외에는 없다.
- 이승만 일파의 미소 공위 파괴공작 때문에 위기에 봉착했다. 때문에 어느 때보다 공위사업에 협조하는 임무가 제기된다. 죽음으로써 수호하여 성공시켜야 한다.
- 인민 자위의 법적 승인을 강경하게 군정 당국에 요청하는 동시, 여운형 참살을 계기로 전개된 구국운동을 힘 있게 추진할 것을 결의한다.
- 남조선에서 민전단체가 협의 대상의 50퍼센트를 가져야 한다는 것을 강력히 주장한다.
- 수립될 임시정부는 인민위원회의 정부 형태인 조선인민공화국으로

할 것을 요구한다.

- 임시정부는 인민의 지지를 받는 애국자로 조직할 것.
- 임시정부는 토지개혁, 산업국유화, 남녀평등권 제도 등을 실시할 것.[10]

서울 이외에도 남한의 대부분 주요 도시와 지방에서 다수의 민중이 참여한 가운데 대회가 개최되었다.

개성에서는 27일 오후 3시에 약 2만 명이 모여 송도중학교 운동장에서 대회를 열었는데 참가인원이 1,000명을 초과했다 하여 경찰이 해산명령을 내렸으나 그대로 강행했다.

수원에서는 오전 11시 약 4만 명의 군중이 집결해 성황리에 대회를 진행했는데, 경찰에서 농악기, 플래카드 등을 압수하고 노래와 구호를 금지하는 폭압적 조치를 취했다. 이와 함께 소수의 반탁 청년들이 대회를 파괴하기 위해 테러를 자행했고, 대회장에서 금지된 선동 행위를 했다 하여 3명이 연행되었다.

부평에서는 오전 10시에 부평시장에서 약 5,000명이 모여 집회를 열었다. 대회 도중에 오류동, 소사, 영등포 등에서 반탁 청년 수백 명이 트럭 11대에 분승해 파괴공작을 시도했다.

충북 옥천에서도 오전 10시에 9,000여 명의 민중이 경찰의 대치 불허 방침에 항의하는 시위를 전개했다. 이에 경찰이 유혈진압을 전개함으로써 시위를 벌이던 4명이 살상되고 10여 명이 중상을 입는 참변이 발생했다.

광주에서는 광주극장 내에서 집회를 연다는 조건으로 집회 허가가

---

10   김천영 편저, 앞의 책, 745쪽.

나왔는데, 당일 아침 경찰의 농간으로 극장 측이 "반탁학생연합에서 오늘 극장을 사용하기로 합의가 되어 있으니 장소를 빌려줄 수 없다"라고 발뺌하는 사태가 발생했다. 이에 대회 주최 측이 격렬한 항의를 제기하며 대회를 강행하려 하자 경찰은 강압적으로 이를 해산시켰다.

충남 서천에서는 집회 허가가 나지 않자 읍내 뒷산에서 9,000여 명이 집결해 인민대회를 강행하고자 했다. 그러나 경찰의 무자비한 해산작전으로 소기의 뜻을 이루지 못하고 말았다.

이 밖의 각 집회에 참석한 인원 중 일부를 살펴보면 다음과 같다.

경북 금원 26,483, 청송 5,300, 선산 28,290, 달성 16,200, 고령 82,220, 문경 16,240, 청도 17,870, 대구 70,000명

충남 대전 70,000, 부여 4,500, 예산 14,000, 공주 10,800, 보령 4,700, 연기 15,000명

경기 평택 32,000, 여주 30,000, 안성 30,000, 가평 7,000, 시흥 10,000, 인천 100,000명

이외에도 경기도의 고양, 광주, 양주, 파주 지역 민중이 직접 서울 대회에 참석했고, 경남의 부산, 진주, 마산, 창원, 밀양, 사천, 울산, 창녕 등과 강원도의 춘천에서도 집회가 개최되거나 개최를 위한 시도가 이루어지는 등 인민대회는 남한 전역에서 민중을 끌어들이는 위력을 발휘했다.[11]

그런데 이날 미군정이 인민대회 개최를 비록 형식적이나마 허락

---

11 이상 인민대회의 진행 상황에 관해서는 위의 책, 743~747쪽 참조.

한 것은 당시 미소 공동위원회가 진행 중이었던 관계로 노골적인 탄압은 미국의 위신에 커다란 손상을 미칠 우려가 있다는 판단 때문이었다. 그러나 이미 밝힌 대로 미국의 이러한 자세는 결코 오래가지 못하고 곧 민중 탄압의 광풍이 불어닥치게 되었다.

한편 남한에서 임시정부 수립 촉진을 위한 인민대회가 거족적으로 벌어지고 있는 것과 발맞추어 북한의 민주주의민족통일전선은 다음과 같은 메시지를 발표했다.

세계에서 유례를 볼 수 없는 야만적 테러와 폭압 속에서 반동세력과 악전고투하는 정경을 우리는 잘 알고 있다. 동지들이 철벽같은 단결로써 민주 조국 건설을 위하여 친일파, 민족반역자들의 모든 음모를 분쇄하고 민주주의의 아성으로써 인민의 이익을 옹호하여 투쟁하고 있는 불사투지에 대하여 우리도 최대의 경의를 보낸다. 남북조선 민전은 민주주의 인민공화국 수립을 목적으로 같이 발을 맞춰 전진하기 바라면서 남조선 민전의 건투를 빈다.[12]

이렇듯 모스크바 협정의 원만한 실현을 통한 민주주의 임시정부의 조속한 수립에 대한 남북한 민중의 열망은 강렬하기 그지없었다. 그럼에도 강대국의 자기중심적 논리는 자신들이 행한 약속조차 이행하지 못하는 가운데 모스크바 협정을 끝내 파탄으로 몰고 가고야 말았다.

---

12 위의 책, 745쪽.

3. 미국, 유엔이라는 간판을 내세우다

1947년 9월 미국은 계획대로 한반도문제를 유엔에 상정했다.[13] 이는 한국문제가 한국인 자신의 손에서 떠나버렸다는 점에서 민족자결주의 원칙에 대한 명백한 침해였다. 또한 한국 민중 스스로도 자신들의 문제를 유엔이 처리하는 것에 대해 극히 불만족스러워한 것이 분명하다. 예컨대 당시 한국언론연합회의 여론조사 결과는 남한 민중의 83퍼센트가 유엔이 한국의 통일을 성취해줄 것이라는 기대에 대해 극히 부정적인 입장을 지니고 있음을 나타내주고 있다.[14]

이 같은 시기에 수많은 애국적 정당·사회단체가 한국문제의 유엔 상정을 비판하고 미소 양군의 동시 철병을 조건으로 남북정치협상을 통해 통일정부를 수립하는 길을 개척하기 위한 노력을 기울였다.

1947년 9월 5일 근로인민당, 민주한독당, 민중동맹, 사회민주당, 청우당 등은 공동성명을 발표해 조선문제의 유엔 상정은 민족분열을 영구적으로 만들 위험이 크다는 점을 지적하면서 계급과 당파를 초월해 소수의 반민주세력을 배제하고 민족적이며 민주적인 대동단결과 공동행동을 호소했다. 곧이어 9월 30일 민주주의민족전선은 미소 양

---

13 1960년대 후반 다수의 비동맹 회원국들이 진출하기 전의 유엔은 미국의 절대적 영향력 아래 있었다. 초기 유엔 회원국 중 공산진영을 제외한 대부분은 정도의 차이는 있었지만 압도적 우위를 자랑하는 미국의 정치·군사·경제적 능력에 다양하게 의존하고 있었다. 이 같은 조건에서 이들 나라는 미국의 정책을 거의 맹목적으로 추종할 수밖에 없었고, 그 결과 유엔은 미국의 '사교클럽' 또는 '거수기'라고 불릴 정도였다. 그리하여 미국은 자국의 대외정책에 합법성을 부여하거나 곤란한 문제에 관해 책임을 전가하기 위한 수단으로 종종 유엔이라는 간판을 활용하게 되었다. 참고로 말하면 유엔의 표결방식은 거수에 의한 공개투표다.

14 조순승, 앞의 책, 151쪽 참조.

군의 동시 철병을 촉구했고 10월 18일에는 근로인민당, 사회민주당, 민주한독당, 민중동맹, 신진당이 공동성명을 통해 즉각적인 미소 양군의 철수, 통일정권을 자주적으로 수립하기 위한 전국적 총선거 준비기구의 구성, 민주주의 정당·사회단체 대표의 남북교류 등을 제창했다. 이와 함께 11월 2일 김구의 지도 아래 있는 한국독립당은 지금까지 미군정에 대해 비교적 온건한 입장을 취했던 정당이 상당수 포함된 근민, 민동, 사민, 신진, 신한, 국민, 민독, 천도교, 보국, 한민, 민주한독당 등의 대표를 초청해 간담회를 개최함으로써 미소 양군의 철병 촉진, 민족자주활동, 남북 정당 대표 회담, 남조선 군정 반대, 남북총선거 준비기구 결성 등에 관해 공동으로 모색했다.[15]

한편 한국 민중의 자주적 요구와는 무관하게 한국문제를 유엔으로 끌고 들어간 미국은 유엔 내에서도 심각한 비판에 봉착했다. 비판의 주된 담당자는 말할 필요도 없이 소련이었다.

소련 대표는 처음에 유엔 운영위원회에서 미국이 미소 공동위원회에서 일어난 사태에 대해 책임을 져야 한다고 비난했다. 미국이 모스크바 협정에 명시된 의무를 준수하지 않았다는 것이 이유였다. 요컨대 미국 정부가 공동위원회의 회담 결과에 만족하지 않았다면 절차상 반드시 이 문제와 관련된 다른 3대국 정부, 즉 소련·영국·중국 정부에 이 문제를 회부했어야 했다는 것이었다. 소련 대표의 주장은 유엔헌장 제10조와 11조에 의해 총회는 국제평화와 안전보장 유지에 관한 모든 문제를 토의할 권한을 가지고 있지만 한국문제는 국제조약이 이미 존재하고 있기 때문에 제35조 제2항에 의해 총회에서 거

---

15 김천영 편저, 앞의 책, 790, 817, 836, 848쪽 참조.

론될 수 있는 문제가 명백히 아니라는 것이었다. 또한 소련 대표는 제107조도 인용했는데 이 조항은 유엔의 권한을 전쟁에서 직접적으로 결과된 문제에 한정하고 있었다. 사회주의 진영의 6개 회원국이 이 견해를 지지하고 나섰는데 이들은 유엔의 일차적 임무는 국제평화와 안전보장 유지에 있으며, 이전에 적국에 점령되었던 영토의 처리문제를 다룰 수는 없다고 주장했다. 이 같은 소련 진영의 주장에도 불구하고 미국의 동맹국이 절대 다수를 차지하고 있는 유엔 운영위원회는 유엔총회가 한국문제를 의제로 삼을 것을 결정했다.[16]

총회는 9월 23일 찬성 41, 반대 6, 기권 7로 이 의제를 채택하기로 결정했고 한국문제를 정치위원회에 회부해 심의·보고토록 했다.

9월 26일 소련 대표는 정치위원회 토론석상에서 다시금 "한국에 주둔하고 있는 모든 외국 점령군이 1948년 초에 동시에 철수함으로써 한국인이 그들 자신의 정부를 아무런 외부 개입 없이 수립할 수 있도록 하자"라는 내용의 대안을 제시했다.

이러한 소련의 제안은 미국과 이승만 일파를 상당히 당황하게 만들었다. 왜냐하면 제안 내용이 모든 문제에 대한 효과적인 해결책으로 여겨졌을 뿐만 아니라 미국의 윌슨 대통령이 고창한 민족자결주의 원칙과 한국 민중의 요구에 전적으로 부합하기 때문이었다. 또한 이승만 자신도 민족통일을 위해 모스크바 협정을 폐기하고 외국군의 즉각적 철수를 오랫동안 주장해온 바 있었다. 즉, 소련의 제안은 쉽게 거부할 수 없는 뚜렷한 호소력을 지니고 있었던 것이다. 그러나 미국에 우호적인 이승만 일파가 전체 한국인 속에서 차지하는 위치가 극

---

16   조순승, 앞의 책, 147~149쪽 참조.

도로 불안정하고 취약한 상태였기 때문에 그 상태에서 미군을 철수시
킨다는 것은 적어도 남한 내에 친미적 정권의 수립을 포기하는 것을
의미했다. 따라서 미국의 입장에서는 남한 내에서 반대파를 제거하고
자신의 지지세력을 충분한 수준으로 육성하기 위해서는 군대를 좀 더
오랫동안 주둔시킬 필요가 있었다.[17]

결국 미국 대표 덜레스는 다음과 같은 주장을 통해 소련의 공세를
벗어나보고자 시도했다.

소련은 한국으로부터 점령군을 즉시 철수시키고 이 철수 직후에 한국
국민들로 하여금 자기네 정부를 수립하도록 내버려두자고 하는 것을 권
고하는 결의안을 제출하였읍니다. 미국 대표의 견해로서는 이와 같은
소련 제안처럼 한다는 것은 한국인들에게는 거의 확실하게 혼란을, 나
아가서는 내란을 의미하게 되는 것이고 한국인들에게 자유와 이익을 효
과적으로 부여하는 대신에 한국을 또다시 앞으로 다년간의 혼란 속에
몰아넣게 될 것입니다.[18]

덜레스의 이 같은 발언은 분명 한국인의 자존심에 대한 모욕이었
다. 미국 집권세력의 공통된 견해를 대변하고 있다고 할 수 있는 덜레
스는 1945년 8월 해방 직후 보여주었던 한국 민족의 탁월한 건국 능
력을 고스란히 무시하고 있었고 동시에 그동안 남한 땅에서 휘몰아쳤
던 극심한 혼란상이 전적으로 미군정이 친일세력을 비호하고 사회개

17　위의 책, 150~151쪽 참조.
18　노중선 엮음, 앞의 책, 240쪽.

혁을 지연시킨 데 따른 결과라는 사실을 은폐하고 있었다. 여하튼 덜레스의 발언은 이후 남한의 정치적 안정을 위해서는 미군이 계속 주둔하고 있어야 한다는 강요된 신화의 태동을 알리는 첫 신호가 되었다.

결국 소련의 제안은 정치위원회에서 반대 20, 찬성 6, 기권 7로 부결되었으며, 11월 14일 총회 본회의에서도 마찬가지로 부결되었다.

그러나 유엔에서는 미소 간의 공방전이 여전히 계속되었다. 거듭되는 패배에도 불구하고 소련 대표는 유엔에서 행해질 한국문제 토의 과정에 당사자인 한국인 대표를 참석시켜야 한다는 새로운 제안을 내놓았다. 한국인 대표 문제를 둘러싸고 미국과 소련을 중심으로 한 두 진영 간에 열띤 토론이 벌어졌다. 물론 한국인의 장래 문제를 결정하는 데 있어서 한국인을 참석시킨다는 생각은 누구도 쉽사리 반박할 수 없었다. 그리고 유엔에 이미 그 선례가 있었다. 즉, 팔레스타인 문제에 있어서 총회는 대다수의 찬성으로 그 나라 비정부 대표의 견해를 듣기로 결정한 적이 있었다. 실제로 그 이후의 정치위원회 토의에서 예상대로 모든 발언자가 한국인이 유엔의 한국문제에 대한 모든 심의에 참여해야 한다는 것에 동의했다.[19]

그러나 애초에 한국 민중의 요구를 무시하고 한반도문제를 유엔에 끌어들인 미국으로서는 이 같은 소련의 제안에 쉽게 수긍할 수 없었다. 자칫 모든 비난을 혼자 뒤집어쓰게 될 위태로운 상황에 직면한 미국은 한국인 대표 선정에 따르는 어려움을 지적하면서 이 문제를 타개하기 위해 유엔 한국임시위원단을 설립하자고 제안했다. 소련 대표는 물론 그에 반대하면서 위원단 설치안을 포함한 모든 문제가 한

19   조순승, 앞의 책, 153쪽.

국인 대표가 참석한 가운데 결정되어야 한다고 주장했다. 장시간에 걸친 논쟁 끝에 10월 30일 정치위원회는 미국의 안을 통과시켰고 반면 소련의 제안은 부결되었다.

최종적으로 유엔 정치위원회는 유엔 임시위원단의 감시 아래 인구 비례에 따른 남북총선거를 실시하고 여기서 선출된 대표로 통일정부를 구성한다는 미국의 제안을 채택해 총회에 회부했다.

11월 14일 총회는 정치위원회에서 건의된 미국의 제안을 찬성 43, 반대 9, 기권 6으로 통과시키고 말았다.

채택된 결의안의 요지는 다음과 같다.

한국문제는 근본적으로 한국 국민 자체의 문제이며, 그 자유와 독립에 관련된 문제이므로 이 문제는 그 지역 주민의 대표의 참석 없이는 해결할 수 없으므로 (A) ① 선거에 의해 선출된 한국 국민의 대표들은 본 문제 심의에 참여토록 초청하며, ② 공정한 선거를 감시할 목적으로 한국 전역을 통하여 여행, 감시, 협의할 권한이 부여되는 9개국(호주, 캐나다, 중국, 엘살바도르, 프랑스, 인도, 필리핀, 시리아 및 우크라이나)으로 구성된 유엔 한국임시위원단을 설치하고, (B) ① 1948년 3월 31일 이전에 한국에서 동 위원단의 감시하에 인구 비례에 따라 보통선거 원칙과 비밀투표에 의한 총선거를 실시하고, ② 정부는 남북한의 군정 당국으로부터 정부의 제 기능을 이양받고, i) 자체의 국방군을 조직하며, ii) 가급적 빨리, 가능하면 90일 이내에 점령군이 철수토록 조치한다.[20]

---

20   김학준, 앞의 글, 91쪽.

이렇게 해서 채택된 유엔총회 결의안은 통일된 한국 정부 수립을 위한 방안으로는 치명적인 문제점을 내포하고 있었다.

우선 결의안은 한국인의 주권을 명백하게 침해하고 있었고 나아가 그것을 부정하고 있었다. 선거란 주권의 가장 성스러운 표현으로 다른 누구도 아닌 민중 자신이 추진하고 또 감시해야 마땅하다. 그러기에 한국 민중은 일찍부터 남북협상에 의한 전국적 총선거 준비기구를 구성하고자 혼신의 노력을 기울여왔던 것이다. 이러한 점에 비추어볼 때 유엔 감시 아래 진행되는 남북총선거는 이 나라 민중에 대한 모독이라 아니할 수 없다.

또한 총선거 감시를 위한 유엔 임시위원단은 최소한의 공정성마저 확보하고 있지 못했다. 남북이 분열된 채 적대적인 미소 양국의 강력한 영향력 아래 있는 한 위원단이 공정성을 발휘하기 위해서는 미국과 소련에 대해 중립적 입장을 취하고 있는 나라의 대표들로 구성되어야 마땅했다. 그러나 유감스럽게도 유엔 한국임시위원단은 우크라이나를 제외하고는 모두가 미국의 동맹국들로 채워져 있었던 것이다.

이 같은 유엔총회 결의안을 북한과 소련이 받아들이지 않을 것이라는 것은 쉽게 예상할 수 있는 일이었다. 더욱이 유엔총회의 기능과 권한은 조사·토론·건의에 한정되어 있었다. 유엔헌장에 의하면 건의는 그에 반대하는 회원국에 도덕적 압력을 행사할 수는 있어도 법적 구속력을 가지는 것은 아니었다.

결국 미국이 의도하는 바가 분명해진 셈이었다. 미국은 애초에 한국문제에 관한 유엔총회의 결의안을 북한과 소련이 받아들일 거라고 기대하지 않았던 것이다. 따라서 미국은 유엔이라는 간판을 내세움으로써 모스크바 협정의 파탄과 이후 한반도의 분열에 대한 책임을 소

런에 뒤집어씌운 채 남한만의 단독정부 수립을 강행할 수 있는 명분을 획득하고자 했다고 볼 수 있다.

4. 2·7구국투쟁

1948년 1월 6일 유엔 한국임시위원단이 미국의 밀명을 받고 한국 땅에 발을 들여놓았다.

이날 서울 등 주요 도시의 노동자들은 일제히 파업을 단행함으로써 임시위원단의 입국을 거부했다. 예상했던 대로 북한도 미국의 꼭두각시로 여겨졌던 이들 위원단이 38선을 넘는 것을 간단히 거부했다.

사태가 이렇게 발전되자 미국은 유엔소총회를 개최해 남한만의 단독선거를 실시한다는 결의안을 채택하도록 종용함으로써 본래의 의도를 솔직하게 드러내고야 말았다. 이러한 미국의 행위는 자국의 동맹국 사이에서조차 강한 반발을 불러일으켰다. 유엔 임시위원단에 대표를 파견하고 있던 캐나다와 호주를 포함한 많은 나라가 미국의 계획은 한국을 영구분단으로 몰고 갈 뿐만 아니라 궁극적으로 세계평화를 위협하게 될 극히 위험천만한 것임을 지적하며 반대의견을 표명했다. 스웨덴과 노르웨이 등 몇몇 나라는 총회 특별회의를 소집하거나 양 점령군 간의 새로운 협상을 통해 문제를 해결할 것을 주장하기도 했다.

이렇듯 미국은 그 어느 곳으로부터도 참된 지지를 받지 못하는 가운데 남한만의 단독선거를 강행하고자 시도했다. 극도로 고립된 상태에 빠진 미국은 일부 동맹국과 예속국들을 강압적으로 끌어들임으로써 가까스로 자신의 제안을 통과시킬 수 있었다. 그러한 분위기에서도 캐나다와 호주가 미국의 제안에 반대표를 던졌고 콜롬비아, 덴마크, 이집트, 노르웨이, 스웨덴, 사우디아라비아 등 미국과 가까운 11개국이 기권했으며 소련과 그 동맹국들은 아예 회의 참석조차 거부하는 등 미국의 도덕적·정치적 위신은 결정적으로 실추되었다.

미국의 행위는 유엔 본래의 운영방침에도 명백히 위배되는 것이었다. 즉, 유엔 자신도 한 민족의 내부문제에는 개입할 수 없으며, 더욱이 유엔소총회는 유엔 내부에서조차 아무런 결정권을 갖지 못한 채 단지 의견만을 개진하도록 규정되어 있다. 따라서 유엔소총회는 부당하게 날조된 유엔 한국임시위원단에 대해 아무런 지시도 할 수 없는 위치에 있었던 것이다.

더욱이 총회로부터 권한을 위임받은 유엔 임시위원단 9개 회원국 중 과반수도 안 되는 4개국만이 남한의 단독선거 방침에 찬성하고 있었을 뿐이다.

이처럼 미국이 유엔이라는 간판을 내걸고 남한만의 단독선거를 결정하게 되는 과정은 유엔 본래의 목표와 질서에 크게 벗어나는 것이었다.

변칙으로 점철된 미국의 단독선거 실시계획은 기어코 한국 민중의 분노를 폭발시키고 말았다. 국토가 양단되고 민족이 찢겨나간 절체절명의 위기가 박두한 것이다.

이제 남한 땅을 영원히 손에 넣고자 하는 미국의 목표는 남김없이 들통 나버렸다. 더는 기다릴 것도, 주저할 것도 없었다.

국토 양단의 위기로부터 조국을 수호하고 짓뭉개진 민족의 성스러운 주권을 되찾기 위한 한국 민중의 투철한 의지는 드디어 2·7구국투쟁의 불길로 치솟아올랐다.

1. 조선의 분할침략계획을 실시하는 유엔 조선위원단을 반대한다.

1. 남조선 단독정부 수립을 반대한다.

1. 양군 동시 철퇴로 조선 통일 민주주의 정부 수립을 우리 조선인에게 맡기라.

1. 국제 제국주의의 앞잡이 이승만, 김성수 등 친일반동파를 타도하자.

1. 노동자, 사무원을 보호하는 노동법과 사회보험제를 즉각 실시하라.

1. 노동임금을 배로 올리라.

1. 정권을 인민위원회로 넘기라.

1. 지주의 토지를 몰수하여 농민들에게 나누어주라.

1. 조선민주주의인민공화국 만세.[21]

투쟁의 선두에 선 것은 단연 노동자계급이었다. 조선노동조합전국평의회 산하 남한 노동자 30만 명이 일제히 전국적인 총파업에 돌입함으로써 거족적인 투쟁의 도화선이 되었다.

노동자계급의 총파업투쟁은 그 자체만으로 미군정의 통치체계를 송두리째 뒤흔들어놓았다. 특히 전신·철도 부문 파업은 미군정의 손발을 마비시키는 데 놀라운 위력을 발휘했다.

2월 7일 새벽을 기해 서울 영등포, 대전, 대구, 군산 등지를 비롯한 남한 각지의 체신관서에서는 기계 파괴, 전화·전신 절단사건이 일제히 발생해 남한 전역의 통신망이 순식간에 마비되고 말았다.

이와 함께 부산, 대전, 대구, 안동 등 주요 철도기관에 소속된 노동자들의 파업투쟁으로 기차의 운행이 사실상 전면 중지되었다.

---

21 김천영 편저, 앞의 책, 945쪽.

마찬가지로 전기 부문의 노동자들은 파업을 단행함과 동시에 송전을 중단시키는 조치를 단행했다.

노동자들의 총파업투쟁에 고무되어 전국의 각급 학교도 일제히 동맹휴학을 선언하고 대대적인 가두시위에 나섰다. 이에 발맞추어 일부 미군정 관리들까지 포함하는 각계각층의 민중이 미국의 단독선거 방침에 반대하며 속속 투쟁대열에 합류했다.

투쟁의 불길은 도시에 머무르지 않고 인구의 대다수가 거주하고 있는 농촌지역으로 급속히 번져갔다.

농촌에서 일어난 투쟁은 미국의 야수적인 탄압에 대항해 무장투쟁으로 전환되는 새로운 양상을 띠어가고 있었다. 농민들은 이른바 야산대라고 불리는 무장소조를 조직해 산악지대를 거점으로 관내 지서 등 미군정의 행정기관에 기습적인 공격을 가함과 동시에 악질적인 경찰과 관료들을 처단했다.

2·7구국투쟁의 구체적인 양상을 몇몇 주요 지역을 통해 살펴보면 다음과 같다.

서울

용산·수색기관구는 전원 참가하는 가운데 철도노동자들의 전면 파업이 단행되었고, 마찬가지로 경성방적 1,200명, 종방 400여 명, 대한방직 600명, 조선피혁 1,100명, 용산공작 600명 등 시내 주요 공장의 노동자들도 파업에 돌입하였다. 그리고 남대문과 영등포 등 도심지역에서는 수십 차례에 걸친 가두시위가 펼쳐졌다.

경북

10월 인민항쟁의 진원지인 경북 일원도 구국투쟁의 불길 속에 완전히 휩싸이게 되었다. 이 지역의 전 철도노동자가 파업에 돌입하였고 변전소의 전원, 군시제사 메리야스, 동방견직, 남선제철, 금속공장 등 각 공장이 파업을 단행하였으며 『민성일보』를 제외한 모든 신문이 파업으로 휴간되었다. 전문중학 등 각급 학교는 일제히 동맹휴학을 선언한 뒤 가두시위에 나섰고, 30개소 부두노동자 6,500명은 쌀 배급 증가를 요구하며 시위를 벌였다. 이 밖에도 달성광산의 광부 7,800명이 가족 2,000명과 함께 시위를 감행하였고 경산에서는 8개면 1만 5,000명, 문경의 2개소에서 2,000명이 시위에 참가하는 등 경북 일원의 대부분 농촌지역이 투쟁의 대열에 합류하였다.

경남

① 부산: 부두노동자들과 선원들이 일제히 파업을 단행함으로써 부산 일원은 해상교통이 완전 마비되었다. 이와 함께 전차의 운행이 중지되고 가두에서는 4,500여 명에 달하는 학생들이 대대적인 가두시위를 벌였다.

② 밀양: 2월 7일 오전 7시 내지 8시 30분경 약 3,000여 명의 농민들이 오산과 초동의 두 지서를 기습 공격하였다. 이에 경찰은 무자비한 발포를 일삼음으로써 14명이 그 자리에서 즉사하는 참변이 발생하였고 도합 109명이 검거, 투옥되었다.

③ 합천: 2월 7일 오전 10시경 약 200여 명의 농민들이 봉진지서를 공격하였고, 같은 날 오후 2시경 약 4,000여 명의 농민들이 청덕, 봉산 두 지서를 공격하였으며 이 중 130여 명이 검거, 투옥되었다.[22]

---

22 위의 책, 941~951쪽 참조.

이 같은 투쟁은 남한의 대부분 지역에서 일제히 전개되었으며, 그 참여인원은 무려 200만 명에 달했다.

이 2·7구국투쟁은 사전에 충분히 준비되고 계획되었으며, 투쟁의 목표가 출발 순간부터 분명하게 통일되어 있었고, 남한 전역이 일시에 투쟁에 돌입했다는 점에서 이전과는 사뭇 다른 양상을 보여주었다. 결국 2·7구국투쟁은 남한 민중의 단결의식과 투쟁의지가 그동안의 온갖 난관에도 불구하고 끊임없이 성장해왔음을 보여주는 일대 쾌거라 아니할 수 없었다.

분명 2·7구국투쟁은 국토를 양단하고 남한을 자기들의 영원한 식민지로 전락시키려는 미국에 대해 심대한 도덕적·정치적 타격을 안겨주었다.

이렇듯 한국 민중의 강력한 저항으로 난관에 봉착한 미국은 오로지 강압적인 탄압에 의존함으로써 자신의 목적을 실현하고자 사력을 다했다. 2·7구국투쟁에 참여했던 한국 민중은 미군정의 광폭한 탄압으로 적어도 100여 명이 무참히 학살되고 8,500여 명이 검거·투옥되는 커다란 희생을 강요받았다.

그러나 이러한 희생에도 불구하고 한국 민중은 조금도 굴하지 않고 외래 침략자로부터 조국을 수호하고 자신의 권리를 되찾기 위한 투쟁을 한층 높은 단계로 끌어올리기 위해 전력투구했다. 그리하여 한국 민중의 민족해방투쟁은 2·7구국투쟁을 거치면서 농촌에서의 무장투쟁을 중심으로 한 지구전적 장기 항전의 태세로 돌입하게 되었고 급기야는 4·3제주항쟁을 필두로 한 전면적 무장봉기를 감행하기에 이르렀다.

제4장

하나의 나라와 두 개의 정부

1. 남북연석회의―민족통일전선의 형성

한국 민중이 성스러운 3·1운동을 기념하고 있던 1948년 3월 1일에 유엔 임시위원단은 5월 10일 전에 남한 단독선거를 치르겠다는 모욕적인 발표를 단행했다. 그리고 같은 날 서울에서만도 기념식에 참석했던 민중 수십 명이 아무 죄 없이 경찰에 검거되는 사태가 발생했다.

이제 미국은 이승만을 위시한 극소수의 매국노들과 결탁해 단독정부 수립을 위한 길에 노골적으로 들어서고 있었다.

이렇듯 미국의 강요에 의한 민족분열의 징후가 명확해져감에 따라 조국을 수호하기 위한 한국 민중의 투쟁은 더욱 끈질기고 광범위하게 전개되어나갔다.

국토 양단이라는 절박한 위기 상황에서 투쟁이 없는 날이 없었고 투쟁이 벌어지지 않는 곳이 없었으며, 또한 투쟁에 참가하지 않는 계층도 없었다. 그리하여 투쟁은 나라와 민족을 사랑하는 사람이라면 누구에게나 생활의 일부가 되어가고 있었다.

도시에서는 매일같이 비행기 데모와 같은 기습적인 시위투쟁, 전단 살포, 봉화투쟁이 끊임없이 전개되었다.

농촌에서는 야산대라는 무장소조가 조직되어 지서 등 관내 행정기관과 악질적인 반동분자들을 공략하는 투쟁이 활발하게 펼쳐졌다.

일례로 3월 9일 경남 고성에서는 약 600여 명의 농민과 청년들이 하일, 하이, 삼산, 개천 등 5개 지서의 경비전화선을 절단하고 죽창, 돌, 다이너마이트 등을 던지며 공격을 퍼부어댐으로써 경찰 4명을 처단하고 지서 건물을 파괴함과 동시에 공문서를 소각하고 장총 아홉 자루를 탈취한 뒤 다시 후퇴하는 전과를 올리기도 했다.

이러한 남한 민중의 중소규모 투쟁은 4·3제주항쟁을 통해 직접적인 대규모 무장봉기라는 새로운 국면으로 돌입하게 되었다.

4월 3일 30만 제주 도민은 미국의 민족분열과 남한에 대한 식민지 예속화 정책에 반대하며 손에 손에 무기를 들고 피의 항쟁을 위한 포문을 열었다. 그리하여 이제 제주 민중은 한국뿐만 아니라 제2차 세계대전 이후 전 세계 피압박 민족의 반미·자주화투쟁에서 단연 가장 용기 있고 희생적인 투사가 되었다.

이렇듯 남한 민중의 투쟁은 더욱 규모가 커지고 강력해졌으며 가일층 끈기를 더해갔다. 이와 함께 투쟁대열 또한 더욱 확대되었다.

특히 과거 일본 식민통치 아래 나라의 독립을 되찾기 위해 헌신적으로 투쟁을 했으나 해방 이후 미국의 정체를 제대로 파악하지 못한 채 타협적인 자세를 취했던 많은 애국인사도 이제 미국의 단독정부 수립 음모에 맞서 결연히 투쟁에 나서게 되었다.

2월 10일 김구는 「삼천만 동포에게 읍소한다」라는 제하의 호소문을 발표하면서 단독선거 실시에 강력히 반대하고 나섰다.

독립이 원칙인 이상 독립이 희망 없다고 자치를 주장할 수 없다는 것을 왜정하에서 충분히 인식한 바와 같이 우리는 통일정부가 가망 없다고 단독정부를 주장할 수 없는 것이다.

단독정부를 중앙정부라고 명명하여 자기 위안을 받으려 하는 것은 군정청을 남조선 과도정부라고 하는 것이나 다름이 없는 것이다. …… 이 육신을 조국이 요구한다면 당장에라도 제단에 바치겠다. 나는 통일된 조국을 건설하려다가 38선을 베고 쓰러질지언정 일신에 구차한 안일을 취하여 단독정부를 세우는 데는 협력하지 아니하겠다.[1]

3월 12일 김구, 김규식, 조소앙, 김창숙, 조완구, 홍명희, 조성환 등 명망 있는 애국인사 7인은 공동성명으로 남한 단독선거에 대한 반대의사를 표명했다.

미·소 양국이 군사상의 필요로 일시 설정한 소위 38선을 국경선으로 고정시키고 양 정부 또는 양 국가를 형성하게 되면 남북의 우리 형제 자매가 미·소 전쟁의 전초전을 개시하여 총검으로 서로 대하게 될 것이 명약관화하니 우리 민족의 참화가 이에서 더할 것이 없다.[2]

3월 23일에는 김규식과 안재홍 등이 중심이 된 민족자주연맹이 당면문제에 관해 다음과 같은 결의문을 발표했다.

1. 우리는 우리의 민족통일과 국가독립을 성실히 원조 협력하는 국제노력에 협조하고 동시에 이에 위배되는 여하한 국제노력과도 타협하지 않는다.

---

1   노중선 엮음, 앞의 책, 248~249쪽.
2   위의 책, 250~251쪽.

1. 외국 군대 주둔을 연장하려는 기도와 행동은 단호히 배격한다.
1. 우리는 진실한 애국세력의 총집결운동을 강력 추진할 것이며 단선 단정을 반대한다.
1. 남북통일 민주독립의 길이 열릴 때까지 남북 정치협상 공작의 추진에 노력키로 결의한다.[3]

이처럼 미국의 민족분열 음모를 저지해 파탄시키고 자신의 힘으로 통일조국을 건설하는 것을 목표로 남북의 모든 애국진영이 총단결해야 할 필요성을 제기하는 운동이 각계각층 사이에 요원의 불길처럼 번져나갔다.

북한 지역도 사정은 마찬가지였다. 북한에서는 3월 14~17일 사이에 곳곳에서 단독선거에 반대하는 군중집회가 개최되었는데, 참여 인원은 평양이 42만, 평남 35만, 평북 50만, 함남 29만, 함북 48만, 황해 100만, 강원이 42만 정도에 이르렀다.[4]

이제 한국에서 미국의 계획에 동조하고 그에 협력하는 무리는 이승만 일파와 한국민주당의 친일모리배 등 말 그대로 한 줌의 세력에 국한되고 있었다.

이렇듯 미국의 단독정부 수립 음모에 맞서 온 겨레가 분기하고 다함께 단합해야 할 필요성을 절감하고 있는 시기에 모든 애국진영이 하나의 투쟁대오로 굳게 단결하는 것이 시급히 요청되었다.[5]

---

3 위의 책, 252쪽.
4 김천영 편저, 앞의 책, 1015쪽.
5 지금까지는 김구와 김규식 등 일부 우익인사와 중도계열의 움직임을 중점적으로 다루었다. 이는 지금까지 미군정에 대해 타협적이거나 중립적 입장을 취했던 이들 집단이

이에 따라 3월 25일 북한의 노동당, 조선민주당, 천도교청우당, 직업동맹, 농민동맹 등 9개 정당·사회단체가 소속되어 있는 민주주의민족통일전선 중앙위원회는 「남조선 단독정부 수립을 반대하는 남조선 정당 사회단체에 고함」이라는 제목 아래 다음과 같은 요지의 공동성명서를 발표했다.[6]

우리 조국에는 크나큰 위기가 닥쳐왔습니다. 우리 조선 인민의 의사와 이해를 고려하지도 않고 우리 조선 인민의 참가도 없이 조직된 유엔 한국위원단의 간판 아래서 미군정은 선거 희극을 연출하려고 하며 반동분자와 친일분자도 미국 지배층에 유리한 정부를 수립하려고 예상하였습니다. …… 우리 조국의 운명에 가장 중대하고 엄숙한 이 순간에 있어서 우리들은 미 제국주의자들이 우리들로 하여금 비참한 노예적 운명에 몰아넣으려는 시도를 방관하고 있을 수 있읍니까? …… 우리 의견으로는 이 문제에 대하여 오직 한마디 대답이 있을 뿐이라고 생각합니다. 그

단독선거를 계기로 미군정에 맞서 투쟁을 개시함으로써 남북연석회의의 필요성을 제기하는 가장 중요한 요인을 마련했기 때문이다. 즉, 남북연석회의는 지금까지 이념의 차이로 말미암아 하나로 결합되지 못했던 이들 우익·중도계열 집단과 단독선거 저지·통일정부 수립을 향한 노력에 있어 통일 단결을 실현하는 것에 커다란 의의를 부여했던 것이다.

6 통일된 독립정부 수립을 위한 남북협상의 필요성은 남한의 민족지도자들 사이에서 먼저 제기되었다. 이미 1947년 12월 김규식, 김구, 조소앙 등은 남북한 지도자회담을 소집해 한국의 재통일문제를 토의할 것을 검토했다. 그리고 1948년 2월 16일에 김구, 김규식은 북한의 김일성, 김두봉 등에게 서한을 보내 남북요인회담을 공식 제의했다. 또한 3월 11일 김구, 김규식, 조소앙, 김창숙, 조완구, 홍명희, 조성환 등 7인은 공동성명을 통해 "우리 문제를 미소 공위도 해결 못하였고 유엔도 해결 못할 모양이니 이제는 우리 민족으로 자결하는 길밖에 없을 것이다"라고 민족자결의 원칙을 천명함과 동시에 북한의 김일성과 김두봉에게 서한을 보내 "통일된 민주정부 수립의 방안을 남북한 정치지도자회의를 통해 토의할 것"을 제안했다.

것은 북조선과 남조선의 모든 민주역량을 통일시키는 것이며 그것을 공고히 하고 조직하는 것이며 여하한 방법으로든지 미군 반동의 책동을 실현하지 못하도록 결의하는 것뿐입니다. …… 북조선 정당 사회단체의 지도자들인 우리들은 남조선 단독선거 실시를 반대하여 투쟁하는 남북조선의 모든 민주주의 정당 사회단체 대표들과 연석회의를 금년 4월 14일 평양에서 개최할 것을 제의합니다. …… 우리는 당신들이 우리의 의견을 지지하여주기를 바랍니다.[7]

이러한 제안은 남한 지역에서 광범위한 호응을 얻어냈고 한민당을 제외한 모든 정당이 남북연석회의를 적극 지지했다.[8]

저명한 문화인 108명도 공동성명서를 발표해 연석회의에 전폭적인 지지를 보냈다.

양군의 동시 철퇴를 실제적으로 가능케 할 기본 토대를 짓기 위하여 우선 우리는 우리 자신의 체제를 단일하게 정비 강화하자!

이 길은 오직 남북협상에 있다.

남북협상을 지상적 과제로 한 정치적 합작에 있다. 남북 상호의 수정과 양보로써 건설되는 통일체의 새 발족에 있다.

이번의 협상운동을 지지하고 성원하는 우리의 염원과 의욕도 여기에 있는 것이다.

자주독립을 달성할 때까지의 계속적인 투쟁을 천명한 3·1선언의 고사

---

7   김천영 편저, 앞의 책, 1027, 1029쪽.
8   노중선 엮음, 앞의 책, 255쪽.

를 이용하거니와 '최후의 일각까지 최후의 1인까지' 남북협상의 대도를 추진하여 통일국가의 수립을 반드시 성취하자.[9]

이러한 시대적 추이에 발맞추어 한독, 근민, 민독, 신진, 민중동맹, 사민, 건민 등 남한의 100여 개 정당·사회단체는 단독선거 반대를 기치로 내걸고 '통일독립운동자협의회'를 결성해 행동통일을 모색함과 동시에 연석회의를 적극 지지하고 나섰다.

드디어 4월 19일에 평양에서 남북의 56개 정당·사회단체 대표 695명이 참석한 가운데 '남북한 제 정당 사회단체 연석회의'가 개최되었다.

참석한 정당·사회단체와 대표자 수는 다음과 같다.

남한 측

남조선노동당 39명, 조선인민공화당 16명, 신진당 8명, 사회민주당 7명, 민주한독당 6명, 근로인민당 23명, 근로민중당 8명, 조선농민당 1명, 조선노동조합전국평의회 72명, 민중동맹 8명, 남조선민주여성동맹 17명, 자주연맹 21명, 민주청년연맹 22명, 건국청년회 3명, 전국유교연맹 3명, 재일조선인연맹 1명, 기독교민주동맹 3명, 전국불교도총연맹 1명, 불교청년단 5명, 천주교학생회 2명, 조선민족문제연구소 5명, 반일동지회 2명, 한국독립당 8명, 민족자주연맹 6명, 독립운동사동맹 5명, 자주학생총연맹 3명, 민족해방청년동맹 3명, 청년애국회 1명, 남조선신문기자회 1명, 근로대중당 1명, 전국농민총연맹 16명, 민주애국

---

9   위의 책, 259쪽.

청년동맹 5명, 전국청년회 10명, 조선어연구소 1명, 반파쇼공동투쟁위원회 1명.

북한 측

북조선노동당 6명, 북조선민주당 9명, 북조선청우당 9명, 직업동맹 25명, 국민동맹 25명, 민주여성동맹 25명, 민주청년동맹 25명, 공업기술자동맹 9명, 농업기술자동맹 9명, 애국투사후원회 16명, 문화단체총연맹 16명, 수산기술자연맹 9명, 적십자사 7명, 불교연합회 6명, 기독교연합 6명.[10]

위의 대표자 총수 695명을 직업별로 분류해보면 노동자 154명, 농민 111명, 정치인 195명, 기업가 9명, 상업가 39명, 공공기관 간부 86명, 목사·장로·승려 14명, 문학 예술가 28명, 학생 22명, 도시빈민 37명 등이다. 그리고 여성은 도합 57명으로 전체의 8.2퍼센트에 해당한다.[11]

그리하여 남북연석회의는 남북의 민중을 대표하는 정당·사회단체 대부분을 망라함과 동시에 김구, 김규식, 조소앙, 홍명희 등 명망 있는 개별 인사도 모두 포함하게 되었다.[12]

이들 인사는 회의 참석 중 다음과 같은 인사말을 나누었다.

---

10 김천영 편저, 앞의 책 1077~1078쪽.

11 위의 책, 1067쪽.

12 미군정은 연석회의에 남한 대표들이 참석하는 것을 일단 합법적으로 허용했다. 그러나 미군정은 회담이 시작된 직후 38선 일대에 경계망을 강화하고, 회의에 참가하고 돌아오는 다수의 대표를 '살인, 방화, 교사예비죄'라는 명목으로 검거해 투옥했다.

김구: 위대한 회합에 참석하여 기쁘게 생각한다. 조국이 없으면 국가가 없으며 국가가 없으면 어느 정당이나 사상도 없을 것이다. 우리의 공동 투쟁목표는 단독선거를 반대하는 것이어야 한다. 남조선에서뿐만 아니라 어느 곳을 막론하고 그것을 반대하지 않으면 안 된다. 이 회의는 반드시 성공하여야 한다. 국제관계에 있어서도 미묘한 데가 있으니 우리가 모범적으로 통일 단결하여 세계에 이것을 보여주어야 한다.

홍명희: 오늘날 우리가 나갈 길은 오직 민족자결주의뿐이다. 민족자결을 요구하는 것은 사상여하를 막론하고 일치하는 것이다.

조소앙: 우리에게 결정적 승리가 올 것을 믿고 여러분의 분투를 빈다. 민족의 승리를 위하여 공동투쟁해야 한다.[13]

연석회의는 김일성의 개막연설로 시작되어 26일까지는 공식회의를, 27일부터 30일까지는 남북요인회담을 개최해 당면한 남한 단독선거 분쇄와 통일조국 건설의 방도에 관해 폭넓은 의견을 교환했다.

회의 결과 남북의 모든 애국진영의 투쟁목표를 통일시킨 공동성명서가 남북의 정당·사회단체 43개가 서명한 가운데 다음과 같은 내용으로 발표되었다.

1. 한국에서 외국 군대가 즉시에 철수하는 것이 현 상태하에서 한국문제를 해결하는 유일한 방법이다.
2. 남북한 지도자들은 한국에서 외국 군대가 철수한 이후 내전이 발생할 수 없다는 것을 확인하며 또한 통일에 대한 한국인들의 열망에 배

13 김천영 편저, 앞의 책, 1073~1074쪽.

치하는 여하한 무질서의 발생도 용납하지 않을 것이다.

3. 외국 군대가 철수한 후에 '전조선정치회의'를 소집하여 '민주주의 임시정부'를 수립할 것이다. 이 임시정부는 일반적, 직접적, 평등적 비밀투표에 의하여 통일적 조선 입법기관의 선거를 실시할 것이며 선거된 입법기관은 조선헌법을 제정하여 통일적 민주정부를 수립할 것이다.

4. 이 성명에 서명한 정당 사회단체들은 남조선 단독선거의 결과를 결코 승인하지 않을 것이며 그 선거로써 수립된 단독정부를 결코 지지하지 않을 것이다.[14]

아울러 당면한 남한 단독선거 분쇄투쟁을 통일적으로 전개해나가기 위해 공동성명서에 서명한 모든 정당·사회단체와 개인이 참가하는 '남조선단독선거반대투쟁 전국위원회'를 결성했다.

그리하여 남북의 모든 애국진영과 민중은 남한 단독선거 반대투쟁에 있어 하나의 목표와 단일한 조직적 틀을 갖는 광범위한 통일전선을 결성하게 되었다.

특히 남북연석회의는 역사상 최초로 남북의 민중이 통일조국 건설에 관한 원칙적 합의점에 도달하게 되었다는 데 큰 의의가 있다.

연석회의에 참석하고 서울로 돌아온 김구, 김규식은 자신들의 감회를 다음과 같은 공동성명을 통해 토로했다.

남북 제 정당 사회단체 연석회의는 조국의 위기를 극복하며 민족의 생

---

14   노중선 엮음, 앞의 책, 263쪽.

존을 위하여는 우리 민족도 세계의 어느 우수한 민족과 같이 주의와 당파를 초월하여서 단결할 수 있다는 것을 또 한 번 행동으로써 증명한 것이다. 이 회의는 자주적 민주적 통일조국을 재건하기 위하여서 양 조선의 단선 단정을 반대하며 미·소 양군의 철퇴를 요구하는 데 의견이 일치하였다. …… 우리는 행동으로써만 우리 민족이 단결할 수 있다는 것뿐만 아니라 사실로도 우리 민족끼리는 무슨 문제든지 협조할 수 있다는 것을 체험으로 증명하였다.[15]

이러한 감회 어린 성명에도 불구하고 김구와 김규식은 이후 행동하는 데 있어서 상당한 굴절을 겪게 되었다. 김규식은 5·10단독선거에 대해서는 "반대는 하지 않는다. 그러나 나 자신은 남북협상의 책임을 지고 선거에는 참가하지 않는다"라며 정계은퇴의 의향을 밝혔다. 김구도 5·10선거 불참을 성명했다. 또한 이 두 지도자는 당초 연석회의의 결의와는 어긋나게 6월 23일 서신을 보내 북한에서도 유엔의 감시 아래 서울에서 수립된 국회에 참석할 100여 명의 대표를 선거할 것을 제안했다. 아울러 5월 14일 정오를 기해 북한이 남한에 대한 송전을 중단한 것[16]을 이유로 6월 29일에 열린 제2차 연석회의에 참

---

15 위의 책, 263쪽.

16 북한은 1948년 5월 14일 정오를 기해 남한에 대한 송전을 중단했다. 이러한 송전 중단 사태의 경위에 관한 북한 측의 해명은 다음과 같다.

"1947년 6월 17일 평양에서 남조선 전력공급 협정이 체결되었다. 이 협정에 의하면 1945년 8월 15일부터 1947년 5월 31일까지 송전한 전력의 대가를 1947년 12월 17일까지 완납하기로 되어 있었다. 그러나 미군정은 이 중 23퍼센트밖에 지불하지 않았으며 1947년 12월 18일부터 지금까지(1948. 5. 20) 송전된 전력에 대한 대가 지불은 고사하고 협정조차도 체결하려 하지 않고 있다.

그동안 우리는 만약 미군정 당국이 전력 대가를 돈으로 지불할 수 없다면 그에 상응하는

물품으로 지불해도 좋다는 입장을 취해왔다. 그러나 하지 중장은 우리가 요청하는 물품이 세계시장에서 구하기 힘들다는 이유로 이마저 거절하였다.

그러면 하지 중장이 말하는 소위 세계시장에서 귀중한 물자라는 것은 대체 어떠한 물자인가를 말하는가 보자. 하지 중장은 성명서에서 마치 북조선 인민위원회가 전력문제를 복잡하게 하기 위해 세계시장에 없는 물자를 미군정 당국에게 주문한 것처럼 말하고 있다. 그러나 북조선 인민위원회가 미군정 당국에 요구한 물자는 세계 어느 국가, 어느 시장에서도 구할 수 있는 전선, 전구, 변압기, 스위치, 면화, 유리 등의 보통 물자였다. 그럼에도 불구하고 남조선 미군정 당국이 우리에게 주려고 한 물자는 고무신, 초코렛 등 우리에게는 전혀 필요 없거나 혹은 북조선에서 대량으로 생산되어 여유 있는 물자들이었다. 그러므로 북조선 인민위원회는 전력 대가로서 이러한 상품을 받을 수 없었던 것이다. 이리하여 남조선 미군정 당국은 전력문제에 대해서 북조선 인민위원회와는 아무런 협정을 체결할 희망도 없으며 다만 소련 당국과만 협의할 수 있다고 성명하였다.

그러나 북조선에서는 조선 인민이 정권의 주인이다. 그 결과 일체의 산업, 철도, 운륜, 기타 자원들과 같이 전기업도 북조선 인민의 소유로 되었다. 이렇게 미군정 당국이 북조선 인민위원회와 협의하려 하지 않았기 때문에 나는 5월 10일에 발표한 성명에서 조선 사람끼리 전력문제를 해결하기 위하여 5월 14일까지 남조선 인민대표를 파견할 것을 요구하였으나 상무부 조선인 책임자는 '민정권이 없는 조선인이 가는 것은 무의미한 것이다. 정부의 모든 권한은 군정장관에게 있다'라는 회신만을 보내왔다. 이러한 미군정의 태도는 북조선 인민위원회로 하여금 5월 14일 정오에 남조선 전력공급을 중단하는 방향으로 이끌었다. 이와 같이 전력공급을 중단시킨 전체 책임은 북조선 인민위원회에 있는 것이 아니라 남조선 미군정 당국에 있는 것이다. 북조선 인민위원회는 남조선 미군정 당국이 평양협정대로 전력 대가를 지불하고 전력문제를 조정할 때까지 남조선 전력공급을 중단하지 않을 수 없다. 그러나 만일 미군정 당국이 전력문제에 대하여 고의적 태도를 중지한다면 우리는 남조선 동포를 위하여 시각을 다투어 전기를 다시 공급할 것이다."(김천영 편저, 앞의 책, 1127~1129쪽)

5월 15일부터 시작된 단전으로 인한 막대한 타격에 대해 알아보자.

① 직물공업: 전면적인 정전으로 인해 제품생산의 합리적 조업이 불가능한 상태로 태반이 휴업상태에 빠져 있다.

② 조선공업: 다른 공업부문보다도 전력에 의지하지 않으면 조업할 수 없는 중공업인만치 단전 전에 비해 30%가량의 조업을 계속하고 있는데, 특히 조선중공업 등은 인천항 수문같이 시간을 다투는 작업을 부득이 중단치 않을 수 없는 현상이라고 한다.

③ 질업: 제품원료의 배합, 제품의 생산과정 등 전면적인 정전으로 인해 배합원료의 사용 불가능, 생산도중의 제품파괴 등 악영향은 막대한 것이며 현재 평상시의 5% 조업의 계속

가하는 것을 거부했다. 그럼에도 이들 지도자는 이승만 정부에 대한 반대투쟁을 계속했으며 그 결과 김구는 1949년 6월 26일 이승만파의 젊은 현역 군인 안두희의 저격으로 피살되는 비운을 맞이하게 되었다.

여하튼 제1차 남북연석회의에서 천명된 통일의 원칙과 방도는 미국의 일방적인 단독선거 강행 방침으로 말미암아 그 실현이 극히 곤란해지게 되었다.

2. 망국적 단독선거의 강행

세계 여론의 비판과 한국 민중의 한결같은 반대에도 불구하고 오로지 강권과 폭압적 탄압에 의존한 채 미국은 남한만의 단독선거를 실시하기 위해 수단과 방법을 가리지 않고 밀어붙였다.

도 극히 곤란하다고 한다.

④ 고무공업: 다른 부문에 비해 비교적 조업이 순조로운 곳으로 단전 전에 비해 50%의 생산능률을 올리고 있다.

⑤ 섬유공업: 태반이 휴업상태에 빠져 있어 이를 극복코자 각지에서 자가발전을 계획 중인 모양이나 그것은 평상시의 30% 생산밖에 볼 수 없다고 한다(위의 책, 1131, 1133쪽). 이러한 사태에 대해 미군정은 문제의 근본은 덮어둔 채 비상전력위원회를 구성한 뒤 60W 이상 전구 사용을 중지시키고 각 공장에 대해 순번제 송전을 실시하는 한편 전열기를 남용하면 악질분자로 간주해 의법 처리토록 하는 등 임기응변적인 조치만을 남발했다(위의 책, 1120, 1132쪽).

전체적으로 볼 때 송전 중단 사태는 미군정이 남한 민중 속에서 북한에 대한 적대감을 불러일으키기 위해 고의적으로 유발했다는 의혹을 떨쳐버릴 수 없다. 미군정은 북한이 남한의 단독선거와 단독정부 수립을 방해하기 위한 목적으로 송전을 중단했다고 강변했지만 실제 송전 중단은 선거가 끝난 14일에 단행되었다는 점에 주목할 필요가 있다. 여하튼 미군정 당국은 전기 사용료를 중간에서 가로챘다는 비난을 면하기는 어려울 것이다.

미국은 저항하는 한국 민중에게 유혈적 탄압을 가하기 위해 자국의 군대를 이 땅에 증파함과 동시에 전 미군에게 특별경계령을 시달해 철저히 무장하도록 조치했다.[17]

미국은 국방경비대로 하여금 경찰업무를 수행하도록 하고, 경찰과 별도로 그들에게 한국 민중을 구속 수사할 수 있는 가당치 않은 권한을 부여했다.[18]

미국은 모든 경찰로 하여금 중무장한 채 요소요소를 지키도록 조치했고 단독선거에 반대하는 민중을 영장 없이 구속할 수 있게 했으며 필요에 따라 무차별 살상도 할 수 있는 사상 유례없는 파쇼적 권한을 부여했다. 이와 함께 50명 단위로 경찰특별돌격대를 조직해 곳곳에서 저항하는 민중에 대해 피비린내 나는 살육행위를 자행하도록 내몰았다. 이것도 모자라 미국은 온갖 부랑 청년의 손에 무기를 쥐어주고는 경찰을 도와 민중 탄압에 나서도록 조치했다.[19]

또한 미국은 만 18세 이상 55세 이하의 모든 남자를 이른바 향토보위단이라는 관제조직에 강제로 편입시켜 한국 민중을 강압적으로 단독선거 투표장으로 밀어 넣는 수단으로 이용하고자 했다. 그러나 이 향보단은 결국 부랑아들만 판을 치는 깡패조직으로 전락했고 무고한 민중의 재산을 강탈하고 온갖 협박과 감시만을 일삼는 악명 높은 존재가 되고 말았다.[20]

미국의 단독선거 실시에 반대하는 언론인 다수가 피검되어 중형

---

17 김천영 편저, 앞의 책, 1034, 1092쪽 참조.
18 위의 책, 1052쪽 참조.
19 위의 책, 1046, 1088, 1092쪽 참조.
20 위의 책, 1056, 1124쪽 참조.

을 선고받았고 헤아릴 수 없이 많은 민중의 지도자가 아무런 법적 근거도 없이 구금조치를 당했다.

남북연석회의에 참석하고 돌아온 상당수의 인사들에 대해서는 살인 방화죄라는 허무맹랑한 죄목을 뒤집어씌워 감옥에 처넣는 불법부당한 행위가 거침없이 자행되었다.[21]

또한 모든 우편물이 검열의 대상이 되었고 통행금지 시간이 연장되었으며 이를 어기는 사람은 이유 여하를 막론하고 구속 수감되었다.[22]

4월 20일에는 가두시위를 사전에 봉쇄하기 위해 수도경찰청장 장택상이 다음과 같은 놀라운 조치를 취하기도 했다.

> 일반 통행인이 가로에 절대로 서 있지 못하게 하라. 만일 가로에 서 있다가 경찰이 행보를 명령함에도 불구하고 불응한다면 경찰서에 연행하여 조사하라. 경찰서에 들어온 후에도 이유 없이 반항하면 치안관으로 회부하라.[23]

이렇듯 숨조차 쉬기 어렵도록 조여가는 가운데 곳곳에서 저항하는 민중에 대한 야수적 검거와 피의 학살이 연일 계속되었다. 아울러 4·3항쟁의 포성이 울리고 있는 멀리 제주도에서는 이 조그만 섬을 피바다로 만들기 위한, 세계사에서 그 유례를 찾기 힘든 대량학살극이 자행되고 있었다.

그리하여 남한 전역은 백주대로에 살상 테러가 공공연하게 펼쳐

---

21 위의 책, 1074쪽 참조.
22 위의 책, 1054, 1094쪽.
23 위의 책, 1062쪽 참조.

지는 말 그대로의 암흑천지로 돌변하게 되었다.

이러한 공포 분위기 속에서 3월 30일부터 강압적인 선거등록이 실시되어 4월 13일에 완료되었다. 선거등록이 갖는 강압성과 허구성에 대해서는 다음과 같은 한국여론협회의 여론조사 결과가 잘 말해주고 있다.

충무로, 종로의 2개소에서 통행인 1,262명을 대상으로 그 여론을 조사한 것임.

설문
– 귀하는 등록하였읍니까? 안 하였읍니까?
– 자발적으로 하였읍니까? 강요당하였읍니까?

응답
1. 등록하였오(934명, 74%).
2. 등록 안 하였오(328명, 26%).
3. 자발적으로 하였오(84명, 9%).
4. 강요당하였오(850명, 91%).[24]

드디어 한반도를 두 조각내버릴 망국적인 단독선거가 눈앞에 다가왔다.

이에 '남조선단독선거반대투쟁 전국위원회'는 미국의 음모를 분쇄

---

24 위의 책, 1049쪽.

하기 위해 전체 한국 민중이 총궐기할 것을 호소하는 성명서를 즉각 발표했다.

유엔 조선위원단은 4월 28일 회의에서 5월 10일 거행될 남조선 선거를 감시하기로 결정했다. 이 결정은 그것이 조선을 분할하여 남조선을 식민지화하려는 미국의 정책을 수행하는 미국인들의 충실한 앞잡이라는 것을 다시 한 번 명백히 보여주었다. …… 애국동포들이여! 미국인들과 유엔 조선위원단이 조작해내는 어떠한 기만과 위조에도 속지 말고 그것을 힘차게 폭로하자. 어떠한 강압과 위협에도 굴종하지 말고 단독선거 보이코트에 대한 남북조선 제 정당 사회단체 연석회의 결의를 실천하여 남조선 단선을 결정적으로 파탄시키자.[25]

시민동포들에게! 경애하는 부모형제들이여! 오늘 당신들의 아들, 딸, 동생들은 무기를 들고 일어섰읍니다. 매국 단선을 결사적으로 반대하고 조국의 독립과 완전한 민족해방을 위하여! 당신의 고난과 불행을 강요하는 미 제국주의와 주구들의 학살만행을 제거하기 위하여! 우리들은 무기를 들고 궐기하였읍니다. 당신들의 궁극적 승리를 위하여 싸우는 우리들을 보위하고 우리와 함께 조국과 인민이 부르는 길에 궐기하여야 하겠읍니다.[26]

1. 단선을 기어이 분쇄하고 단정을 절대 부인하자.

---

25 위의 책, 1101쪽.
26 위의 책, 1107쪽.

1. 투표하면 인민의 반역자다.

1. 단선에 참가한 매국노를 단죄하자.[27]

이에 따라 선거기관을 공격하고, 매국적 선거 입후보자를 처단하고, 지서 등 미군정 행정기관을 타격하는 등 단선을 분쇄하기 위한 민중의 투쟁은 더욱 세차게 타올랐다.

더불어 남조선 단독선거 반대 총파업위원회는 선언문을 발표해 총파업을 호소했고 그에 호응해 남한 전역에서 파업과 동맹휴학, 철시의 물결이 휘몰아쳤다.

민중의 열화와 같은 투쟁에 고무되어 군정관리들과 일부 경비대원들도 매국 단선에 반대해 궐기했다.

강원도 삼척에서는 해안경비대원들이 시위에 돌입해 경찰과 충돌했고 전주 등 곳곳에서 검사 등 군정관리들이 포고령 위반으로 검거되는 사태가 속출했다.[28]

5월 10일 단독선거는 이처럼 한국 민중의 목숨을 내건 처절한 항거 속에서 강압적으로 추진되었다.

선거 당일 비상계엄령이 발효됨과 동시에 부산과 인천 앞바다에는 급파된 미국 군함이 위협시위를 벌이고 있었고, 하늘에는 미 공군기가 가공스러운 공포 분위기를 자아내며 무장한 경관이 요소요소에 배치되어 살벌한 두 눈을 번뜩이고 있었다.

27　위의 책, 1105쪽.

28　위의 책, 1142쪽.

장총을 든 경관, 곤봉을 든 향보단원들이 길목마다 지켜 엄격한 경비를 하는 가운데 관공서, 각 학교, 상점, 음식점, 극장, 기타 일체 신문사와 사회기관은 설날처럼 문을 꼭꼭 닫고, 나다니는 길손도 미군 자동차 이외에는 한산하기 짝이 없었고, 무덥게 흐리터분한 하늘에는 미군 비행기의 폭음소리가 한갓 고요한 기분을 자아내었다. …… 투표함은 시내 선거구당 1개소씩 모두 12개소의 개표장으로 한데 가져다 모아 무장경관 70명, 사복경관 30명, 향보단원 등 물 샐 틈 없는 경비진 속에서 개표가 시작되었다.[29]

망국적 5·10단독선거는 민주주의를 표상하는 선거가 아니라 민의를 총칼로 짓밟고 주권을 찬탈하기 위한 매국 놀음이요, 학살로 얼룩진 피의 잔치였다.

우선 선거는 대다수의 애국인사가 불참을 선언하고 오직 이승만과 한민당 일파만이 입후보한 가운데 치러졌다. 이와 함께 온갖 회유와 협박으로 민중을 투표장으로 내몰았건만 다분히 과장되었으리라 보이는 미군정의 공식 집계조차 전체 남한 인구의 3분의 1에도 못 미치는 숫자만이 투표에 참여했음을 밝혀주고 있다.[30]

또한 5·10단독선거는 말 그대로 가공스러운 폭력선거였다. 수도경찰청장 장택상의 표현을 빌리자면 경찰은 단독선거에 반대하는 민중에 대해 추호의 사정도 살피지 않고 닥치는 대로 처치했다. 이러한 가운데 상당히 진실이 은폐되었을 가능성이 높은 미군정 공식 발표

---

29   위의 책, 1114쪽.

30   존 할리데이, 「유엔과 한국」, 프랭크 볼드윈 엮음, 『한국현대사』, 사계절, 1984, 102쪽.

에 따르더라도 5월 7일에서 10일까지 단독선거 반대투쟁으로 무참히 학살된 민중의 수는 도합 350명, 그리고 검거·투옥된 숫자는 무려 5,425명에 이르렀다.[31]

따라서 선거 직후 모든 민주적 정당·사회단체가 "공포와 불안 속에서 강요당한 금번 선거는 무효화되어야 하며, 그러한 불법선거에 의해 조작된 단독정부 역시 결코 승인할 수 없다"라고 선언한 것은 너무나도 당연한 조치였다.[32]

그러면 과반수도 못 되는 찬성 투표(찬성 4, 반대 2, 기권 2, 불참 1)로 망국적인 단독선거를 감시하겠다고 결정한 유엔 임시위원단은 무엇을 했는가?

임시위원단의 수는 전부 20여 명이었다. 이들은 한국에서 업무를 개시하는 순간부터 24시간 내내 미군의 경호가 아닌 감시상태에 놓여 있었다. 이러한 조건 속에서 미군은 경호를 빙자해 위원단이 다양한 부류의 한국인과 직접 접촉하는 것을 저지했고 심지어는 위원단에게 보내지는 우편물에 대해서까지 엄격한 검열을 실시했다.[33]

위원단 자신도 이러한 상황에 대해 크게 개의치 않았고 한국 사정에 대해 백지인 상태에서 모든 정보를 미군에 의존해 판단했다. 설혹 한국인으로부터 직접 전달되는 정보가 있었다 하더라도 미군정이 임명한 통역관에 의해 대부분 고의적으로 걸러진 채로 전달되었다. 이렇게 하여 온갖 불법과 살상이 난무하는 현실의 참모습은 모두 은폐되고 이들 위원단에게는 그저 모든 것이 잘되어가는 것으로 비치게

---

31 김천영 편저, 앞의 책, 1114쪽 참조.
32 위의 책, 1120, 1122, 1123쪽 참조.
33 존 할리데이, 앞의 글, 96쪽.

되었다.

5월 10일 선거 당일 이들 20명 남짓 되는 임시위원단은 전체의 2퍼센트에 해당하는 투표소를 대충 살피며 지나갔다. 이것이 위원단이 행한 감시활동의 전부였다. 그나마 미 군사요원들의 엄격한 통제 아래 제한된 범위에서밖에 이루어지지 못했다.[34]

그럼에도 유엔 임시위원단은 최종보고서에서 "한국의 모든 지역이 위원단의 영향하에 있었다", "1948년 5월 10일 선거의 결과는 위원단의 활동을 허용하고 거주 인구가 전 한국의 3분의 2를 구성하는 지역 내 유권자의 자유로운 의사를 정당하게 표현한 것이다"라는 등 뻔뻔스러운 허위보고를 일삼았다.[35]

이렇게 하여 유엔 한국임시위원단은 한낱 세계 여론을 기만하고 불법적인 단독선거에 합법성의 외피를 덮어씌우기 위한 미국의 꼭두각시에 불과하다는 사실이 명백히 드러나게 되었다.

미국의 이러한 꼭두각시 놀음은 여기에 그치지 않았다. 유엔총회 석상에서 유엔 임시위원단이 만에 하나 단독선거의 실상을 폭로할지도 모른다는 두려움에 사로잡힌 미국은 유엔사무국으로 하여금 유엔총회가 열리는 파리행 여행비용을 위원단에 지급하지 못하도록 종용함으로써 총회에 위원단이 참석하는 것을 저지했다.[36] 주권을 도둑질한 강도의 심정을 그대로 보여준 사건이라 아니할 수 없다. 매국적 단독선거는 이렇게 날조되었다.

단독선거를 통해 선출된 이른바 제헌의원은 이승만의 독립촉성

---

34   위의 글, 102쪽.
35   같은 곳.
36   위의 글, 103쪽.

국민회가 54석을 차지했고, 한국민주당이 29석, 대동청년단이 12석, 민족청년단이 6석, 대한노동연맹이 2석을 차지했다. 10석은 군소정당의 단일 대표였고, 나머지 85석은 무소속이었다.

이들은 무소속 일부를 제외하고는 제각기 그럴듯한 간판만 내걸었다 뿐이지 모두가 이승만과 한민당 일파에 불과한 자들임은 말할 필요조차 없다.

이렇듯 친일·친미분자들로 득실거리는 제헌국회는 여전히 단독선거 무효, 단독정부 저지를 위한 한국 민중의 피어린 투쟁이 계속되고 있던 5월 31일에 기어코 그 추한 모습을 드러내고야 말았다.

제헌국회는 이승만을 임시의장으로 선출한 뒤 헌법 기초 작업에 들어갔다. 그로부터 몇 달 뒤 국회에서 대통령을 선출하는 제도를 골자로 하는 헌법이 제정되고 이승만이 초대 대통령으로 선출된 끝에 8월 15일 대한민국의 수립이 선포되었다.

그리고 이미 계획된 대로 유엔은 미국의 요청에 따라 대한민국을 한반도의 유일한 합법정부로 승인했다. 현실적으로 볼 때 이는 대한민국이 유일하게 유엔, 즉 미국과 그 동맹국에 의해서만 합법성이 인정되는 정부임을 의미한다.

이렇게 하여 대한민국은 민주의 폐허 위에서, 난자된 주권의 시체 더미 위에서, 그리고 미국의 사생아로서 오욕의 운명을 안은 채 태어나게 되었다.

3. 이승만 정권의 정체

남한 단독정부 수립은 식민지 예속권력에 독립이라는 간판을 내건 것과 조금도 다를 바 없었다.

이전의 미군정과 새로운 이승만 정권이 갖는 차이라고는 오로지 식민지 권력의 최고운영자가 하지 중장에서 이승만으로 바뀌었다는 점 말고는 아무것도 없었다.

한 미국인은 이러한 사실에 대해 "남한은 미국의 무력으로 만들어지고 미국의 힘으로 보호되며 미국의 보조금으로 지탱되는 미국의 하청권력에 다름 아니다"라고 표현했다.[37]

이승만 정권이 전적으로 미국의 원조에 기대 자기 생명을 유지할 수 있었다는 사실은 "미국의 원조가 중단되면 남한은 단 3개월 이내에 붕괴될 것"이라고 한 미 국무장관 애치슨의 한마디 말 속에 잘 집약되어 있다.[38] 더욱이 이 시기에 있어 미국의 원조가 대부분 한국 민중의 압살을 목표로 하는 군사원조에 충당되고 있었다는 점은 이승만 정권이 의존하고 있는 궁극적인 힘의 원천이 무엇인지를 잘 말해주고 있다. 이러한 가운데 미국은 여전히 남한에 대해 정치·군사·경제의 명맥을 한 손에 거머쥔 채 식민지 지배자로서의 지위와 권능을 유지하고 있었다.

당시 이승만 정권의 정치·경제의 실권을 장악하고 지배하던 기관은 미국이 절대적 우위를 점한 '한미합동위원회'로 정부는 이 기관의 지시 없이는 아무 일도 할 수 없게끔 되어 있었다.[39] 애초부터 미국의 원조로 유지되어온 권력이 미국의 요구와 지시를 벗어나서 행동할 수 없다는 것은 너무도 당연한 이치였다.

---

37 노민영 엮음, 『잠들지 않는 남도』, 온누리, 1988, 195쪽.

38 조순승, 앞의 책, 201쪽.

39 노민영 엮음, 앞의 책, 195쪽.

남한에 대한 미국의 영속적 지배는 각종 조약과 협정에 의해 더욱 확고해지고 합법화되었다. 바꾸어 말하면 이승만 정권은 이러한 예속 조약에 의해, 미국의 이해에 따라서 국정 전반을 풀어나갈 수밖에 없는 허약한 존재였다.

대표적인 예를 살펴본다면 미국과 이승만 정권은 1948년 8월 24일 남한 땅에서 미국의 계속적인 군사지배권을 보장하는 다음과 같은「과도 기간 잠정적 군사 및 안전에 관한 행정협정」을 체결했다.

제1조: 주한 미군 사령관은 본국 정부의 지시에 따라 또한 자기의 직권 내에서 현존하는 대한민국 국방군을 계속하여 조직, 훈련 및 무장할 것을 동의한다.

제2조: 주한 미군 사령관은 대한민국 국방군의 조직, 훈련 및 장비를 용역케 하기 위하여 필요하다고 인정하는 대한민국 국방군(국방경비대, 해안경비대 및 비상지역에 주둔하는 국립경찰파견대를 포함함)에 대한 전면적인 작전상의 통제를 행사하는 권한을 보유할 것으로 합의한다.

제3조: 대한민국 대통령은 주한 미군 사령관이 필요하다고 인정하는 중요 지역과 시설(항구, 진지, 철도, 병참선, 비행장, 기타)에 대하여 통제권을 보유할 것을 동의한다.[40]

이와 함께 1948년 9월 1일에는 한국 민중에 대한 미국의 착취를 제도화해주는「한미 재정 및 재산 이양에 관한 협정」이 체결되었다.

이 협정을 통해 미국인과 미국 회사들이 지금까지 이 땅에서 누려

---

40 『조약집』I, 238쪽, 한동혁 엮음, 『지배와 항거』, 힘, 1988, 54쪽에서 재인용.

오던 온갖 특권이 그대로 유지되도록 보장되었고 그들이 원한다면 언제든지 한국 내에서 재산을 점유할 수 있도록 용인되었다. 또한 이 협정을 통해 미국은 미군정 시절 자신들의 과도한 통치비용 때문에 발생한 모든 부채를 이승만 정권에 떠넘길 수 있게 되었으며 마찬가지로 남한에 주둔하고 있는 미군 기지를 위한 토지공여·시설유지 비용을 전부 한국 정부가 부담하게끔 만들었다.

이렇듯 남한 정부는 모든 점에 있어서 미국의 지배 아래 있었고 또 미국의 이익을 위해 충실히 봉사했다. 이승만 정권이 미국에 대해 얼마만큼 충성을 다 바쳤는가 하는 것은 다음과 같은 이승만의 말 한 마디에서 남김없이 드러난다.

> 미국 측 제안대로 전부 동의하라. 미국의 힘으로 정부가 세워졌고 앞으로도 미국의 힘에 의하여 유지될 우리 정부가 미국 사람들의 비위를 거슬러가면서 그들의 그만한 요구를 거부할 수 있겠는가.[41]

이승만 정권이 철저히 미국의 원조로 지탱되고 그들의 요구대로 움직여나가는 가운데 집요하게 저항을 계속하고 있는 한국 민중을 압살하기 위한 강압적 장치들도 잇따라 창설되었다. 이러한 작업에 있어 단연 주동이 된 것은 여전히 남한 땅에 버티고 앉아 있던 미군이었다. 미군은 약체 이승만 정권을 민중의 항거로부터 보호해주고 자신의 뒤를 이어줄 한국군과 경찰을 더욱 강화하기 위한 시간을 벌 목적으로 내외의 격렬한 비판에도 불구하고 여전히 철수를 지연시키고 있

---

41 『안재홍 유고집』, 16쪽, 한동혁 엮음, 앞의 책, 55~56쪽에서 재인용.

었던 것이다.

이미 1948년 12월 말에 소련군이 북한에서 완전히 철수했고, 미군의 주둔을 지탄하고 철수를 요구하는 한국 민중의 요구와 국제적 여론이 열화와 같이 들끓었으며, 또한 미국 근로대중의 평화에 대한 한결같은 요구가 군비 축소 압력으로 강하게 작용했기 때문에 주한 미군은 결국 1949년 6월에 500명의 군사고문단만을 남겨놓은 채 이 땅에서 철수하지 않을 수 없었다.

여하튼 미군과 이후의 군사고문단의 지휘 아래 갖가지 억압기구가 속출하기 시작했다. 우선 국방경비대를 8개 사단, 10만여 명의 육·해·공군으로 구성되는 국군으로 편성하는 작업이 진행되었고 동시에 6만여 공개경찰 이외에 수만 명의 비밀경찰을 조직·강화하는 조치가 잇따라 취해졌다. 이어서 갖가지 테러단을 규합해 '대한청년단'과 '민보단'을 만들어내고 1949년 하반기에 들어서서는 20여 만 명으로 구성되는 '호국단'을 조직했다.[42]

미국과 이승만 정권은 이 같은 폭압기구를 창설·정비하는 것과 함께 민중의 압살을 제도적으로 뒷받침하기 위한 목적으로 세계사에 유례없는 온갖 파쇼적 악법을 남발했다.

그 대표적인 예로 분단상태를 법제화하고 이를 조건으로 민주세력에 대한 영원한 전쟁을 선언하고 있는 국가보안법의 제정을 들 수 있다.

그 주요 내용을 살펴보면 다음과 같다.

---

42 노민영 엮음, 앞의 책, 197쪽.

제1조: 국헌을 위배하여 정부를 참칭하거나 그에 부수하여 국가를 변란할 목적으로 결사 또는 집단을 구성한 자는 아래에 의하여 처벌한다.

1. 수괴와 간부는 무기, 3년 이상의 징역 또는 금고에 처한다.

2. 지도적 임무에 종사한 자는 1년 이상 10년 이하의 징역 또는 금고에 처한다.

3. 그 내용을 알고 결사 또는 집단에 가입한 자는 3년 이하의 징역에 처한다.

제2조: 살인, 방화 또는 운수, 통신기관, 건조물, 기타 주요 시설의 파괴 등의 범죄행위를 목적으로 하는 결사나 집단을 조직한 자나 그 간부의 직에 있는 자는 10년 이하의 징역에 처하고 그에 가입한 자는 3년 이하의 징역에 처한다. 범죄행위를 목적으로 하는 결사나 집단이 아니라도 그 간부의 지령 또는 승인하에 단체적 행동으로 살인, 방화, 파괴 등의 범죄행위를 감행한 때에는 대통령은 그 결사나 집단의 해산을 명한다.

제3조: 전 2조의 목적 또는 그 결사, 집단의 지령으로써 그 목적한 사항의 실행을 협의, 선동 또는 선전을 한 자는 10년 이하의 징역에 처한다.

제4조: 본 법의 죄를 범하게 하거나 그 내용을 알고 총포, 탄약, 도검, 또는 금품을 공급, 약속, 기타의 방법으로 자진봉조한 자는 7년 이하의 징역에 처한다.[43]

말할 필요도 없이 이 국가보안법은 당시 이승만 정권에 항거하고 있던 한국 민중의 모든 행위를 불법적인 것으로 규정짓고 있다.

이와 함께 이승만 정권은 민중의 항거에 대해 언제든지 군대를

43 『대법전』, 1069쪽, 한동혁 엮음, 앞의 책, 56~57쪽에서 재인용.

동원해 압살할 수 있도록 하기 위해 계엄법을 제정하고 즉각 발동시켰다.

이 밖에도 병역법, 징발법, 신문지법, 우편물취체법 등 과거 일제시대와 미군정 당시 이 나라 민중을 결박하기 위한 제반 악법이 고스란히 이름만 바꾼 채로 그 사악한 힘을 발휘하게 되었다.[44]

그리하여 이승만 정권은 이미 통상적인 파시즘의 수준을 넘어서고 있었다.

4. 조선민주주의인민공화국의 수립[45]

남한에서 미국과 이승만 일파에 의해 단독정부 수립을 위한 움직임이 활발히 추진되던 시기에 북한에서도 독자적인 정부를 세우기 위한 별도의 노력이 기울여지고 있었다.

1948년 2월 6일에는 '조선임시헌법제정위원회'가 기초한 헌법 초안이 북조선 인민회의에 제출되었고 곧이어 2월 8일에는 인민군 창설이 선포되었다. 그러나 북한은 정부 수립을 추진하는 이러한 과정에서 민족분단의 책임을 미국과 이승만 일파에게 떠넘기고자 세심한 주의를 기울였다. 그러한 목적에 따라 정권의 수립 시기와 선거방식에 관한 문제가 검토되었다. 결론적으로 북한은 정부 수립을 남한의

---

44 노민영 엮음, 앞의 책, 206쪽.
45 조선민주주의인민공화국은 북한의 공식 명칭이다. 이 용어는 북한을 '반국가단체'로 규정하고 있는 남한 정부에 의해 철저히 배척되어왔으나 여기서는 하나의 역사적 사실로서 객관성을 유지하기 위해 그대로 사용한다.

이승만 정권 수립 이후로 잡았고 한반도 전역이 참가할 수 있는 선거 방식이 고안되었다.

북한에서의 정부 수립 자체가 남북한 민중의 공통된 합의에 따른 것임을 과시하기 위해 1948년 6월 29일 이른바 '조선의 통일을 위해 투쟁하는 남북 제 정당 사회단체 지도자협의회'로 지칭되는 제2차 남북연석회의가 평양에서 개최되었다. 회의에는 지난번 제1차 회의에 참석했던 남북의 정당·사회단체 중 김구와 김규식 등 한국독립당 계열의 인사만 제외하고는 대부분 그대로 참석했다.[46]

개막 연설을 통해 김일성은 「남조선 단독선거와 관련해 우리 조국에 조성된 정치정세와 조국통일을 위한 장래 투쟁 대책」이라는 제목 아래 다음과 같이 회의가 풀어야 할 과제를 명시하는 주장을 폈다.

역사적 남북연석회의로부터 불과 2개월밖에 지나지 않았다. 그러나 이동안 남조선에 전개된 정치적 사변은 날이 갈수록 점점 더 첨예화되어가며 복잡해져가고 있다.

그들은 민족반역자 친일파들로 국회를 구성하고 그 국회를 전 조선 인민을 대표하는 전 조선 국회로 선언하고 있다. 전 조선 인민의 절대 다수를 차지하는 농민과 노동자를 대표한 국회의원이 없는 그러한 국회를 어떻게 조선 인민을 대표한 국회라고 인정할 수 있으며 조선 인민의 반대 속에 기만과 허위로 날조된 국회를 어떻게 민족적 국회로 인정할 수 있겠는가. 그렇기 때문에 이 국회를 부인하는 것이다. 그러나 사태는 가장 엄중하다. 문제는 우리가 남조선 국회를 부인한다고 해서 해결되는

46 김천영 편저, 앞의 책, 1169쪽 참조.

것이 아니다. 우리는 남조선 국회에 대한 담화와 성명서나 결정서를 발표하여 우리의 태도를 표명하는 것으로만 투쟁할 것이 아니라 결정적 구국대책을 취해야 한다. 이 구국대책의 첫 행동으로서 우리는 우리 손으로 통일을 기하며 조선 인민들의 의사와 숙망을 표현하며 그들을 대표하는 전 조선 최고입법기관을 수립하고 조선인민공화국 헌법을 실현시켜야 하겠다. 그럼으로써 우리는 단독정부를 수립할 것이 아니라 남북조선 인민들의 참여하에 그들을 대표하는 남북조선 제 정당 사회단체 대표자들로 전 조선 정부를 수립해야 하겠다.

북조선 인민들은 조선인민공화국 헌법에 기초하여 전 조선 최고인민회의 대의원 선거에 한사람처럼 일치하여 참여할 것이다.[47]

회의는 토론 끝에 「남조선 단독선거와 관련해 우리 조국에 조성된 정치정세와 장래 투쟁 대책에 관한 결정서」를 채택했다. 결정서는 5·10단독선거가 첫째, 절대 다수의 인민이 불참했고 강압적으로 행해졌다는 점, 둘째, 김성수의 반동적 한민당과 이승만 일파가 주민들로부터 완전히 고립되었음을 증명한다는 점, 셋째, 선출된 국회의원 중에 진보적 인사가 한 사람도 없다는 점 등을 지적하고 다음과 같은 세 가지 내용을 결정했다.

1. 비법적으로 조직된 남조선 국회와 이것을 토대로 남조선 정부가 수립된다면 우리는 이것을 결정적으로 폭로 배격할 것이다. 이것은 우리 조국에 반인민적, 반민주주의적 제도를 설정하며 우리 조국을 두

---

47   위의 책, 1170~1171쪽 참조.

부분으로 영원히 분열하며 남조선을 미 제국주의자들의 식민지와 군사기지로 변화시킬 목적을 가진 까닭이다.

2. 선거 실시에 기초하여 조선최고인민회의를 창설하고 남북조선 대표자들로 조선중앙정부를 수립한다.

3. 조선최고인민회의와 조선중앙정부는 조선으로부터 외국 군대를 즉시, 동시에 철거하도록 할 것이다.

결정서는 다음과 같이 끝을 맺고 있다.

이 회의에 참가한 정당 사회단체의 모든 당원과 맹원들 그리고 진정한 애국자들은 이 회의의 결정을 열광적으로 지지할 것이며 자기의 전력을 다하여 조국의 반역자들과 투쟁하며 조국의 통일과 민주주의 조선 독립 국가를 창설하기 위하여 헌신 투쟁하리라는 것을 확신하는 바이다.[48]

이와 같은 남북 제 정당·사회단체의 결의에 따라 북조선 인민회의는 북한 지역에서 대의원 선출을 위한 선거를 8월 25일에 실시하기로 결정하고 그 세부지침을 만들었다.

이와 함께 남한에서는 공개적인 투표가 곤란한 사정을 고려해 비밀리에 이중선거를 실시하기로 결정했다. 즉, 각 시·군에서 5~7명의 대표들을 선출한 뒤 이들이 다시 해주에 모여 인민대표자대회를 열고 그 대회에서 최고인민회의에 보낼 남한 지역 대표 360명을 최종적으로 선출하는 방식이다. 이러한 방침에 따라 시·군·구 선거

---

48 위의 책, 1171쪽.

위원회 산하에 전권위원회가 결성되고 위원회의 성원들은 민주주의 민족전선이 내정한 대표들에 대한 서명투표를 각 부락과 직장 단위로 비밀리에 수행했다. 이러한 작업은 대략 7월 중순부터 남한 전역에 걸쳐 진행되었는데 이와 관련되어 7월 24일부터 8월 10일까지 수도경찰청에 검거된 수만도 모두 100여 명에 이르고 있었다. 그런 가운데에서도 몇몇 전권위원들은 상당한 정도의 서명투표를 받아내는 데 성공했다. 예를 들면 부산의 조선방직공장 여공인 한 전권위원은 혼자서 1,300여 명의 서명을 받아냈으며 서울 영등포 지구에서는 890명의 서명투표를 받은 전권위원도 있었다. 이러한 과정을 통해 민주주의민족전선은 총 1,080명의 1차 대표를 선정했고 다시 이들을 38선과 해로를 통해 해주에서 재집결하도록 조치했다. 그리고 난 뒤 해주에서는 남한 지역을 대표하는 최고인민회의 대의원 360명을 선출하는 인민대표자대회가 개최되었다.[49]

북한에도 8월 25일 도합 211명의 대의원을 선출하는 선거가 실시되었으며 그 결과 남북한을 합친 총수 572명의 최고인민회의 대의원이 최종 확정되게 되었다.

북한 당국의 집계 발표에 따르면 북한에서는 총유권자 중 99.97퍼센트가 투표한 반면에 남한에서는 총유권자 1,745만 명 중 77.52퍼센트가 비밀선거에 참여한 것으로 밝혀졌다. 남한의 투표자 수는 5·10단독선거 때 집계된 투표자 수보다 65만 명이 더 많은 것으로 되어 있다.[50]

---

49 위의 책, 1173~1174, 1205쪽 참조.
50 조순승, 앞의 책, 179쪽.

이러한 과정을 통해 구성된 조선최고인민회의는 9월 8일 만장일치로 헌법을 채택하고 상임위원을 선출했다. 그리고 이에 의거해 조선민주주의인민공화국의 수립을 선포했는데, 인민공화국은 그 본부를 평양에 두되 수도는 서울로 하며[51] 남북에 걸친 전 인민의 선거로써 성립된 한반도 유일의 합법정부임을 자처했다.

이와 함께 최고인민회의는 다음과 같은 「점령군 철퇴에 관하여 미·소 양 정부에 대한 조선최고인민회의의 요청문」을 발표했다.

조선의 영토에는 지금도 미·소 양군이 주둔하고 있고 이와 관련하여 조선은 민족적으로도, 경제적으로도 불가분적 단일체를 이루고 있음에도 불구하고 38선을 경계로 하여 둘로 분할되어 있다. 미군이 주둔하고 있는 농업의 남한과, 소련군이 주둔하고 있는 공업지대인 북한과는 인공적으로 분할되어 있다. …… 반인민적 친일파, 각종의 정치적 모리간상배 등, 기타 반동분자들은 이기주의적인 사욕에 주린 정치적 목적에서 조선의 영토에 미·소 양군이 주둔하고 있는 사실을 이용하여 미·소 양군의 적의를 선동하며 동시에 남북조선 인민 간에 적의에 찬 충돌을 책동하고 있다. 이러한 것은 극동에 있어 정치정세를 격화시키며 세계평화와 제 국민의 안전에 대한 위협을 조성할 뿐이라는 것은 말할 것도 없다. 조선 인민은 제2차 세계대전이 종결된 후 수개월간 미·소 양 군대가 조선에 주둔하리라는 것을 양해하고 있었다. 조선에서 일본군의 무장해제가 이루어졌고 무조건 항복한 당시로부터 이미 3개년이 경과한

---

51 북한은 1972년 사회주의 신헌법을 채택하기 전 구헌법의 제103조에 "수도는 서울이다"라고 명시해놓았다. 그러나 신헌법에서는 수도가 평양으로 바뀌어 있다.

오늘날, 외국 군대가 조선에 주둔할 아무런 이유도 없으며 또 정당성도 없다. …… 이 요청서를 교부함에 있어 조선최고인민회의는 전 조선 인민의 명의로 위대한 소련 정부가 이미 미국이 남조선에서 그 군대를 동시에 철퇴시킨다면 소련 정부는 그 군대를 즉시 철퇴할 준비를 하고 있다고 수회에 걸쳐 표명한 것에 대하여 감사하고 있다. 조선최고인민회의는 미국 정부도 조선 인민의 민족적 이익을 존중하고 제 국민 간의 안전과 평화와 친선의 강화를 기원하는 조선 인민의 요청에 의해 소련군이 한국에서 철퇴하는 것과 동시에 철퇴하도록 요청한다.[52]

이러한 요청에 따라 소련군은 12월 25일까지 북한 지역에서 철수를 완료했다. 여하튼 지금까지의 과정을 통해 한반도는 두 개의 적대적 정부로 분리되어 통치되는 비운을 맞이하게 되었다.

52 　노중선 엮음, 앞의 책, 267~269쪽.

제5장

남한 민중의 무장항쟁

2·7구국투쟁과 단선단정 반대투쟁을 거치면서 남한 민중의 반미·반이승만 투쟁은 무장투쟁 단계로 발전해갔다.

이미 밝힌 대로 2·7구국투쟁 이후 남한 각지에서는 농촌을 거점으로 한 야산대라는 초보적인 무장조직이 등장했다. 야산대는 광폭한 탄압을 헤치고 효과적으로 투쟁을 벌여나가기 위한 민중의 자위조직으로서 정치활동을 위주로 낮은 단계의 무장항쟁을 수행해나갔다.

이러한 야산대의 활동은 4·3제주민중항쟁 등 지역적 봉기라는 계기를 맞이하면서 본격적인 유격전으로 급속히 진입하게 되었다.

대체적으로 본격적인 무장항쟁의 불길을 지핀 4·3제주항쟁과 제주항쟁으로 촉발된 여순 봉기 그리고 계속되는 군대 내의 반란 등은 당시 해당 지역과 군 내부의 불가피한 사정에 따른 자연발생적 성격을 띠고 있었다.

즉, 4·3제주항쟁은 가혹한 미군정의 학정과 그것의 영속화를 의미하는 단선단정의 추진이라는 상황 아래서 유일한 최후의 선택으로 감행되었다. 다시 말해 학정의 노예로 전락하느냐 아니면 스스로 무기를 들고 싸우느냐 하는 절박한 상황에서 남달리 의지가 굳은 제주 민중은 기꺼이 후자를 선택했던 것이다. 마찬가지로 여순 봉기도 동포에 대한 학살명령을 받아들일 것이냐 아니면 총부리를 압제자에게 돌릴 것이냐 하는 막다른 기로에서 선택된 결과였다. 이후 대구 주둔 6연대에서 발생한 일련의 군장병 반란사태도 역시 동포에 대한 계속적인 학살 강요와 자신들에 대한 이승만 정부의 탄압 위협 속에서 발생했다.

이렇듯 일련의 봉기는 민중이 처해 있던 현실에서 불가피한 선택으로 일어나게 되었지만 봉기에 참여한 무장세력이 대거 유격대로 전환함으로써 본격적인 유격전의 막을 올리는 결정적 계기가 되었다. 그리하여 무장항쟁의 전진 속도는 당시 남로당 등이 계획했던 것보다 상당히 빨라지게 되었다. 이러한 양상은 지역적 무장봉기의 발생이라는 새로운 정세에 적응하는 과정에서 나온 것으로 상당 부분 불가피한 면이 있었다. 이렇게 해서 출발한 유격전은 거듭되는 군사적 패배에도 불구하고 결국은 이승만 정부를 정치적으로 패퇴시켜나감으로써 승리를 향해 한 걸음씩 접근해갔다.

우리는 당시 남한 민중의 치열한 무장항쟁 과정 속에서 외세와 그 주구세력들이 저지른 온갖 죄악상에 대한 분노와 함께 엄청난 희생에도 굴하지 않고 전진을 거듭하는 민중항쟁의 장엄한 순간들을 접하며 깊은 감동에 사로잡히지 않을 수 없다.

1. 끓어오르는 한라산

움직이는 것은 모두 우리의 적이었지만
동시에 그들의 적이기도 했다
그러나
우리는 보고 쏘았지만

그들은 보지 않고 쏘았다

학살은 그렇게 시작됐다

그날

하늘에서는 정찰기가 살인예고장을 살포하고

바다에서는 함대가 경적을 울리고

육지에서는 기마대가 총칼을 휘두르며

모든 처형장을 진두지휘하고 있었던 그날

빨갱이 마을이라 하여 80여 남녀 중학생들을

금악벌판으로 몰고 가 집단몰살하고 수장한 데 이어

정방폭포에서는 발가벗긴 빨치산의 젊은 아내와 딸들을 나무기둥에 묶

어두고 표창연습으로 삼다가

마침내 젖가슴을 도려내 폭포 속으로 던져버린 그날

한 무리의 정치깡패단이 열일곱도 안 된

한 여고생을 윤간한 뒤 생매장해버린 그 가을 숲

서귀포 임시감옥 속에서는 게릴라들의 손톱과 발톱 밑에 못을 박고

몽키 스패너로 혓바닥까지 뽑아버리던 그날, 바로 그날

관덕정 인민광장 앞에는 사지가 갈갈이 찢어져

목이 짤린 얼굴은 얼굴대로

팔은 팔대로

다리는 다리대로

몸통은 몸통대로

전봇대에 전시되어 있었다[1]

---

1   이산하, 「한라산」, 김남 외, 『녹두서평』 1, 녹두, 1986, 17~18쪽.

본격적인 무장항쟁의 첫 도화선을 마련한 4·3제주민중항쟁의 진정한 원인을 밝히기 위해서는 적어도 해방 이후 제주도를 둘러싸고 있었던 전반적인 상황과 그 속에서 전개되었던 일련의 사태, 그리고 제주도의 특수한 역사적 전통을 종합적으로 살펴보는 것이 반드시 필요하다.[2]

제주도는 식민지 조선 땅에서도 가장 소외되고 가장 낙후했으며 또한 가장 천대받는 고통과 서러움의 땅이었다.

이는 일본 식민통치 아래 제주 민중의 절반 정도가 강제적인 징용·징병과 불가피한 이민으로 본래의 삶의 터전에서 뿌리 뽑힌 채 이역만리 머나먼 곳에서 온갖 고초와 수모를 강요받아야 했던 것에서 단적으로 드러난다.

이 사실은 제주도가 일제 치하에서도 집중적인 핍박의 대상이 되었다는 사실과 함께 더는 발붙이고 살 수 없을 정도로 극도의 빈곤에 시달리고 있었음을 말해준다.

해방 이후 제주도의 경제상태는 여전히 심각한 곤란을 겪고 있었다. 전재민들이 대거 귀향함에 따라 인구는 두 배 가까이 늘어났지만 생산능력은 오히려 줄어들게 됨으로써 가공할 물가상승이 기승을 부리게 되었다. 생산능력의 저하는 남한 전체에서 공통적으로 일어나는 현상이기는 했지만 특히 제주도는 식민지 경제의 파산과 남북의 분단으로 민중의 생활이 심각하게 위협받고 있었다. 예컨대 그동안 북에서 생산·공급되던 탄소가 부족해 야간 고기잡이를 제대로 할 수가 없었다. 또한 고구마를 사들였던 주정공장과 제주시에 전력을 공급해

---

2   다음에 기술한 4·3제주민중항쟁에 대해서는 노민영 엮음, 앞의 책에 크게 의존했다.

오던 발전소가 석탄 부족으로 거의 정지상태에 들어갔다. 이러한 경제적 어려움은 제주도가 도로 승격하면서 조세부담까지 가중되어 더욱 심화되었다.

그러나 제주도 민중이 자신의 처지에 대해 심각한 불만을 느끼게 된 것은 이 같은 경제적 곤란보다는 그것을 자신의 요구대로 해결할 수 있는 기회를 박탈당했기 때문이었다.

해방 직후 제주 민중은 혹독한 시련 속에서도 조금도 굴함이 없이 새 조국 건설을 위한 놀라운 열정을 불태웠다.

9월 15일 제주읍 인민위원회를 시발로 각 지방 인민위원회가 조직되고 거기에서 선출된 대표위원이 제주도 인민위원회를 결성했다(9월 22일). 이와 함께 도 부녀동맹, 교육자동맹, 노동조합, 소비조합, 제주문화협회 등 각종 대중단체가 잇따라 조직되어 조국의 완전한 독립과 민주사회 건설을 목표로 적극적인 활동을 벌여나갔다.

그리하여 해방된 조국의 지방자치기관을 자신들의 손으로 건설한 제주 민중은 스스로 치안을 유지하고 구 일본인 재산을 접수함과 동시에 일본군에게서 몰수한 군량미를 빈민에게 무상분배하는 등 애국적 시책을 펴나갔다. 따라서 인민위원회의 지도 아래 이루어지는 정책과 사업에 대해서는 단 한마디의 불평도 있을 수 없었다.

제주 민중은 여기에 그치지 않고 '미래는 청년의 것이다'라는 슬로건 아래 새로운 세대를 교육하기 위한 각급 학교를 스스로의 힘으로 세워나갔다. 그리고 학교나 부락에서 강습회를 개최해 잃었던 모국어와 빼앗긴 역사를 되찾는 학습운동을 활발히 진행했으며 나아가 문화인들이 자주적 역량을 발휘해『제주신보』를 발간했다(9월 28일).

해방 후 약 2개월 남짓한 기간에 이루어낸 위와 같은 성과를 보면 제주 민중은 이미 높은 정치의식을 지니고 있었으며, 자신들의 해방을 위한 제반 운동을 능히 추진할 수 있는 충분한 능력을 지니고 있었음이 분명하다.

그러나 이러한 제주 민중의 꿈과 노력도 역시 새로운 지배자 미군정의 반동적 정책으로 급속히 물거품으로 돌아가는 악순환을 겪어야 했다.

일단의 미군 부대가 이곳 제주섬에 발을 내딛게 된 것은 9월 28일경에 이르러서였다. 미군의 진주와 함께 여타의 남한 지역에서와 마찬가지로 한때 도민의 기세에 눌려 숨을 죽이고 있었던 민족반역자들이 새로운 주인인 미군정의 앞잡이가 되어 설쳐대기 시작했다.

미군은 제주도에 도착한 즉시 이들 민족반역자를 축으로 하여 법원·검찰·경찰 등 각종 폭압기구를 창설했다. 이와 함께 1946년 1월 15일, 미군정은 그동안 도민들이 자주적으로 관리해오던 도민의 공공재산인 구 일본인 재산, 즉 적산을 송두리째 강탈해 자기들 손에 거머쥐었다. 이렇게 하여 이곳 제주섬에서도 역사의 수레바퀴를 거꾸로 돌리는 작업이 미국인의 손에 의해 공공연하게 진행되었다. 미국인 마크 게인조차도 그의 『일본일기』에서 당시의 불미스러운 사태 진전에 대해 "나는 번뇌와 부끄러움으로 인간의 기본적 권리를 탄압하는 데 있어서 단연 으뜸간다 할 수 있을 야만적인 경찰국가가 우리 국가와 함께 탄생하고 있는 것을 보아왔다"라고 토로했다.

제주 민중이 새로운 사회를 건설하기 위해 추진했던 제반 사업을 완전히 물거품으로 만드는 조치와 함께 여전히 완강하게 버티고 있던 인민위원회와 각종 민주단체에 대한 파괴공작이 감행되었다.

본격적인 탄압의 첫 신호탄이 된 것은 1945년 12월에 발생한 이른바 '한라단 사건'이었다.

그동안 제주 민중으로부터 규탄의 대상이 되어왔던 제주 시내의 친일파들은 미군이 진주하자 비밀리에 한라단이라는 테러단을 조직해 민주세력을 암살하기 위한 음모에 골몰하고 있었다.

그러던 1945년 12월 12일 밤 미군의 해산명령에도 굴하지 않고 민중의 압도적인 지지와 성원에 힘입어 여전히 끄떡없이 자신의 존재를 유지하고 있던 도 인민위원회 사무실이 이들 '한라단' 무리에게 습격을 받는 사건이 발생했다.

이 사건으로 많은 부상자가 발생했고 여기에 격앙된 젊은이들은 다음 날 '테러 배격'을 외치며 도 군정청 앞에서 항의시위를 감행했다. 이에 시민들이 대거 합세했고 그에 따라 시위대는 순식간에 크게 불어났다. 마침내 민중의 분노가 하나로 결집되어 폭발하고 만 것이다.

그럼에도 한라단 깡패들이 그날 밤 또다시 인민위원회를 습격해 폭력을 휘둘러 민중의 자위단체인 보안대는 어쩔 수 없이 자위의 일환으로 그들을 힘으로 내쫓았다.

그러나 보안대의 자위조치 소식을 들은 미군과 경찰은 수십 대의 지프와 트럭에 나누어 타고 기관총과 소총을 쏘아대면서 인민위원회를 포위한 다음 마침 그 자리에 모여 있던 사람들에게 곤봉을 휘둘러댔으며, 선혈이 낭자한 가운데 모든 서류와 비품을 압수하고 50여 명의 애국자들을 검거해 투옥해버렸다.

이 사건은 말할 필요도 없이 미군정과 친일파들이 민주단체를 파괴하기 위한 음모의 일환으로 사전에 계획한 것이었다. 그리하여 미군정은 이 '한라단 사건'을 통해 전체 제주 민중에게 본격적인 탄압을 개시함과 동시에 피의 대량학살을 예고하는 불길한 서곡을 연주하게 되었다.

이로부터 제주 민중과 미군정의 충돌은 단계적으로 확대되어갔고 그때마다 미군정의 탄압은 강도를 더해갔다.

제주 민중과 미군정의 충돌은 1947년 3월에 접어들면서 새로운 국면을 맞이하게 되었다.

10월 인민항쟁의 격랑을 헤쳐온 제주 민중은 1947년 3월 1일에 역사적인 3·1운동을 기념하는 집회를 추진했다. 이에 대해 군정 당국은 집회의 합법적 개최를 불허하고 나아가 이를 폭력으로 짓밟기 위한 조치로 육지로부터 경찰을 추가 투입하는 등 강경한 태세로 대응했다. 그러한 억압 속에서도 제주 민중은 결연한 의지로써 대회를 강행했다. 결국 평화적 시위를 계속하고 있던 제주 도민에 대해 미군과 경찰은 무자비한 발포행위로 맞섰고 그 와중에 소년 한 명의 목숨이 희생되고 다수의 부상자가 발생했다.

이러한 유혈 참변에 대해 미군정은 학살자를 처벌하고 민중 앞에 사죄하기는커녕 오히려 탄압을 더욱 강화하면서 민주인사들에 대한 부당한 검거를 자행했다.

이러한 군정 당국의 가당치 않은 행위는 결국 모든 제주 민중의 격렬한 항의투쟁을 불러일으키고 말았다. 격분한 제주 민중은 드디어 3월 9일부터 일제히 궐기해 총파업투쟁에 돌입하게 되었다. 학생들의 동맹휴학과 상인들의 단체철시가 그 뒤를 따랐으며 군정청 직원들도 불법적 탄압의 중지를 요구하며 파업에 합류했다. 심지어는 대정, 조천, 중문 등 도내의 각 경찰지서원들과 재판소의 직원들도 발포 경찰의 처단과 경찰 책임자의 인책사임을 요구하며 파업투쟁에 돌입했다.

그리하여 미국인과 극소수의 친일모리배들만 제외하고는 제주도 내의 전 민중이 파업투쟁에 동참했으며, 그 결과 도내의 모든 업무가 완전히 마비되고 말았다.

이렇듯 제주 민중의 놀라운 단결력과 투쟁력에 봉착한 미군정은 다급한 나머지 대량의 무장경찰관과 '서북청년회', '민족청년단' 등 악명 높은 반동적 테러집단을 속속 투입해 대대적인 검거에 나섰다.

"파업을 선동했던 자, 취로를 방해했던 자, 직장에서 집회를 개최했던 자는 이유 여하를 막론하고 모두 검거하라"라는 지령과 함께 테러 선풍이 도 전체로 확산되어갔다. 테러집단은 우익 경찰과 결합해 이른바 '사람사냥'에 나섰다.

이자들은 행정기관 소재지에 있는 관사나 민가를 불법으로 점거해 "우리는 제2의 모스크바―제주도를 공격하러 온 멸공대다"라고 큰 소리치면서, 온순한 주민을 '빨갱이', '동조자'라고 몰아붙이며 위협했다. 이유도 없이 지나가는 행인을 짓밟아 집단폭행을 가하기도 하고 밀실에 감금하고는 잔인한 린치를 가해 결국은 살상까지 자행하는 만행이 연일 계속되었다.

이러한 과정을 통해 3월 2일에서 다음 달 초순까지 약 2,000여 명의 죄 없는 민중이 두 평 남짓한 유치장이나 특설 감방에 수용된 채 형을 기다리게 되었다. 또한 모든 양심적 인사가 직장에서 쫓겨나 길거리에 내팽개쳐졌다. 아울러 학생들은 학생들 나름대로 단순히 저항적이라는 이유만으로 학교에서 추방되었다. 여기에 덧붙여 '경찰비', '후원회비' 등의 명목으로 각종 기부금이 강요되어 주민들의 생활고를 극도로 압박하게 되었다.[3]

제주 민중에 대한 미군정의 탄압은 이제 일시적인 것에 그치지 않고 더욱 일상적인 성격을 띠기에 이르렀다.

3 　경찰은 여러 가지 명목으로 금품을 갈취해 부족한 자신들의 봉급을 채웠다. 또한 서북청년단 등 월남한 반공 피난민으로 구성된 테러단체들은 별다른 봉급이 주어지지 않는 상태였으므로 주민들에게 갖가지 공갈과 사기 등을 거리낌 없이 자행함으로써 스스로 사복을 채울 수밖에 없었다.

그러나 제주 민중은 이 같은 암울한 상황에 직면했음에도 비굴하게 굴복하지 않았다. 오히려 그들은 자신들을 철저히 적대시하는 압제자들에 대해 대중적인 자위투쟁을 통해 적극적으로 대응해나갔다.

한 예로 1947년 8월 13일 조천면의 한 마을에서 벌어졌던 투쟁을 들 수 있다. 이날 하루 종일 마을 입구를 망보던 소년선봉대가 테러집단이 가까이 오는 발자국 소리를 듣고 미리 약속된 대로 개울음 소리로 마을에 알렸다. 마을 사람들은 즉시 무기가 될 만한 것들을 챙겨들고 함성을 지르며 길가로 달려나갔다. 이에 간담이 서늘해진 테러집단은 부랴부랴 도망가지 않을 수 없었다고 한다.

이 같은 형태의 자위투쟁은 제주도 전 지역으로 자연스럽게 확산되었으며 그에 따라 미군정의 탄압도 더욱 악랄해져갔다.

제주 민중이 대중적인 정치투쟁과 초보적인 자위투쟁의 단계를 넘어서서 더욱 짜임새 있는 무력저항의 형태로 진입하게 된 것은 암담하기만 한 미국의 통치를 영속화하게 된 단독선거 실시가 확실해진 시기였다.

미군정과 경찰 그리고 우익 청년단체들의 야만적인 탄압으로 새 조국 건설의 꿈은 물론 인간으로서의 최소한의 생존권마저 처참하게 유린당한 제주 민중에게는 미국과 이승만 일파의 음모에 의한 단선단정을 저지하느냐 못 하느냐가 곧 사느냐 죽느냐를 결정하는 중차대한 문제로 받아들여지지 않을 수 없었다.

따라서 제주 민중은 미국과 이승만 일파의 단독선거 음모에 결사적으로 반대해 나섰고 이에 대해 미군정은 일관되게 폭력적 탄압으로 맞섰다.

1948년 2월 중순. 광범위한 제주 민중은 안덕면 사계의 모래벌판에서 단독선거를 반대하는 집회를 가졌다. 바로 그때 안덕지서의 경찰대와 테러집단이 갑작스럽게 공격을 가해왔다. 이에 잠재되었던 분노가 폭발하면서 집회에 참석 중이던 민중은 즉각 돌멩이와 몽둥이를 가지고 그들을 포위·공격했다. 이윽고 도망가는 지서장을 잡아 무장해제하고 민중재판에 부쳐 민중의 고혈을 빨아먹던 잔학함을 심판했다.

사태가 이렇게 진전되자 압제자들은 더욱 강압적으로 대응해왔다.

미군정은 충남과 전남 지방으로부터 응원 경찰관을 계속 제주도로 증파하면서 토벌작전을 위한 모의훈련에 돌입했다. 이와 동시에 전 도를 둘러싸고 검거망에 걸린 사람은 가리지 않고 '빨갱이'나 '동조자'라는 꼬리표를 붙여 체포한 뒤 잔학한 고문을 가해 죽였다.

2·7구국투쟁 직후 조천면 일대에는 경찰에 의한 집중적인 탄압이 가해지면서 다수의 주민이 체포되었다. 그러고는 남녀 구분 없이 감방에 섞어놓고, 부녀의 면전에서 남자를 발가벗겨 생식기를 흔들어 돌리게 하는 등 실로 비인간적인 만행을 강요했을 뿐 아니라 잔혹한 고문을 가해 전도유망한 청년의 생명을 빼앗기도 했다.

잇따라 대정면 일대에 유혈의 대탄압을 전개하고 몸서리쳐지는 테러를 가함과 동시에 양운하라는 주민을 고문 끝에 살해하는 만행을 저질렀다.

주민들 중에는 스파이가 있어서 많은 희생자를 내기도 했다. 일례로 금릉리의 박행구는 양 모라는 자의 밀고로 테러집단에게 처참하게 살해되는 참변을 겪었다.

제주 민중은 눈물로 나날을 보냈으며, 들을 수 있는 것은 오직 절규, 비명, 신음소리와 날카로운 채찍소리뿐이었다. 이러한 폭정에 대한 민중의 반감은 점점 높아지고 그 분노가 폭발하는 것은 시간문제였다.

역사적으로 제주 민중은 오랜 기간에 걸쳐 외세와 봉건적 착취세력에 항거해온 불굴의 전통을 간직하고 있었다. 고려시대에는 몽골과 그에 항복한 봉건왕조에 대한 최후의 저항기지가 되었고 가까이 조선 말기에는 여섯 차례에 걸친 민중봉기의 경험이 있었다.

또한 해방 직후 제주 민중의 절반 정도를 차지하고 있었던 귀환자들은 그들이 겪었던 혹독한 시련을 통해 강인한 투쟁력과 진보적 사상으로 무장되어 있었다.

이러한 요인들은 극도의 압제적 상황과 결부되어 제주 민중으로 하여금 전면적인 무장항쟁으로 나아가도록 몰아붙였다.

드디어 제주 민중은 유일한 최후의 선택으로 무장봉기를 위한 준비작업에 하나같이 나서지 않을 수 없게 되었다.

행정의 말단지구까지 핵심적인 유격대 조직이 만들어지고 민중의 저항·자위투쟁을 더욱 강화하는 조치가 주도면밀하게 취해졌다. 물샐 틈 없는 경계망 속에서 무기와 군량미를 획득하는 것은 결코 쉬운 일이 아니었다. 그러나 권력의 포악함을 증오하고 조국의 통일과 독립을 갈망하는 전 제주 민중과 애국적인 장병, 경찰관, 공무원들의 적극적인 협력과 지원에 힘입어 이러한 난관들도 하나씩 해결되어나갔다. 확실히 민중은 서로 단합해 유격대의 손발이 되고 눈이 되고 귀가 되는 일에 기꺼이 호응해 나섰다. 이는 당시의 절망적 상황에서 유격대만이 그들에게 유일한 희망이 되어주고 있었다는 점에서 극히 자연스러운 현상이었다.

권력 측도 예전에 없던 규모로 경계망을 넓히고 '주모자 소탕' 작전을 집요하게 전개하면서 쌍방의 힘에 의한 대결은 점점 더 불가피한 것이 되어갔다.

2. 4 · 3제주항쟁의 불길

1948년 4월 3일 오전 2시! 어둠을 가르는 한 발의 총성은 순식간에 제주도를 흔들어 전화의 소용돌이 속으로 밀어 넣었다. 한라산 봉우리마다 붉은 봉화가 올라가고 이상한 공기가 제주도 전체에 감돌았다.

'탕' 하는 총성은 5 · 10망국선거를 실력으로 저지하기 위한 전 무장세력에 대한 공격개시의 신호임과 동시에 제주 도민 전체의 궐기를 촉구하는 호소였다. 또한 폭력으로 단독정권을 수립하려고 하는 자들에 대한 일대 철퇴이며 제주 민중의 대대적인 궐기를 예고하는 것이기도 했다.

1. 미군은 즉시 철수하라
2. 망국 단독선거 절대 반대
3. 투옥 중인 애국자를 무조건 즉각 석방하라
4. 유엔 한국임시위원단은 즉각 돌아가라
5. 이승만 매국도당을 타도하자
6. 경찰대와 테러집단을 즉시 철수시켜라
7. 한국 통일 독립 만세

이러한 슬로건과 함께 3,000여 명의 무장 · 비무장대원들은 각지의 산봉우리로부터 일제히 올려진 봉화와 총성에 동서남북으로 호응해 봉기의 포문을 열었다.

은밀하게 산에서 내려온 여러 무장대는 적절한 전법으로 적의 선봉을 향해 전격적인 공격을 가함으로써 순식간에 제주도 전체를 완전히 제압했다.[4]

날이 밝자 마을 사람들은 도착한 대원들을 격려하고 환성을 올렸다. 어제까지 잔학함이 극에 달했던 경찰과 테러분자들, 밀고자들은 일순간에 자취를 감추고 압제에 고통받던 사람들은 생기를 찾아 활발히 움직였다. 경찰서와 파출소는 인민위원회에 장악되고 민중은 정말로 '제2의 해방'을 쟁취한 것처럼 〈해방가〉와 〈민중항쟁가〉를 소리 높여 불렀다.

무장대는 즉시 전 도민과 모든 권력기관·반동단체의 성원에 대해 다음과 같이 호소했다.

경애하는 부모 형제 여러분!

4월 3일 금일, 여러분의 아들 딸과 형제들은 무기를 손에 들고 일어섰습니다. 매국적 단독선거에 반대하여 조국의 통일과 민족의 독립을 찾기 위해! 여러분에게 고난과 불행을 강요한 압제자와 그 하수인의 압제의 사슬을 풀기 위해! 여러분의 골수에 사무치는 원한을 풀기 위해! 저희들은 오늘 분연히 떨쳐 일어섰습니다.

여러분들의 자유와 행복을 위하여 몸을 던져 싸우는 저희들에게 협조하시고 저희들과 함께 조국과 민중이 인도하는 길로 결연코 일어서기를 바랍니다!

친애하는 경찰관 여러분!

탄압하면 항쟁할 뿐이다. 제주도 빨치산은 민중을 수호하고 민중과 함

---

4 4·3제주항쟁이 개시되던 당시 유격대의 규모는 약 500명 정도였다. 그 후 유격대는 일부 경비대의 합류 등을 통해 약 한 달 뒤에는 3,000명 정도로 그 세력을 키우게 되었다.

께한다. 항쟁을 원하지 않는다면 민중의 편에 서라.

양심적인 공무원 여러분!
하루라도 빨리 선(조직선)을 찾아가서 부여된 임무를 완수하고, 직장을
수호하며, 악질 동료와 최후까지 용감하게 투쟁하라.

양심적인 경찰, 장병 여러분!
여러분은 누구를 위하여 피를 흘리고 있는가? 한국 민중이라면 조국과
민중을 유린하는 외적을 내쫓는 투쟁에 서지 않으면 안 된다.
조국과 민족을 팔아먹고 애국자를 학살하는 반역자를 타도하지 않으면
안 된다.
총구는 놈들에게 향하라. 결단코 여러분의 부모 형제에게 향해서는 안
된다.

이렇게 하여 4·3제주민중항쟁의 포문이 열리게 되었고 무장부대
들은 한라산을 무대로 본격적인 유격전을 전개하기 시작했다.
한편 제주도 민중의 4·3무장봉기에 기겁을 한 미군정 경무부는
바로 이틀 후인 4월 5일 '제주도 지방경비사령부'를 설치하고 '통행
증명제'를 실시했다. 그리고 4월 24일에는 각 도 경찰청으로부터 총
1,700여 명의 토벌경찰대를 급파했다. 이와 함께 국방경비대를 증원
하기 위한 조치가 즉각적으로 취해졌다. 토벌병력의 증강과 동시에
'제주도 지방경비사령부'는 외부와의 접촉을 차단하기 위해 해안을
봉쇄하고 계엄령을 선포했다.
이러한 가운데 경찰과 테러집단은 항쟁의 주모자를 색출하기 위
한 작업에 몰두했다. 이성을 상실한 광란적인 색출작업 속에서 무고

한 주민들이 불순분자, 유격대 가족, 통비분자라는 명목으로 억울하게 죽어가는 사태가 빈번하게 발생했다. 이러한 만행은 종종 집단학살이라는 형태를 취하기도 했다.

일찍이 4월 6일 서귀포 국방경비대와 테러집단은 관하에서 대중적 탄압을 감행해 저항 조직자뿐만 아니라 임산부를 포함한 그 가족 30여 명을 서귀포 국민학교에 임시로 마련한 감옥에 집어넣고 잔인하기 이를 데 없는 고문을 가했다. 그리고 그중 15명을 '빨갱이 가족'이라 하여 학교 동쪽의 소나무 숲으로 끌고 가 참살한 후 개천에 버렸다.

그러나 4·3제주항쟁에 대한 진압작전은 적어도 5·10단독선거를 치르기 전까지는 별다른 성공을 거두지 못했다. 이러한 상황은 유격대와 제주 민중의 일치단결된 투쟁과 함께 경비대 내의 상당수가 항쟁세력에게 우호적인 입장을 지니고 있었기 때문이었다.

유격대는 한라산 밀림을 근거지로 삼고 용의주도한 전술을 펼침으로써 여전히 도처에서 토벌대를 잇따라 격파하는 데 성공하고 있었다. 일반 민중도 살벌한 감시망을 뚫고 유격대를 지원하며 스스로도 칼과 곤봉을 휴대해 백색테러에 대비했다. 그리고 "군정은 학살정책을 즉시 중지하라", "5·10망국선거를 단호히 배격한다"라고 주장하는 대중투쟁이 반무장한 자위대의 보호를 받으며 강력하게 추진되었다. 이러한 항쟁에는 남녀노소가 따로 없었다. 제주시 봉개리에 사는 30여 명의 노인들은 결코 젊은이들에게 질 수 없다며 죽창을 들고 일어났고, 나이 어린 아동들까지도 가세해 주간에 감시소로부터 연막과 종소리를 이용해 토벌대의 움직임을 마을에 알려 마을 사람들을 미리 피난시키는 임무를 맡기도 했다.

이와 함께 압제자의 민중압살행위가 가혹하면 가혹할수록 결국 자신의 무덤을 파고 있는 것에 다름 아니라는 것을 나타내는 징후가 도처에서 드러나고 있었다.

몸서리쳐지는 피의 학살이 계속되는 가운데 억누를 수 없는 동포에 대한 죄책감과 미군정에 대한 분노는 양심적인 경찰을 유격대 측으로 끌어들이고야 말았다. 이러한 현상은 전황이 유격대에게 유리하게 전개되는 시점에서는 특히 현저하게 확대되어 양심적인 국민회 회원, 독촉 회원, 대동청년단원, 심지어는 군정 직원들까지도 항쟁의 대열에 참여하는 수준까지 발전하게 되었다.

그러나 무엇보다도 제주 민중에게 커다란 위안과 희망을 안겨주었던 것은 바로 국방경비대 내의 애국적 장교와 사병들이 뜨거운 동포애를 발휘했다는 사실이었다.

미국과 이승만 일파가 기도하는 망국적 단독선거를 실력으로 저지해 끝까지 조국의 자주통일과 생존권을 지키려는 제주 민중의 항쟁을 진압하러 온 국방경비대 장병들은 대부분 농촌 출신이기 때문에 도민의 격한 열기에 부딪히자 전의를 상실하고 도민을 동정해 오히려 협력하는 자세를 보이기 시작했다. 그러한 분위기 속에서 제9연대장 김익렬 소령은 4·3제주항쟁이 빚어낼 파멸적 결과를 우려해 "동족상잔은 어떤 일이 있어도 피하지 않으면 안 된다"라고 하며 쌍방에 화해교섭을 하라고 호소했다. 이러한 김 소령의 호소로 김 소령과 유격대 대표 김달삼 사이에 협상을 위한 회담이 개최되기에 이르렀다. 회담에서 김달삼은 "제주도 민중의 타도목표는 경찰이지 경비대가 아니다. 그러므로 서로 적대시하는 것을 그만두고 피아가 함께 공격하지 않겠다는 협약을 맺자"라는 뜻을 강조하면서 다음의 네 가지 요구조건을 제시했다.

1. 단독선거 단독정부 수립 반대

2. 경찰의 완전 무장해제, 경찰토벌대의 즉시 철수

3. 반동 테러단체의 즉시 해산, 서북청년회의 즉시 철수

4. 피검자의 즉시 석방, 부당한 검거·투옥·학살의 즉시 중지

이것은 전 도민의 절박한 요구이며 전체 한국 민중 앞에 제기된 급박한 민족적 과제를 수행함에 있어 더없이 타당한 제안이었다.

김익렬 소령과 김달삼 유격대 대표의 회담 결과 양자 사이에 일정한 타협이 이루어져 결국 유격대가 무장해제에 동의함과 동시에 4월 30일 오후 5시경 이를 실시하고자 했다.

그러나 이때 경무부장 조병옥의 지시에 따라 경찰이 기습공격을 감행함으로써 회담의 성과는 무위로 끝나고 말았다.

이러한 가운데에도 제주 민중과 유격대에 대한 장병들의 지원은 계속되고 있었다. 특히 문상길 중위는 유격대 지도자와 비밀리에 접촉해 정보를 제공했을 뿐만 아니라 주민의 생명과 재산을 보호하는 데 열과 성의를 다 쏟았다. 또한 새로이 부산에서 투입된 5연대 2대대의 오일균 대대장도 공공연하게 경찰토벌대의 횡포와 테러집단의 무자비함을 비난하며 경찰과 민간인과의 충돌에 있어 경비대는 엄정한 중립을 지켜야 한다고 강조하고, 약 1개월에 걸쳐 훈련과 교육만을 실시하면서 경찰의 출동 요청에 응하지 않았다.

그러던 중 경찰의 방해로 평화협상이 결렬되자 격분한 문상길 중위 등은 곧바로 실력행사에 들어갔다. 문 중위의 요구에 응한 장병 100여 명은 유격대와 밀접한 연계를 가지면서 9연대 무기고에서 무기를 탈취한 다음 도처에서 경찰토벌대를 제압했고 거사 후에는 한라산으로 방향을 돌려 유격대와 합류해버렸다.

이러한 장병들의 거사는 유격대의 전력을 크게 강화하고 전 도민

을 열광의 도가니로 몰아넣었을 뿐만 아니라 국방경비대 내에서 동조자들을 잇따라 이끌어내는 결정적 계기가 되었다. 많은 장병이 유격대에게 호의적인 태도를 보이면서 총성과 연기를 통해 경찰토벌대의 위치, 수, 공격목표를 사전에 유격대에게 전달해주었고 모슬포 지대에서는 자신들의 무기를 민중에게 양도하기도 했다. 이와 함께 유격대들도 우호적인 국방경비대와 적대행위를 가급적 피하고 도리어 '환영한다'는 슬로건을 내걸면서 중립적 입장을 지킬 것을 적극 요구했다. 그리하여 적어도 4월까지는 쌍방 사이에 단 한 번의 교전도 발생하지 않았다.[5]

이러한 과정 속에서 단독선거가 실시되는 5월 10일이 닥쳐왔다. 이날은 전체 제주 민중에게 지금까지 지속시켜온 피맺힌 투쟁이 최소한의 결실을 거둘지 그렇지 못할지를 결정하는 말 그대로 한판의 승패가 걸린 중대한 결전일이었다. 그리하여 제주 민중의 모든 힘이 이날의 단독선거를 파탄시키는 데 기울여졌다.

투표일 당일 읍사무소, 신한공사, 경찰숙소 등이 습격을 받았고 투표 거부 전단이 가두를 뒤덮었다. 많은 시민과 학생이 교묘하게 탄압을 피하면서 길모퉁이에 서서 투표하러 가는 사람들에게 보이콧을 호소하는 등 눈물겨운 투쟁이 전개되었다. 계속해서 막강한 유격대와 자위대의 협동작전으로 각지의 선거사무소와 투표소가 습격을 받게 되었고 선거인 명부, 투표용지, 투표함 등이 불태워졌다. 그리하여 제주도에서의 5·10단독선거는 완전히 분쇄되었다. 대부분의 투표소에

---

5   1948년 5월 초 제주도를 방문한 미군 장교 딘 소장은 토벌에 소극적인 김익렬 소령을 해임하고 그 후임에 박진경을 임명했다. 딘은 박진경에게 더욱 적극적으로 반란군을 진압하도록 명령했다.

서는 아예 선거조차 치러지지 못했고, 투표가 가까스로 이루어진 곳에서는 투표함에 단 몇 표밖에 들어 있지 않았다. 그럼에도 '중앙선거관리위원회'는 제주도에서 집계된 투표 참여율이 70퍼센트에 달하고 있다고 공식 발표했다. 이러한 허위발표는 전 남한 민중의 투표 참여율이 93퍼센트에 이르고 있다는 발표 내용까지도 근본적으로 그 진위를 의심하게 만드는 계기가 되고 말았다.

제주도에서의 단독선거 좌절은 미국과 이승만 정권의 민족분열 음모에 치명적인 타격을 안겨주었다. 즉, 제주도라는 한 지역에서 일어난 전 민중적인 선거 거부는 강압적으로 수립되는 이승만 단독정부의 정당성 자체를 뿌리부터 흔들어놓았을 뿐만 아니라 통치질서 자체에도 언제 전 남한 지역으로 옮겨붙을지 모르는 불씨를 남겨둔 셈이 되었다.

이에 따라 미국과 이승만 일파는 제주 민중항쟁의 불길을 끄기 위해 전력을 기울일 수밖에 없었다. 그러나 이러한 노력은 당초 기대했던 만큼 원만하게 추진되지는 못했다.

우선 제주도 내 경비대를 효과적인 토벌부대로 개편하는 데 상당한 시간이 소요되었다. 개편작업이 진행되는 가운데 항쟁세력에게 우호적이거나 중립적인 다수의 장교가 해임되거나 체포되어 처형당했다. 처형당한 장교들 중에는 문상길 중위와 그의 동료들도 포함되어 있었는데 이들은 김익렬 소령의 후임으로 파견되어 악명을 떨쳤던 박진경 대령을 암살한 바 있었다.[6]

---

6   다음은 문상길 중위와 함께 박진경을 살해하는 데 가담했다가 체포되어 사형당한 손선로 하사의 진술 내용이다.
"박 대령의 30만 도민에 대한 무자비한 작전 공격은 전 연대장 김 소령의 선무작전에 비

토벌계획은 1948년 10월 20일 진격명령을 받은 여수의 14연대가 봉기를 단행함으로써 또다시 차질을 빚게 되었다. 14연대의 장병들이 동료에 대한 학살을 거부하고 총부리를 미국과 이승만을 향해 돌려버린 것이다.

따라서 전면적인 토벌이 가능해진 것은 군대 내의 핵심적인 저항세력이 어느 정도 뿌리 뽑힌 1948년 11월경에 이르러서였다.

그 당시 제주도의 유격대는 7, 8월에 있었던 지하선거에 따른 소강상태를 지나 여수·순천 지역에서 일어난 군부대의 봉기를 계기로 재차 공세를 강화하고 있었다. 이 같은 유격대의 공세와 재정비된 군대의 계속적인 투입은 이미 양자 간의 전면적 충돌과 그에 따른 대규모 희생을 예고하는 것이었다.

토벌작전은 로버트를 단장으로 하는 미 군사고문단의 주도면밀한 지휘에 따라 진행되었다. 제주도 상공에는 언제나 미 군용기가 굉음을 내며 날고 있었고, 해상에는 미 순양함이 파도를 가르며 위협시위를 행했으며, 육지에서는 미군이 말이나 지프를 탄 채 어수선하게 지휘를 했다.[7]

———

하여 볼 때 그의 작전에 대하여 불만을 가지지 않을 수 없었다. 그러한 그릇된 결과로 다음과 같은 사태가 벌어졌다. 우리가 하북이란 부락에 갔을 때 15세가량 되는 아이가 그의 아버지의 시체를 껴안고 있는 것을 보고 무조건 살해했다. 또 5월 1일 오라리란 부락에 출동했을 때는 수많은 남녀노소의 시체를 보았을 뿐인데 이들은 자세한 조사의 결과 경찰의 비행임을 알게 되었다. 사격연습을 한다고 부락의 소와 기타 가축을 도살했으며 폭도가 있는 곳을 안내했다가 없으면 총살하고 말았다. 또 매일 한 사람이 한 명의 폭도를 체포해야 한다는 등 부하에 대한 애정도 전혀 없었다. 박 대령을 암살하고 도망갈 기회도 있었으나 30만 도민을 위한 일이므로 그럴 필요도 없었다. 나의 생명이 30만 도민을 위한 것이며 민족을 위한 것인 만큼 달게 처벌을 받겠다."
7   여순 봉기에 대한 진압과정에서도 드러나지만 미군은 반란군 진압에 대한 한국군의

애초부터 토벌작전은 유격대와 일반 주민이 거의 구분되지 않은 상태에서 무차별적으로 전개되었다. 토벌대의 눈에는 대부분의 제주민중이 잠재적인 유격대임과 동시에 유격대의 협력자로서 동일한 적으로 비쳤음에 틀림없다. 이는 당시 이승만 정부의 요인들이 행한 발언을 통해 분명하게 드러나고 있었다.

제주놈들은 모조리 죽이시오. (이승만)

대한민국을 위해 전 도에 휘발유를 부어 30만 도민을 모두 죽이고 모든 것을 태워버려라. (조병옥)

제주도의 40만 도민이 없어지더라도 대한민국의 존립에는 아무렇지도 않다. (신성모)

이에 따라 방화, 초토화, 소개작전을 구사해 유격대의 근거지를 완전히 빼앗는 삼광작전, 불태우고 죽이고 굶겨 없애는 삼진작전, 하나하나 골라서 사살하는 것이 아니라 무조건 집단학살하는 가공할 토끼몰이식 투망살육작전, 빨갱이 색출을 명목으로 한 집, 한 집 샅샅이 쓸어버리는 롤러작전, 최대한의 살상을 작전의 지상목표로 삼는 몰살작전 등등 갖가지 작전방식이 총동원되었다.

자세에 대해 일정한 의심을 갖고 있었다. 따라서 4·3제주항쟁 이후 남한 민중의 무장항쟁에 대한 진압은 대부분 미군의 작전계획과 진두지휘에 따라 이루어졌다. 대체로 한국군이 갖는 온건성과 소극성에 비해 진압작전에 대한 미군의 태도는 전적으로 무력에 의존한 극히 잔인한 형태를 띠는 것이었다.

이러한 작전은 다양한 조치로 더욱 강력히 뒷받침되었다. 저항자에 대한 밀고가 장려되었고 밀고된 내용은 진위를 묻지 않았으며 밀고된 자는 아무런 조사도 없이 간단히 처형되었다. 모든 토벌대에게는 저항자를 매일 한 명씩 색출해야 한다는 의무가 주어졌다. 또한 유격대를 생포한다거나 살해했다는 물적 증거로 상관에게 머리만 제시하면 직책 여하에 따라 상금을 타거나 승진할 기회가 주어지는 '민중학살 장려금제도'까지 마련되었다.

이 밖에도 유격대와 일반 주민의 연계를 차단하기 위해 산간 부락의 주민들을 별다른 생계대책 없이 강제로 이주시켰고 남은 논밭과 부락은 간단히 불태워 없앴다. 또한 해안 마을의 주위에는 성곽을 쌓아올림으로써 유격대의 잠입을 저지했다.

아무리 뛰어난 투쟁력을 지닌 제주 민중이라고 하더라도 이 같은 광폭한 탄압을 극복해낸다는 것은 절대적으로 불가능한 일이었다. 더욱이 제주도는 육지에서 떨어져 완전히 고립되어 있는 섬이었다.

항쟁의 섬 제주도는 급속히 피바다 속으로 잠겨갔다. 5·10단독선거 이후 진행된 민중학살의 참혹한 광경에 관해 몇 가지 예를 들어보면 다음과 같다.

유격대에 의해 참패를 겪은 토벌대는 5월 19일, 한림면 상명리를 봉쇄하고 부락민들을 한곳에 모이게 한 후 마구잡이로 몽둥이질을 퍼부었다. 그리고 그중의 22명을 '빨갱이 공범자'로 몰아 지서로 연행하던 도중 음부동의 어느 보리밭에 일렬로 나란히 세워 사살한 후 그대로 들판에 내버렸다.

1948년 7월 5일, 애월 주둔 토벌대는 주민의 대부분을 몰살시키기 위해 학교에 시국강연회가 있다라고 속이고 주변 부락민 약 1천여 명을 총 검으로 위협하여 모아 왔다. 그들은 욕설과 모욕적인 말을 내뱉으면서, 무자비한 집단고문을 가한 후, 그중에서 80여 명의 주민을 유격대 혹은 그 협력자로 선별해내어 군용 트럭에 태워 제주 비행장으로 끌고 가 일 제 사격을 가하여 죽였다. 또 김두봉의 부인을 포함한 17명은 산지 시 장에서 공개 총살된 후 바다에 버려졌고, 김기우를 비롯한 수명은 몸에 돌추를 달아 바다에 빠뜨려졌다고 한다.

표선면 출신의 박남연이라 불리는 경찰이 마을의 살벌한 악덕 보스와 한 패가 되어 표선, 가시, 성읍, 토산지방은 '유격대의 소굴이다'라고 날 조하고 토벌대의 선도역으로 되어 토산지방을 강력히 탄압하고 주민을 손닿는 대로 체포하여 잔인한 고문을 가했다. 그 악랄한 고문을 참지 못 하고 1명의 청년이 감시의 눈을 피해 민가의 옥상에 숨어 올랐다. 그는 추적해온 경찰을 지붕에서 찔러 떨어뜨리고 지붕이 닿는 고해선의 집으 로 들어갔다. 그러자 주인이 죽창을 가지고, 즉시 여기를 떠나지 않으면 토벌대에 통보한다고 위협했다. 그것에 울컥한 청년은 창을 빼앗아 그 를 찔러 죽이고 도주했다. 그것이 부락민 대량학살의 동기라고 한다. 그 날 100명 이상의 토산리의 청장년은 염주처럼 꿰어져 표선면의 모래구 덩이로 연행되었다. 1열, 2열, 3열로 나란히 세워지고 기관총과 소총의 일제사격이 시작되었다. 마치 밭에 빈틈없이 자란 잡초가 한 번에 쓰러 뜨려지는 것처럼 쓰러져갔다. 모래구덩이를 뒤덮은 피의 흐름, 총성에 뒤섞여 절규하는 어린애와 부인들의 소리, 주도면밀히 계획된 학살에 마을 사람들은 '앗' 하는 사이에 몰살되었다. 그리고 본보기를 위해 거 기에 널려졌다.

학살의 참상을 글로 표현하는 것이 불가능하고 그 모든 사실을 기록으로 남기는 것 또한 불가능했다. 한없이 지루하도록 오랫동안 몰아쳤던 피바람의 광기 후에 제주섬에 남은 것이라고는 미망인, 고아, 폐허가 된 부락, 불태워진 논밭 등 오로지 살상과 파괴의 흔적뿐이었다.

한 자료는 1948년 4월 3일 이후 1949년 4월까지 이루어진 대량 살상과 파괴의 결과를 다음과 같이 밝혀주고 있다.

8만 6천 명 살상, 1만 5천 호 방화, 7만 8천 두의 소와 2만 2천 필의 말 및 2만 9천 마리의 돼지 도살, 곡류 13만 5천 석, 고구마 4백 2십만 관, 면화 9만 7천 관, 소채 9십만 관 소각.[8]

이처럼 제주도 전역에 추진된 완벽한 초토화작전과 대량학살은 유격대가 존립할 수 있는 조건을 근원적으로 박탈했다.

유격대는 1949년 초 신년 대공세를 펴는 등 끈질김을 과시하기는 했지만 토벌군의 압도적인 우세, 지리적인 고립, 병력 보충과 보급품 조달의 중단 등 헤아릴 수 없는 난관에 봉착함으로써 비극적인 종말을 강요당할 수밖에 없었다.

1949년 4월 중순의 토벌작전 이후 잔존한 유격대는 100여 명이 채 안 되었다. 김달삼 이후 사실상 최종적으로 유격전을 지도했던 이덕구는 6월 7일 경찰의 공격으로 사살되었다. 그의 시체는 십자가에 매달려 제주시 관청건물 앞에서 죽창으로 난도질당했다.

한국전쟁이 발발하면서 제주도의 유격전은 일시적으로 세력을 회

---

8   김천영 편저, 앞의 책, 1039쪽.

복하는 듯 보였다. 그러나 남한 지역의 모든 유격대와 마찬가지로 한국전쟁의 종료와 함께 그토록 파란만장했던 항쟁의 대열은 쓰디쓴 좌절감을 맛보지 않으면 안 되었다.

대량학살의 회오리 속에서 가까스로 살아남은 제주 민중은 깊은 침묵의 늪으로 빠져들어갔다. 지나온 순간들에 관해 말문을 열었다가는 자칫하면 불순분자로 오인받을 우려가 있었기 때문이다. 이 점은 한국전쟁 이후 남한 민중 사이에 나타난 공통적인 현상이기도 했다.

3. 여순 봉기의 돌풍

1948년 10월에 들어서면서 제주도의 유격대는 재차 공세를 강화하면서 각처에서 토벌대를 격파했다. 이러한 끈질긴 저항에 봉착한 이승만 정부는 계속 군병력을 증파함으로써 항쟁의 불길을 잠재우고자 사력을 다했다.

그러나 이러한 노력은 도리어 불을 끄려다 자신의 몸까지 태워버리는 결과를 자초하게 되었다. 동포에 대한 학살행위를 거부한 장병들이 총구를 동포로부터 바로 이승만 정부에게 돌렸기 때문이다.

10월 2일 거제도에 주둔하고 있던 500여 군병력은 정부의 제주도 진압명령을 단호히 거부하고 봉기를 단행했다. 그러나 워낙 중과부적이었기 때문에 거제도 봉기군은 순식간에 진압되고 말았다.

그러나 사태는 여기서 끝나지 않았다. 10월 중순경 군대 통수권을 쥐고 있던 전 군정장관 딘 소장은 제14연대 제1대대에게 제주 진압을 위해 출동할 것을 명령했다. 아울러 이들 부대에게는 더욱 성능이 좋은 M1 소총, 60밀리 박격포, 카빈소총과 풍부한 탄약 등 미제 무기

가 지급되었다.[9]

그리하여 제14연대 제1대대는 운명적인 선택의 기로에 놓이게 되었다. 그렇지 않아도 제14연대의 애국적 장교와 사병들은 그동안 진행되어온 이른바 빨갱이 숙청작업으로 상당히 동요하던 차였다. 특히 연대 내에서 상당한 신뢰를 얻고 있었던 전 연대장 오동기 소령이 소위 '혁명의용군 사건'[10]에 연루되어 체포·구속된 사건은 군장병들 사이에서 급속히 불만을 고조시키는 계기가 되었다.

바로 이러한 때 동포에 대한 학살명령이 떨어진 것이다. 결국 직접 출동명령을 받은 제1대대뿐만 아니라 제14연대 전체가 급속히 그러면서도 자연스럽게 심상치 않은 분위기 속으로 휘말려들어갔다.

동포에 대한 학살행위는 결코 받아들일 수 없다! 그렇다면 유일하게 선택 가능한 길은 봉기뿐이다!

드디어 10월 19일 오후 8시, 제주도로 출발하기 위해 해군 상륙정에 몸을 실어야 하는 순간이 닥쳐왔다. 바로 이때 핵심적인 장병 40여 명이 신속히 병기고와 탄약고를 점령한 가운데, 비상나팔 소리와 함께 제1대대 장병 전원이 연병장에 집결했다. 이와 때를 같이해 제14연대 소속 나머지 2개 대대도 순식간에 합류함으로써 장병 수는

---

9   노민영 엮음. 앞의 책. 119쪽 참조.

10   혁명의용군 사건은 여순 봉기 발발 직후인 10월 21일 국방장관 이범석, 수도경찰청장 김태선에 의해 발표된 것으로 오동기 소령(한국독립당계 장교)은 이미 9월 28일에 구금되어 있었다. 동 사건은 "주모자 최능진, 오동기, 서세충, 김진섭 등이 남북노동당과 결탁하여 무력으로 대한민국 정부를 전복, 쿠데타를 강행하려던 직전에 검거하였는데 그 말단세포들이 금번 여순사건을 야기한 것이다"라고 발표되었다. 이 발표가 있자 김구는 "나는 극우분자가 금번 반란사건에 참여했다는 말을 이해할 수 없다"라는 내용의 성명을 발표했다(황남준, 「전남지방정치와 여순사건」, 박현채 외, 『해방전후사의 인식』 3, 한길사, 1987, 487쪽).

3,000여 명에 달하게 되었다.[11]

연병장은 부지불식간에 집회장으로 돌변했다. 지창수 중위가 연단에 올라서서 제주도 출동 거부, 경찰 타도, 남북통일을 위해 민중의 군대로 행동할 것을 호소했고 대부분의 사병이 이에 적극적으로 호응했다. 이제 무엇을 어떻게 해야 할 것인지가 분명해졌다. 제14연대 장병들은 행동통일을 거부하는 하사관 20명을 그 즉시 처단함과 동시에 "저 혐오스러운 경찰을 타도하자!", "우리는 조국의 염원인 남북통일을 위해 궐기하자!", "우리는 남북통일을 위해 해방군으로 행동하자!"라는 슬로건을 내걸고 총을 든 채 여수 시내를 향해 행진하기 시작했다.[12]

봉기군은 여수 시내에 진입하는 즉시 600여 명의 민주단체 회원·학생들과 손잡고 전 경찰서, 관공서, 기타 기관을 점령함과 동시에 악질적인 경찰들을 처단했다. 그리하여 거사 다음 날인 20일 오전 9시경에는 여수시 전체가 봉기군에게 장악되었다. 마침내 인민위원회가 조직되고 시내 도처에 인민공화국 기가 게양되었다.

행동적이고 전투적인 남녀 중·고등학생들이 적극적인 선전활동에 나서는 가운데 시내 곳곳에는 '제주도 출동 반대', '미군도 소련군

---

11   황남준, 앞의 글, 446~447쪽 참조.
12   노민영 엮음, 앞의 책, 199쪽.
여수읍으로 향할 때 누가 지휘했는지는 확실치 않다. 반란군 지휘관으로 알려진 김지회 중위는 병사들을 직접 선동하지 않았다. 오히려 김지회는 반란을 제지하려 했으며, 이때 사병들이 그를 사살하려 하자 남로당원임을 실토했다고 한다. 순천에서 백마를 타고 지휘했다는 기록도 보인다. 또한 반란사건이 일어나자 남로당 전남도당에서는 긴급회의를 열고 이 사건을 어떻게 처리할 것인지에 대해 심각한 토의를 했으며 결국 당의 거사로 사후 승인했다고 한다. 이러한 사실로 미루어 봉기는 남로당 중앙은 물론 전남도당과 아무런 사전 협의 없이 일어난 것으로 보인다(황남준, 앞의 글, 485쪽).

을 본받아 즉시 철퇴하라', '인민공화국 수립 만세' 등의 제목 아래 각
종 성명서가 나붙었다.[13]

이와 함께 봉기군의 공식 대표기관인 '제주도 출동 거부 병사위원
회'는 『여수신보』를 통해 다음과 같은 성명서를 발표했다.

친애하는 동포 여러분!
우리는 조선 인민의 자식이며 노동자 농민의 자식이다. 우리는 조국의
방위와 인민의 권리와 복리를 보호하기 위해 목숨을 걸고 싸우고 있다.
우리는 제주도의 애국인민을 무차별하게 학살하기 위해 우리를 제주도
로 출동시키려는 명령에 대해, 조선 인민의 자식으로서의 사명하에 이
것을 거부하고 사랑하는 동포를 위해 결연히 일어섰다.[14]

20일 오후 3시 중앙동 광장에서 약 4만여 명의 여수 시민이 참석
한 가운데 인민대회가 개최되었다. 인민대회에서는 노동조합 대표,
농민조합 대표, 여성동맹 대표, 청년 대표의 '인민공화국' 수호를 외
치는 연설이 있었고[15] 다음과 같은 6개 항목의 결정서가 채택되었다.

1. 인민위원회의 여수 행정기구 접수를 인정한다.
2. '조선민주주의인민공화국'에 대한 수호와 충성을 맹세한다.

---

13 김남식, 앞의 책, 71쪽 참조.
14 노민영 엮음, 앞의 책, 199쪽에서 재인용.
15 인민대회가 진행되는 도중 연사들이 "이제 38선은 터졌읍니다"라는 선동을 할 때마
다 박수가 터져나왔고 청중 가운데 우는 사람도 허다했다고 한다. 연사 중에는 인민군이
현재 남한으로 진격 중에 있다고 말하는 사람도 있었다(황남준, 앞의 글, 463쪽). 물론 이
러한 선동은 실제적 근거 없이 단지 대중을 고무하기 위한 수법에 불과했다.

3. 대한민국의 분쇄를 맹세한다.

4. 남한 정부의 모든 법령은 무효로 선언한다.

5. 친일파, 민족반역자, 경찰관 등을 철저히 소탕한다.

6. 무상몰수·무상분배의 토지개혁을 실시한다.

인민위원회는 〈최후의 결전가〉로 대회를 끝냈다. 그리고 곧바로 군중시위에 들어갔다.[16]

다음 날인 21일부터는 수천 명이 참가하는 대규모 인민재판이 개최되어 그동안 민중을 억압하고 착취하는 데 앞장섰던 경찰과 테러단체의 간부 등 반동 무리에 대한 처단이 이루어졌다. 그리하여 수십 명의 반동인사들이 인민재판으로 처형되었다.[17]

10월 23일 여수 인민위원회는 시민들에게 1인당 백미 3홉씩을 배급하고 천일고무 창고에 있는 백색 '지카다비'(작업용 신발)를 나눠주었다. 금융기관과 산업직장은 소속 종업원들에게 운영권을 위탁하고 일반 시민에게 일부 대출까지 했다. 봉기군 장병에 대한 원호활동이 전개되고 그들에게 전매국에 있는 담배가 공급되었다.[18]

한편 여수시가 장악된 지 얼마 후 봉기군은 1개 대대만 여수에 남겨놓고 나머지 2개 대대는 즉시 순천으로 북상시켰다. 약 2,000여 명의 봉기군이 6량의 객차에 나누어 타고 9시 30분에 순천에 도착하자 순천에 주둔하고 있던 제14연대 소속 2개 중대가 봉기에 합류했다. 이와 함께 미 군사고문단이 광주에서 급조해 순천을 방어하기 위해

---

16   김남식, 앞의 책, 283~284쪽.
17   김석학·임종명,『광복 30년』2, 전남일보사, 1975, 60~68쪽 참조.
18   김남식, 앞의 책, 384쪽.

파견한 제4연대 소속의 1개 중대도 역시 봉기군과 행동을 같이하기로 결의했다.[19]

이렇게 해서 계속 세력이 커지게 된 봉기군은 경찰의 저항을 단숨에 제압하고는 오후 3시경에 이르러 순천마저 완전히 장악하게 되었다. 봉기군이 장악한 순천에서도 지주와 친일파들이 민중의 손으로 단죄되었고[20] 시내 도처에는 '제주도 출동 절대반대!', '미국군은 즉시 철수하라!' 등의 포스터가 즐비하게 나붙었다.

계속해서 20일 오후 봉기군은 3개 부대로 재편성해 주력 1,000여 명은 학구, 구례, 남원 방면으로, 한 부대는 광양 방면으로, 다른 한 부대는 벌교, 보성 방면으로 각각 진출하면서 해방구를 확대해나갔다. 봉기군의 점령지역은 21일 정오를 전후로 최대로 확장되었는데, 여수, 순천, 보성, 광양 지역은 거의 전 지역이 봉기군에 장악되고 나머지 하동, 남원, 구례, 곡성 지역은 일부 지역만이 점령되었다.

봉기군이 이토록 짧은 시간 내에 많은 지역을 장악하게 된 이유는 부분적으로는 경찰병력이 부족한 것에도 원인이 있지만 더욱 결정적인 것은 이 지역에 주둔해 있었거나 파견된 군부대 전부가 한결같이 봉기에 참여했다는 점과 각 지역 민중 사이에서 광범위한 호응과 협력

---

19   전사편찬위원회, 『한국전쟁사』 1, 국방부, 1968, 264쪽 참조.

20   이 같은 처단은 종종 극단적 형태로 이루어졌다. 제일 먼저 봉기군에게 체포됐던 경찰관들은 무조건 총살되었으며, 나중에 체포된 70여 명의 경찰관은 순천경찰서 앞마당에서 군중이 보는 가운데 집단학살당했다. 또 봉기군들은 체포된 경찰관을 산 채로 모래구덩이에 파묻어 죽이기도 했다. 모래구덩이에 묻힌 뒤 죽지 않고 꿈틀거리는 경찰관은 위에서 죽창으로 쿡쿡 찔러 죽였다고 한다. 이 같은 행위들은 일제강점기부터 쌓여왔던 경찰에 대한 사무친 증오심에서 우러나온 순간적인 것이라고 이해할 수도 있다. 그러나 그 동기야 어쨌든 결과에 있어서는 봉기군의 인상을 극히 잔인한 것으로 만들었고 나아가 민족성원 모두에게 깊은 상처를 남겨놓고 말았다(황남준, 앞의 글, 462쪽 참조).

이 있었다는 점 때문이었다. 즉, 봉기 초기의 압도적인 성공 요인은 군사적 측면보다는 정치적 측면이 더욱 강하게 존재하고 있었던 것이다.

그러면 이러한 봉기의 정치적 요소를 조건 짓는 여수, 순천 지역 민중의 동향은 그동안 어떠했는지를 살펴보자.

여수, 순천 지역은 비교적 민중투쟁이 늦게 점화된 지역 중 하나다. 이렇게 된 요인으로는 사방이 조계산, 지리산, 백운산 등 산악지대로 둘러싸여 지역적으로 고립됨으로써 다른 지역으로부터의 투쟁 열기가 확산되는 것이 차단되었다는 점과 함께 보수적 인사들이 민중 속에서 오랫동안 영향력을 행사해왔다는 사실이 지적되기도 한다. 이러한 상태는 대체로 2·7구국투쟁을 거치면서 급속한 변화를 일으키게 되었다. 그리하여 단독선거 저지투쟁에 즈음해서는 5월 8일 여수중학교와 여수공업학교의 전교생, 여수여중의 3학년생이 동맹휴학을 단행하기도 했다. 이러한 현상을 통해 나타나듯이 여수, 순천 지역의 대중운동이 발전하게 되는 중심 동력은 당시 6년제였던 중학생들의 활발한 조직활동의 전개였고 바로 이들이 여순 봉기의 중요한 담당자가 되었던 것이다. 여기에 덧붙여 이 지역의 농민들은 다른 어느 곳보다도 높은 미곡공출과 세금징수에 시달리고 있었던 반면 인민위원회도 여전히 그 명맥을 유지한 채 활동을 계속하고 있었다. 이 같은 요소들이 복합적으로 작용해 여수, 순천 지역은 이승만 정부 수립 이후 제주도를 제외하고는 당시 남한에서 가장 폭발 위험성이 큰 '화약고'로 변모해가게 되었다. 더욱이 단독선거를 거치면서 이 지역 일대에서는 중학생들을 중심으로 집단적 투쟁을 벌이려는 조짐이 도처에서 나타나고 있었다.[21]

여순 봉기는 이처럼 여수, 순천 지역이라는 화약고 안에서 장병들의 거사라는 불꽃이 댕겨짐으로써 순식간에 폭발한 과정에 다름 아닌 것이다. 그러기에 당시 국방장관이었던 이범석조차 여순 봉기에 대해 "사건의 원인이 군 내부보다는 중점적으로 민중에게 있는 것"이라고 인정했던 것이다.

한편 20일 새벽 주한 미 군사고문단장 로버트 준장은 여순 봉기에 대한 대책을 강구하기 위해 비상회의를 요청했다. 국방장관 이범석, 총사령관 송호성, 수명의 미 군사고문관과 한국인 장교가 참석했던 이 회의에서는 진압작전을 지도할 특수부대를 광주에 파견키로 결정했다.

전반적인 작전계획은 이 특수부대가 20일 오후 광주에 도착한 직후 수립되었다. 작전을 실질적으로 구상하고 총지휘한 것은 미 군사고문관 하우스만 대위와 그 외 7명의 미군 장교였다. 진압작전에 들어가기에 앞서 미 군사고문단장 로버트 준장은 하우스만 대위에게 다음과 같은 임무를 부여했다.

1. 한국군 지휘관이 조처를 취하지 못하거나 부적절한 조처를 취할 경우 작전통제권을 취할 것.
2. 진압군 사령부를 설치하고 동 사령부가 효율적이고 원활한 작전을 전개하는지를 감독할 것.
3. 주한 미군 총사령관과 임시고문단장에게 현재의 상황을 보고할 것.
4. 전반적인 작전계획을 수립하여 그 계획을 성공적으로 완수할 수 있도록 노력할 것.[22]

---

21   황남준, 앞의 글, 440~445쪽 참조.
22   위의 글, 487쪽.

이 같은 지시는 진압에 동원된 한국군이 봉기군과 같은 피를 나눈 민족이면서 평소에 유대관계를 유지해온 탓으로 빚어질지 모를 만약의 사태에 대한 대비책이었다.

지난 9월 5일 경비대에서 국군으로 변신하는 과정에서 창설된 육군총사령부는 10월 21일 반군(봉기군) 토벌 총사령관에 송호성 준장을 임명하고 광주, 마산, 대구, 진주, 군산, 대전에 주둔하고 있던 총 10개 대대병력을 동원해 광주, 남원, 하동에 집결시켜 같은 날 오후 6시에 순천, 보성, 광양 방면의 봉기군을 포위했다. 이와 함께 다음 날인 22일에는 이승만 정부에 의해 여수, 순천 지역 일원에 계엄령이 선포되었다. 계엄령 선포문의 내용은 다음과 같다.

계엄령 선포문

본관은 주어진 권한에 기초하여 10월 22일부터 별도의 명령이 있을 때까지 다음과 같이 계엄령을 선포한다(만일 위반하는 자는 군법에 의해 최고 사형에 처한다).

1. 오후 7시부터 다음 날 아침 7시까지 일체의 통행을 금지한다(통행증을 가진 자는 제외된다).
2. 옥내외에 있어서의 일체의 집회를 금한다.
3. 유언비어를 유포하거나 민중을 선동하는 자는 엄벌에 처한다.
4. 반도의 소재를 적시 보고하지 않거나 만일 반도를 숨겨주거나 반도와 밀통하는 자는 사형에 처한다.
5. 반도가 가지고 있던 무기나 기타 군수품을 본 사령부에 반납하라. 숨기거나 몰래 가지고 있는 자는 사형에 처한다.[23]

바야흐로 '비상경비사령부'가 광주에 설치되고 로버트 준장이 직접 나서서 전투를 지휘하는 가운데 봉기군에 대한 진압작전이 개시되었다.

진압작전의 제1단계는 순천을 탈환하는 것으로 제3연대 제2대대, 제4연대 1개 대대, 제12연대 2개 대대가 이 작전에 투입되었다. 대규모 진압군이 밀려오자 봉기군 2개 대대는 전세가 불리하다고 판단하고 장기적인 유격전을 목표로 소규모 단위로 산개한 가운데 광양, 백운산, 벌교, 보성 방면으로 후퇴했다. 제12연대 진압군이 순천 시내에 발을 들여놓았을 때 순천은 노동자와 어린 중·고등학생들이 사수하고 있었다. 이들은 순천 자체의 방위보다는 봉기군의 안전한 후퇴에 필요한 시간을 벌어주는 것을 목표로 하고 있었다. 결국 처참한 학살이 진행된 후에 순천은 23일 오전 진압군에 점령되고 말았다.[24]

제2단계 진압작전은 광양 방면의 봉기군 주력을 섬멸하는 것과 여수를 신속히 탈환하는 것이었다. 여수 진압작전은 24일 장갑차를 앞세운 제3연대의 증강된 1개 대대와 제5연대 1개 대대 병력이 해군 상륙정으로 여수만을 포위한 상태에서 개시되었다. 바로 이때 미평 부근의 교량 근처에서 매복 중이던 봉기군의 기습이 단행되어 3연대 병력 270명이 사망하고 송호성 총사령관이 부상을 입는 사태가 발생했다.[25]

이러한 봉기군의 기습작전으로 진압군은 커다란 충격을 받게 되었고, 진압군 내에 사뭇 불안스러운 기운이 감도는 가운데 진압작전은 주춤거리게 되었다. 이 사이에 여수 읍내에 있던 봉기군은 야음을

23   노민영 엮음, 앞의 책, 200~201쪽.
24   전사편찬위원회, 앞의 책, 461~466쪽 참조.
25   황남준, 앞의 글, 453~454쪽 참조.

틈타 포위망을 뚫고 벌교와 지리산 방면으로 재빨리 후퇴하는 데 성공했다. 마찬가지로 광양 방면의 봉기군도 진압군의 공격에서 벗어나 안전하게 목적지로 나아갈 수 있었다.[26]

이 같은 봉기군의 성공적인 탈출은 진압군 본래의 작전계획에 비추어볼 때 의외의 결과라고 할 수도 있었다.

여수는 본래 남해안으로 길게 뻗어 있는 작은 반도의 남단에 위치하고 있다. 진압군은 이러한 여수의 지리적 위치를 이용해 반도의 진입로를 차단하고 해안을 봉쇄함으로써 봉기군을 완전히 포위해 섬멸한다는 작전계획을 수립하고 있었다. 그러나 진압부대의 보이지 않는 소극성과 전투기술의 미숙 등으로 이 계획은 근본적인 차질을 빚고 말았다. 예컨대 포위망 구축을 위한 최소한의 전법인 횡열 진입이 지켜지지 않았고 오히려 '각개 종대별'로 진군함으로써 각 부대 사이에 상당한 공간을 허용하고 말았다. 문제는 여기에 그치지 않았다. 봉기군이 동북방의 산악지대로 퇴각하는 것을 최종 봉쇄할 목적으로 마산에서 출동시켰던 제15연대는 연대장인 최남근이 작전활동을 소극적으로 전개했는가 하면 봉기군의 기습을 받자 반격도 하지 않고 연대장 자신이 봉기군에 합류하는 사건이 있었다.[27]

이러한 가운데 여수 시내는 순천과 동일하게 노동자·청년·학생 약 1,000여 명에 의해 사수되었다. 25일 오전 진압부대는 장갑차를 앞세우고 여수 시가지에 박격포 세례를 퍼부으면서 2차 공격을 시도했다. 공격은 다음 날까지 계속되었다. 여수를 사수하고 있던 저항군

---

26 위의 글, 453쪽 참조.
27 김남식, 앞의 책, 386쪽 참조.

은 결사적으로 항전했고 희생자가 속출하는 가운데에도 밀려오는 진압군에게 끝까지 시가전으로 맞섰다. 그리하여 27일 오후가 되어서야 진압군이 여수를 완전히 점령할 수 있었다. 이때 여수 시내에는 희생된 저항군의 시체가 즐비했고 시가지는 폐허가 된 상태였다.[28]

진압군의 여수 점령을 마지막으로 여순 봉기는 일단 매듭이 지어지게 되었고 봉기가 진행된 모든 지역에서는 경찰과 각 공공기관이 다시 업무를 시작했다.

봉기 지역에서는 진압군에 의해 곳곳에서 보복적인 테러, 방화, 약탈과 무자비한 학살이 대대적으로 진행되었다.

진압군이 순천을 점령한 23일 오전에 약 5만 명의 시민 전원이 순천 북국민학교에 강제 집결되었다. 여기에서는 군용팬티를 입은 자, 머리가 짧은 자, 하얀 고무신을 신은 자들이 1차로 분류되고 2차로 군·경·마을 유지(친일파)로 구성된 심사위원에 의해 제1급(인민재판에 적극적으로 참여한 자), 제2급(소극적으로 참여한 자), 제3급(애매한 자)으로 분류되어 심사를 받았다. 심사는 주로 외모, 고발, 개인적 감정에 의한 중상모략, 강요된 자백 등 극히 자의적인 기준에 따라 이루어졌기 때문에 수많은 무고한 민중이 희생을 강요당했다. 이 같은 심사의 결과, 저항군이나 인민재판에서 적극적으로 활동한 자로 지목된 사람은 즉석에서 곤봉, 개머리판, 체인 등으로 무참하게 타살되거나 총살당했으며 나머지는 계엄군이나 경찰에 넘겨져서 재판을 받았다.[29]

여수의 경우도 사정은 마찬가지였다. 시내 중심부에 있는 시청과

---

28 전사편찬위원회, 앞의 책, 466~469쪽 참조.
29 황남준, 앞의 글, 470~471쪽 참조.

경찰서 주변에는 시체가 아무렇게나 나뒹굴었고 경찰서 뒤뜰에는 수많은 시체가 대강 정렬되어 있거나 혹은 난잡하게 포개져 있어 그 처절함이 이루 말할 수가 없었다.[30] 또한 만성리로 가는 터널 뒤쪽에는 집단 총살된 사람의 수가 이루 헤아릴 수 없었으며, 백두산 호랑이로 악명을 떨치던 김종원 대대장이 중앙 교정의 버드나무 밑에서 일본도를 휘둘러 혐의자들을 즉결 참수 처분하기도 했다.[31]

이렇게 해서 학살된 민중의 수는 이승만 정권의 축소된 발표에 따르더라도 자그마치 6,000여 명에 이르렀다. 이와 함께 2만 3,000여 명의 민중이 체포·투옥되고 5,000여 호의 가옥이 테러단의 방화로 소실되는 등 엄청난 희생을 강요당했다.[32]

4. 전진하는 유격투쟁

동포에 대한 학살을 단호히 거부하고 미국과 이승만 정부를 향해 총부리를 겨누었던 장병들의 거사는 압제자의 무자비한 탄압에 직면함으로써 끝내는 엄청난 민중의 희생과 함께 무참히 짓밟히고 말았다.

그러나 이러한 일시적 실패와 좌절을 겪었음에도 여순 봉기는 미국의 비호를 받는 이승만 정부를 파멸의 늪으로 몰아넣는 데 커다란 역할을 수행하게 되었다. 그것은 상호 밀접히 연관된 두 가지 방향에서 이루어졌다. 첫째, 여순 봉기가 미친 파급은 이승만 정부를 지탱해

---

30 노민영 엮음, 앞의 책, 202쪽 참조.
31 황남준, 앞의 글, 470쪽 참조.
32 노민영 엮음, 앞의 책, 202쪽 참조.

주는 보루로서의 억압적 군대 내부에 광범위한 동요를 불러일으켰다. 즉, 애국적 장교와 사병들은 여순 봉기에 크게 고무되어 미국과 이승만 정부의 가혹한 학정과 부당한 민중학살행위에 대해 더욱더 짙은 증오심을 품게 되었고 급기야는 자신들에게까지 탄압의 손길이 뻗쳐오자 적극적인 행동으로 나아가게 되었다. 둘째, 여순 봉기는 봉기에 참가한 군장병들이 대거 유격대로 전환함으로써 2·7구국투쟁 이후 야산대의 형태로 펼쳐지던 무력항쟁과 결합해 본격적인 유격전의 불길을 댕겼다. 이로써 여순 봉기는 제주도에서 벌어지고 있던 무력항쟁의 불길을 남한 전 지역으로 확산시키는 교량 역할을 하게 되었다.

그럼 먼저 군대 내부의 동요와 애국적 장병들의 계속적인 저항투쟁에 관해 살펴보자.

여순 봉기라는 폭탄을 안은 이승만 정부는 자신의 몸에 붙은 불을 끄기 위해 군대 내부의 저항세력에 대한 대대적인 숙청작업에 착수했다. 그리하여 제15연대장 최남근이 총살당한 것을 포함해 1949년 7월까지 약 4,700여 명의 장병이 총살되거나 유기징역을 선고받게 되었다.[33]

이 같은 야수적인 탄압의 와중에 대구에 주둔하고 있던 제6연대의 일부 장병이 미국과 이승만 정부에 반기를 든 사태가 일어났다. 본래 제6연대 내에는 광주 주둔 제4연대, 여수 주둔 제14연대와 마찬가지로 1946년 '10월 인민항쟁'에 참여했던 청년들이 경찰의 추적을 피해 입대한 경우가 많았다. 그 후 이들은 주로 농민 출신인 사병들 사이에서 활동하면서 군 내부에 저항세력을 키우는 일에 종사했다. 그러

---

33 김병오, 앞의 책, 77쪽.

던 중 제6연대 병력의 대부분이 제주도와 여순 봉기를 진압하기 위해 출동하게 되자 이들 장병은 즉각 여순 봉기에 호응하는 봉기를 시도했다. 그러나 이러한 시도는 신속히 출동한 미군과 군·경 병력에 의해 좌절되고 말았다. 그 뒤 필연적인 과정으로 탄압에 봉착한 장병들은 1948년 12월 6일 함양지구 유격대 토벌에 동원되어 원대로 복귀하던 중에 부대를 이탈해 팔공산으로 들어감으로써 유격대로 변신했다. 또한 1949년 1월 30일 포항에 파견 근무 중이던 제6연대 제4중대의 일부 장병이 근무를 거부하고 포항 근방 고지로 입산했다. 그로부터 얼마 후인 5월 5일에는 춘천에 주둔하고 있던 보안부대 2개 대대 요원이 북한으로 넘어가는 사태가 발생하기도 했다.[34]

이렇듯 군장병의 동요와 이탈이 가속화되는 가운데 남한의 대부분 지역에서는 유격전을 수행하기 위한 준비가 활발히 전개되었다.

이미 밝힌 대로 2·7구국투쟁을 전개하면서 남한 각지에서는 도지구군 단위로 야산대가 조직되어 활동하고 있었다. 농촌을 근거지로 하는 이들 야산대는 대략 그 규모가 1개 군에 50~100명 정도에 이르고 있었는데, 주로 일본에 의한 강제징용으로 군복무 경험이 있거나 '10월 인민항쟁'으로 경찰의 추적을 받고 있던 사람들을 중심으로 구성되었다. 그러나 초기의 야산대는 미군과 이승만 정부의 무자비한 탄압을 뚫고 단선단정 반대와 인민공화국 수립을 지지하는 투쟁을 벌여나가기 위한 자위수단이었으며 아직은 본격적인 무장유격대라고 보기는 힘들었다. 요컨대 베트남의 무장선전대와 같이 무장된 힘으로 정치활동을 벌이는 것을 주된 임무로 삼고 있었던 것이다. 그러다가

---

34 김남식, 앞의 책, 389~392쪽 참조.

여순 봉기를 계기로 군장병들이 대거 입산함에 따라 야산대는 급속히 유격대로 전환되어갔다.

이렇게 하여 봉기군 장병과 야산대를 기본 골간으로 유격대가 각처에서 형성되었다. 이들 유격대는 대체로 1949년 5월까지는 생존과 활동에 필요한 지반을 다지기 위한 목적으로 이른바 유격전구를 창설하는 데 주력했다. 유격전구 창설의 요체는 식량과 정보를 제공해주고 대원을 부단히 보충해줄 지역 민중에 대한 조직화 사업을 강화하고 이들을 유격대와 다방면에서 긴밀히 결합시키는 것이었다. 이를 위해서는 민중의 요구를 잘 파악해 이를 적극 옹호해줌으로써 민중으로부터 충분한 신뢰와 지지를 얻어내는 것이 선결조건이었다. 이에 관해서는 유격지구를 다녀온 당시 국회의원들의 보고를 통해 약간의 사실을 확인할 수 있다.

이들에 따르면 토지개혁의 지연, 정부에서 실시하고 있는 양곡의 강제 매상, 세금 이외 잡다한 납부금의 강제 징수, 주민들에 대한 군·경찰의 불순한 태도와 유격대에 대한 지나친 복수, 체형 등이 지역 민중의 강한 불만의 대상이 되고 있었다. 유격대와 민중은 이렇게 팽배한 불만 속에서 공동의 이해관계에 입각해 밀접히 결합했으며, 특히 토지혁명을 위한 농민들의 투쟁과 유격투쟁을 상호 연계하는 작업이 중점적으로 추진되었다. 요컨대 토지혁명에 대한 농민들의 열망 속에서 무장투쟁의 에너지를 이끌어내기 위한 일련의 노력이 기울여진 것이다. 이와 함께 유격대들은 민중의 지지와 협력을 최대한 보장하고 스스로를 민중에 대한 해방자로 부각시키기 위해 필요한 행동규범을 실천에 옮겼다. 예컨대 유격대는 주목할 만한 친일지주들의 집에서는 심지어 숟가락까지 모두 압수했지만, 그 밖의 주민들에게는 아무리 조그마한 물건이라도 반드시 돈을 지급하고 받아가는 등 어떠한 피해도 주지 않았다고 한다. 나아가 일부 해방구에서는 인민위원회가 복구되고 무상몰수·무상분배에 의한 토지개혁이 실시되는 한편, 이승만 정부가 강요한 가렴잡세와 강제 징병, 강제 공출, 강제 기부금 등 일체의 부당한 착취제도가 철폐되었다는 기록도 있다.[35]

이렇게 해서 형성된 유격전구의 분포 상황을 각 지구별로 살펴보면 다음과 같다.

① 호남 유격전구: 전남의 야산지대와 일부 전북 지역을 거점으로 주로 야산대에 의해 형성되었다.

② 지리산 유격전구: 여순 봉기를 계기로 상당수의 무기와 물자를 확보한 약 1,000여 명의 봉기군은 입산 후 야산대와 합류하면서 지리산을 중심으로 광범위한 유격전구를 구축했다. 이 유격전구는 남으로는 백운산, 북으로는 덕유산을 연결하는 전남, 경남, 전북의 산악지대를 근거지로 하여 경남의 산청, 함양, 거창, 합천, 창녕, 하동, 진주, 함안, 사천, 남해, 전남북의 무주, 장수, 임실, 남원, 순창, 구례, 곡성, 고창, 장성, 영광, 무안, 함평 등지의 광범위한 영역에 걸쳐 영향력을 행사했다. 이러한 지리산 유격전구는 남한에 있어 가히 최대의 유격전구라 할 수 있으며 동시에 남한 유격대의 총본산으로서의 지위를 차지하게 되었다.

③ 태백산 유격전구: 강릉, 삼척을 중심으로 5·10단독선거 저지투쟁으로 경찰의 추적을 받던 민중이 무기를 탈취해 입산함으로써 형성되었다. 북으로는 오대산과 연결된 매봉산, 계봉산, 남으로는 소백산, 국망봉 등을 거점으로 그 주변의 강릉, 삼척, 정선, 평창, 영월, 횡

---

35 『의회사 초록』 제1집, 법제신문사, 1958.

성, 홍천 등지를 포괄하는 유격전구였다.

④ 영남 유격전구: 대구 주둔 제6연대의 일부 병사가 거사 후 입산해 2·7구국투쟁을 계기로 조직된 야산대와 합류함으로써 형성된 유격전구였다. 이 유격전구는 경북의 안동, 청송, 경주, 영천, 영일, 청도, 경산과 경남의 양산, 울산, 밀양, 동래, 부산을 그 활동지역으로 삼고 있었다.

⑤ 제주도 유격전구: 4·3봉기가 유격투쟁으로 전환되면서 형성된 유격전구였다.[36]

이렇게 하여 남한의 133개 군 중에서 118개 군이나 되는 곳에서 유격전구가 형성되었다. 요컨대 남한 지역 대부분이 무장투쟁의 도가니로 변한 것이다.

한편 남한 각지에서 유격전구가 비상히 확대되고 무장투쟁의 불길이 단계적으로 점화되어가고 있던 중 1949년 6월경에 몇 가지 측면에서 중대한 정세 변동이 있었다.

무엇보다도 이 시기에 주한 미군이 500여 명의 군사고문단만을 남겨놓은 채 완전히 철수했다는 점을 들 수 있다. 이는 이승만 정부로서는 자신을 탄생시켜주고 결정적으로 지탱해주었던 최고의 힘이 더욱 멀어져간 것을 의미했다. 물론 그런 가운데에도 이승만 정부에 대한 미국의 군사·경제 원조는 계속되고 있었다.

미군 철수와 병행해 평양에서는 6월 25일 남북의 71개 정당·사회단체 대표 676명이 참석한 가운데 남한의 민주주의민족전선과 북한의 민주주의민족통일전선이 상호 통합해 새로이 조국통일민주주의

---

36 국방부, 『6·25 사변사』, 1959, 50~51쪽.

전선(이하 조국전선)을 결성하는 대회를 가졌다. 이로써 남북을 통틀어 반미·반이승만 운동에 대한 단일한 지도체계가 수립되었다.

조국전선은 결성 직후인 6월 27일에 다음과 같은 평화적 통일방안을 전격 발표했다.

1. 조국의 평화적 통일사업을 조선 인민이 자기 수중에 장악하고 인민 자신의 힘으로 필히 실천하자.
2. 조국의 평화적 통일을 방해하는 미군은 즉각 철퇴할 것을 요구한다.
3. 비법적 기관인 유엔 한국위원단은 우리 국토에서 즉각 철퇴할 것을 요구한다.
4. 우리들은 남북한의 통일과 통일적 입법기관의 선거를 동시에 실시할 것을 제의한다.
5. 조국의 평화적 통일을 원하는 민주주의 제 정당 사회단체의 대표로 구성된 위원회의 지도하에 선거를 실시한다.
6. 조국의 평화적 통일 계획을 토의하기 위한 남북조선의 제 정당 사회단체의 대표자를 소집하여 이 협의회에서 선거지도위원회를 구성한다.
7. 입법기관의 선거는 일반적 평등적 비밀투표의 원칙에 의해 실시한다.
8. 선거의 자유를 보장하기 위하여 다음 대책을 필히 실시한다.
   ㉠ 민주주의 제 정당 단체 및 그 활동에 대한 탄압을 금지한다.
   ……
10. 선거지도위원회의 구성과 동시에 남북조선에 현존한 경찰과 보안기관을 선거지도위원회의 직접 관할하에 둔다. 선거지도위원회는 경찰대 중에서 친일파 및 일본 경찰과 일본 헌병대에 복무한 자들을 제외함과 아울러 제주도의 인민투쟁과 남조선 유격운동 탄압에 참가한 경찰대를 해산시킨다.

11. 총선거의 결과 수립된 최고입법기관은 조선공화국의 헌법을 채택하고 그 헌법에 기준하여 정부를 구성함과 동시에 신정부는 남북조선에 현존하는 정부에서 정권을 접수하고 그 정부는 해산된다.

12. 남북한에 현존하는 군대는 민주주의적 기초 위에 '조선공화국'에 연합된다. 민주주의 제 정당과 전 인민에 제기하는 우리들의 평화적 조국통일 계획은 이상과 같다.[37]

예상대로 이승만 정부는 이러한 조국전선의 제안을 단호히 거부했고 이에 대해 북한은 다음과 같이 비난하고 나섰다.

조국통일전선의 평화적 통일방안은 남한의 식민지 정책과 전쟁도발 정책을 수행하고 있는 미 제국주의자와 그 주구들의 정책과는 전혀 대립되는 것이다. 그 결과 인민을 두려워하고 미 제국주의자의 무력에 의한 원조 없이는 살아갈 수 없다는 것을 알고 있는 이승만 일파는 이 제안을 거부하고 흉폭한 탄압에 의하여 남한에서 그 실현을 방해하고 있다.[38]

이렇듯 조국전선의 평화적 통일방안은 이승만 정부의 거부로 실현되지는 않았지만 남한 민중 사이에서 남북통일에 대한 열망과 반미·반이승만 투쟁을 더욱 고조시키는 계기가 되었다. 이러한 현상은 미군의 철수와 결합되어 남한 각처의 유격대로 하여금 본격적인 공세를 취하도록 만드는 객관적 정세를 조성했다.[39] 그리하여 지금까지 경

---

37   노중선 엮음, 앞의 책, 279쪽.
38   같은 곳.
39   1949년 7월 '조국전선'의 이른바 「평화통일선언서」를 전달받은 노동당 서울 지도부

찰지서 습격, 반동분자 처단에 그 목표를 두고 소총과 수류탄을 주요 무기로 하던 단계에서 탈취한 박격포와 로켓포 등의 중무기로 무장하고 경찰본서 습격을 비롯해 대도시를 공격하는 이른바 '적의 아성을 향한 소탕전'을 전개했다.[40]

아울러 그동안 산발적으로 진행되던 유격투쟁을 더욱 조직적이고 대규모로 전개하기 위해 각지의 유격대들을 통합해 '인민유격대'로 재편성하는 작업이 진행되었다. 그 결과 8월 말과 9월 초에 이르러서는 오대산, 지리산, 태백산 등의 산악지대를 거점으로 하는 3개 병단의 편성을 보게 되었는데 9월 한 달 동안 전투에 동원된 대원 수는 도합 7만 7,000여 명에 달하고 있었다.

이 같은 민중의 무장항쟁에 직면한 이승만 정부는 광폭한 탄압으로 맞섰다. 우선 탄압을 위한 제도적 장치로 1948년 12월에 국가보안법이 제정되었고 1949년 한 해 동안 미국과 이승만 정부의 압제에 저항하는 11만 8,621명의 인사가 이 법에 의해 체포되어 처형당했다.[41]

에서는 다음과 같은 선동적인 '투쟁지시'를 내렸다고 한다.
"결정적 시기가 불원간 도래한다. 결정적 시기를 맞이하기 위하여 각 지방당은 정권접수를 위한 준비를 하라. 또한 인민군이 진격하게 되므로 각 도당은 '해방지구'를 1~2개 확보하라. 모든 당 조직은 군사조직으로 개편하고 결정적 투쟁을 전개하라. 돈 있는 사람은 돈을 바치고 집 있는 사람은 집을 바쳐서 무기를 준비하라."(김남식, 앞의 책, 413쪽)
그러나 이러한 지시가 적어도 북한 당국과 사전에 합의되어 내려진 것인지는 많은 검토가 필요하다. 왜냐하면 1948년 단독정부 수립 이후 남로당은 동조세력의 투쟁을 고무하기 위해 '인민군이 곧 진격해 올 것이다'라는 표현을 상습적으로 썼기 때문이다. 참고로 박헌영을 위시한 남로당 간부들은 북로당에게 주도권을 빼앗기고 있다는 초조감에 사로잡힌 나머지 상당히 조급해했고 종종 무모하기까지 했다.
40 임동원, 『혁명전략과 대공전략』, 양서각, 239쪽.
41 김병오, 앞의 책, 77쪽.

	5	6	7	8	9	10	11
동원인원	17,730	23,037	30,023	44,256	77,256	89,924	77,900
교전횟수	502	594	657	759	1,776	1,330	1,260
경찰서습격	–	–	–	6	15	–	–
지서습격	52	33	50	62	110	–	–
군경사살	1,140	1,059	1,302	810	1,272	1,512	1,800
무기납획	129	288	218	523	1,300	951	637

〈표 2〉유격활동통계(1949년 5~11월)
출전: 김점곤, 「한국전쟁과 노동당전략」, 244쪽.

이와 함께 1949년 11월부터 미국의 군사원조 아래 본격적인 유격대 토벌에 나서 곳곳에서 초토화작전을 전개했다. 언제 어디서나 유격대에 대한 토벌작전은 우선적으로 유격대와 지역 민중의 연계를 단절시키는 것에서 시작되었다. 이러한 맥락에 따라 토벌대는 유격대가 접근할 수 있는 부락을 강제로 불태워 없애는 한편,[42] 주민들의 야간 통행과 외출을 금지시켰다. 그런 연후에 유격대의 거점에 대한 무자비한 포위공격이 감행되었다.

이러한 대규모 토벌작전에 봉착한 유격대는 결코 무시할 수 없는 상당한 역량 파괴를 극복하기 위해 안간힘을 쓰면서 민중 속으로 파

---

42 군경 토벌대는 유격대와 주민의 연계를 두절하기 위해 유격대 활동지역인 산간지대에 거주하는 농가들을 강제 이주시킨 뒤 부락을 소거해버렸는데 그 양상은 지리산 토벌 전투지구만도 다음과 같이 상당한 규모에 이르고 있었다.
남원: 859호 4,555명, 무주: 501호 2,622명, 장수: 534호 2,765명, 광양: 1,694호 9,329명, 구례: 2,570호 12,492명, 곡성: 3,478호 18,129명, 하동: 1,240호 7,698명, 함양: 3,772호 17,786명, 산청: 2,363호 12,582명, 거창: 477호 2,134명(김남식, 앞의 책, 425쪽).

고들어 이른바 '월동투쟁'이라는 세력 보존을 위한 후퇴전술을 채용했다. 그리하여 이듬해 봄인 1950년 3월부터는 다시 진용을 정비해 공세를 취할 수 있었는데 4월경에 접어들어서는 한 달 동안에만도 교전횟수 2,948회, 참가인원 6만 5,005명에 이르게 되었다.[43]

이처럼 남한 지역에서의 유격투쟁은 이승만 정부의 대규모 토벌로 상당한 역량 파괴와 희생이 있었음에도 끈질기게 그 생명력을 유지하면서 식민지 권력에 타격을 가하고 있었다. 또한 유격전을 중심으로 한 남한 민중의 무장항쟁은 부분적인 군사적 패배에도 불구하고 정치적 방면에서는 한 발짝씩 승리를 쟁취해나갔다. 1950년 5월 30일에 실시된 제2대 국회의원 선거에서는 이승만 지지세력이 불과 30석밖에 당선되지 못했으나 대미 자주노선과 평화적 협상에 의한 남북통일을 주장하는 진보적 인사들은 130여 명이 대거 당선되는 사태가 발생했다. 그중에는 과거 남북연석회의에 참석했던 조소앙 같은 인사도 포함되어 있었다. 이는 극심한 부정선거의 남발을 고려할 때 당시 남한 민중의 열망을 내외에 천명하고 이승만 정부의 완전한 고립과 정치적 파탄을 선언한 일대 쾌거라 아니할 수 없었다.

이제 이승만 정부는 어느 모로 보나 극도로 고립되어 있었고 또한 파멸을 향해 치닫고 있음이 명백했다.

이승만 정부에 대한 각계각층 민중의 이반은 이미 돌이킬 수 없는 상태에 접어들었고 유격투쟁의 불길은 좀처럼 꺼지지 않는 가운데 압제자의 몸을 태워 들어가고 있었다. 또한 미군이 철수해버린 상황에서 이승만 정부가 유일하게 의존할 수 있는 군대는 비록 저항세력에

---

43 김병오, 앞의 책, 76쪽.

대한 대규모 숙청이 이루어졌다고는 하나 여전히 불안정한 상태로 동요를 계속하고 있었다.

　아마도 이러한 상태로 계속 갔더라면 이승만 정부는 조만간 붕괴하고 말았을지도 모른다. 그러나 우연치 않게도 이승만 정부는 한국전쟁이 발발하고 그 즉시 미국이 대규모 군사적 개입을 단행하면서 가까스로 위기에서 구출될 수 있었다. 이러한 점에서 구체적인 것은 확인할 수 없지만 이승만 정부의 치명적 위기상태와 한국전쟁의 발발시기 사이에는 일정한 연관관계가 있는 것으로 보인다.

　한편 남한 민중의 무장항쟁은 한국전쟁의 발발과 함께 새로운 국면으로 진입함과 동시에 가장 고통스러운 운명의 순간을 맞이하게 된다.

제2부

한국전쟁

한국전쟁은 결코 1950년 6월 25일에 '갑자기' 시작되어 1953년 7월 27일에 '완전히' 끝난 역사의 한 토막이 아니다. 한국전쟁은 해방 이후 우리 민족이 기울여온 통일 독립국가 건설 노력이 좌절되면서 모순이 한꺼번에 폭발한 것이며, 또한 오늘날 이 순간까지도 우리 민족의 생활 속에서 꿈틀거리고 있는 '살아 있는 현재의 일부'인 것이다. 따라서 우리 민족의 현대사를 올바르게 이해하기 위해서는 한국전쟁이라는 현대사의 '숙명적인 다리'를 건너지 않으면 안 된다. 우리 민족의 모든 생활기반은 물론이려니와 헤아릴 수 없는 생명을 앗아간 한국전쟁. 그러나 우리는 이제 남과 북의 군사적 대결에만 관심을 두는 데 그치지 말고, 한국전쟁의 이면에 존재했던 민중의 요구와 역할이 무엇이었는지를 파헤쳐야 할 것이다.

제1장

전쟁 전야

한국전쟁의 기원, 즉 누가 전쟁을 일으켰는가 하는 문제처럼 오늘날 골치 아픈 문제도 드물 것이다.

전쟁에 직접 책임이 있는 양 당사자에게는 이 문제가 추호도 의심할 여지가 없는 분명한 것으로 이야기되고 있다. 그런데 공교롭게도 양측의 주장은 공통분모 하나 없이 전혀 반대되는, 그리고 모순되는 견해를 지니고 있다. 세계사에서 하나의 동일한 역사적 사건이 이토록 정반대로 설명되는 경우도 보기 힘들 것이다.

그렇기 때문에 흔히 객관적이고 중립적인 관점에서 이 문제를 파헤치고자 하는 사람에게는 그저 비밀투성이로만 느껴질 수도 있다. 이토록 엄청난 역사적 사건이 베일에 가려져 있다는 사실 자체가 이 시대의 역사적 성격을 웅변하고 있는 것 같다.

한국전쟁을 떠나서는 우리 역사는 물론이거니와 현대 세계사를 설명한다는 것 자체가 불가능하다. 따라서 이제 한국전쟁의 기원과 그 내막을 밝히는 작업은 현대의 역사에 대해 정확히 이해하기 위해서도 반드시 추진되고 보장되어야 한다. 더는 안보 차원에서 집권세력의 통치 이데올로기로만 다루어져서는 안 된다. 이 점은 사상과 이념의 문제가 아닌 최소한의 '학문의 자유'에 관계된 것이다.

이러한 맥락에서 필자는 집권자들의 교설을 그대로 받아들이지 않고 한국전쟁의 기원에 관해 좀 더 객관적인 분석을 시도해보려 한다. 그러나 주체적 역량이 절대적으로 부족하고, 자료도 빈곤하며, 여러 가지로 상황의 제약이 많아 이 문제에 관해서는 어떠한 책임 있는 결론도 내릴 수 없었다는 것을 미리 고백해야 할 것 같다.

단지 지적하고 싶은 것은 전쟁이 각 당사자 간의 첨예한 이해대립이 폭발한 과정이고 또한 국제적 성격을 지니고 있는 만큼 결코 1950년 6월 25일 당시와 한반도 내부의 정세에만 국한해서는 결코 문제를 정확히 해명할 수 없다는 사실이다. 문제를 올바르게 이해하기 위해서는 시각을 대폭 확대해야 한다. 즉, 전쟁에 관련된 모든 나라의 움직임을 주의 깊게 살펴보아야 하고 또한 각 당사자 간의 이해관계 대립이 어떠한 과정을 거쳐왔는지에 대해 주의를 돌릴 필요가 있다.

그래야만 당시 한반도를 둘러싼 온갖 모순이 일거에 집중적으로 폭발한 것으로서의 한국전쟁에 대해 더욱 정확히 설명할 수 있을 것이다.

1. 역사를 미리 쓰는 미국

1949년 한 해 동안 한반도를 둘러싼 동북아시아 지역에서는 역사적으로 중대한 의미를 갖는 일대 사건이 계속 발생하고 있었다. 이해 8월에 소련은 핵무기 실험에 성공함으로써 미국과 군사력에서 어깨를 나란히 할 수 있게 되었고, 그 결과 1947년 이후 계속된 미국의 봉쇄정책을 상당 정도 후퇴시킬 수 있었다. 이로부터 팽팽한 긴장이 감도는 가운데 미소 간 세계 쟁패를 둘러싼 치열한 전쟁이 전개되기 시작했다.

　이와 더불어 중국 대륙에서는 장제스의 국민당 정부가 타이완으로 쫓겨나고 그 대신 공산당이 지도하는 중화인민공화국이 같은 해 10월에 모습을 드러냈다. 이는 동북아시아 지역에 지금까지와는 전혀 다른 정세를 초래하게 되는 일대 사변이었다. 중공의 등장으로 본래 중국 대륙을 발판으로 소련을 봉쇄함과 동시에 아시아 전역에 대한 지배권을 확립하고자 했던 미국의 꿈은 일거에 무산되고 말았다. 사태는 여기에 그치지 않았다. 중국 대륙이 세계 자본주의 체제에서 완전히 이탈해버렸다는 사실은 제국주의의 지배에 대항해 투쟁하고 있던 주변 민족들에게 튼튼한 배후기지를 제공해주는 셈이 되었다. 바야흐로 혁명의 불길이 전 아시아 대륙으로 번져가는 대격동의 시기가 도래한 것이다. 이미 중국 대륙과 맞붙어 있는 한반도의 절반은 급진적인 사회개혁을 통해 반제국주의 진영으로 자리를 잡아가고 있었고 미국의 강력한 지배 아래 놓여 있던 나머지 절반마저도 그 지배질서가 급속히 붕괴되어가고 있었다. 마찬가지로 중국 대륙의 남단에 위치한 베트남에서도 옛 종주국의 지위를 되찾고자 대규모 군대를 투입시킨 프랑스가 연신 고전을 면치 못하고 있었다.

　미국은 이러한 사태의 진전에 대해 즉각 대응했다. 사실 미국의 입장에서는 이러한 엄청난 정세 변화가 그 표면적 양상에도 불구하고 그 뿌리는 그다지 깊지 않은 것으로 여겨졌다. 신생 중화인민공화국은 분명 인구와 면적에 있어서는 대국이지만 경제적으로는 극도로 낙후된 농업국의 처지를 조금도 벗어나지 못했고, 특히 군사력에 있어서도 핵병기가 위력을 과시하는 시대적 추이에 비추어본다면 보잘것없었다. 이 점을 고려한다면 전 세계 재화 생산의 3분의 2를 독차지하고 있는 초강대국 미국의 힘으로 능히 동아시아의 판도를 되돌려

놓을 수 있을 것으로 보였다. 확실히 미국은 그렇게 믿고 있었고 또한 행동에 옮겼다.

　미국은 신생 중공의 탄생에 발맞추어 즉각 동맹국과 손잡고 전면적인 대중공 봉쇄정책에 핏대를 올렸다. 중공과의 무역과 외교관계는 일체 금지되었고 중공의 유엔 가입 노력도 미국의 거부권 행사로 철저히 차단되었다. 그러나 미국이 궁극적으로 의존하고자 했던 것은 직접적인 군사적 방법을 통한 해결이었다. 이는 1954년 2월 미국 하원에서 행한 로버트슨 국무차관보의 발언을 통해 사후적으로 확인된다.

　종래와 같이 중국을 회복하기 위해 직접 행동에 나서는 것이 아니라 중공에 내부 붕괴가 일어나기를 기대하며 계속해서 중공 주변에 무력 공격의 위협을 줘야 한다.[1]

　중국에서 공산당의 승리가 분명해져가고 있던 1949년 상반기에 이미 미국의 대외정책을 담당하는 수뇌부들 사이에서는 중국 본토를 회복하기 위한 구체적인 방안이 마련되었다. 이로부터 '패전국인 일본을 아시아의 후방 병참기지로 전환하고 한반도, 타이완, 베트남을 각각 군사적 진공을 위한 교두보로 삼으며 최종적으로 중국 대륙의 회복을 목표로 한다'라는 전략방침이 수립되었다.[2]

　이러한 미국의 동아시아 전략은 역사적으로 극히 중요한 의미를 지니고 있다. 왜냐하면 중공 봉쇄정책이 포기되기 전에 한반도를 포

1　데라오 고로寺尾五郎 외, 「한일회담의 전개과정」, 김성환 외, 『1960년대』, 거름, 1984, 255쪽.
2　위의 글, 256쪽.

함한 동아시아 지역에서 발생했던 모든 분쟁이 바로 이 군사전략과 결정적으로 연관되어 있기 때문이다. 엄밀히 말해 일본의 재무장, 한국전쟁, 베트남전쟁, 군사기지 설치를 둘러싼 미국과 아시아 민족 간의 끊임없는 충돌 등은 미국에 의해 연출되는 장기간에 걸친 대형 드라마를 구성하는 각각의 장면들이라고 할 수 있다.[3] 그렇기 때문에 시간과 공간의 차이로 전혀 무관한 듯이 보이는 개개의 사건들이 실은 하나의 의도와 논리 아래 서로 밀접히 얽혀 있는 셈이다.

다음의 사실은 이 점을 분명히 보여준다.

> 호지명(호찌민─인용자)이 이끄는 월맹(베트남 인민공화국)과 베트콩(리엔 비에트)에 대항해 싸우던 프랑스는 1950년 2월 27일 미국에 군사적 지원을 요청하였다. 트루만 정부가 그 요구를 수락함에 따라 3월 16일 미국 함대가 최초로 사이공에 상륙했으며 3월 19일에는 사이공에서 미국의 전쟁 개입에 반대하는 최초의 시위가 일어났다. 한국전쟁이 발발하기 정확히 한 달 전인 5월 25일 미국 의회는 프랑스에 대한 3천만 달러의 전쟁물자 지원을 승인하였다. 간단히 말해 미국은 한국전쟁에 대규모로 참전하기 이전에 이미 베트남전을 더욱 복잡한 단계로 몰아가는 데 일익을 담당한 셈이었다. 그 이후 미국은 베트남전에 미군과 한국군을 파견하고 한국전쟁에 파견할 유엔군을 결성하는 등 베트남과

3　물론 이러한 표현이 미국이 애초에 의도하고 계획했던 대로 모든 것이 진행되었다는 것을 의미하지는 않는다. 여기서 말하고자 하는 바는 제2차 세계대전 이후 동아시아에서 벌어졌던 일련의 분쟁이 고립된 개별적 사건이 아니라 미국의 장기적 전략을 중심축으로 해서 상호 밀접히 연관되어 있다는 점이다. 이와 관련해서는 베트남전쟁에서의 패배와 함께 미국이 이전의 중공에 대한 봉쇄정책에서 화해정책으로 전환했다는 사실을 염두에 두면 이해에 많은 도움이 될 것이다.

한국에 대한 정책은 상호 의존적으로 전개되었다.[4]

그러나 한국전쟁을 전후한 한반도문제를 미국의 동아시아 전략이라는 구도 속에서 정확히 이해하려면 베트남보다는 오히려 일본에 초점을 맞추어야 한다. 특히 미국인 학자 허버트 빅스의 설명을 빌리자면 1950년 6월 이전에 일본에서 벌어진 일련의 사태야말로 한국전쟁의 기원을 설명하는 결정적 열쇠를 쥐고 있다 하겠다.[5] 그러면 지금부터 한국전쟁이 발발하기 전에 일본을 중심으로 전개되었던 한반도 주변정세를 살펴보자.

2. 심상치 않은 일본의 상황

미국이 애초에 기대를 걸었던 중국이라는 보루가 허물어지자 일본은 아시아의 병참기지라는 새로운 지위를 부여받게 되었다.

1949년과 1950년 상반기 사이에 미국은 한국을 우선적 목표로 하고, 아시아 전역에서 반공산주의 운동을 전개하기 위해 일본에 정치적·외교적·군사적 대비체계를 강화시켜나갔다. 이것은 맥아더가 1949년 일본인에게 보내는 신년 메시지에서 일본의 평화헌법이 자기방어의 권리를 배제하지는 않는다고 일깨우면서 시작되었다.[6]

우선 점령정책을 수행하기 위해 일본에 주둔하고 있던 미군에 대

---

4   허버트 빅스, 「지역 통합 전략」, 김성환 외, 앞의 책, 213쪽.
5   같은 곳.
6   위의 글, 218쪽.

해 재차 전투태세를 강화하기 위한 조치가 취해졌다. 본래 극동사령부의 전투능력은 제8군에 달려 있었는데 제8군의 주요 전투단은 인원이 부족했으며 모두 점령정책 업무에 할당되고 있었다. 1949년 일본 주둔 미군 사령관인 맥아더는 제8군 전투단(중앙 혼슈의 제1기갑사단, 홋카이도의 제7보병사단, 규슈의 제24보병사단, 중남부 혼슈의 제25보병사단, 오키나와의 제9대공포병대)이 오로지 군사훈련에만 전념할 수 있도록 모든 민정업무를 삼가도록 명령했다. 1949년 6월경 4만 5,561명의 실제 병력과 2만 6,494명의 전투병력을 보유하고 있던 제8군은 15만 명 이상의 일본인을 '병역에 의해 정규적으로 수행되는 직위'에 고용함으로써 인력 보충을 시행하려 했다. 맥아더의 4월 정책 지시에 뒤이어 6월 10일 새로운 훈련계획이 발표되었다. 제8군 전투사단은 실전에 맞도록 극동 공군·해군과 함께 통합된 육·해·공군 팀으로 최대한 빨리 전화하라는 명령을 받았다. 이와 함께 1949년 8월 8일 연합군 최고사령관(맥아더)은 '험난한 지역에서 작전을 수행할 사단의 훈련을 수행할 수 있도록' 후지산 근방에 훈련지역을 마련했다.[7]

전투사단이 본격적으로 훈련에 돌입한 것과 동시에 일본에 설치되어 있는 미군의 군사기지에 대한 대폭적인 시설 확장과 보수사업이 추진되었다. 1949년 10월 말 미국은 7월에 의회에서 승인된 5,800만 달러의 방위 원조비로 오키나와에 있는 미군 공군기지 설비를 확장하는 공사를 시작했다. 확장 공사 결과, 실제 주둔병력이 필요로 하는 수준을 훨씬 초과했던 오키나와 공군기지의 수용능력은, 한국전쟁 개시 직후 미국 본토로부터 B-29 폭격대 2개 대대가 추가 배치됨으로

---

7   같은 곳.

써 비로소 정상화될 수 있었다. 요컨대 미국은 한국전쟁의 발발로 인해 폭격기가 증파되었음에도 새로운 공군기지를 건설해야 할 필요성을 전혀 느끼지 않을 수 있었다는 것이다.[8]

1950년 2월경에는 하와이 서쪽의 유일한 미 해군기지인 요코스카 기지에 대해 약 600만 달러 정도가 투입되는 가운데 시설 확장공사가 이루어졌다.[9]

이와 함께 1949년과 1950년 전반기에 걸쳐 극동사령부는 '롤 업' Roll-up이라고 알려진 계획을 비공식적으로 계속 실행에 옮기고 있었다. 제2차 세계대전 때 태평양 각지에 흩어진 비축무기를 재생해 제8군 보병사단을 무장시키려 한 이 계획에는 수송차량, 병기, 탄약 등과 일본 복구와 일본 내에 비축하려는 각종 군수품 항목이 포함되어 있었다. 또한 재생작업의 많은 부분이 소수의 미 참모진들의 감독 아래 특별 지정된 일본 공장에서 이루어졌다. 1949년 한 해만 해도 20만 톤가량의 군수품이 오키나와에서 일본으로 조달되었다.[10]

1949년 4월 16일 일본인의 조세를 군수품 생산으로 전환할 수 있게 하는 「대충자금 특별회계법」이 일본 국회에서 통과되었다. 이러한 법률적 뒷받침 아래 미국은 일본의 군수산업을 재생시키기 위한 노력에 박차를 가했다. 본래 일본의 군수산업은 전쟁 도발의 근원을 없애기 위해 군수산업 시설 전부를 미국이 몰수하도록 되어 있었다. 그러나 예정된 군수산업 시설 몰수분이 미처 30퍼센트를 채우기도 전에 배상 몰수조치가 중단되었다. 몰수되지 않은 공장의 72퍼센트가 병

8　위의 글, 219쪽.
9　위의 글, 222쪽.
10　위의 글, 219~220쪽.

기제조와 직접적으로 관련된 것들이었으며, 이들 공장은 미국의 주요 방위 청부업자들의 직접적인 지휘 아래 다시 가동되기 시작했다. 처음에는 일본 주둔 미군의 재래식 무기와 장비를 제조·수선하기 위해 몇몇 중소 무기 제조업자들이 복귀했다. 그러나 한국전쟁이 발발한 지 6개월 후인 1월경 본래 일본의 군수품 생산능력의 80~90퍼센트가 직접적으로 무기를 제조하고 수리하기 위해 나섰고 이 과정을 통해 일본 경제 내에 군산복합체의 싹이 자라기 시작했다.[11]

그리하여 일본은 미국의 확고한 병참기지이자 아시아에서의 반공을 위한 무기고로 자리 잡게 되었다. 1949년 이후 벌어진 일본의 병참기지화 과정이 한반도와 어떤 관련성을 지니고 있는가 하는 점은 한국전쟁 중에 일본이 수행한 역할을 통해 구체적으로 밝혀지게 되었다.

미국 비행기는 일본 비행장을 이륙하여, 닛산 모터와 라이센스하에 제조된 이시데키 회사의 네이팜탄을 한국에 떨어뜨렸다. 미국 대포는 방대한 양의 일제 포탄을 쏘아대고, 미국의 제7함대는 일본항을 출발하여 한국 해안선에 근 3년간 포격을 퍼부어댔다.[12]

한국전쟁에 대한 군수품 조달활동을 지원하기 위한 저장소와 여타의 설비들은 일본에 소재하였다. 중요한 재건계획은 일본의 산업설비와 노동력에 의존하였다. 그들은 군수품의 운송과 취급, 군대의 이동과 주거 공급 및 병원 수용에도 실제적인 용역을 제공하였다. …… 전쟁의 대부분

---

11   위의 글, 220~222쪽.
12   위의 글, 227쪽.

기간 동안, 한국의 모든 군대는 주로 2차 대전 당시의 트럭을 사용했으며 이는 거의가 일본에서 개조, 수리된 것이었다. 일본 노동자들을 이용하지 않았다면 미국은 한국전쟁의 수행을 위해 20만 내지 26만 명의 용역 병력을 추가로 투입해야만 했을 것이다.[13]

한편에서는 미 8군이 전투훈련에 돌입하고 일본 전역을 병참기지화하기 위한 일련의 조치가 취해지는 가운데 또 다른 한편에서는 일본을 반공의 보루로 삼기 위한 정치적 조치가 동시에 진행되었다.

미국은 일본인들로 하여금 한국과 기타 아시아의 옛 식민지 민족들에 대한 전통적인 경멸감을 되찾도록 부추겼다. 당시 미국 국무장관의 공화당 고문으로 갓 임명된 덜레스는 자신이 쓴 비망록에서 다음과 같이 밝히고 있다.

중국인, 한국인, 러시아인에 대한 일본인의 인종적, 사회적 우월감을 적절히 이용하고, 일본인에게 자유세계의 일원으로서 공산세계보다 우월한 진영과 평등하게 협력하고 있다는 확신을 불어넣어줄 수 있을 것이다.[14]

간단히 말해 미국은 모종의 대규모 계획을 성공적으로 추진하기 위해 일본인들의 효과적인 협력을 필요로 했고, 이를 보장하기 위한 방편으로 일본의 군국주의적 망령을 부활시키고자 기도했던 것이다. 이러한 미국의 의도를 실현하기 위해 일본에 거주하고 있는 한국인들

---

13 위의 글, 225쪽.
14 위의 글, 209쪽.

이 불행하게도 제물로 활용되었다. 재일 한국인들에 대한 박해는 장차 있을 한반도에서 군사작전 중에 야기될지도 모를 배후 위협을 사전에 제거한다는 의미도 있었다.[15]

─────

15　일제 통치기간 중 일본에 거주하던 우리 동포는 그 수가 대략 240만에 달했다. 이들 중 상당수가 아무 죄 없이 징용으로 끌려가 이루 말로 표현할 수 없는 온갖 학대와 업신여김을 받아야 했다. 그런데 이러한 양상은 일본 군국주의가 패망한 후에도 여전히 계속되고 있었다.

이러한 동포들에 대한 학대는 대부분 당시 일본을 통치하고 있던 미군 사령부의 방조 혹은 적극적인 조장 아래 이루어졌다.

이와 관련된 단편적인 예를 몇 가지 들어보면 다음과 같다.

• 일본이 항복한 이후 동포들은 꿈에도 그리던 조국으로 되돌아오고자 했으나 일본 주둔 미군 사령부에 그동안 피땀 흘려 벌어놓은 소중한 재산을 그대로 강탈당한 채 단지 담배 20갑의 값에 해당하는 개인 소지품만을 휴대하고 돌아와야 했다.

• 재일 동포들은 미군의 검열을 받는 일본 신문과 국회, 지방관청으로부터 공격의 대상이 되었다. 1946년 여름경 동포들은 일본의 암시장과 범죄 증가에 책임이 있다거나 콜레라를 전염시킨다든지, 혹은 세금을 내지 않거나 전쟁 중에는 겁에 질려 있다가 이제 와서 날뛴다든지 하는 등의 비난을 받았다.

• 1946년 4월 일본 선거 때 귀전이라는 대의원은 깜찍하게도 "조선과 만주는 당연히 일본의 위임통치로 해야 할 것이다"라는 폭언을 토하여 그들의 야욕과 허세의 일단을 보여 우리를 놀라게 하는 동시에 세계적으로 물의를 빚었다.

• 같은 해 8월 17일 중의원 회의 때 초태삼랑(시이구마)이라는 자는 "일본에 있는 조선 놈들은 모두 도적놈들이다. 그러니 이들을 모조리 조선으로 추방시켜야 한다"라고 발악을 해 의원 전원으로부터 박수갈채를 받았다 한다.

• 일본 주둔 미군 사령부는 "조선인은 1946년 12월 안으로 모두 귀국하라. 귀국 않는 조선인은 모두 일본인으로 간주하며 일본법을 준수시키게 하겠다"라는 법령을 내려 떳떳한 외국인으로서의 권리와 조선인의 자주성을 빼앗으려 했다.

• 1946년 12월 24일 재일 조선인 생활보장위원회는 동포의 모든 권리의 옹호를 위한 대회를 궁성 앞에서 열고 대표 10여 명이 길전(요시다) 수상에게 진정을 위해 갔는데 수위와 경관이 이들을 구타한 뒤 검거해 폭도라는 죄명으로 군률재판에 걸어 결국 고국으로 추방시키고 말았다.

• 1947년 9월 11일 홋카이도 기타미라는 곳에서 일본인 80명이 동포 40명을 둘러싸고 구타해 동포 2명이 죽고 5명의 변사자가 생기는 불상사가 일어났다.

이러한 맥락에서 1949년 9월 8일 일본 정부는 연합군 최고사령관 맥아더의 명령으로 일본에 있는 주요 한국인 조직들(예컨대 한국민주청년동맹과 한국인거주자연맹)을 해체시키고 그들의 재산을 몰수했으며 간부들을 추방시켰다.[16]

유사한 탄압이 일본 내 좌익세력에게도 가해졌다. 맥아더는 일본의 병참기지화 정책에 완강하게 반대하고 있는 일본공산당에 대해 불법화 조치를 단행했다(1950년 3월 3일). 뒤이어 1950년 6월 1일 맥아더는 도쿄 시내에서 모든 공개집회·시위를 금지하는 비상계엄령을 발동했다. 이와 때를 같이해 24명의 일본공산당 중앙위원과 당 기관지 『아카하다』의 편집진 17명이 추방되었고 1만 2,000여 명의 노조원과 행정공무원이 정치적 이유로 해직되었다. 마침내 1950년 6월 16일 월러비 미 육군소장은 일본 전 지역에 일체의 공개집회와 시위 금지령을 내렸다. 그리하여 일본은 사실상 전시동원체제에 돌입했으며, 그로부터 9일 후인 6월 25일 한국전쟁이 발발하게 되었다.[17]

• 1947년 1월경 전쟁 후 도적이 성행해 골머리를 앓고 있던 일본은 방범주간을 만들었는데 그것을 알리는 포스터에다 태극기를 머리에 붙인 도적놈을 그려놓고 도적놈은 전부 조선인이니 잡아 죽이라고 떠들어댔다.
• 그동안 우리 동포들은 자녀들에 대해 우리 민족 고유의 교육을 시키고자 스스로 학교를 설립해 운영해왔다. 일본인들은 미군 사령부를 등에 업고 동포들이 세운 학교를 폐쇄시키고자 획책했다. 이에 동포들은 이러한 조치를 철회시키기 위해 일대 시위운동을 일본 전역에서 벌였다(김천영 편저, 『연표 한국현대사』, 한울림, 1985, 1055, 1057쪽).

16   허버트 빅스, 앞의 글, 219쪽.
17   위의 글, 223쪽.

3. 고조되는 긴장

1950년 1월 12일 미국의 국무장관 애치슨은 미국출판협회에서 행한 연설을 통해 한국과 타이완을 미국의 방어선에서 제외한다는 이른바 '애치슨라인'을 발표했다. 이러한 애치슨라인은 미국 내에서 즉각 비판의 대상이 되었지만, 애초에 애치슨의 발언이 겨냥했던 소련과 중국은 비판의 초점이 되고 있는 미국의 방어선에서 한국과 타이완이 제외된다는 사실에 대해 전혀 다른 해석을 내리고 있었다.

북경(베이징—인용자)은 '방어선'에서 제외된 지역이 있다는 사실보다 방어선이 포함하고 있는 지역이 종래보다 훨씬 확대되었다는 점에 관심을 보였다. 1950년 2월 1일자 『인민일보』의 사설에서는 "미국은 그들의 방어선에서 일본에 중대하고도 항구적인 지위를 부여하였다"고 언급하고 미국은 류우큐우까지 겨냥하고 있다고 비난하였다. …… 한국 자체에 대해서 모스크바나 북경의 워싱턴 관측자들은, 애치슨이 한반도의 남쪽에서 손을 떼었다고 비난하는 미국 내의 여론을 선뜻 수긍하려고는 하지 않았다. 애치슨은, 일본은 물론 한국을 포함한 북태평양 지역에서 미국의 책임이 있는 지역과 '관련된 국민이 직접 책임이 있는' 남부지역(인도지나와 동남아시아)을 구분하였다. '한국은 일본보다는 더 낮은 비중이지만 일본과 더불어 태평양 지역에서 중요한 위치를 점한다. 방어선에서 한국을 제외하는 것은 …… 그 같은 관심사에 대한 근본적으로 군사적 관점에서 나온 것이며 …… 결코 정치적인 정의는 아니다.'[18]

---

18 위의 글, 214쪽.

여기서 말하는 '군사적 관점'이라는 표현이 담고 있는 내용은 애치슨라인이 발표되기 직전인 1949년 12월 13일 미국의 국가안보회의에 제출된 한 문서를 통해 대략적으로 밝혀지고 있다. 이 문서에서는 미국의 주요 군사기지가 배치되어 있는 필리핀, 오키나와, 일본 본토 등 아시아 해안의 섬 체인─애치슨라인과 동일한─에 대해 '우리의 첫 방어라인으로, 그리고 덧붙여 우리가 그곳에서부터 공산 지배 지역의 감소를 모색할지도 모를 첫 공격라인'으로 정의하고 있는 것이다.[19]

실제로 미국의 동아시아 정책은 더욱 공격적인 방향으로 흘러가고 있었다. 1950년 4월 대중공 정책에 있어서 초강경파인 덜레스가

19　오코노기 마사오小此木政夫, 「전이하는 한반도의 전략적 가치」, 진덕규 외, 『1950년대의 인식』, 한길사, 1981, 381쪽.
한국과 타이완을 미국의 방어선에서 제외한다는 요지의 '애치슨라인'은 오늘날까지도 무언가 석연치 않은 점을 많이 남기고 있다. 무엇보다도 애치슨라인은 그것이 공식적으로 담고 있는 내용과 실제 미국의 정책이 전혀 일치하지 않는다는 사실 때문에 문제가 된다. 미국은 애치슨라인과 발맞추어 오히려 한국과 타이완의 군사력을 증강하기 위해 더욱 노력을 강화했고 얼마 뒤 한국전쟁이 발발하자 조금도 지체하지 않고 개입했다. 이러한 과정에서 미국은 자신들의 견해를 수정하거나 조정해야만 하는 그 어떠한 상황에도 봉착한 바 없었다. 그저 모든 것이 순조롭게 진행되었을 뿐이다.
혹자는 애치슨라인이 북한으로 하여금 미국이 개입하지 않을 것이라는 판단 아래 남침을 감행하도록 만들었다고 주장하기도 한다. 그러나 북한을 포함해 그와 이웃해 있는 소련이나 중국이 한반도에 대한 미국의 불개입 선언을 곧이곧대로 받아들였다는 증거는 그 어디에도 없다. 오히려 당시 일본에서 벌어지고 있는 일련의 사태로 말미암아 상당한 위기의식에 사로잡혀 있었다고 보는 편이 옳을 것이다. 즉, 이들 나라는 과거 일본의 침략으로 겪었던 엄청난 고통을 상기하며 무언가 새로운 전쟁 음모가 진행되고 있는 것이 아닌가 하는 심각한 불안을 느끼고 있었던 것이다. 따라서 애치슨라인으로 인해 북한이 한반도에 대한 미국의 불개입 정책을 확신하고 남침을 감행했다는 주장 역시 그 근거가 극히 희박하다는 것이 드러나게 된다. 요컨대 설사 미국이 북한의 오판을 유도했다 하더라도 북한이 반드시 그러한 작전에 말려들었다고는 보기 힘든 것이다.

국무장관의 공화당고문으로 임명되어 극동정책을 담당하게 되었다. 그의 임명은 '정책의 급진적 전환을 추진하기 위해' 이루어졌다. 이미 두 해 전에 남한만의 단독정부를 수립하기 위해 앞장섰고 훗날 베트남전쟁의 주모자로 국제적인 주목을 받았던 덜레스는 등장하자마자 한반도를 둘러싼 모든 불확실성과 의견 차이를 종식시켰다.[20]

비슷한 시기인 4월 8일 미국 정부는 NSC-68(국가안전회의 68번 각서)을 통해 국방비를 종래의 135억 달러에서 500억 달러 수준으로 급속히 증대하는 계획을 비밀리에 추진했다. 이 계획은 결국 한국전쟁의 발발을 배경으로 전격 실현되는 과정을 거치게 된다.[21]

이보다 조금 앞서 1950년 1월 26일 한미상호방위원조협정이 체결되었고[22] 그에 따라 482명으로 구성된 미 군사고문단의 주둔이 합법

---

20 허버트 빅스, 앞의 글, 223쪽.

21 조지프 굴든, 김쾌상 옮김, 『한국전쟁』, 일월서각, 1982, 32쪽. 1954년에 비망록을 집필한 국가안전회의 위원장은 다음과 같이 설명했다. "한편에서 불안정한 예산, 고율세금, 그리고 더욱 절박한 경제운용과 다른 한편으로 보다 충분한 군사상의 조건 사이를 선택하는 데에서 오는 딜레마는 북한의 침략 3개월 전까지 정책 결정 수준에서 해결되지 않았다. 이들 결정은 북한의 남침이 '분석에 의해 이미 채택된 결정'에 대해 구체적이고 유혈의 확증을 부여한 후에야 실제적인 조치로 옮겨졌다." (로버트 시몬스, 기광서 옮김, 『한국내전』, 열사람, 1988, 169쪽)

22 한미상호방위원조협정의 주요 조항은 다음과 같다. 제1조 ① 각 정부는 원조공여 정부가 허락하는 기구, 물자, 노력 내지 기타 원조를 당 정부가 동의하는 약정 및 조건하에 상대방의 정부 혹은 기타 정부에게 제공 혹은 계속 제공한다. ② 대한민국 정부는 본조 제1항에 의해 수취한 원조를 그 공여 목적을 위해 유효히 사용할 것과 미합중국 정부의 사전 승락이 없이는 원조공여 목적 이외의 다른 목적을 위해 유용하지 않을 것을 공약한다. ③ 대한민국 정부는 미합중국 정부의 사전 승락이 없이는 제1항에 규정한 설비, 물자 내지 노력의 소유권 또는 점유권을 대한민국 정부의 관원이나 대표자가 아닌 개인이나 기타

화됨과 동시에 약 2억 달러에 달하는 군사원조가 단행되었다. 미 군사고문단의 지도 아래 남한 군대는 1948년 말 약 6만 명 정도의 규모에서 1950년 6월경에 이르러서는 10만 명 수준으로 성장했다.[23]

　　1950년대에 들어와서는 미국 군사지도자들의 극동지역에 대한 왕래가 유난히 잦아졌다. 2월 16일 맥아더는 이승만을 일본으로 불러 이틀간에 걸친 비밀회담을 가졌으며 합참의장 브래들리, 해군참모장 셔먼, 육군참모장 콜린스, 그리고 공군사령관 반덴버그 등은 군사시설을 시찰하기 위해 한국과 일본을 자주 왕래했다.[24] 또한 6월 18일에는 덜레스가 38선을 시찰했고[25] 바로 연이은 21일에는 도쿄에서 맥아

국가에 이양하지 않을 것을 공약한다.
……
제5조 대한민국은 다른 협정이 없는 한 본 협정에 의해 국내로 수입하는 제품, 재산, 자재 내지 기구의 수입 또는 수출에 관세와 국내 관세를 면제한다.
제6조 대한민국 정부는 정식 미국 대표에게 본 협정에 의해 제공된 원조의 이용상태를 자유로이 또는 충분히 시찰할 수 있는 편의를 제공한다.
한국과 미국 사이에 맺어진 모든 협정이 그렇지만 본 협정도 원조를 미끼로 미국이 한국의 내정을 관찰하고 감독할 수 있는 절대적 권한을 합법화해주고 있다(노재봉, 「한국 경제개발에 따르는 정치적 코스트」, 마루야마 나오키丸山直起 외, 『한반도 위상의 재조명』, 인간사, 1985, 322~325쪽).

23　김세진, 「한국 군부의 성장과정과 5·16」, 김성환 외, 앞의 책, 143쪽 참조.

24　허버트 빅스, 앞의 글, 222쪽.

25　38선을 시찰한 덜레스는 남한의 국회에서 남한이 곤란에 빠질 경우 미국이 도울 것이라는 사실을 암시하는 다음과 같은 연설을 했다.
"유엔은 한국을 정신적으로 유엔의 일원으로 간주하고 있다. 미국인은, 한국인들을 이러한 자유세계를 구성하는 커다란 모임의 동등한 참가자로 환영한다. 그렇기 때문에 나는 한국은 외롭지 않다고 말한다. 한국이 자유를 지키기 위한 커다란 계획에 가치 있는 참가를 계속하는 한 한국은 결코 외롭지 않을 것이다."(조지프 굴든, 앞의 책, 73쪽)
한편 1950년 7월 말경 대표적인 북한 신문(『로동신문』)은 지난 6월 도쿄에서 있었던 미국 고위 관리들의 회담에 관해 다음과 같은 기사를 게재했다.

더와 회담을 가졌다. 한국전쟁은 국방장관 루이스 존슨과 통합참모본부 의장 오민 브래들리가 극동지역을 순방하고 귀환하는 순간에 발발했다.[26]

남한의 이승만은 일본의 재무장과 미국의 적극적인 극동정책에 고무되어 연일 소리 높여 북진통일을 외쳐댔다. 이승만은 조병옥에게 보낸 편지에서 다음과 같이 언급했다.

우리는 사실 무력으로 조국을 통일할 모든 준비가 다 되어 있다. 다만 무기와 총탄만이 부족하다. 대부분의 북한 공산군도 폭동을 일으켜 우리와 합세하여 북한으로부터 공산도당을 쫓아버릴 만전의 준비가 되어 있다. 또한 북한 주민도 궐기하여 폭동을 일으킬 북한 병사와 합세하여 공산당을 처치해버릴 것이다. 그들은 우리의 지원 없이도 궐기할 준비가 되어 있으므로 폭동을 일으킬 날짜만 확정하여 라디오나 다른 비밀 통신기관을 통해 알려달라고 요청하고 있다. 그러나 현재 내가 할 수 있는 일이란 그들의 궐기를 다소 지연시키는 일인데 내가 그들의 궐기를 지연시키는 이유는 궐기 후에 궁극적 목적을 달성하기 위해 필요한 무

"미 고위 군사관리들은 동경에서 가진 한 회합을 통해 조선에서의 전쟁 수행의 시기 및 방법과 대만 점령을 인정하는 문제를 토의하였다. 맥아더 계획에 따르면 미군은 7월 말 이전에 대만에 주둔할 예정이었다. 따라서 조선에서의 전쟁은 더욱 일찍 시작되었는데, 그것은 대만 점령의 방편이 되기 때문일 것이다. …… 시장에는 쌀이 없고 인민들은 도처에서 이승만 정권을 원망하고 있다. 덜레스는 쌀과 물품이 부족한 가운데서 어떤 정책 수행도 불가능하며, 결국 미국은 이 상황을 책임져야 한다고 결말지었다. 이에 따라 덜레스는 미국이 조선전쟁의 개시에 동의했음을 이승만에게 통보했다."(로버트 시몬스, 앞의 책, 160쪽)

26 김병오, 『민족분단과 통일문제』, 한울, 1985, 81쪽.

기와 총탄을 확보하지 못했기 때문이다.[27]

극단적으로 현실을 왜곡하고 있는 이 말이 뜻하는 것은 간단히 말해 자신의 정권을 지키고 적을 일망타진할 충분한 무기를 공급해줄 것을 미국에 간청하고 있는 것에 다름 아니었다.[28]

한편 북한·소련·중공은 미국에 의한 일본의 재무장에 대해 극히 예민한 반응을 보이기 시작했다. 소련은 1950년 1월 6일자 『코민포름 저널』을 통해 다음과 같이 미국의 대일정책을 비난하고 나섰다.

중국과 한국에 있어서 미 제국주의자들의 약탈계획이 실패로 끝난 뒤에

---

27 위의 책, 73쪽.

28 이승만은 1950년 6월 14일자로 그의 고문인 올리 박사에게 자신의 욕망을 표시하는 다음과 같은 서신을 보냈다.

"한국의 상황에 관해 적고자 합니다. 본인은 지금이 평양의 도당들을 소탕하기 위한 공격을 개시하는 데 최적의 시기라 생각합니다. 우리는 두만강과 압록강을 우리의 국경선으로 삼기 위해서 김일성과 그 일당들을 먼 산맥으로 쫓아내어 거기서 굶어 죽게 할 것입니다. …… 우리 국민은 북진통일을 갈망하고 있습니다. 그리고 북녘 동포들 또한 열렬히 우리의 진격을 기다리고 있습니다."(로버트 시몬스, 앞의 책, 146쪽)

이에 앞서 1949년 10월 말경 이승만 정부의 국방부장관은 다음과 같이 말했다.

"만일 우리가 스스로의 방침을 마음대로 취할 수 있다면 확신하건대 이미 시작했을 것이다. 그러나 우리는 그들(미국인들)이 준비할 때까지 기다려야 한다. 그들은 우리에게 '안 돼, 안 돼, 기다려, 당신들은 안 돼 있어'라고 계속 말하고 있다."(로버트 시몬스, 앞의 책, 142쪽)

미국은 이승만이 성급히 전쟁을 개시할 것을 우려해 남한 정부에 대한 무기공여에 시종일관 조심성을 보였다. 예컨대 1949년경 일본에 파견되어 있었던 미 국무성 대표 윌리엄 세발트는 "공격을 위한 적절한 무장이 갖추어지면 이승만이 38선을 넘어 곧바로 진격할까 염려된다"라고 그의 저서에서 언급하고 있었다(같은 곳).

이 같은 요인으로 한국전쟁 발발 당시 남한군은 몇 가지 분야에서 북한군에 비해 상대적으로 뒤처지게 되었다.

국무성과 미 군국주의자들은 그들의 주 관심을 소련과 아시아의 제 국가에 있어서의 민주적 운동에 대한 군사적 모험의 중요기지인 일본에 쏟았다. 무엇보다도 그들은 근거 없는 여러 가지 구실을 붙여 일본과의 평화조약 조인을 지연시키도록 획책하고 있으며, 또 이런 식으로 미군의 일본 장기 주둔을 합법화하려 들고 있다.[29]

뒤이어 2월 14일 소·중공 우호동맹과 상호원조조약이 체결되었다. 중공의 『인민일보』는 이 동맹이 미·일 군사동맹에 대항하기 위한 중·소 양국의 제휴 형성임을 시사했다.

역사의 새로운 시대에 창설된 중·소 간의 이번 동맹은 세계 인구의 3분의 1을 포함하고 있다. 이 동맹은 제국주의 침략에 대비한 정복할 수 없는 요새이다. 이것은 일본이나 일본과 직접 간접으로 동맹을 맺는 어떤 다른 나라가 침략을 다시 자행해서 세계평화를 파괴시키는 것을 효과적으로 막아줄 것이다. 그러므로 이 동맹은 현재도 일본으로 하여금 침략을 다시 하도록 획책하고 있는 미 제국주의에 대한 통렬한 공격이다.[30]

그러면 당시 북한의 상황은 어떠했는가? 미군의 공식적인 전쟁사에 따르면 본래 북한 군대는 1949년 말끼지 방어형 군대였다. 평양이 소련에서 공격용 군수물자를 받아들이기 시작한 것은 남한이 1950년 봄에 북진을 준비하고 있는 것처럼 보일 때였다.[31]

---

29   오코노기 마사오, 앞의 글, 385쪽.
30   같은 곳.
31   로버트 시몬스, 앞의 책: 프랭크 볼드윈 엮음, 『한국현대사』, 사계절, 1984, 127쪽.

소련에서 무기를 구입하는 것은 북한 전역에서 벌어진 기부금 운동으로 뒷받침되었다. 이 운동은 1949년 7월 15일에 창설된 '조국보호와 방위를 위한 지지자 협회'가 주도했는데, 1950년 봄까지 약 300만 명 정도가 참가했다.[32]

이렇게 해서 구입된 군 장비는 전쟁이 발발한 6월에도 대체로 수송 도중에 있었으며, 북한이 남한에 대한 최대의 공격을 가하는 데 필요한 장비를 갖추게 된 것은 7월 말경에 이르러서였다.[33]

대규모 전면전에 대한 북한의 준비상태는 몇 가지 사실을 통해 개략적으로 짐작할 수 있다. 다음은 한 미군 정보팀이 북한 정부의 문서를 입수해 연구한 끝에 밝혀낸 사실이다.

1950년 1월~6월의 날짜가 붙은 노동당 상임위원회의 일급 비밀작업 계획은 북한 정부 정책의 모든 것을 상세히 다루고 있음에도 불구하고 앞으로 있을 전쟁에 대해서는 전혀 언급을 하고 있지 않다. 또한, 2개 사단의 참모장을 포함하여 수많은 북한의 고위 장교들은 다음과 같이 말하고 있다. …… 그들은 다가올 전쟁을 거의 육감으로 느꼈을 뿐이고 전쟁 개시 1주일 전까지도 공격에 대한 아무런 구체적인 지시를 받지

32   오코노기 마사오, 앞의 글, 382쪽.

33   로버트 시몬스, 앞의 책, 127쪽.
한국전쟁 발발 당시 남한은 9만 5,000여 명의 군대와 이와 거의 같은 무장을 한 4만 8,000여 명의 국가 경찰력을 보유하고 있었다. 반면 북한이 보유하고 있던 병력은 10만 3,800여 명의 보병부대와 1만 8,600여 명의 경찰로 구성되어 있었다(로버트 시몬스, 앞의 책, 144쪽).
참고로 같은 시기에 북한에는 소련군 고문단이 약 40명 그리고 남한에는 미 군사고문단 약 500여 명이 주둔하고 있었다.

못했다.[34]

또한 6월 25일 당일 북한군의 동원태세는 전쟁이 시작된 지 한 달 후인 1950년 7월 30일 맥아더 사령부의 보고과정 중 한 장교가 특파원에게 한 말을 통해 짐작할 수 있다.

전쟁이 시작된 6월 25일 당시, 북한은 동원계획을 수행하지 않았다. …… 오직 6개 부대가, 침략이 시작되었을 때 전투준비가 되어 있었다. 북한의 전쟁계획이 13개에서 15개 부대를 요구함에도 불구하고 ……[35]

4. 불붙는 38선

기록상으로 볼 때 한국전쟁은 말할 필요도 없이 1950년 6월 25일 새벽에 개시되었다. 그러나 이러한 사실이 마치 마른하늘에서 날벼락 치듯이 갑자기 전쟁이 시작되었다는 것을 의미하지는 않는다.

어떻게 보면 전쟁은 적어도 이미 4·3제주항쟁에서 시작되었다고 볼 수도 있다. 여순 봉기와 전면적인 유격전을 거치면서 최소한 10만 이상의 희생자를 양산하면서 치러진 적대적인 두 세력 간의 대규모 무력충돌은 그 자체로 하나의 전쟁이었다고 보아도 조금도 이상할 것이 없다.[36] 또한 1950년 6월 25일 본격적인 한국전쟁이 발발하기 훨

---

34 로버트 시몬스, 앞의 책, 127쪽.
35 I. F. 스토운, 백외경 옮김, 『비사 한국전쟁』, 신학문사, 1988, 86~87쪽.
36 최장집도 이와 동일한 견해를 표명하고 있다.

씬 전부터 38선에서는 남북한 군대 간의 대소규모 충돌이 끊임없이 발생하고 있었다.[37]

따라서 한국전쟁의 화염은 이미 오래전부터 그 불길이 지펴지고 있었다 하겠다. 한국전쟁의 기원에 관련된 문제는 이러한 맥락에서 전쟁이 전면화되고 국제화되는 계기와 원인이 무엇인가, 다시 말해 누가 타오르는 불길 위에 기름을 부었는가 하는 것으로 구체화되지 않으면 안 된다.

그러면 늦어도 1949년 여름부터 38선을 사이에 두고 전개된 남북한 군대 간의 대소규모 무력충돌에 관해 살펴보자.

1949년 5월 5일 춘천에 주둔하고 있던 보안부대 2개 대대의 요원들이 북한으로 넘어간 일이 발생하였다. …… 이 사건의 영향을 상쇄시키기 위하여 남한의 정부와 언론은 얼마 전에 있었던 개성 전투에서 북한 진지를 향해 '생사를 건 돌격으로 사망한 10인의 용사'의 죽음을 부각시켰다. 또한 남한군은 변절을 가장하여 북한 경비대를 유혹하면서 5월 7일 의정부 일대에서 그들을 습격하려고도 하였다. 그러던 중 남한의 한 부대가 '북한으로 수 킬로미터까지' 침투하였으며 '몇 군데의 마을에 폭

"우리는 한국전쟁이 1950년 6월 25일 전면전이 일어나기 훨씬 이전의 첫 번째 국면(해방 직후부터 시작하여 해방된 민족 통일 국가를 수립하려던 민족의 열망이 좌절된 시기)에서 이미 시작되었다는 사실을 배우게 된다. 한 연구자의 추정대로 특히 1948년 제주도 4·3사건 이후 전쟁 발발 때까지 게릴라전을 포함한 정치적 투쟁으로 10만 정도의 사망자가 발생했다고 할 때 우리는 이미 그것을 평시의 상태로 보기 어렵기 때문이다."(『한겨레신문』, 1988년 6월 25일자)

37 미 국무성의 한 관리는 1950년 4월에 다음과 같이 말했다.

"38도선은 실질적인 전선이다. …… 전투가 계속 진행되고 있고 아마 1, 2천 명의 전투원이 실제 교전하고 있다."(로버트 시몬스, 앞의 책, 141쪽)

격'을 가하기도 하였다. 이러한 사태에 대해 북한은 5월 18일에 38선에서 남쪽으로 수십 킬로 떨어진 백천 근처를 수개 중대의 경비대가 공격함으로써 응답하였다.[38]

심각한 전투상황이 소규모 부대의 교전 형태로 1949년 6월 내내 계속되었다. 6월에는 남한의 호림부대 소속 게릴라 중대가 북한으로 기습 침투를 강행하는 도중에 북한 경비대에 의해 체포되었다. 9월에 평양에서 열린 재판에 대한 북한 측의 선전을 언급하는 미국 측에 따르면, 남한 게릴라 부대는 그 작전영역이 정확히 밝혀지지는 않았지만, 동해안의 원산만 북방을 공격목표로 삼고 있었던 것으로 알려졌다. 남한의 국방장관은 7월 17일에 국군은 '이승만 대통령의 명령을 기다리고 있으며, 단 하루에 양양과 원산을 완전히 장악하리라고 확신한다'라고 기자단에게 발표하면서, 동해안에 대한 기습을 성공적으로 감행할 수 있는 남한의 능력을 언급하였다.[39]

1949년 8월 초에 어부로 가장하고 인천항을 출발한 남한의 해군 선박은 8월 11일에 대동강 어귀의 해안 군사시설을 폭격하였다. 또한 6일 후에 6척의 소해정에 승선한 남한 기동 부대가 북한의 몽금포 군항을 공격하여 북한 선박 1척을 나포하고 4척을 격침시켰던 사건은 실로 심각한 것이었다. 이 공격에서 전직 해군이었던 국방장관의 명령을 직접 받은 남한 측 지휘관 이용운은 해군의 지휘계통을 전적으로 무시하였던

38　존 메릴, 「한국의 내란, 1948∼1950: 한국전쟁의 국지적 배경」, 브루스 커밍스 외, 박의경 옮김, 『한국전쟁과 한미관계』, 청사, 1987, 182쪽.
39　위의 글, 183쪽.

것이다.[40]

남한의 38선 도발에 대한 북한의 선전이 계속되는 중에, 북한군 2개 대대가 여전히 38선 북방의 운파산에 위치하고 있던 남한군 진지를 밀어붙였다. 만약 전쟁이 발생한다면 남한군이 포위될 지역인 옹진반도에서 계속되는 전투와 관련하여, 미 군사고문단은, 이 노출된 반도에서 퇴각하도록 남한 군부에 압력을 가하였다. 남한의 병력은 2개 대대 정도로 축소되어 있었고 백인엽 대령이 사태를 진전시키라는 명령과 함께 신임 사령관으로 임명되었다. 이러한 지시에도 불구하고 백인엽 대령은 '사기를 진작시키기' 위하여 12월 중순에 북한군 진지를 기습공격하였다. 간단히 운파산을 재탈환하고, 백인엽은 북한의 성급한 대항공격을 유도하였다. 여기에서 북한군은 1개 대대가 남한의 매복공격으로 심각한 타격을 받았다.[41]

빈번한 충돌은 남북 모두에 상당한 희생을 안겨주었다. 한 정보 보고는 교전 후 북한 기차가 부상자로 꽉 차 있었다고 언급하고 있으며, 어느 미 군사고문단 입회인은 1단계 옹진전투 현장에서 '땔감나무처럼 텐트 속에 차곡차곡 쌓여 있는' 남한군 사망자들을 보았다고 밝혔다.[42]

이 같은 충돌은 결코 우발적인 것이 아니었다. 어떤 경우는 확실히 지역사령관, 특히 남한군 지휘관의 주도로 발생했던 것이다. 이승

40   위의 글, 184~185쪽.
41   위의 글, 185쪽.
42   위의 글, 186쪽.

만 정부는 이들을 거의 통제하지 않았다. 때로는 그 지휘관들이 정치 지도자의 직접 명령을 수행하는 경우도 있었다. 미 군사고문단 단장 로버트는 다음과 같이 밝히고 있다.

> 우리의 의견으로는 38선 북방에 위치하는 소규모 남한기지의 존재가 각 사건의 원인인 것 같다. 지휘관들의 침공, 병력 증강, 군수품…… 등에 관한 야단스러운 외침이 그 특징을 형성한다. 남한은 북한을 침공하고 싶어하였다. 우리는 그들에게 만약 그러한 일이 발생한다면 모든 고문단은 관계를 끊고 ECA(미국 대외원조기구―인용자)의 통로는 잠겨버릴 것이라고 경고하였다.
> 북한 측이 옹진반도를 상실한다면, 그들은 체면을 세우기 위하여 20마일 안쪽에 있는 철원을 침공하게 될 것이 분명하였다. 38선상의 모든 사건들은 대체로 적대적인 지역군의 자극을 받은 것들이었다. 남북한 모두 잘못한 것이었다. 그러나 북한의 공격은 결코 그렇게 심각할 정도는 아니었다.[43]

북한은 38선 근처의 자기 군대에 대해서는 더욱 엄격한 통제를 가하고 있었다. 북한이 전투를 유발시켰을 때는 대개 그 전투가 정치적 문제를 납득시키려는 의도에 따른 한정된 행동이었다.[44]

---

[43] 위의 글, 184쪽.
[44] 위의 글, 181쪽.
당시 북한은 북한 내에서 '혁명기지' 강화에 치중하고 제한된 게릴라 공격을 지지하면서 상대적으로 절제된 태도를 보여주었다(위의 글, 182쪽).

남북한 양측 모두가 교전을 주도한 바 있으며[45] 또 어느 쪽도 38선을 일반적인 국경선으로 생각하지 않고 있었음이 분명하다. 또한 실제 전투에서는 북한이 패배한 듯하다. 그 이유는 남한이 대부분의 군대를 38선 지역에 배치하고 있었던 것에 비해 북한은 다른 공산국가와 마찬가지로 주요 병력은 예비로 남겨둔 채 내무성 휘하의 경무장된 경찰력으로만 38선을 수비하고 있었기 때문이었다.[46]

---

45 남한에서 발간된 『한국전쟁사』에는 한국전쟁 직전까지 38선 부근에서 874회의 전투가 있었다고 기록되어 있다. 반면 북한 측은 같은 시기에 남한이 북한을 1,836회 침공했다고 주장하고 있다(김병오, 앞의 책, 81쪽 참조).

46 사회주의 국가에는 일반적으로 정규군 외에 경비대를 두고 있다. 북한의 경비대도 기본적으로는 다른 사회주의 국가의 경비대와 동일한 성격을 지니고 있는 것으로 볼 수 있다. 북한의 한 사전은 경비대에 대해 다음과 같이 적고 있다고 한다. "적의 침략으로부터 국경, 해안, 철도, 공공건물 및 시설 등을 보위하는 무장집단. 경비대는 주로 대내적 임무를 수행하는 국가의 무장력이다."

전쟁이 일어나기 전 북한에는 내무성 산하에 철도경비대, 조·중 국경경비대, 38선경비대가 있었다(사쿠라이 히로시, 「한국전쟁의 기원에 관한 일고찰」, 가지무라 히데키 외, 김동춘 엮음, 『한국현대사연구』 I, 이성과현실사, 1988, 275쪽).

제2장

전쟁의 발발과 미국의 개입

1. 전면적 충돌로의 비화

25일 새벽 4시경 38선을 경계로 서로 맞대고 있는 옹진, 개성, 동부 해안지구에서 북한군과 한국군 사이에서 전투가 개시되었다.[1]

드디어 3년간에 걸친 대혈전의 비극의 막이 오른 것이다.

6월 25일 새벽, 전쟁의 포성이 38선을 무너뜨리고 있던 그 순간, 기묘하게도 한반도 전역은 억수 같은 소낙비로 온통 질퍽거리고 있었다. 한국전쟁은 이날의 기상조건만큼이나 혼란스럽고도 불투명하게 시작되었다. 전쟁 개시 당일 두 개의 적대적인 세계에서는 명백히 상반되는 정보가 빗발치고 있었던 것이다.

전쟁 발생 소식이 남한을 포함한 서방세계에 가장 먼저 알려진 것은 주한 미 대사관의 설명에 의거한 UP 통신의 보도를 통해서였다.

한국 38선에서 일요일 새벽에 북한군이 전 전선에 걸쳐 침공하여 왔음

1 　로이터 통신, 1950년 6월 25일자.

을 전함. 현지 시간 9시 30분의 보고로는 서울의 한국군 사령부에서 북쪽으로 65킬로 거리에 있는 개성에서 한국군 제1사단이 9시경 격파되고, 옹진반도의 남쪽 3, 4킬로에서 한국군이 북한군과 대치하고 있음. 보고에 의하면 동해안의 강릉 아래에 20정의 소형 선박들이 바다에서 상륙하고 있음. 해안도로를 차단했다고 함. 아직 단편적이고 불명확한 것임을 강조해둠. ─한국 주재 제임스 특파원 발 단편 보도[2]

UP 통신의 보도는 25일 오전 10시 직전에 서울로 들어왔고 이 소식은 일간신문 호외를 통해 남한 전역에 알려지게 되었다.

한편 전쟁 개시 당일 북한의 내무성은 다음과 같이 두 차례에 걸친 공식 보도를 행했다.

1) 오늘 6월 25일 이른 새벽 남조선 괴뢰정부는 38도선 전역에 걸쳐 38도선 이북지역으로 불의의 진공을 개시하였다. 불의의 진공을 개시한 적은 해주방면 서쪽, 금천방면, 철원방면에서 38도선 이북지역으로 1～2km까지 침입하였다.

조선민주주의인민공화국 내무성은 38도선 이북지역으로 침입한 적을 격퇴시키라고 공화국 경비대에게 명령하였다. 현재, 공화국 경비대는 진공하는 적을 요격하면서 가열찬 방어전을 전개하고 있다. 공화국 경비대는 양양 방면에서 38도선 이북지역으로 침입한 적을 격퇴시켰다. 조선민주주의인민공화국 정부는 만일 남조선 괴뢰정부 당국이 38도선 이북지역에 대한 모험적 전쟁행위를 즉각 중단하지 않는다면 적을 제압

2   조지프 굴든, 앞의 책, 66쪽.

하기 위해 결정적인 대책을 취할 것이며 동시에 이 모험적인 전쟁행위에 의해 발생하는 결과에 대한 모든 책임은 그들에게 있다는 것을, 남조선 괴뢰정부 당국에게 주의시킬 것을 공화국 내무성에 위임하였다.

2) 조선민주주의인민공화국 경비대는 오늘 6월 25일 이른 새벽 38도선 부근 전 지역에 걸쳐 38도선 이북지역에 대한 불의의 공격을 개시한 남조선 괴뢰정부의 소위 국방군의 침공을 요격하고 가열찬 방어전을 전개한 결과 적의 진공을 좌절시켰다.
인민군 부대와의 합동작전으로 공화국 경비대는 38도선 이북지역으로 침입한 적을 완전히 격파하고 반격전으로 들어갔다. 6월 25일 현재 공화국 인민군과 경비대는 다수의 지역에서 38도선 이남지역으로 5~10km까지 전진하였다. 전투는 계속되고 있다.[3]

전쟁 개시 당시 남한 군대의 병력 중 3분의 2가 한강 이북에 배치되어 있었다. 이를 구체적으로 살펴보면 다음과 같다.

제1선(전방)
옹진반도: 제17연대
개성지구: 제1사단(10,000명: 제11, 12, 13연대)
동두천지구: 제7사단(10,000명: 제1, 3, 9연대)
춘천, 원주지구: 제6사단(9,000명: 제2, 7, 19연대)
서울: 수경사(7,000명: 제3, 8, 18기갑연대)

---

3 사쿠라이 히로시, 앞의 글, 287~288쪽에서 재인용.

주문진, 강릉지구: 제8사단(7,000명: 제10, 21연대)

제2선(후방) 예비사단

중부: 제2사단(8,000명: 제5, 16, 25연대)—대전지구

영남: 제3사단(7,000명: 제22, 23연대)—대구지구

호남: 제5사단(7,000명: 제15, 20연대)—광주지구[4]

개전이 되자 북한의 인민군은 도처에서 한국군을 격파하기 시작했다. 미 군사고문단 단장인 윌리엄 로버트 준장이 '아시아에서 가장 막강한 규모'[5]라고 단언했던 남한 군대가 맥없이 허물어지는 가운데 25일 오전에 동두천, 25일 저녁에는 포천, 26일 오후에는 의정부가 북한군의 수중에 들어갔다.[6] 연이어 27일에는 북한군의 일부가 서울 주위를 맹렬하게 공격했다.

———

4　전사편찬위원회, 『한국전쟁사』 II, 국방부, 1968, 56쪽.

5　1950년 6월 초 윌리엄 로버트 주한 미 군사고문단 단장은 퇴역할 시기에 즈음해 극동에 파견된 『타임』의 특파원 프랭크 기브니 기자와 고별회견을 가졌다. 회견 내용은 다음과 같다. "지금 대부분의 관찰자들은 병력 10만을 보유한 남한을 아시아에서 가장 많은 병력을 가진 나라로 간주한다. 신속한 남한의 군대는 공산주의 게릴라 조직을 소탕하여 불과 소수의 잔당만 남겨두었다. 지금은 어떠한 사람도 소련이 훈련시킨 북한군이 남한을 침략했을 때 대량의 증원부대 없이 쉽게 성공할 수 있으리라곤 믿지 않는다."(조지프 굴든, 앞의 책, 54~55쪽)

6　내무성의 보도와 비슷한 관점에서 6월 26일 북한의 김일성은 다음과 같은 간략한 연설을 했다. "매국역적 이승만 괴뢰정부 군대는 6월 25일 38도선 전역에 걸쳐 38도선 이북지역에 대한 전면적 진공을 개시하였다. 용감한 공화국 경비대는 적의 진공을 막아내고 격렬한 전투를 전개하면서 이승만 괴뢰정부군의 진공을 좌절시켰다. 조선민주주의인민공화국 정부는 당면의 정세를 검토하여, 우리 인민군에게 결정적인 격견을 개시하여 적의 무장력을 소탕하라고 명령하였다. 인민군은 공화국 정부의 명령에 따라 적을 38도선 이북지역에서 몰아내고 38도선 이남지역으로 10~15km까지 전진하였다. 인민군은 옹진, 연안, 백천 등 많은 도서와 촌락을 해방시켰다."(사쿠라이 히로시, 앞의 글, 281쪽에서 재인용)

한편 6월 25일 아침, 이승만은 비원 연못에서 낚시질을 하고 있었다. 그러나 북한의 야크기들이 경무대를 직접 폭격하는 등 서울 함락이 임박해오자 서둘러 피난길에 나섰다. 월요일이었던 26일 서울 시내의 은행들이 개점을 하자 지주, 자본가, 은행가, 관료 등 특권층은 재빨리 돈을 찾아 남쪽으로 피난했다.[7]

28일 새벽 2시, 북한군 전차 2대가 시내로 돌입했다는 보고를 받은 채병덕 한국군 육군참모총장은 대기하고 있던 공병감에게 즉각 한강 인도교를 폭파할 것을 명령했다. 그러나 한강교가 폭파되는 순간에도 한국군의 주력은 여전히 한강 이북에 머물러 있었고 대부분의 중화기나 장비, 보급품도 역시 운송되지 않은 채 그대로 있었다.[8]

북한군의 주력이 서울 시내 중심부에 들어온 것은 28일 오후 3시였다. 당시 상황으로 보아 한강교 폭파를 6~8시간 정도 연기할 수 있었던 것이다. 그 사이에 미처 후퇴하지 못한 3개 사단의 병력과 군사장비는 충분히 한강을 건널 수 있는 시간적 여유가 있었다 하겠다.

결국 한국군의 병력과 군사장비의 결정적 약화를 초래하고 만 한강교의 성급한 폭파는 통상적인 군사상식을 완전히 벗어나 있었던 것이어서 많은 의혹을 불러일으키고 있다. 특히 문제의 이 사건은 남쪽에서 의도적으로 전쟁을 도발한 증거로 제시되기도 했다.

유엔 시찰반이 보고했던 것처럼 …… 미 군사고문단이 생각하기를 이승만의 군대가 사보타지를 한 것이 아닌가 하고 의심할 정도로 왜 형편

---

7   김병오, 앞의 책, 78쪽.
8   위의 책, 79~80쪽.

없이 붕괴하고 패주했는가? 이것은 북한군을, 한국 내에 깊이 끌어들여 그 위협을 이용해서 미국의 개입을 확실히 한다고 하는 최고부의 군사적 음모와 관련이 있었던 것은 아닌가? 북한군에 의한 한국군의 탄약, 보급품, 군장비의 포획은 북측의 쾌진격을 가능케 했다. 이러함에도 퇴각하는 한국군에 의해 보급품이 파괴되지 않았던 이유는 무엇인가?[9]

여하튼 개전 3일 만에 이승만 정부는 서울을 버린 채 남쪽으로 후퇴하고 말았다.

2. 미국의 개입─먼저 행동하고 나중에 생각하라

한국에서 전쟁이 일어났다는 보고를 받은 워싱턴의 분위기는 예상과는 달리 비교적 차분한 편이었다. 당시 미국 대통령 트루먼은 고향에서 휴가를 즐기고 있었다. 그리하여 애치슨 미 국무장관이 대통령이 없는 상황에서 진두지휘를 하며 지체 없이 다음의 사항을 결정하고 지시했다.

1. 미국 민간인들의 한국에서의 철수문제.
2. 맥아더 사령부와 관계없이 한국에 주둔하는 미 군사고문단이 요청하는 군장비 지급.
3. 한국 내의 모든 작전지휘권은 맥아더가 맡는다.

9　　콩드, 『現代朝鮮史』 2, 太平出版社, 1972, 206쪽, 김병오, 앞의 책, 80쪽에서 재인용.

4. 유엔의 뒷받침 아래 맥아더는 7함대를 포함한 그의 모든 병력을 사용한다.[10]

이와 함께 이날 애치슨이 결정한 가장 중요한 사항은 미군이 유엔의 옷을 입고 한반도에 개입하기로 하고 이를 위해 북한을 침략자로서 유엔에 제소한 것이었다. 미국 시간으로 25일 새벽 2시경 애치슨은 위의 사항을 휴가 중인 트루먼에게 보고했고 취침 중에 전화를 통해 보고를 받은 트루먼은 단 몇 마디를 지시한 다음 다시 돌아누웠다. 한국 민족의 운명이 걸린 막중한 문제는 이토록 간단하게 처리되었다. 사실상 오늘날까지도 애치슨이 무슨 권한으로 이처럼 난해한 문제를 그토록 신속하게 처리할 수 있었는지에 관해 심각한 의문이 제기되고 있다. 단지 애치슨이 해낸 역할만큼은 미국 합동참모본부에서도 인정하고 있을 따름이다.[11]

25일 애치슨의 지시에 따라 26일 오전 3시(미국 시간으로는 25일 오후 2시)에 유엔 안전보장이사회가 긴급 소집되었다. 다 알다시피 유엔 안전보장이사회는 미국과 소련 등 상임이사국 5개국의 만장일치제로 운영되고 있다. 그런데 한국전쟁이 발발하던 당시 공교롭게도 소련은 타이완의 중국 대표권에 대한 거부 표시로 유엔 참석을 보이콧하고 있었다.[12] 이러한 호조건에서 미국은 동맹국의 지원을 받아 북한을 침

---

10 조지프 굴든, 앞의 책, 76쪽.

11 같은 곳.

12 소련이 유엔에 다시 참여하기 시작한 것은 1950년 8월에 접어들어서였다. 소련의 참여로 안전보장이사회를 자유롭게 가동하지 못하게 된 미국은 총회를 활용함으로써 이후의 사태에 대응해나갔다.

략자로 규정짓고 '38선의 원상회복을 권고하는' 결의안을 통과시킬
수 있었다.[13] 이처럼 소련이 유엔에 불참한 가운데 한국전쟁이 발발했
다는 사실은 이후 남침론을 반박하기 위한 증거로 활용되기도 했다.

휴가에서 돌아온 트루먼은 26일과 27일 연이어 백악관 회의를 소
집했다. 회의에서는 다음의 사항들이 전격적으로 결정되었다.

1. 맥아더 휘하의 해·공군을 즉각 한국에 투입시킬 것
2. 미국은 유엔의 깃발 아래 참전해야 한다
3. 조만간 있게 될 지상군을 포함한 대규모 부대의 투입을 위해 각 군
   참모총장은 군을 동원할 수 있도록 '필요한 명령을 준비할 것'
4. 미 7함대를 대만과 중국 사이의 해협에 파견하고 필리핀의 미군을
   증강시킬 것이며 동시에 필리핀 정부에 대한 원조를 강화할 것[14]

드디어 26일 밤 10시 맥아더 극동사령관에게 '맥아더 사령관은 즉
시 한국에 출동하라'라는 내용의 명령이 떨어졌다.

이렇듯 한국전쟁 발발 직후 미국의 대응은 상당히 신속하고 짜임
새 있는 것이었다. 그것은 마치 미리 준비되고 계획된 각본에 따라 일
사불란하게 움직이는 연극의 한 장면과도 같았으며, 또한 계획이 성
공하는 데 필요한 조건은 기묘하리만치 매 순간 맞아떨어져갔다.

일본에 주둔하고 있는 미 해·공군의 한국전쟁에 대한 신속한 투
입과 중국 해안에 대한 연쇄적인 봉쇄조치는, 적어도 1년 전부터 본

---

13 김병오, 앞의 책, 82쪽.
14 위의 책, 83쪽.

격화된 일본의 재무장과 그에 바탕을 둔 대중공 봉쇄전략의 자연스러운 발전과정으로 받아들일 수도 있는 것이었다.

한국에 출동하라는 명령을 받은 맥아더는 백악관에 곤란한 요청을 해왔다. 즉, 한국 국민은 이미 전의를 상실했으므로 이를 회복하기 위해서는 미국 정부가 군사개입에 대한 공식적인 성명서를 발표해야 한다는 내용이었다. 그러나 미국 행정부는 미리 성명서를 발표할 경우 미국 의회에서 반발이 일어날 것을 두려워한 나머지 한국에 대해 미국이 개입한다는 내용의 성명서를 한국에서만 발표하기로 했다. 그리하여 27일 오후 3시 한국 육군 정보국장은 직접 방송을 통해 다음과 같이 발표했다.

> 6월 27일 오후 4시 맥아더 사령부로부터 동 사령부의 야전 지휘소를 곧 서울에 설치한다는 통보를 받았다. 당장 내일 아침부터 미국 공군이 출격을 개시할 것이고 지상군 부대는 점차로 전투에 참가할 것이다.[15]

그리하여 한국전쟁에 대한 미군의 최초 개입은 미국 의회의 승인도 받지 않은 채 시도되었다.[16] 미군의 개입에 대한 미국 의회와 동맹국들의 사후 승인은 남한 군대가 형편없이 패배만을 거듭하고 있는 위태로운 상황이 적절히 이용됨으로써 이루어졌다.

일본 주둔 해·공군이 한국전쟁에 투입된 직후 백악관 회의에서는

---

15 위의 책, 84쪽.
16 이와 관련해 공화당의 태프트 상원의원은 대통령이 의회의 동의 없이 전쟁에 개입함으로써 헌법상 의회에만 주어진 선전포고권을 영구히 포기하게 하는 결과가 될 것이라고 트루먼을 맹렬히 공격했다(위의 책, 85쪽 참조).

"미 지상군의 투입과 38선 이북에도 공격할 수 있는 권한을 맥아더에게 준다"라는 결정이 내려졌다. 이로써 미군 개입의 대외적 명분이었던 38선의 원상회복이라는 명제는 간단히 무시되기 시작했다.[17]

최종적으로 7월 7일 미국의 요청으로 유엔 안전보장이사회에는 유엔군 사령부를 설치하고 유엔 회원국의 군대를 미국 정부 아래 둔다는 요지의 결의안을 통과시켰다. 이사국인 인도, 이집트, 유고슬라비아는 회의 참석을 거부했다. 이른바 7·7결의의 내용은 다음과 같다.

1. 한국에서 작전을 수행하는 유엔군 통합사령부를 설치한다.
2. 미국 정부에 이와 같은 최고사령부를 구성하도록 요청한다.
3. 작전에 참가한 각국 군대는 자국의 국기와 유엔기를 동시에 사용케 한다.
4. 유엔군 최고사령관은 안전보장이사회에 정기적으로 보고한다.[18]

이 결의는 곧 실행에 옮겨졌고 유엔사무총장 리는 유엔기를 미국 정부에 전달했다. 트루먼 대통령은 즉시 미 극동사령관인 맥아더를 유엔군 총사령관으로 임명했다. 이와 함께 공군의 98퍼센트 이상, 해군의 83.3퍼센트, 지상군의 88퍼센트가 미국군으로 구성된 이른바 국제연합군이 창설되었다.

그리하여 미국 군대는 유엔의 깃발을 손에 들고 유엔의 모자를 쓴 채 한국전쟁에 전면적으로 개입하게 되었다. 또한 유엔은 한국전쟁에

---

17 위의 책, 86쪽.
18 위의 책, 88쪽.

서 교전 당사자가 됨으로써 스스로 국제분쟁의 공평한 해결자 역할을 포기하고 말았다.

미국이 한국전쟁에 개입하기 위해 유엔을 활용한 이유는 매우 명백하다. 한국전쟁은 그것이 남북한의 대결로 그치는 한 본질적으로 내전의 성격을 지닌 민족 내부의 문제에 해당한다. 따라서 미국이 한국전쟁에 개입한다면 곧 다른 민족에 대해 부당한 간섭을 했다는 비난을 면치 못하게 된다. 미국은 이런 곤란한 상황을 유엔이라는 간판을 내세움으로써 완화시키고자 한 것이다. 그러나 비록 유엔의 옷으로 갈아입었다고 하여 몸뚱이마저 바뀔 수는 없는 것이다. 유엔군은 일종의 미군의 위장된 모습에 다름 아니었다.

한편 개전 직후부터 한국전쟁에 투입된 미 공군기와 군함들은 북한군이 장악한 남한 지역에 무차별적인 폭탄 세례를 퍼부어댔다.[19] 이

19　6월 27일 한반도에 대한 미 해·공군의 출격을 허락받은 맥아더는 극동 미 공군으로 하여금 36시간 이내에 '수중에 있는 모든 자원'을 동원해 공격하게 함으로써 미 공군의 무시무시한 위력을 느끼도록 만들고자 했다. 맥아더는 공군이 맹공격을 취하면 북한군이 혼란에 빠져 북으로 되돌아갈 것이라고 확신했다. 이렇게 해서 미 공군은 목표물을 찾아 한반도로 진격하게 되었다. 그러나 첫 번째 작전은 한반도 상공에 짙게 깔려 있는 구름과 어둠 때문에 북한의 탱크 행렬 등 목표물을 제대로 포착하지 못함으로써 실패하고 말았다. 많은 미군 폭격기가 폭탄을 가득 실은 채 일본에 있는 기지로 되돌아갔다.

이러한 사태에 직면한 맥아더의 참모장 에드워드 앨먼드는 "모든 수단을 동원해 정확성이 없더라도 38선과 서울 사이의 좁은 회랑지대를 폭격할 것"을 제안했고 이 제안은 그대로 받아들여져 실행에 옮겨졌다(조지프 굴든, 앞의 책, 96~97쪽 참조).

유감스럽게도 미군은 일반 민간인과 비군사시설의 보호에 관해서는 전혀 고려하지 않고 있었던 것이다. 그들이 일차적으로 관심을 갖고 있었던 것은 '자신이 갖고 있던 힘을 최대한으로 과시하는 것'이었다.

참고로 스트러트 메이어 중장이 지휘하는 극동 미 공군은 일본에 제5공군, 오키나와에 제20공군, 필리핀에 제13공군을 배치하고 있었는데, 보유한 비행기의 수는 B26 폭격기 73대, B29 폭격기 27대, F80 전투기 504대, F82 전투기 42대 등 1,172대에 이르렀다(고

에 그치지 않고 6월 30일 맥아더의 북한 폭격 명령에 따라 평양 비행장을 급습해 북한 공군의 주력 비행기 약 70기를 폭파시켰다.[20]

미 지상군의 선발대가 부산에 도착한 것은 7월 1일이었다. 7월 2일에는 대전에도 배치되었고 대전을 기점으로 안성과 평택 방위선으로 진출했다. 미국 제24사단장 딘 소장은 7월 3일 비행기로 대전에 도착했다.

워커 중장은 맥아더 유엔군 사령관의 명령에 따라 7월 13일 주한 미 8군의 지휘를 맡게 되고 사령부를 대구에 두었다. 제8군에는 제24사단, 제25사단, 제1기병사단, 부산 병참사령부가 소속되어 있었다.

때맞추어 전 한국군을 미군의 단일한 지휘체계에 편입시키는 조치가 취해졌다. 7월 14일 이승만은 맥아더에 대해 "한국군의 지휘권을 귀하에게 양도한다"라고 통고했고, 동시에 한국군 총참모장 정일권에 대해서는 "귀관은 이후 유엔군의 지휘를 받아야 한다"라고 명했다. 이른바 '대전협정'이라고 불리는 이 통고와 명령은 조약이나 협정에 의해 성문화된 것도 아니고 국회의 비준을 얻은 것도 아니었지만 곧바로 1950년 7월 17일부터 실시되어 오늘날까지 계속되고 있다.[21]

작전권의 이양과 함께 주한 미군에 대해 치외법권을 보장하는 조치가 취해졌다. 1950년 7월 12일 미국은 주한 미국 대사의 이름으로 한국 정부에 보낸 서한에서 다음의 사항을 요구했다.

1. 미국 군법회의가 주한 미군과 그 구성원에 대한 형사재판권을 행사

지마 노보루兒島襄, 김민성 옮김, 『한국전쟁』 상, 종로서적, 1981, 83쪽).

20   김병오, 앞의 책, 89쪽.

21   위의 책, 90쪽.

한다.

2. 한국인이 미군 및 그 구성원에 가해행위를 범하였을 때는 그 한국인을 미군이 구속한다.

3. 주한 미군은 미군 이외의 어떠한 기관에도 복종하지 않는다.[22]

한국 정부는 이러한 미국의 요구를 주저 없이 수락했다.

이렇게 하여 미국은 한국전쟁의 한 당사자로서 최고의 지위와 권한을 갖게 되었고, 남한은 국군통수권과 사법권 등 핵심적인 주권의 상당 부분을 미국에 넘겨줌으로써 스스로 독립국가로서의 존립 근거를 포기하고 말았다. 이로써 한국전쟁은 초반부터 미국과 북한의 정면대결이라는 양상을 띠게 되었다.

3. 북한군과 남한 민중

미국 본토로부터 대규모 부대가 투입되기 전, 즉 전쟁 초반의 양상은 단연 북한군의 우세로 나타났다. 이렇게 된 결정적 요인은 북한군이 군대 수와 화력[23]에서 우위에 있었다기보다는 한국군이 문제의 한강

---

22 『한미 수교 100년사』, 동아일보사, 1982, 157쪽.

23 통상 남한 측의 공식 자료는 개전 당시 북한군의 병력과 장비를 실제 이상으로 과장해 설명하고 있다. 어느 정도 신뢰할 수 있는 한 글에서는 북한의 군사력에 대해 다음과 같이 적고 있다.

"M 1943형 152mm 곡사포, 1937형 152mm 직사포, 이오시프 스탈린의 이름이 붙은 일련의 중탱크, 그리고 그 밖의 매우 강력한 대포 등 소련의 위력적 군사장비는 대부분 북한에 공급되지 않았다. 북한군의 가장 강력한 무기인 야전 중화기는 M 1931/37형

교 폭파와 그에 뒤이은 병사들의 대거 이탈로 그 대열이 급격히 와해되어버린 데 있었다. 이미 6월 29일 정찰비행을 마친 존 처치는 다음과 같이 보고하고 있다.

어제까지만 해도 한국 군대는 약 8,000명으로 절망적이었지만 현재는 숫자가 늘어 2만 5,000명 규모의 병력이 되었다. 그래도 10만 명의 병력 중에서 4분의 3이 행방불명이 된 것이다.[24]

다음은 최초로 한국에 도착한 특파원 중 한 사람인 런던 『데일리뉴스』의 시드니 스미스가 퇴각하는 한국군에 대해 묘사한 것이다.

몇 대의 트럭 위에서, 나이 많은 지휘관들이 하얀 장갑을 끼고, 한 손엔 무기를 휴대하고 다른 손으로는 나뭇가지를 우산처럼 머리 위로 쳐들고 있는 것이 보였다. 비참한 광경들이 많았다. …… 한국군 병사들이 전장의 소음에 겁먹은 소와 말이 날뛰고 있는 앞으로 달아나는 모습도 보였다. 한국군 병사들은 총을 들이대고 민간인을 위협하여 옷을 빼앗아 갈아입은 뒤 피난민의 대열에 섞여버렸다. 바로 곁에 관리들이 서 있었으나 멍하니 바라보고만 있을 뿐이었다.[25]

122mm 대포였으며, 박격포 중 가장 큰 것은 M 1938형 120mm짜리였다. 북한이 보유한 가장 우수한 탱크는 제2차 세계대전 때의 T-34/85형이었다. 그러한 장비들 거의가 소련에서 남아도는 재고품들이었다. 재미있는 것은 최근(1948~50년)에 생산되었으나 그 모델은 이미 구형이었다는 것이다. 즉, 그 재고품에는 최근의 제조연도가 표시되어 있으나 화력의 질적 수준은 10년 전의 무기 정도밖에 되지 않는 것들이었다."(로버트 시몬스, 앞의 글, 136쪽)
24 김병오, 앞의 책, 86쪽.

이러한 한국군 병사들의 이탈과 함께 남한 지역 민중의 의미 있는 지원이 북한군의 초반 승리를 가능케 했다.

딘 소장이 자신의 회고록에서 밝혔듯이 당시 남한 지역에서는 이승만 타도와 조선인민군에 대한 지지의 열기가 상당히 높았던 것으로 보인다.[26] 이승만 정권이 서울에서 퇴각한 후 남북 협상파, 국회프락치 사건 관련자 등 그동안 미국과 이승만 정권에 반대해왔던 인사들은 대부분 북한군에 대해 협력적인 자세를 취했다.[27] 또한 미국 중앙정보부CIA는 당시 상황에 대해 "서울 시민의 상당수가 이승만과 그의 정부가 사라져버린 것을 환영하고 있으며 길거리는 공산주의 데모에 가담하는 젊은이들로 붐볐다"라고 보고했다.[28]

이러한 가운데 북한의 인민군은 서울을 점령하는 즉시 서대문 형무소에 수감되어 있던 4,000명 이상의 정치범을 석방했다.[29] 석방된 정치범의 대부분은 이승만 정권에 반대했다는 이유로 수감되어 있었으며 이들 중에는 앞에서 말한 국회의원들도 포함되어 있었다.

이와 함께 북한군은 의장을 제외하고는 남한 출신 인사로 구성된 서울인민위원회를 결성했다. 위원들 중 많은 수가 이승만이 공산주의자로 몰아 투옥시켰던 공무원과 국회의원이었다. 서울인민위원회는 결성과 동시에 친이승만계 군인, 경찰, 정부관리들과 그 가족에 대한

---

25 조지프 굴든, 앞의 책, 72~73쪽.

26 존 메릴, 앞의 글, 204쪽.

27 특이한 예로는 전쟁 초 한국군 제2사단장이었다가 해임된 송호성으로서 그는 7월 4일 북한 정부방송을 통해 '인민의용군'을 구성해 인민군과 함께 싸우자고 주장하기도 했다(조지프 굴든, 앞의 책, 147쪽 참조).

28 같은 곳.

29 고지마 노보루, 앞의 책, 82쪽.

색출작업에 나섰다.[30]

곧이어 이른바 '반동분자'들에 대한 재판이 진행되었고 그들 중 상당수가 처형되는 비운을 겪게 되었다.[31] 그리고 서울 출신 국회의원 원세훈이 이 재판을 주관했다.[32]

그러나 북한군이 남한에서 행한 점령정책은 불가피하게 많은 곤란을 겪을 수밖에 없었다.

우선 미 공군의 북한군 후방 보급로에 대한 무차별적인 폭격은 북한군의 식량조달에 심각한 어려움을 야기했다. 이러한 상태에서 북한군의 식량보급은 자연히 현지에서의 반강제적인 징발에 의존할 수밖에 없었다. 그러나 당시 남한의 일반적인 식량사정 역시 극도로 어려운 상태에 놓여 있었고,[33] 그런 상황에서 진행된 식량징발은 자연히 남한 민중이 북한군을 부정적으로 인식하는 데 영향을 끼칠 수밖에 없었다. 또한 북한군은 철도, 교량, 도로 등 파괴된 보급시설을 복구하기 위해 역시 현지 주민들을 동원했는데 이 작업은 전쟁 못지않게 위험한 일이어서 애초부터 긍정적 반응을 얻어내기 힘들었다.[34] 한편 평양 당국은 전시동원령이 내려진 지 불과 보름 만인 8월 15일까지 남한에서는 40여만 명의 젊은이들이 인민군을 지원하기 위한 의용군 모집에 참여했다고 발표했다.[35] 미국 중앙정보부는 이러한 사실

---

30 조지프 굴든, 앞의 책, 147쪽 참조.

31 한국 정부의 집계에 의하면 전쟁 기간에 북한 당국이 처형한 사람의 총수는 12만 8,936명이라 한다. 물론 북한 측은 이러한 수치가 날조된 것이라고 주장하고 있다.

32 조지프 굴든, 위의 책, 147쪽.

33 단적인 예로 1950년 6월 셋째 주에 남한에서는 쌀값이 30퍼센트나 인상되고 있었다(『뉴욕타임스』, 1950년 6월 29일자, 로버트 시몬스, 앞의 책, 145쪽 참조).

34 김병오, 앞의 책, 92~94쪽 참조.

에 대해 "북한에 의해 강제된 측면이 있기는 하지만 이는 과거 이승만 정권이 얼마나 남한 민중들로부터 지지를 못 받고 있었는지를 단적으로 보여주는 것"이라고 분석했다.[36]

또한 북한의 조국통일민주주의전선 중앙위원회는 8월 14일 다음과 같이 전쟁 수행의 목표를 명시한 「조선 인민의 성명서와 그 서명운동에 대하여」를 발표했다.

> 미국의 무력간섭을 즉각 중지시키고 외국 간섭자의 군대를 조선으로부터 철수시킬 방안을 강구할 것을 요구하고, 조선에서 동족상잔의 내전을 도발하고 조선 인민에 대한 무력 간섭자를 적극적으로 도와주는 이승만 ××을 인민재판에 회부할 것을 요구한 조선 인민의 성명서에 서명할 것을 전 인민에게 호소한다.[37]

그로부터 보름 뒤인 8월 29일 조국통일민주주의전선 중앙위원회는 「조선 인민의 성명서」의 서명운동을 총괄해 유엔 안전보장이사회 의장과 유엔 사무총장에게 다음과 같은 서한을 발송했다.

> 1. 조국통일민주주의전선 중앙위원회의 결정에 의해서 1950년 8월 15일~27일까지 실시한 「조선 인민의 성명서」에 15세 이상의 조선

---

35 위의 책, 93쪽.
CIA는 서울 학생들의 절반 이상이 대거 북한군에 입대했다고 보고했다(조지프 굴든, 앞의 책, 147쪽).

36 김병오, 앞의 책, 93쪽.

37 노중선 엮음, 『민족과 통일』, 사계절, 1985, 289쪽.

인민 중 13,319,102명이 서명했다.

2. 이 서명에 표시된 압도적 다수의 조선 인민의 의지를 중시하고 유엔
   은 그 헌장에 입각해서 조선에 대한 미국의 무력간섭을 즉각 중지하
   고 조선으로부터 외국 군대를 철거시킬 방안을 강구해야 한다.[38]

여하튼 여러 가지 요인으로 한국군은 전투다운 전투를 한 번도 해
보지 못한 채 낙동강 전선까지 밀려나고 말았다. 오히려 이 과정에서
북한군과의 전투에 더욱 적극성을 발휘한 것은 5만에 달하는 경찰들
이었다. 전체적으로 볼 때 한국전쟁의 초기에는 전부터 존재해왔던
현상, 즉 북한과 남한의 좌익세력에 대해 경찰이 극단적인 적대감을
지니고 있었던 데 반해 하급장교와 일반사병들은 종종 우호적이기까
지 했다는 사실이 다시 한 번 확인된 셈이 되었다.

북한군과 미군의 본격적인 최초의 충돌은 대전에서 발생했다. 이
때까지만 하더라도 미군은 북한군의 능력에 대해 상당히 과소평가하
고 있었다. 미군은 해·공군의 지원과 우수한 장비로 무장한 약간의
지상군 정도면 능히 북한군을 격파할 수 있을 것으로 장담했다. 그러
나 전투 결과는 예상과는 전혀 딴판이었다. 7월 19일 북한군 제3사단
은 대전 공격을 개시했다. 북한군 포병부대는 대전 비행장에 진지를
구축하고 있던 미군 포병부대를 향해 치열한 공격전을 전개했다.

같은 날 밤, 북한군은 야간을 이용해 대전 남쪽과 동남쪽을 우회
해 대전-금산의 연결도로, 대전-대구의 연결도로를 차단하고 또 대
전 서쪽 지역에도 진출해 대전을 완전히 포위해버렸다. 북한군 전차

---

38 같은 곳.

와 보병 연합부대는 대전시로 통하는 국도를 돌파해 4시경에는 비행장에 돌입했다. 포격과 전차의 돌입으로 미군의 지휘계통이 무너져버린 대전 시내에 7월 20일 오전 북한군 보병부대가 들이닥쳐 시가전을 전개했다. 대전시를 포위하고 있던 북한군은 전차를 앞장세워 시가전을 벌이면서 분산되어 있는 미군을 격파했다. 오후 6시경에는 미군이 조직적인 저항을 멈추고 총퇴각을 시작했지만 그 대부분이 북한군의 포위망에 걸리고 말았다. 제24사단장 딘 소장은 부대를 빠져나와 산으로 도망치지 않을 수 없었다.

대전 전투에 참가했던 미 제24사단 병력 3,933명 중 전사하거나 포로가 된 자는 1,150명이었으며 생존한 병사들도 대부분 군장비를 잃었다. 사단장 딘 소장은 혈혈단신으로 36일간 산중에 숨어 있었지만 결국 8월 25일 대전 남쪽 산중에서 북한군에 잡혀 포로가 되었다. 북한군의 승리는 한마디로 작전의 승리였다. 북한군은 지형조건을 최대한 활용해 미군을 포위하는 데 성공했고 동시에 미군 포병부대를 집중 공격함으로써 상대방의 지휘계통이 혼란에 빠지도록 유도한 것이었다.

초점은 북한군이 어떠한 방법으로 당시 미군의 동태와 대전 지방 지형에 대해 그토록 정확한 정보를 얻어낼 수 있었는가 하는 것으로 모아진다. 분명한 자료는 없지만 우리가 손쉽게 추측할 수 있는 것은 작전 당시 북한군이 현지 동조세력들 사이에서 필요한 협력을 충분히 얻어냈을 가능성이 있다는 것이다.

대전 전투에서 북한군이 결정적으로 승리한 이후 미군과 한국군은 재차 후퇴를 거듭했고 결국 낙동강-영덕 방어선을 사이에 두고 치열한 공방전이 벌어지게 되었다.

4. 남한에서의 사회개혁[39]

북한의 입장에서 점령지역은 곧 해방지구였다. 따라서 북한은 점령된 남한 지역에 거주하고 있는 민중으로부터 최대한의 지지를 얻어내기 위해 급진적인 사회개혁을 단행했다. 짐작건대 미국과의 정면충돌이 기정사실이 된 상황에서 북한이 계속 적극적인 남진정책을 추구했던 것은 이러한 사회개혁을 통해 남한 민중을 미국과 이승만에 대한 확고한 반대세력으로 돌려세울 수 있는 유리한 조건을 확보하고자 하는 데 그 목표가 있었던 듯하다.

북한이 점령한 남한 지역에서 단행된 급속한 사회개혁은 주로 과거에 민중운동을 이끌던 지역 출신 인사들이 주도했다. 이들은 파괴된 당 조직을 재건함과 동시에 민주청년동맹, 여성동맹, 직업동맹, 농민동맹, 문화단체총연맹 등 각종 대중단체를 창설함으로써 민중을 조직화하는 데 박차를 가했다.

이와 함께 자치적 권력기관인 각급 인민위원회가 광범위하게 모습을 나타냈다.

1948년 9월에 채택된 「북한헌법」 제2조에 "주권은 인민에게 있으며 이 주권은 최고인민회의와 지방인민위원회를 근거로 행사된다"라고 규정되어 있듯이, 이제 이러한 헌법규정이 남한 지역에까지 그 효력을 발휘하게 된 것이다.

본래 북한군은 점령된 지역에 대해 일차적으로 임시인민위원회를 세움으로써 필요한 행정체계를 대신해왔다. 그러다가 1950년 7월

---

39 김병오, 앞의 책, 94~102쪽 참조.

14일에 이르러서는 이를 영구적인 합법기관으로 만들기 위해 「인민위원회 선거에 관한 정령」을 발표하고 25일부터 점차적으로 군·면·리에서 이를 실시했다.

그리하여 9월 13일까지 인민위원 선거가 일단락되고 9월 28일에는 최종 결과가 발표되었다. 발표에 따르면 남한 점령지역 108개 군과 1,186개 면, 그리고 1만 3,654개 리에서 선거가 실시되었는데 입후보한 위원들은 리·동 단위에서는 유권자의 97퍼센트, 면 단위에서는 96퍼센트, 군 단위에서는 98퍼센트의 찬성을 얻었다 한다. 이렇게 해서 당선된 인민위원은 각각 군 위원 3,876명, 면 위원 2만 2,314명, 리 위원 7만 7,716명으로, 이를 출신성분별로 분류해보면 〈표 3〉과 같다.

선거에 이어 사회개혁 중 핵심적 과제라 일컬어지는 토지개혁이 단행되었다. 당시 남한의 토지소유 상태를 보면 과거 일제강점기와 별다른 차이가 없는 지주소작제가 그대로 유지되고 있는 형편이었

성분 \ 구분	군 인민위원	면 인민위원	리 인민위원
노동자	668	1,822	3,961
농민	2,395	17,646	69,865
사무원	550	1,952	2,142
인텔리	51	188	269
상인	79	224	459
기업가	42	69	145
종교인	19	34	69
기타	74	379	808

〈표 3〉 각급 인민위원회 위원의 성분별(직업별) 구분

출전: 『6·25 당시의 북괴 남한 점령정책에 관한 연구』, 국토통일원, 1977, 36쪽.

다. 따라서 인구의 대다수를 차지하는 농민들로부터 지지를 얻어내는 첩경은 바로 토지를 경작자에게 분배해주는 것이었다.

이러한 맥락에서 북한은 일찌감치 7월 4일 「토지개혁에 관한 정령」을 발표해 이를 실행에 옮겼다. 정령이 발표되자 500여 명의 토지개혁 지원위원이 북한에서 투입되어 개혁업무를 관장했다.

개혁은 우선 경기도에서 시작되었다. 1950년 7월 16일부터 18일에 걸쳐 도내 10개 군에서 참가한 지역 출신 450여 명의 지도요원에 대한 강습이 경기여중 강당에서 실시되었다.

직접적인 토지개혁의 집행은 부락 단위로 자체 선발된 5~9명의 위원을 갖는 '농촌위원회'가 담당했다. '토지개혁은 농민 스스로의 힘으로'라는 원칙이 구현된 것이다.

토지개혁은 농촌위원회가 토지대장을 자료로 분배안을 만들어 농민집회에서 토론과 동의과정을 거친 후 최종적으로 인민위원회의 승인을 얻어 확정하는 방식을 통해 진행되었다.

북한 당국이 발표한 토지개혁의 최종 결과는 다음과 같다.

조직된 농촌위원회는 1만 8,000개로서 14만 명의 농민이 참가했다. 개혁은 1개 시 9개 도 중에서, 전라북도 등 1개 시 6개 도에서 완전히 실시되었고, 나머지 3개 도에서는 북한군이 점령한 지구의 군·면에서만 진행됐다. 3개 도 가운데 전남에서는 252개 면 중 208개 면, 경북에서는 251개 면 중 107개 면, 그리고 경남의 239개 면 중 99개 면에서 실시됐다. 그래서 남한 전체 1,526개 면 중 1,198개 면이 토지개혁을 했는데, 이는 경지면적 비율로는 전체의 78%에 해당한다고 볼 수 있다. 또한 개혁으로 몰수된 토지는 59만 6,202정보이고 분배한 토지는 57만 3,334정보이며 나머지 2만 2,800여 정보는 국유화되었다.

도별	총면적	밭	논	기타	부채폐기면적
경기	156,824	62,258	88,100	6,466	14,633
서울	2,502	1,629	729	144	
황해	40,828	16,254	23,435	1,139	7,918
강원	35,293	21,945	11,939	1,412	2,782
충남	95,242	29,357	63,766	2,119	18,798
충북	38,572	20,391	17,375	806	6,847
전남	68,778	19,978	47,900	900	39,017
전북	86,104	25,487	59,091	1,697	
경남	18,104	4,483	13,108	513	
경북	53,357	26,994	24,134	2,229	

(단위: 정보)

〈표 4〉 몰수된 토지

출전: 「6·25 당시의 북괴 남한 점령정책에 관한 연구」, 42쪽.

몰수된 토지는 주로 농업노동자, 소작농, 영세농에게 무상으로 분배되었다.

토지분배와 함께 과거에 농민들이 지주로부터 토지 8만 9,994정보를 사들이면서 지게 된 부채와 종래의 지세 및 세금 일체는 모두 폐기된다는 선언이 뒤를 이었다.

농촌의 토지개혁에 발맞추어 1950년 8월 19일에는 북한에서 시행 중이던 노동법령이 남한에서도 그대로 적용된다는 「내각결정 146호」가 공표되었다.

그러나 이러한 정책 대부분이 미군과 한국군의 반격에 봉착함으로써 정상적인 실현이 곤란했다. 따라서 북한군이 그들 특유의 급진

도별	총면적	고용농민에게	토지없는 농민에게	토지적은 농민에게	국유화	분배받은 농가호수	전농가에 대한비율
경기	156,824	4,611	54,032	89,383	8,798	214,115	85%
서울	2,502		61	31	2,470	205	
황해	40,828	1,654	19,998	18,263	913	43,084	72
강원	35,293	1,127	12,146	18,572	3,448	74,789	57
충남	95,239	3,275	32,732	57,786	1,446	219,980	77
충북	38,572	2,190	11,990	23,958	434	97,614	61
전남	68,778	4,615	18,021	44,244	1,898	219,117	58
전북	86,635	5,510	27,630	51,285	2,210	219,278	78
경남	18,104	1,082	3,673	12,833	519	196,815	40
경북	53,357	4,016	16,207	32,413	721	106,001	62

(단위: 정보)

〈표 5〉 분배된 토지

출전: 『6·25 당시의 북괴 남한 점령정책에 관한 연구』, 43쪽.

적 개혁정책을 통해 얼마나 남한 민중으로부터 지지를 얻어냈는지는 확인할 수 없다.[40]

---

40   위의 책, 94~102쪽.

제3장

격돌하는 두 세계

1. 드러나는 미국의 야심

8월 초에 접어들면서 낙동강 방어선에서 대치하고 있던 양측 군대의 전력은 미국 측의 우위로 변해가기 시작했다.

완전히 와해되기 직전이었던 한국군은 대전 이남지역에서 고등학생과 청년들을 대량 모집해 병력을 보충함으로써 급속히 재편되어갔다. 아울러 병력의 이탈을 방지하기 위해 헌병의 감시활동이 강화되고 탈영병에 대해서는 발견하는 즉시 무조건 총살한다는 엄명이 내려졌다.[1] 그 결과 7월 말에는 한국군의 병력이 약 8만 6,000명 규모로 강화되었고 그 후 전쟁이 장기화됨에 따라 빠른 속도로 팽창해나갔다.[2]

한편 개전 직후부터 모습을 나타낸 미 공군기들은 북한군의 후방에 무차별적인 폭탄 세례를 퍼부었다. 미국은 북한군에 대한 보급로

---

[1] 탈영병에 대한 엄한 조치는 모든 전쟁 수행 국가의 공통된 현상이다. 북한도 같은 맥락에서 1950년 12월 26일 「명령 없이 전쟁지구와 전투장에서 무기와 전투기세를 포기한 근무자들을 처벌할 데 대한 명령」을 발표하고 시행에 옮겼다(노중선 엮음, 앞의 책, 294쪽).

[2] 김병오, 앞의 책, 92쪽.

를 차단하는 것에 그치지 않고 보급능력 자체를 말살시키는 것까지를 목적으로 삼고 있었다.

미 공군기의 폭격으로 남한 점령지역 내의 주요 철도를 비롯해 길목, 터널, 집하장, 창고 등 보급과 관계된 일체의 시설 대부분이 파괴되었다.[3] 파괴는 여기에 그치지 않고 민중의 생활과 직결된 61만 채의 일반주택과 1만 5,000동의 학교, 1만 7,000개의 공장이 완전히 잿더미로 변했다.[4]

8월 3일에 미국에서 임시 제1해병여단이, 일본에서 제89전차대대가, 8월 5일에는 미국에서 제2사단 제23연대가, 8월 7일에는 미국에서 제6전차대대가, 그리고 8월 19일에는 미국에서 제2사단 제38연대가 부산항을 통해 한국 땅으로 밀려들어 왔다.

당시 한국군을 포함한 이른바 유엔군 병력은 9월 1일 현재 도합 18만여 명에 달했다. 반면 북한군의 총병력은 9만 8,000명 규모에 그치고 있었으며 전차의 보유 비율도 1대 5로 유엔군 측이 절대적으로 우세했다.

한국군을 제외한 유엔군의 구성을 보면 미군이 대부분이었는데, 공군의 98퍼센트, 해군의 83.8퍼센트, 지상군의 88퍼센트가 미군이

---

3   위의 책, 94쪽.

4   가지무라 히데키, 「한국전쟁」, 가지무라 히데키 외, 앞의 책, 220쪽. 전쟁이 발발하고 첫 3개월 이내에 한반도 전체가 미군의 폭격으로 크게 황폐해졌다. 극동 폭격 사령부 사령관 돈 넬은 이에 관해 다음과 같이 간략히 언급했다. "본인은 전체, 거의 전 한반도가 소름끼치는 혼란에 빠져 있다고 진술하고자 합니다. 모든 것이 파괴되고 있읍니다. 이름을 붙일 만큼 가치 있는 것은 아무것도 없읍니다. …… 중국인들(중공군)이 오기 전에 우리는 지상으로 내려왔읍니다. 한국에는 더 이상 목표가 없었읍니다."(로버트 시몬스, 앞의 책, 267쪽)

었다. 한국군의 작전지휘권을 미군이 쥐고 있고 군장비도 대부분 미국이 공급하던 사정까지 고려한다면 유엔군이 곧 미군이며 한국전쟁의 양 당사자는 북한과 미국이라는 명제가 다시금 확인되는 셈이다.

1950년 9월 15일 미군은 맥아더의 지휘로 인천항에 상륙하기 위한 작전을 개시했다. 작전 당시 인천지구의 북한군과 미군의 병력을 비교해보면 다음과 같다.

미군 측 총병력은 7만 5,000명으로 미 제10군단, 미 제1해병사단, 미 제7보병사단, 미 해병여단, 한국군 제17연대, 한국군 해병대 4개 대대였고 인천 상륙에 동원된 총함정 수는 261척으로 미국 226척, 한국 15척, 뉴질랜드와 프랑스가 각 1척 등이었다.

반면 북한군의 병력을 살펴보면 현지에서 모집된 학생과 민간인으로 구성된 약 2만여 명 정도가 배치되어 있었으며 대부분 기관총과 소화기 정도로 무장하고 있었다.[5]

9월 15일 미군의 공격으로 시작된 인천 상륙작전은 16일 미군 전차부대의 인천 상륙, 미 해병대의 김포 비행장 완전 점령, 한강 서남부 제압, 20일 서울시 공략, 22일 미 제7사단 수원 돌입, 한국군 해병대의 마포·신촌·서대문 방면 진출, 25일 서울 시가전, 미군의 남산 점령의 순서로 일단락되었다.

한편 남부전선에서도 미군은 반격에 성공해 안동, 김천, 진주, 청주를 점령한 후 9월 28일에는 서울시를 완전히 손에 넣었다.

더욱 심각한 문제는 이 순간부터 발생했다. 이미 앞에서 밝혔듯이 미국은 지금까지 한국전쟁에 개입하는 대의명분으로 38선의 원상회

---

5   김병오, 앞의 책, 105쪽.

복을 내세워왔다. 물론 이러한 미국의 개입 원칙은 최초의 순간부터 지켜지지 않았다. 이미 미 공군은 개전 직후부터 북한을 폭격 대상 지역으로 삼아왔던 것이다.[6]

그러나 이제 38선이 원상회복된 시점에 다다르자 미국의 본래 의도가 더욱 확연히 드러나게 되었다.

워싱턴은 인천 상륙 개시일인 9월 15일에 맥아더에게 38선을 돌파해 계속 북진하라는 명령을 하달했다. 이에 맥아더는 서둘러 미 8군 주력을 북상시킴과 동시에 제10군단을 원산에 상륙시켜 남쪽과 동쪽에서 평양을 공략한다는 북진계획을 세웠다.

드디어 9월 29일 한국군을 필두로 대대적인 북진 공격이 감행되었다. 38선을 돌파하던 당시 맥아더의 지휘 아래 있던 병력 규모는 미군 12만 5,126명, 한국군 10만 1,573명, 영국군 1,704명, 필리핀군 1,369명, 합계 22만 9,772명에 달하고 있었고, 그 외에 미군과 한국군 병참부대 11만 9,559명, 미 극동공군 3만 6,677명, 미 극동해군 5만 9,483명을 더하면 총병력은 '44만 5,491명'에 달하는 대군이었다.

38선을 돌파함에 있어 미국은 참전 때와 마찬가지로 일단 일을 저질러놓은 다음 의회와 유엔의 승인을 얻어내는 방식을 취했다. 다만 이번에는 안전보장이사회가 아닌 총회를 통해 유엔의 승인을 얻어냈는데, 이는 소련이 8월부터 안전보장이사회에 참석해 거부권을 행사하고 있었기 때문이었다.

9월 30일 맥아더는 전 군에 38선을 돌파하라는 명령을 내리는 동시에 북한군 총사령관에게 보내는 항복 권고문을 발표했다.

---

6   고지마 노보루, 앞의 책, 285쪽.

북한군 총사령관에게. 그대의 군대와 잠재적 전투능력이 불원간 전면적으로 패배되고 완전히 파괴되는 것은 불가피한 것이다. 유엔의 결의가 최소한의 인명손실과 재산 파괴를 요구하고 있으므로 본관은 유엔군 총사령관으로서 그대와 그대의 지휘하에 있는 군대가 한국의 어느 지점에서든지 본관이 지시할 군사적 감독하에 무장을 버리고 적대행위를 중지할 것을 요청하며 또한 그대의 지배하에 있는 유엔군 포로 전부 및 비전투원 억류자를 즉시 석방하여 보호와 치료 그리고 급식을 가해서 본관이 지시하는 곳으로 즉시 수송할 것을 요구한다. 유엔군 사령부의 수중에 있는 포로를 포함한 북한군은 문명적인 습관에 의해 보호를 계속적으로 받을 것이며 가능한 한 조속히 그네들의 집으로 귀환하도록 허가할 것이다. 본관은 그대가 이 기회를 타서 장래의 불필요한 유혈과 재산 파괴를 방지할 결심을 조속히 행할 것을 기대한다.[7]

맥아더는 기세 좋게 북진을 계속해 10월 19일에는 평양을 함락시켰다. 이를 담당한 부대는 미 8군이었다. 이와 함께 제10군단은 인천으로부터 서해 – 남해 – 동해를 우회해 10월 26일 원산에 상륙했다. 그러나 원산은 이미 한국군 제1군단이 육로로 점령한 후였다. 미 제10군단과 한국군 제1군단은 합세해 개마고원을 점령하고 두만강을 향해 돌진했다.

북한 땅에 진주한 미군의 북한 주민에 대한 탄압은 참혹하기 짝이 없었다. 북한 전역에서 수백 명 단위로 방공호에 가두어놓고 불을 질러 죽이는 집단학살극이 속출했다. 12월 7일 황해도 신천군 원암리

---

7   노중선 엮음, 앞의 책, 290쪽.

에서는 900여 명을 창고 속에 처넣고 한꺼번에 학살했다. 한 생존자
는 당시의 끔찍한 정경을 다음과 같이 묘사하고 있다.

> 학살 이후 먼저 창고 문을 열자 입구 부분에 어린이들의 시체가 겹겹이
> 쌓여 있었는데 그것은 분명히 모두 창고에서 도망치려고 발버둥친 상황
> 을 말해주고 있다고 생각됩니다. 얼어 죽은 사람, 굶어 죽은 사람 외에
> 도 불에 타 죽은 사람 또한 많았습니다. 대부분의 어린이들은 고통에 못
> 이겨 몸부림치느라고 손톱이 빠져 있거나 닳아져 있었고 몸부림치며 긁
> 어댄 자리마다 피가 홍건하게 고여 있었습니다. 그것은 말할 것도 없이
> 숨이 끊어질 때까지 고통으로 몸부림쳤다는 것을, 그러다가 죽어갔다는
> 것을 말해주고 있는 것입니다.[8]

45일 동안 신천군에서는 전체 인구 14만 2,786명 중 약 25퍼센트
에 달하는 3만 5,383명이 무참하게 학살되었다. 특히 신천군 궁흥면
만궁리에서는 주민의 87퍼센트, 온천면 운봉리에서는 66퍼센트, 신
천면 양장리에서는 남자 전원이 학살되는 참변이 빚어졌다.[9]

대량학살의 참극 속에서 미군 병사들은 본래의 인간적 심성을 상
실한 채 더욱더 야수적으로 변해갔다. 그들은 온갖 비정상적인 행위
를 저질렀다. 특정 부위가 잔인하게 도려진 아녀자들의 시체가 곳곳
에 널려 있었고 인간을 대상으로 한 때아닌 사격연습이 남발했다. 한
미군 병사는 고향의 신문에 다음과 같은 내용의 편지를 보냈다.

---

8   가지무라 히데키, 앞의 글, 224쪽.
9   같은 곳 참조.

머리에 명중될 때의 기분은 정말로 통쾌했다. 나를 쳐다보는 부상자를 목표로 겨냥해서 방아쇠를 당기면 두개골이 날아가고 눈에서는 눈동자가 뽀르륵 소리를 내며 떨어졌다. 나야말로 명사수가 아닌가?[10]

한편 미군이 점령한 지역에서 예외 없이 쫓겨났던 옛 지배층이 다시 찾아들었다. 9월 28일 이승만은 다시 서울에 독재의 권좌를 설치했고 농촌의 지주들은 빼앗긴 옛 땅을 되찾으려고 광분했다. 민중에 대한 피비린내 나는 보복이 도처에서 펼쳐졌다. 확실히 미군은 이 땅에 들어와서 역사의 시곗바늘을 거꾸로 되돌려놓는 데 다시금 결정적역할을 한 셈이 되었다.

2. 북한, 장기 항전 태세로 들어가다

최신 장비로 무장한 대규모 미군 부대의 개입으로 북한군은 극히 불리한 정세에 처하게 되었다. 이에 따라 북한군은 무모한 정면대결을 피하면서 한편으로는 신속한 후퇴를 꾀함과 동시에 유격전으로의 방향전환을 적극 모색했다. 요컨대 장기 항전의 태세로 돌입한 것이다.

전세가 불리하니 후퇴한다. …… 미군 상륙에 도움이 되는 요소는 모두 제거할 것. 이용할 수 있는 군사시설은 파괴할 것. 산간부락을 접수하고 식량을 비축할 것. 입산경험자 및 활동가능자는 입산시킬 것.[11]

---

10   같은 곳 참조.

이러한 방침에 따라 호남 지역에 고립되었던 북한군 중 5개 사단은 소백산맥과 태백산맥의 줄기를 타고 북상했으며 나머지 1만여 명은 계속 머물면서 산악지방 유격대와 합류했다. 유격대의 주도로 지리산과 가야산에 인접해 있는 장성, 남원, 거창, 광양, 산청, 함양 일대에서는 계속적으로 게릴라 전투가 활발하게 벌어졌고 상당 기간 이 지역은 유격대의 실질적인 통치 아래 놓이게 되었다. 그 밖의 남한 지역에서도 현지 출신자들이 유격대를 조직해나갔다.

한편 일찌감치 후퇴를 한 일부 북한군은 험준한 산악지대에 매복해 미군이 통과하면 그 후방 보급로를 차단하고 일대 포위작전을 감행함으로써 미군을 혼란에 빠뜨리는 작전을 구사했다.

이와 함께 낮에는 산악지대에 숨어 있다가 야간을 이용한 기습공격을 퍼부어댐으로써 미군으로 하여금 정상적인 작전 수행을 곤란하게 하고 아울러 견디기 어려운 피로를 느끼도록 만들었다.

북한 지역에서는 중소규모의 유격전이 도처에서 벌어지고 있었다. 본래 북한군은 후퇴 당시 통과하는 지역마다 부대의 일부를 남겨놓아 이들로 하여금 유격대를 조직하도록 하는 조치를 취해왔다.

이렇게 해서 조직된 유격대 중에서 대표적인 활동을 벌인 것으로는 철원, 고원, 문천, 안변, 구월산, 녹신 유격대 등을 들 수 있다. 이들 대부분의 유격대는 남한 지역에서와 마찬가지로 최초에는 소규모로 출발했으나 부단한 전투를 통해 대원을 보충하고 상대편의 무기를 탈취함으로써 장비를 강화해나갔다. 예컨대 고천 인민유격대의 경우, 1950년 10월 초 결성될 당시에는 대원 150명에 장비라고는 보병

---

11 김남식, 『남로당 연구』 I, 돌베개, 1984, 455쪽.

용 소총 35정에 불과했으나 두 달 동안 90여 회의 전투를 치르면서 대원 800명, 소총 240정 확보라는 상당한 성장을 이룩하게 되었다.[12]

당시 상황에서 유격전이 갖는 의의는 다음과 같다.

첫째, 북한군은 유격전을 통해 자신의 힘을 효과적으로 보존하고 재차 이를 강화할 수 있는 기회를 갖게 되었다.

둘째, 북한군은 다양한 형태의 유격전투를 전개함으로써 미군의 작전에 상당한 지장을 초래했고, 그 결과 미군의 최종 승리를 계속 지연시킬 수 있었다.

셋째, 북한은 유격전을 통해 북한 주민들이 미군에 대해 계속 항전할 수 있는 태세를 갖추도록 유도했다.

애초에 북한의 의도는 분명 장기 항전을 통해 당시 상황을 해결하고자 했던 것 같다. 실제 1950년 9월 말부터 10월 초에 걸쳐 북한의 최고지도부는 외부의 원조 없이 북한 스스로의 힘으로 싸워나가야 한다는 사실을 반복해서 강조하고 있었다. 물론 여기서 말하는 외부의 지원이란 직접적인 군대의 참전을 말하는 것이다.[13]

비슷한 시기인 9월 30일, 정권 수립 1주년 기념식사에서 중국 수상 저우언라이가 한 발언에서도 북한에 대한 지원문제는 원칙적 수준에 머물러 있었다.

중국 인민은 한국의 정세에 대하여 중대한 관심을 가지고 있으므로 외국으로부터의 침략을 결코 용납하지 않을 것이며 제국주의자의 침략을

---

12 위의 책, 454~457쪽 참조.
13 로버트 시몬스, 앞의 글, 136쪽.

부대명		주요활동지역	극성기의 활동인원
	윤상철 부대	강원도 남부·경북	?
	이현상 부대	전남·전북	약 1개 사단
	남경우 부대	산청·함양·하동	
남한	담양산악 부대	광주·화순·영암·장수	
	백운산·덕유산 부대		
	박종근 부대	오대산·태백산	?
	김동암 부대	충북일대	?
	구월산 빨치산	황해도 일대(지휘관: 박재선)	2,386
	조희 빨치산	평양·원산간지역	?
	둔천군 빨치산	둔천군	315
북한	조달진 빨치산	정평군	375
	구연복 빨치산	곡산군	?
	맹산군 빨치산	맹산군	400
	인제군 빨치산	인제군	480

〈표 6〉 남북한의 유격전 실태

출전: 한국경찰사편찬위원회, 「한국경찰사 II: 1948. 8~1961. 5」, 내무부치안국, 1973.

당하는 이웃의 운명에 무관심할 수가 없다. 북한 인민은 장기 항쟁의 방침하에 온갖 곤란을 극복하고 최후의 승리를 획득할 것이다.[14]

그러나 당초 북한의 의도와는 달리 미국의 전쟁확대 정책으로 말미암아 한국전쟁은 전혀 새로운 양상으로 접어들기 시작했다.

---

14 노중선, 앞의 책, 290쪽.

3. 누가 중국군을 끌어들였는가―중국군 참전의 배경과 동기

한국전쟁의 발발로 중국은 상당히 곤혹스러운 상태에 빠지게 되었다. 불과 1년 전인 1949년 10월에 국가를 세운 중국은 아직 장제스 국민당의 잔당세력을 완전히 평정하지 못했고 수십 년에 걸친 전쟁의 참화를 딛고 경제를 건설해야 하는 시급한 과제를 안고 있었다. 여기에 덧붙여 타이완문제, 즉 중국 통일이라는 문제가 여전히 남아 있었다. 장제스의 반격도 결코 무시할 수 없는 불안한 요소였다.

이러한 시기에 터진 한국전쟁은 결과적으로 중국의 이 같은 과제 해결을 극히 곤란하게 만들었고 시간적으로도 상당히 지연시키고 말았다.

중국은 불가피하게 한국전쟁에 개입하게 됨으로써 국토통일을 위한 절호의 기회를 상실하고 말았던 것이다. 또한 거액의 전비 조달로 중국 경제는 심각한 어려움을 겪게 되었고, 그 결과 건설계획은 치명적인 후퇴를 강요당했다. 중국은 한국에 주둔한 군대의 유지비를 조달하기 위해 사상 유례없는 긴축정책을 감수했다. 전쟁 경비는 국내 생필품과 긴급물품에서 전환해 충당되었을 뿐만 아니라 소련으로부터 이자를 지불하고 빌리기까지 했다. 한국전쟁에 가담하는 데 드는 경비를 충당하기 위해 중국은 소련으로부터 적어도 20억 달러를 차용했다고 추산되고 있다. 말할 필요도 없이 이러한 부담은 극도로 낙후된 기반에서 출발해야만 하는 중국의 경제건설에 목을 조이는 것과 다름없었다.[15]

---

15 로버트 시몬스, 앞의 글, 137쪽.

결론적으로 한국전쟁은 중국으로서는 결코 원하지 않은 시기에 원하지 않는 형태로 발생한 셈이 되었다.

중국이 한국전쟁에 참전하게 된 이유는 명백하다. 바로 자국 방위에 직접적인 위협을 느꼈기 때문이다.

6월 27일 미국은 한국에 군대를 투입함과 동시에 제7함대를 중국과 타이완 사이의 바다에 파견했다. 아울러 중국 남단에 위치해 있는 필리핀 내의 미 군사력을 증강하고 베트남에 있는 프랑스에 대해 군사원조를 대폭 강화했다. 이러한 일련의 조치가 중국의 입장에서는 자신을 사면팔방에서 포위해 들어옴으로써 끝내는 무력침략을 기도하기 위한 것으로 여겨졌다. 미국이 미 7함대를 타이완 해협에 파견하자마자 저우언라이 중국 수상이 "유엔헌장에 전면적으로 위반되며 중국 영토에 대한 무력침략"이라고 미국의 조치를 강력히 비난하고 나선 것은 이러한 상황을 반영하는 것이다.[16]

이렇듯 팽팽한 긴장이 감도는 가운데 미군에 의한 38선 돌파가 감행되자 중국의 저우언라이 수상은 "만일 한국군 이외의 군대가 38선 이북을 침공할 경우 중국은 한국전쟁에 참전한다"라는 뜻을 인도를 통해 미국에 전달했다.

그러나 이때까지도 중국은 한국전쟁 참전에 대해 몹시 조심스러운 입장을 취하고 있었다. 자칫 중국이 한국전쟁에 발을 들여놓는 것이 중국 북부지방에 대한 미국의 폭격과 장제스의 본토 침공을 위한 결정적인 계기가 될 수도 있었기 때문이다. 따라서 중국은 가급적이면 전쟁이 한반도 내에 국한되고 한국 민중이 장기 항전을 통해 스스

16   김병오, 앞의 책, 112쪽.

로 문제를 해결해나갈 것을 기대하고 있었다.

유감스럽게도 중국의 이러한 기대는 결국 깨지고 말았다. 즉, 중국이 한국전쟁에 참가하기 훨씬 전에 미 공군기가 만주 지역을 폭파해버린 것이다. 이에 대해 중국 정부는 다수의 민간인 사상자 명단을 제시하면서 수십 차례에 걸쳐 항의했다.[17] 그러나 결국 11월 16일에 워싱턴에서는 압록강 철교를 폭파해도 좋다는 결정을 내리고 만다.

이 당시 미국의 트루먼 대통령, 국무장관, 국방장관, 맥아더 등 최고지도자들은 하나같이 만주 지역을 폭격하기로 합의하고 있었다. 이러한 행위들은 중국의 개입을 저지하기 위한 것이라고 공식적으로 해명되었지만, 사실 만주 폭격이 시작되던 당시 미 합동참모본부에 대한 보고에서는 '중공군 개입의 증거는 전혀 없다'라고 밝히고 있었다.[18]

이렇게 하여 한반도에 대한 미국의 전쟁 개입은 최초의 38선 원상회복에서 시작해 38선 돌파, 만주 폭격이라는 단계적 확대과정을 거치게 되었고,[19] 중국의 한국전 참전은 자국 영토가 직접적인 공격 대상이 되고 있는 상황에서 추진되었던 것이다. 이 점이 미국의 개입과 서로 다른 측면일 것이다.

---

17   콩드, 앞의 책, 188쪽.

18   김병오, 앞의 책, 110쪽.

19   최장집은 이 순간부터 미국의 한국전쟁 목표가 북한 정권뿐만 아니라 중국 공산당까지 궤멸시키려는 원대한 '석권정책'과 더불어 그 이전과는 완전히 다른 국면으로 접어든 것이라고 설명하고 있다(『한겨레신문』, 1988년 6월 25일자).

4. 인민전쟁의 마술 — 중국군과 북한 민중의 협력

정확한 시기는 알 수 없지만 미군의 만주 폭격이 감행되고 얼마 후 중국군이 압록강을 건너 한국전쟁에 참전했다. 당시 중국군의 정식 명칭은 '중국의용군'으로 정부의 군대가 아니라 정의를 위해 자발적으로 나선 비정규적 민간부대라는 뜻이다. 물론 실제로는 린뱌오 휘하의 제4야전군을 주력으로 하는 정규부대였다. 이처럼 중국군은 미군이 유엔군이라는 새로운 옷으로 갈아입고 한국전에 개입한 것과는 달리, 본래의 정규군 옷을 벗어버린 채 한반도에 들어왔다.

한국전쟁에 참전한 중국군은 오랜 기간에 걸친 항일투쟁과 반국민당투쟁을 통해 독특한 인민전쟁 전술에 익숙해져 있었다. 널리 알려진 대로 인민전쟁이란 본래 지역 민중으로부터 충분한 지원과 협력이 이루어질 때에만 수행 가능한 전술이다. 한마디로 인민전쟁이란 군대와 민중이 혼연일체가 되어 작전을 펼치는 것이라고 볼 수 있다.

이와 관련지어 북한 지역 주민들의 사정을 살펴본다면 비록 일부 지역에 한정된 것이기는 하지만 과거 항일무장투쟁과 당시의 유격전 경험을 통해 비교적 인민전쟁에 익숙해져 있었고 또한 어느 정도 숙련되어 있기도 했다.

이러한 조건을 바탕으로 중국군은 한국전쟁에서 독특한 전술을 구사할 수 있었다. 전쟁의 전 기간을 통해 중국군은 북한 유격대를 고리로 하여 북한 민중과 긴밀한 협력관계를 유지했다. 그리고 북한 민중은 이러한 관계 속에서 미국과의 전쟁에 대해 상당한 적극성을 발휘했다.

본래 중국군은 4일분의 식량과 80발의 소총탄만을 지급받은 뒤 트럭 한 대 없이 압록강을 건너왔다. 그 뒤로 필요한 식량과 장비는 모두 북한 유격대와 주민들의 협력을 통해 현지에서 조달받았다. 또한 북한 유격대와 주민들은 중국군에게 필요한 정보를 제공하고 장비 운반과 길 안내를 도맡아 처리했다. 요컨대 중국군의 눈이 되고 귀가 되고 손발이 되어준 것이다.[20]

이러한 협력의 결과 중국군은 맨손으로 그저 걷기만 하면 되었고 이동하는 데 어떠한 제한도 받지 않게 되었다. 뛰어난 이동능력을 지니게 된 중국군은 미군의 발길이 미치지 못하는 험준한 산악지대를 이용해 극비리에 이동을 계속했다.

중국군의 병력 이동은 반드시 야간에만 이루어져 미군의 탐지를 더욱 곤란하게 만들었다. 중국군은 해가 뜰 때까지 반드시 취사와 엄폐공작을 마치고 낮 시간 동안에는 특별히 허가된 사람 외에는 행동이 금지되었으며 위반자는 즉시 총살하는 조치가 취해졌다 한다.[21]

중국군의 작전과 관련지어 살펴보아야 할 것은 한반도 특히 북한 지역의 특수한 지형구조다. 한반도는 북에는 낭림, 남에는 태백의 양대 산맥이 등줄기처럼 남북으로 길게 뻗어 있고 이 두 산맥으로부터 서쪽을 향해 무수히 많은 산맥이 나무의 잔가지들처럼 갈려나가고 있다. 이렇게 하여 반도 전체가 산악으로 뒤덮여 있을 뿐만 아니라 각 산악지대는 이들 산맥으로 모두 연결되어 있음이 눈에 띈다. 따라서 평야지대는 여러 산맥으로 서로 차단되고 분리되지만 반대로 산맥을 통한다면 반도의 어느 지역이든지 모두 연결된다는 결론이 나온다.[22]

---

20 고지마 노보루, 앞의 책, 413쪽 참조.
21 위의 책, 304쪽 참조.
22 예를 들면 평양 동북쪽 50킬로미터 지점의 성천 산악지대는 강동을 경유해 서남쪽

남쪽으로부터 후퇴해 새로운 진용을 갖추고 있던 북한군이나 이제 막 압록강을 건너온 중국군은 한결같이 이러한 지형구조를 유감없이 활용했다.

산악이 제공해주는 이점은 목표하는 지점으로 손쉽게 이동할 수 있다는 점과 안전한 거점을 확보하는 데 있다.[23] 단, 이러한 이점의 활용은 현지 주민들로부터 물자공급과 운반, 정보제공의 협력이 이루어질 때에만 가능하다. 그렇지 않고 중장비를 보유한 채 이동을 하거나 후방으로부터의 병참보급에 전적으로 의존할 경우 험준한 산악에 대한 접근 자체가 곤란할 뿐만 아니라 매우 위험한 행위이기도 하다. 상대편이 후방 보급선을 차단해버리면 완전히 고립상태에 빠질 수 있기 때문이다. 미군은 그 특성상 산악지대 접근이 애초부터 불가능한 상태였다. 이러한 곤란은 미군 전체의 통일적인 작전 협력마저 어렵게 만들었는데 낭림산맥을 사이에 두고 함경도와 평안도에 주둔하고 있던 미군이 사실상 분리된 채로 움직였던 것이 그 대표적인 예다.

어쨌든 산악지대는 북한군과 중국군의 독무대가 되었다.

중국군과 새로이 재편 강화된 북한군은 미군이 전혀 눈치 채지 못하는 가운데 산악지대를 통해 전선을 가로지른 뒤 미군의 후방지역

으로 나아가면 곧바로 평양과 통했고 남쪽으로 나아가면 경의 본선을 간단히 제압할 수 있는 위치에 있었다. 이 점을 이용한 중국군과 북한군은 성천에서 평양 남쪽으로 진출해 대동강 일대의 미 8군을 포위해버렸다(위의 책, 455쪽 참조).

23 북한의 험준한 산악지대에서는 트럭을 이용하는 것보다 도보행군이 도리어 빠른 속도를 발휘할 수 있다는 것이 미군 자신의 경험을 통해서도 확인되었다. 그러나 많은 장비를 몸에 지닌 채 골짜기를 휘돌아가야 하는 미군과 한국군이 거의 맨몸으로 산줄기를 택해 지름길로 이동하는 북한군과 중국군의 이동 속도를 따라잡는 것은 거의 불가능했다(위의 책, 302쪽 참조).

깊숙이 침투했다. 그리하여 북한군과 중국군은 극비리에 미군의 허리를 자르거나 사방으로 포위해 들어가는 진용을 갖추는 데 성공했다.

이와 더불어 북한군은 낭림산맥과 묘향산맥이 연결되는 해발 1,000미터 이상의 고지대에 은신하면서 미군에 대한 야간기습공격을 계속 퍼붓고 있었다.

당시 북한군과 중국군의 병력은 서부전선에 배치되어 있는 중국군 제4야전군과 북한군 제1군단, 동부전선의 중국군 제3야전군과 북한군 제5군단을 합쳐 도합 33만 명이었다. 구체적으로는 중국군 제4야전군 17만, 중국군 제3야전군 10만, 북한군 6만으로 구성되어 있었다.[24] 이들 병력은 북한의 최고지도자를 총사령관으로 하고 양국군 장교들이 참모진으로 참가하고 있는 통합사령부가 집중적으로 통제하고 있었다.[25]

그러면 지금부터 북한의 인민군과 중국군이 미군과 한국군을 포위·공격해나가는 과정을 좀 더 구체적으로 살펴보자.

중국군이 의거하고 있는 전술의 모태는 손자병법에서 유래하는 '기습과 포위'였다.

방비가 없을 때 공격하라. 뜻하지 않을 때 나가 쳐라.

여름에는 남쪽지방을 치지 말고, 겨울에는 북쪽지방을 치지 말라.[26]

---

24 김병오, 앞의 책, 114쪽.
25 로버트 시몬스, 앞의 글, 138쪽 참조.
26 여름 더위에 관해서는 남쪽지방이 잘 대비되어 있다. 반면 월동준비는 북쪽지방이 우월하다. 따라서 여름에 남쪽지방을 공격하고 겨울에 북쪽지방을 치는 것은 불리한 일

이 같은 '기습과 포위' 전법에 따라 중국군 제42군은 중동부의 장진호 남쪽으로 진출해 동해안으로부터 미군을 협공하는 임무를 받았고 제38군, 제39군, 제40군은 적유령산맥의 남쪽 언저리 지구에 잠복해 미군을 기다렸다. 제38군은 희천 북쪽, 제39군은 운산 서쪽, 제40군은 북진 부근 등 한결같이 산악지대에 몸을 숨기고 있었다.

중국군은 기습과 잠복의 효과를 최대한으로 활용하기 위해 적유령산맥 남쪽에 포진을 끝낸 뒤에도 엄중히 행동을 통제하며 잠복을 계속하고 있었다. 1차 공격일은 10월 25일로 정해졌고, 그전에 미군과 접촉하는 일은 어떤 경우라도 금지되었다.

10월 24일 밤, 한국군 제6사단 제7연대가 온정을 거쳐 북진에 접근했을 때에도 이곳에 잠복해 있던 중국군 제40군은 한국군을 그대로 통과시켰다. 동시에 강계 남쪽에 위치해 있던 제42군 제125사단으로부터 제373연대를 빼돌려 북진 북방인 고장 부근에 배치해 한국군 제7연대의 진로를 차단하게 했다. 이렇게 하여 제7연대는 자연스럽게 중국군의 포위망에 걸려들고 말았다.

한편 제7연대는 부산 교두보에서의 반격 이래 제대로 휴식도 취하지 못한 채 진격에 진격만을 거듭해 오고 있었다. 그러다 보니 장병들은 극도로 피로에 지쳐 있었을 뿐만 아니라 탄약도 부족한 상태였다. 더욱이 지형은 갈수록 험악해졌고 그에 따라 탱크를 비롯한 중장비는 이동 자체가 불가능해져 점점 쓸모가 없어졌다. 중국군은 바로 이 같은 점들을 노리고 최대한 유리한 조건에서 공격을 개시하기 위해 시간

이 된다. 그렇기 때문에 이 문구가 의미하는 바는 방비가 잘되어 있는 곳은 피하고 준비태세가 허술한 부분을 공략하라는 것이다(고지마 노보루, 앞의 책, 353쪽 참조).

을 보냈다.

예의 제7연대는 이러한 사실은 꿈에도 생각하지 못한 채 양쪽 산기슭과 능선에 중국군이 감시의 눈을 번뜩이고 있는 골짜기 사이를 승리를 확신하며 행군하고 있었다.

이 같은 상황은 미군과 한국군이 압록강과 두만강을 향해 진격해 가고 있는 모든 곳에서 유사하게 전개되었다.[27]

5. 북한군과 중국군의 총반격

1950년 10월 25일 중국군의 본격적인 공격이 개시되기도 전에 중국군과 북한군이 일부 한국군에 간간이 소규모 기습공격을 가해왔다.

흘연히 나타났다 흘연히 사라져가는 북한군과 중국군은 미군과 한국군 사이에 기묘한 심리적 동요를 불러일으켰다. 근처에 적병이 존재하는 것은 분명하나 그 규모와 위치는 확인되지 않고 있었다. 전장에서 적의 공격 시기와 위치가 불분명한 것처럼 불안감을 안겨주는 것은 없다.

북한군과 중국군은 미군과 한국군이 극도의 피로와 불안감으로 지쳐 있고 동시에 작전 전개에 매우 불리한 지점에 도달해 있을 때 예기치 않은 순간, 예기치 않은 방향에서 기습공격을 가해왔다.

10월 25일 오전 11시 한국군 제2연대 제3대대가 평안북도 온정 서북쪽 약 13킬로미터의 우수동 부근 험한 길에 들어설 때였다. 앞쪽

---

27 위의 책, 352~354쪽 참조.

과 좌우 고지로부터 사격이 급작스럽게 빗발치기 시작했다. 제3대대는 재빨리 트럭에서 내려 대응태세를 갖추며 포진했다. 망원경을 통해 확인된 상대편 병력은 대단한 것 같아 보이지 않았다. 따라서 제3대대 병력은 좌우를 경계하며 전진을 재개했다. 그런데 고갯길 중앙까지 전진하자 갑자기 후방에서 사격이 시작되었다. 그와 동시에 앞쪽과 좌우에서도 총탄과 포탄이 날아왔다. 완벽하게 포위를 당한 것이다. 더구나 아무 엄폐물도 없는 좁은 골짜기에서.

피이, 피이 하고 호루라기 소리가 소란스럽게 들리는가 했더니 양쪽 고지로부터 수류탄을 가슴과 배에 매단 돌격병들이 샘솟듯이 나타나 일제히 수류탄을 던지며 돌진해 왔다. 그 사이에도 총격은 전후 좌우로부터 계속되었고 제3대대는 순식간에 혼란상태에 빠지고 말았다. 750명의 제3대대는 장비를 버린 채 뿔뿔이 흩어져 약 400명만이 겨우 온정으로 되돌아갈 수 있었다.[28]

한편 같은 순간에 제2연대 제2대대는 제3대대의 무참한 패전 소식을 접한 후 서둘러 척후병을 사방에 파견했다. 해질 무렵, 척후병들이 기겁을 하며 돌아왔다. 모두가 전방에 적이 있다는 보고를 했다. 섬찟한 공포감에 사로잡힌 제2대대는 그 즉시 장비를 내팽개친 채 야음을 틈타 퇴각을 단행하고 말았다.[29]

제2연대가 퇴각 후 집결해 있었던 온정 일대에는 이상한 불안과 공포가 감돌았다. 25일 늦은 밤, 온정을 에워싼 어둠 속에서 갑자기 이상스러운 피리소리가 울리고, 징을 두드리는 듯한 금속성 소리도

---

28   위의 책, 360쪽 참조.
29   위의 책, 361쪽.

들려왔다. 피리소리는 중국 악기인 차르멜라에서 울려나오는 것이었다. 구슬프게 어두운 밤을 뒤흔드는 차르멜라 소리는 평상시의 길거리에서도 구슬프기 마련인데, 싸움터에서 갑작스럽게 울려나오니 이상한 불안감을 느끼지 않을 수 없었다.[30]

제2연대는 얼어붙은 것처럼 멍하니 선 채 몸이 굳어버렸다. 긴장 속에서 시간이 흘렀다.

26일 새벽 3시 반경. 온정을 포위한 차르멜라 소리가 한층 높아지는가 싶더니 불시에 어둠 속에서 수류탄이 쏟아지기 시작했다. 수류탄은 비 오듯이 퍼부어졌고 온정 일대는 순식간에 연기와 폭음에 휩싸였다.

한국군 제2연대는 급격히 혼란상태에 빠지게 되었고, 병사들은 항전한다기보다 제각기 후퇴할 길을 찾아 갈팡질팡했다. 모두가 맨손이 된 상태에서 제3대대와 제2대대에 뒤이어 제1대대도 장비를 내팽개친 채 허겁지겁 산속으로 도망치기 시작했다. 제2연대 병력은 무언가에 홀린 듯, 악령에 쫓기는 듯, 완전히 전의를 상실하고 그대로 뿔뿔이 흩어져 청천강 기슭까지 후퇴하고 말았다.[31]

한국군의 명백한 패배였다. 그리고 중국군의 한국전 참전은 분명한 사실이 되었다.

그러나 미군은 중국군의 등장을 쉽게 수긍하려고 하지 않았다. 미군은 매일같이 압록강 부근까지 샅샅이 항공정찰을 행하고 있었고 물 샐 틈 없는 첩보망으로 북한 전역을 탐색하고 있었으나 중국군 대부

---

30   위의 책, 361~362쪽.

31   위의 책, 362쪽.

대에 관한 어떤 정보도 얻어낼 수 없었던 것이다. 미군은 한국군의 실제 경험보다는 자신들의 탁월한 정보능력을 더 신뢰하고 있었다. 미군에게는 원시적인 중국인 부대가 감히 세계 최강인 미군과 대결하기 위해 한국전쟁에 발을 들여놓는다는 사실 자체가 있을 수 없는 일로 받아들여졌다. 이 같은 미군의 과도한 자만심이 상황을 정확히 꿰뚫어볼 수 있는 능력을 박탈하고 말았다.

미군의 판단이 흐려진 데에는 중국군의 절묘한 책략에도 원인이 있었다.

중국군은 주간에 자신의 위치가 미군의 항공정찰에 포착될 위험이 있으면 재빨리 사방에 산불을 놓아 거대한 연막을 쳤다. 그러나 미군과 한국군 중에서 이 사실을 아는 사람은 아무도 없었다. 또한 중국군은 전혀 계급장을 달고 있지 않았기 때문에 상당수의 중국군 포로가 잡혔는데도 미군과 한국군은 이들을 북한에 들어와 있는 중국인 정도로 취급했을 뿐, 이들이 정규군이라고는 전혀 생각하지 못했다.[32]

그러나 이러한 미 군사지도부의 낙관적 판단에도 불구하고 미군과 한국군 병사들 사이에서는 걷잡을 수 없는 불안감이 확산되고 있었다. "언제 어디서 적이 튀어나올지 모른다. 자칫하면 기습공격을 받아 몰살당할 수도 있다."[33]

반면 북한군과 중국군은 총반격 태세를 착착 갖추어나가고 있었

---

[32] 중국군에게는 본래부터 일반적인 의미의 계급장은 없었다. 단지 장교의 경우 저고리 목이나 팔소매에 붉은 깃을 달거나 옷의 일정 부위에 붉은 실로 표시를 하고 있었다. 이러한 특성은 미군의 상식으로는 쉽게 이해될 수 없었는데, 예를 들면 미군 제10군단장 아몬드 소장은 "계급장도 없고 화포도 없다. 그런 정규군이 있다는 말은 들은 적이 없다"라고 속단해버릴 정도였다(위의 책, 378쪽 참조).

[33] 위의 책, 382, 386쪽 참조.

다. 미군 사령부는 중국군 대부대의 출현에 관한 한국군 장교의 거듭된 보고를 계속 무시했다.

중소규모의 접전이 계속되는 가운데 때는 바야흐로 11월 하순에 접어들고 있었다. 당시의 전황은 평안북도와 함경북도의 백두산과 두만강 쪽 일부만을 남겨놓은 채 북한 전역이 미군에 점령된 상태였다.

그러나 미군과 한국군은 최종 승리를 눈앞에 두고 험난한 주변 환경과 북한군의 공격으로 상당한 곤란을 겪고 있었다. 눈앞에 솟아 있는 산악은 해발 1,000여 미터 이상이었고 낮과 밤의 기온차는 무려 20~30도 정도로 변화폭이 심해 적응하기가 힘들었다. 또한 살을 에는 강추위가 계속되었으며 적설량 또한 수십 센티미터에 달했다. 이 모든 요소는 미군이 계속 전진해나가는 것을 방해하는 심각한 걸림돌이었다.

반면 북한의 정규군과 유격대들은 자신들에게 익숙한 환경조건을 역으로 이용하면서 기습적인 공세를 펼침으로써 미군과 한국군에게 끊임없는 피로감을 강요하고 있었다.

이러한 가운데 맥아더는 중국군의 참전을 전혀 눈치 채지 못한 채 총공격 명령을 내렸다. 당시 미군의 총병력은 청천강 쪽 서부전선에 한국군 제2군단과 미 8군 등 총 13개 사단이 배치되어 있었고, 동부 전선에는 한국군 제1군단과 미 제10군단 등 총 5개 사단이 집결되어 있었다. 병력 수로는 총 42만 명이었다.[34]

총공격 명령을 내린 11월 24일, 맥아더는 전용 비행기를 타고 압록강 국경지대를 따라 40분간 관찰했다. 중공군 대부대나 보급품을

---

34 김병오, 앞의 책, 114쪽.

운반한 흔적은 전혀 없고 눈 덮인 흰 산만 보였다. 맥아더는 회심의 미소를 지으며 공격의 승리를 확신하면서 도쿄로 돌아갔다.[35]

그러나 미군이 총공격을 감행한 지 3일 만인 11월 26일, 중국군은 북한군과 더불어 모든 전선에 걸쳐 갑작스러운 총반격을 가하기 시작했다. 이는 미군으로서는 전혀 예상하지 못한 뜻밖의 기습공격이었다.

중국군과 북한군은 사면팔방에서 미군을 포위·공격해 들어갔다. 공격은 천지를 진동시키는 피리·꽹과리 소리, 함성과 함께 이루어졌다. 함성이 산 전체를 울리며 메아리치자 미군은 적의 병력이 무한한 것처럼 느껴졌다. 이른바 인해전술의 마술에 걸려든 것이다.

이와 같은 기습적인 포위공격을 받게 된 미군은 기절초풍한 나머지 대처능력을 상실한 채 대혼란에 빠져들고 말았다. 예기치 않은 시간에 예기치 않은 장소에서 신출귀몰하는 북한군과 중국군의 모습은 미군으로서는 난생처음 겪는 불가사의였다.

북한군과 중국군의 총반격은 미군과 한국군의 전투능력을 순식간에 마비시키고 말았다. 달리 말하자면 미군과 한국군의 혼을 빼앗아버린 것이다.

이러한 과정을 통해 서부전선에 배치되어 있던 미군과 한국군은 청천강과 대동강 산악지대로부터 공격해 오는 북한군과 중국군의 포위망에 걸려 일대 참패를 겪은 뒤 총퇴각을 단행했다.

본래 이 지역 일대에는 미 8군이 진격하고 있었다. 미 8군의 대부분은 중국군에게 매복공격을 받았다. 중국군은 이미 미 8군의 전선 안에 진출해 산이나 언덕 경사면에 엎드린 채 숨어서 차량과 미군을

---

35 위의 책, 114쪽.

지나가게 한 뒤, 밤이 되어 어두워지면 배후에서 기습적으로 공격을 가한 것이다. 미 8군 제9연대의 제3대대는 각 중대마다 배후로부터 공격을 받아 흩어져버렸고 중앙의 제2대대 주력은 포위되었으며 우익의 제1대대는 본부까지 습격을 받아 궤멸되고 말았다.[36]

대혼란의 와중에 적군과 아군도 구분하지 못하는 소동마저 일어났다. 미 8군 제38연대는 곳곳에서 중국군과 북한군의 야간기습공격을 받고 있었는데 바로 그곳에 북한군·중국군과 쉽게 구별되지 않는 한국군이 대량으로 뛰어들었다. 도처에서 한국군이 미군의 공격을 받는 사태가 벌어졌다.[37]

한 지역에서 당한 미군과 한국군의 참패는 연쇄적으로 패배를 불러오는 결과를 초래했다. 묘향산맥 남단에 위치해 있던 한국군 제7사단의 붕괴는 자연히 더욱 북쪽에 진군해 있던 제8사단의 고립으로 연결되었다. 북한군과 중국군은 고립된 제8사단을 배후기습과 좌우협공을 통해 손쉽게 격파시켰다.[38]

비슷한 양상이 함경도의 동부전선에서도 발생했다. 동부전선에는 한국군 제1군과 미 제10군단이 백두산 아래 혜산진 깊숙이 배치되어 있었는데, 이 역시 장진호 쪽과 혜산리 방면에서 포위·공격해 오는 북한군과 중국군에 완전히 고립되는 상태에 빠지고 말았다. 낭림산맥의 줄기를 장악한 북한군과 중국군은 미군과 한국군의 후방보급을 차단하는 동시에 서부전선과의 연락마저 철저히 끊어버렸다. 결국 미군 제10군단과 한국군 제1군은 가까스로 흥남과 성진을 통해 바다로 탈

---

36 고지마 노보루, 앞의 책, 431쪽 참조.
37 위의 책, 432쪽 참조.
38 같은 곳.

출할 수 있었다. 그러나 동부전선의 부대들은 이 혼란 속에서 병력의
반 이상을 잃었다.[39]

그리하여 이른바 12월의 총퇴각 이후 미군은 완전히 전의를 상실
한 채 후퇴만을 거듭했고 마침내 1951년 1월 24일, 그러니까 총퇴각
이후 약 두 달 만에 평택에서 안성을 거쳐 삼척에 이르는 경계선까지
밀려나고 말았다.[40] 미군으로서는 그들 역사상 최장기간에 걸친 후퇴
를 경험한 것이다.

6. 인해전술의 비밀

흔히 한국전쟁에 참전한 중국군에 관해 '일곱 가지의 불가사의'가 지
적되곤 한다. ① 참전의 목적·시기·규모, ② 정찰능력, ③ 위장·토목
공사 능력, ④ 장비와 보급, ⑤ 야간전투능력, ⑥ 인해전술, ⑦ 기동·

---

39 김병오, 앞의 책, 117쪽.
40 결코 적지 않은 북한 사람들이 특히 미군의 12월 총퇴각과 함께 남으로 내려왔다.
이들 중 극히 일부는 과거 지주나 친일관료 등 북한 체제에 불만을 품고 있었던 자들로
본래부터 월남을 희망해오고 있었다고 보인다. 그러나 나머지 대다수는 퇴각 중이던 미
군이 북한 지역에 원폭 투하를 경고하는 전단을 대량으로 살포했기 때문에 겁에 질려 남
쪽으로 피신하게 된 경우다. 곳에 따라서는 부락민 전체가 고향을 떠나기도 했다. 이렇듯
이들 월남인은 일시적인 안전을 위해 고향을 떠났는데 결국 휴전선에 가로막혀 오늘날까
지도 이산가족의 아픔을 간직한 채 살아가고 있다.
한편 미군은 북한 지역으로부터 퇴각하면서 그곳에 있던 많은 생산·주거 시설들을 파괴
했다. 이는 다분히 패배에 대한 보복적 성격이 짙은 것으로 북한의 전쟁능력을 최대한 감
소시키고자 하는 의도와 결합되어 있었다.
반면 미국인 기자의 관찰에 따르면 북한군은 퇴각 당시 별다른 파괴행위 없이 조용히 물
러갔다고 한다(스토운, 앞의 책, 276쪽 참조).

진격 속도 등이다.[41] 이 중 정찰, 장비와 보급, 그리고 기동·진격 속도에서 나타난 탁월한 능력은 중국군, 북한 유격대, 주민 3자의 긴밀한 협력관계가 그 비밀을 해명하는 열쇠라는 것은 이미 밝힌 대로다.

미군은 한국전쟁 기간 중에 이러한 사실을 전혀 이해하고 있지 못했다. 한마디로 미군은 불과 얼마 전에 중국 대륙에서 장제스 군대를 거꾸러뜨린 '인민전쟁'의 정체에 관해 전혀 무지한 상태에서 한국전쟁에 개입했던 것이다.[42]

이러한 상태에서 북한군과 중국군의 신출귀몰하는 기습과 포위공격은 마치 적유령산맥에서 급작스레 쏟아져 내리는 눈사태나 깊은 산중에서 돌연히 만난 맹호와도 같은 인상을 주기에 충분했다.

그러면 북한군과 중국군이 총반격을 승리로 이끈 요인이 무엇이었는지를 좀 더 구체적으로 살펴보자.

총반격 당시 북한군과 중국군은 미군과 한국군에 비해 병력과 화력 모두에서 명백히 뒤처지고 있었다.[43] 따라서 통상적인 전법대로 병력 규모와 화력에 의존해서는 최신 장비로 무장한 미군과 한국군 대부대와 대항해 승리한다는 것은 애초부터 기대하기 힘든 것이었다.

이러한 병력과 화력의 열세를 극복하고 미군과 한국군에 참패를

41　고지마 노보루, 앞의 책, 455쪽.

42　이른바 '마오쩌둥 전술'은 마오쩌둥의 저작들이 1954년에 런던에서 출간되고 그해 말 뉴욕 인터내셔널 퍼블리셔사에서 출간되기까지는 미국을 포함한 서방 세계에 전혀 알려져 있지 않았다.

43　총반격 당시 미군과 한국군은 도합 42만이었던 것에 반해 북한군과 중국군은 도합 33만이었다(김병오, 앞의 책, 114쪽). 그리고 중국군의 대부분은 과거 일본군과 장제스 군대로부터 노획한 소총으로 무장하고 있었으며 산을 타고 넘어야 하기 때문에 소형 박격포를 제외하고는 중형 무기 이상은 거의 보유하고 있지 않았다(조지프 굴든, 앞의 책, 304쪽 참조).

안겨준 것은 독특한 유격전술과 심리전에서 우위에 있었다는 점을 들수 있다.

앞에서 몇 가지 예를 들기는 했지만 북한군과 중국군은 상대편 병력에 극도의 피로와 불안감을 안겨줌으로써 전투의욕을 상실하게 만드는 뛰어난 능력을 지니고 있었다.

종종 미군과 한국군은 북한군과 중국군의 갖가지 음향효과 때문에 거의 최면에 빠진 상태에서 기습공격을 받아 일거에 허물어지곤 했다.

남쪽 퇴각로가 적군의 수중에 들어 있는 것을 알아차린 제3보병대대 장교들은 육상 철수를 결심하고 차량을 닥치는 대로 늘어세웠다. 탈진한 병사들은 철수명령이 떨어지기를 기다리며 트럭의 운전대와 야전침대 및 1인용 참호 속에서 잠들었다. 그러면 중공군 일대가 은밀히 기어 들어와—보초들은 그들을 한국군으로 생각했다—돌연 새된 나팔소리를 울려대며 밤의 정적을 깨뜨렸다. 한 병사는 후에 이렇게 보고했다. "누군가 나를 깨워 말들이 질주하는 소리가 들리지 않느냐고 물었다. …… 그러면 나팔소리가 울리기 시작하다 갑자기 멀어진다. 누군가 휘파람을 불어대고 불과 수 분이 못 돼서 우리가 있는 지역은 쑥밭이 된다." 힐 중위는 "나팔소리와 아득한 말발굽 소리를 들을 때" 자기가 꿈을 꾸고 있지 않나 생각을 했다. "그러면 어슴프레한 그림자들이 마치 연기 속에서 나오는 것처럼 나타나 닥치는 대로 사살하거나 찔러 죽이기 시작한다."[44]

44　조지프 굴든, 앞의 책, 306쪽.

남면교에는 M중대의 2개 분대가 배치되어 있었는데, 새벽 3시경 미군은 말없이 또한 질서정연하게 행진해 온 종대 병력을 한국군 부대로 생각하고, 누구냐 하고 확인조차 하지 않고 보냈다. 종대는 다리를 건너 북진을 계속해서 대대 본부에 접근하였다. 그러자 갑자기 종대 속의 한 명이 나팔을 불었다. 멜로디는 없었고, 싸느다란 달을 흔드는 들개가 짖는 소리같이 길게 꼬리를 끄는 소리였다. 그 순간 L중대 방향에서 총소리가 터져 나왔고, 동시에 대대 본부에 접근한 종대는 일제히 산개하여 소총을 난사하고 수류탄을 던져, 폭약으로 트럭을 불태웠다. 제3대대는 순식간에 혼란에 빠졌다.[45]

일반적으로 이야기되는 '인해전술'도 이러한 심리전의 일환이라고 볼 수 있다. 북한군과 중국군은 자신들의 병력 규모를 위장하는 데 있어서 실제적인 것과 가상적인 것을 유효적절하게 배합했다.

때에 따라 북한군과 중국군은 미군·한국군과의 소규모 전투에 대규모 부대를 투입하곤 했다. 예컨대 평안도 운산에 진을 치고 있던 밀리킨 소령의 미군 부대는 그들의 표현대로라면 '사탕에 몰려드는 개미떼'와 같은 대규모 중국군 부대로부터 공격을 받았던 경험이 있었다. 이러한 부분적 경험은 자연스럽게 소문으로 퍼져 미군과 한국군 사이에서 상대편에 대해 '백만대군'의 신화적 공포를 느끼게 만드는 계기가 되었다.

대부분의 경우 북한군과 중국군은 실제로는 소규모 병력으로 갖가지 음향효과를 동원해 대부대가 갖는 위압감을 연출해냈다.

---

45 고지마 노보루, 앞의 책, 391쪽.

꽹과리를 치고 바람을 찢는 듯이 울리는 나팔소리를 내면서 물결과 같은 대군이 들짐승과 같은 함성을 지르면서 몰려왔다.[46]

추운 밤의 산속이다. 총소리와 나팔, 차르멜라 피리, 꽹과리 소리가 숲속의 나무를 흔들리게 했고, 함성은 골짜기에 메아리쳤다. 한국군으로서는 적의 병력이 무한히 증가되어가는 것처럼 느껴졌다.[47]

우리는 위의 두 가지 상황묘사 속에서 인해전술의 신비를 푸는 중요한 열쇠를 발견할 수 있다. 북한군과 중국군의 골격은 주로 야간에 이루어졌다. 따라서 병력의 규모는 오로지 음향으로 확인할 수밖에 없다. 이것이 인해전술의 일차적 요소다. 다음으로 문제가 되는 것은 실제 전투에 참여하는 병력의 규모와 활동범위를 넘어서서 어떻게 '아득히 멀리서까지 적이 밀려오고' '온 골짜기가 적병으로 그득 차있는' 효과를 만들어내는지에 있다.

바로 여기서 북한 주민의 역할을 추론해볼 수 있다. 즉, 실제적으로 공격해 오는 북한군과 중국군이 내는 소리 이외의 것은 보통 민간인이 만들어낸 것이라고 할 수 있다. 확증할 수 있는 자료는 아직 발견되지 않았지만 다음의 몇 가지 점을 통해 이러한 결론에 접근할 수 있을 것이다.

첫째, 중국군과 북한군의 전체적인 병력 규모와 함께 총반격이 모든 전선에서 동시에 이루어졌다는 점에 비추어볼 때 미군과 한국군이

---

46 위의 책, 431쪽.
47 같은 곳.

심리적으로 느꼈던 '무한한 대병력의 기습'이라는 것은 실제적인 것이 아니었음이 분명하다.

둘째, 미군과 한국군이 처음 북한에 진주했을 때와는 달리 근처 마을은 대부분 텅 비어 있었다는 사실이 확인되었다. 즉, 북한군과 중국군의 공격에 발맞추어 북한 주민들이 마을을 떠나 어느 곳인가로 이동해 있었다는 것이다.

셋째, 전장에서 언제나 울려 퍼지는 꽹과리와 징은 보통 민간인이 보유하고 있는 전통 악기다.

만약 이러한 결론이 타당하다고 하면 인해전술의 마술사는 결국 북한 주민이 되는 셈이다.

여하튼 중국군과 북한군은 절묘한 기습 포위공격, 갖가지 심리전, 인해전술의 효과를 통해 일찌감치 미군과 한국군의 전투의욕을 마비시켰다. 다음은 미군과 한국군이 겪었던 경험을 표현하고 있다.

사단장 백준장은 주위의 산들과 천지가 사람과 말들의 움직임으로 가득 찼고 큰 물결처럼 다가오는 기척을 느낄 수 있었다. "현실적으로는 아무 것도 보이지 않는다. 그러나 인간의 육감이라는 것은 이상하게도 멀리 떨어져 있는 것도 느낄 수가 있는 것이다. 특히 전장에서는 그것이 가능하다. 말로 잘 표현할 수는 없지만 어쨌든 알 수가 있는 것이다."[48]

기습이라고는 하지만 어느 사이에 중공군이 진지 안에 들어와 있었고 그 사실을 안 병사가 중국인이다라고 소리치자 그 순간 뒤죽박죽이 되

---

48 위의 책, 379쪽.

어버리고 만 듯하다. (제1기병 사단장 게이 소장)[49]

제5연대와 제21연대는 모두 점심식사 후에는 한 걸음도 움직이지 않고 불안과 의심에 동요하고 있다. 이제 30킬로만 가면 압록강인데 도대체 무슨 일이 발생했는가? (제21사단장 처치 소장)[50]

어쩐지 피리로 사슴을 몰아서 덫으로 끌고 가는 작전에 말려든 것 같다. (제7기병 제1대대장 존슨 중령)[51]

실제로 적이 있는 것일까요? 적이 있다고 하는 소문 때문에 패배하고 있는 것은 아닐까요? (제1기병 사단장 게이 소장)[52]

결국 거의 싸우지 않고 피신한 셈이다. 그 당시도 적의 병력은 대부대가 아니라고 생각했는데, 사실상 중공군 제125사단 제373연대의 1개 대대에 지나지 않았다. 1개 대대의 적의 공격을 받고 왜 1개 연대가 제대로 싸우지도 못하고 피신부터 하려 했는지, 지금 생각해도 이해할 길이 없다. (플레밍 소령)[53]

전체적으로 볼 때 북한군과 중국군이 심리전에서 우위에 있었던 것

49　위의 책, 386쪽.
50　같은 곳.
51　위의 책, 393쪽.
52　위의 책, 394쪽.
53　위의 책, 371쪽.

은 상대편 군대의 약점을 교묘히 파고드는 것과 깊이 관련되어 있다.

중국군 제66군이 발행한 소책자 「운산 전투 경험의 일차 결론」에서는 미군 제8기갑연대를 다음과 같이 평가하고 있다.

> (후방에서 돌연 공격을 당할 때 미군 병사들은) 중무기를 모두 아무렇게나 내던지고 죽는 시늉을 한다. …… 보병들은 약하며, 죽기를 두려워하고, 공격하거나 방어할 용기가 없다.
>
> 저들은 비행기와 탱크와 포에 매달려 있다. 그러면서도 아군의 화력을 두려워한다. 저들은 진격 도중이라 할지라도 총소리를 들으면 질겁을 한다. …… 더 이상 진격하기를 두려워한다. …… 주간전투만 전문으로 할 따름이다. 야간전투나 백병전엔 서툴다. …… 패배할 때는 질서 있는 대오조차 지키지 못한다. 박격포가 없으면 완전히 패배하게 된다. …… 정신을 잃고 혼비백산하게 된다. 운산에서 저들은 아무런 수도 내지 않은 채 수일 동안 포위당해 있었다. 후방이 떨어져 나가면 저들은 겁을 집어먹는다. 수송이 끊기게 되면 보병들은 투지를 잃을 것이다.[54]

이상의 간략한 논의를 통해 우리는 두 가지 중요한 사항을 이끌어 낼 수 있을 것이다.

첫째, 북한군과 중국군은 상대편의 무기체제를 격파하는 것보다는 무기를 사용하는 '사람'을 무력하게 만드는 데 중점을 두었다. 아무리 성능이 우수한 장비라 하더라도 제대로 쓰이지 않으면 한낱 고철 덩어리에 불과하다.

---

[54] 조지프 굴든, 앞의 책, 310~311쪽.

둘째, 북한군과 중국군이 발휘한 모든 전술은 모든 방면에서 북한 주민의 참여와 협력에 그 바탕을 두고 있다. 간단히 말해 중국군, 북한군(정규군과 유격대를 모두 포함한), 북한 주민은 혼연일체가 되어 총력전을 전개한 것이다.

이후 북한에서도 이 같은 한국전쟁 경험을 다음과 같이 정리하고 있다.

전쟁의 운명은 무기나 기술 여력에 의해 결정되는 것이 아니라 바로 인간이 결정하는 것이며, 전쟁 승리의 결정적 요인도 탁월한 수령의 지도를 받는 인민대중의 힘이라는 것을 명백히 증명하였다. 인민대중이 탁월한 수령의 지도 아래 높은 혁명적 각오를 가진다면 무엇이든 만들 수 있고, 그 어떤 것이라도 수행할 수 있다.[55]

---

55 하수도河秀圖, 한백림 옮김, 『김일성사상 비판』, 백두, 1988, 113쪽.

제4장

심판대에 오른 양심

1. 다시 38선으로─몰살시키라

1950년 11월 30일 미국의 트루먼 대통령은 한국전선에서 미군의 패
배를 시인하면서 "원자폭탄의 사용을 고려 중이고 그 권한이 맥아더
에게 주어졌다"라고 말했다.[1]

　원자탄 사용에 대한 발언은 전 세계에 알려졌고 세계 각국에 엄청
난 충격을 안겨주었다. 트루먼의 발언은 한마디로 "미국은 중국과의
정면대결을 각오하고 있으며 원자폭탄을 통해 승패를 판가름내겠다"
라는 것으로 받아들여졌다.

　그러나 미국의 이러한 계획은 전 세계 여론의 반대에 부딪혀 사실
상 실현이 불가능한 상태로 접어들었다. 유일하게 이승만 정부를 제
외하고는 세계 모든 나라의 정부와 국민이 한결같이 미국의 원자탄
사용에 대해 반대하고 나선 것이다. 심지어는 동맹국인 서유럽 국가

1　김병오, 앞의 책, 116쪽.
"1950년 12월 조립되지 않은 폭탄들이 미군 항공모함으로 은밀히 운반되었다. 미군 비행
기는 역시 원폭전에 대비한 비상계획의 일부로써 평양에 대한 모의 원폭공습을 했다."(조
지프 굴든, 앞의 책, 23쪽)

들조차 미국이 중국과의 전쟁에 묶이게 됨으로써 자기들 나라의 방위에 허점이 생기기 않을까 우려한 나머지 미국의 계획에 대해 맹비난하기 시작했다.

결국 미국은 국제적 고립이라는 정치적 위기 앞에 굴복해 핵무기 사용을 포기할 수밖에 없었다. 12월 총퇴각과 함께 기세등등했던 미국이 한풀 꺾이는 순간이었다.[2]

핵무기 사용마저 좌절되고 연거푸 패배만을 거듭하던 미국은 진퇴양난에 빠져들어갔다. 한국전선을 포기할 수도 없고 그렇다고 확대시키는 것은 내외의 여건을 고려해볼 때 결코 쉬운 일이 아니었다. 핵무기를 사용하지 못하는 데 따른 좌절은 곧 미국의 전쟁확대 계획에 족쇄를 채워놓은 것과 다름없었던 것이다. 미군의 사기가 극도로 저하되어 있던 당시, 12월 퇴각 도중 사망한 워커의 후임으로 부임한 리지웨이 미 8군 사령관이 새로운 탈출구를 제시하며 나타났다.

리지웨이는 후퇴가 계속되는 와중에 상황을 타개할 수 있는 효과적인 작전구상에 골몰했다. 참모들이 제시한 중국군과 북한군의 수는 17만 4,000명인 데 반해 미국은 한국군을 포함해 36만 5,000명이었다. 병력 수에 있어서도 미군이 두 배 이상이나 많았고 군사장비 면에서도 훨씬 우세했다.

무언가 이상함을 느낀 리지웨이는 즉시 "적의 실정을 파악할 수

---

2   만약 미국이 애초의 의도대로 핵공격을 감행했다면 이는 필연적으로 소련의 개입을 포함한 제3차 세계대전이 되었을 것이다. 그리고 그러한 모험이 설사 미국에 승리를 안겨주었다 하더라도 양대 진영의 격전장이 된 한반도는 완전히 폐허가 되고 우리 민족은 생존 자체가 부정되는 파멸적인 상황으로 내몰렸을 것이다. 종종 미국은 중국 본토뿐만 아니라 북한 가까이에 있는 개성 일대에 대한 핵공격을 고려하기도 했는데 통상적인 핵의 위력에 비추어볼 때 핵참화를 입는 지역에는 북한뿐만 아니라 남한까지 포함된다.

있는 탐색공격을 전 전선에 걸쳐서 수행하라"라고 명령했다. 탐색전 결과 상대편 병력은 별것이 아니라는 사실이 드러났다. 그동안 미군과 한국군은 북한군과 중국군의 교묘한 심리전에 농락당함으로써 일종의 '후퇴병'에 걸려 있었던 것이다.[3]

이 같은 상황을 타개하고 전세를 역전시키기 위해 리지웨이는 몇 가지 방책을 제시했다. 우선 극도로 저하된 미군과 한국군의 사기를 끌어올리기 위해 리지웨이는 몇몇 사단장급 고위 장성을 해임시켰다. 동시에 명령을 거부한 채 후퇴를 감행하는 경우에는 총살을 불사한다는 강력한 조치를 발동했다.

이와 함께 북한군과 중국군의 전술에 대항할 수 있는 새로운 전법이 계발되어 있지 않은 것이 문제라고 판단하고 영토 확보를 위주로 하는 기존의 전투 형태에서 벗어나 상대편 병력을 최대한 살상시키는 것에 중점을 두는 이른바 '몰살작전'(킬러작전)을 전격 도입했다.[4]

리지웨이 스스로가 '빨갱이를 흰둥이로 만들 정도'로 상대편에게 출혈을 강요할 것을 요구한 이 작전은 주간전투에서 미군과 한국군

---

3   리지웨이는 당시의 미군과 한국군의 상황에 관해 다음과 같이 묘사했다. "여기 공기는 초조함, 불길한 예감, 불확실, 그리고 미래가 안고 있는 것에 대한 불안감으로 가득 차 있다. 우리 군인들이 모든 자신감을 잃었다는 것이 명백해졌다. 나는 그들의 눈에서, 걸음걸이에서 그러한 사실을 볼 수 있다. 하사관에서 제일 고참에까지 이르는 모든 지휘자들의 얼굴에서도 그것을 볼 수 있다. 그들은 질문에 대답을 하기 싫어했고, 말하기조차 꺼려했다. 나는 그들에게 억지로 정보를 캐낼 수밖에 없었다. 군인들의 사기가 높을 때 볼 수 있는 민첩함과 진취성은 전혀 찾아볼 수 없었다."(조지프 굴든, 앞의 책, 443~444쪽)
4   리지웨이는 현재 상태에서 땅의 확보를 우선시하는 것은 중요하지 않다고 생각했다. 며칠 후면 중국군과 북한군이 야간기습 등으로 도로 빼앗을 것이 분명했고, 미군과 한국군은 이에 대처할 능력을 아직 지니지 못한 것으로 판단되었기 때문이다. 따라서 리지웨이가 보기에 유일한 해결책은 상대편의 병력을 최대한 감소시킴으로써 그들의 작전 능력 자체를 무의미하도록 만드는 것뿐이었다(조지프 굴든, 앞의 책, 443쪽 참조).

의 압도적인 화력의 우위를 최대한 활용해야 한다는 방침에 입각해 있었다.

몰살작전과 병행해 리지웨이는 미군과 한국군의 횡적 연계성을 강화함으로써 북한군과 중국군이 후방침투를 할 수 있는 틈바구니를 최대한 허용하지 않도록 조치했다. 즉, 들쑥날쑥 제각기 진격을 하는 (처음 북한에 진주했을 때처럼) 것이 아니라 동일한 선상에서 같은 속도로 움직이도록 한 것이다.[5]

한편 38선 이남으로 진격해 온 북한군과 중국군은 여러모로 곤란을 겪고 있었다. 그들은 38선 이북에서처럼 현지 주민들로부터 충분한 협력을 얻어내지 못했다. 전쟁 개시 직후 북한군이 진격했을 때와 마찬가지로 당시 남한 민중의 식량사정은 극도로 어려운 상태에 놓여 있었으며, 오랜 기간에 걸친 미군정과 이승만 정부의 탄압은 북한군에 협력할 수 있는 적극적 동조세력을 크게 약화시켜놓았다. 또한 북한으로부터 받는 후방보급은 여전히 미 공군의 치열한 폭격으로 심각한 어려움에 빠져 있었다. 극도의 물자 부족과 굶주림, 갖가지 질병이 북한군과 중국군을 괴롭혔다.

1951년 초, 한 중국군 감찰장교는 베이징 정부에 다음과 같은 보고를 했다.

한국에 있는 중국 병력은 하루에 얼어붙은 감자 조각 몇 개씩만 먹고 영

---

5 이 작전은 '라운드 업(사냥) 작전'이라고 명명되었다. 이는 토끼몰이 사냥을 연상하면 쉽게 이해할 수 있을 것이다. 이 같은 작전개념에 따라 미군과 한국군은 대체로 38선과 평행한 일련의 작전선, 예컨대 캔사스선, 와이오밍선 등을 따라 진격했다(고지마 노보루, 앞의 책, 104~107쪽 참조).

하의 기온에서 병들고 굶주리며 동상에 걸려 있다. …… 병사들이 눈 속에서 야영을 할 때에는 그들의 발, 양말, 손 등은 한 덩어리로 얼어붙는다. 그들의 손은 수류탄의 나사를 뺄 수 없을 정도로 얼어붙어 있다. 신관에는 불이 안 붙으며, 포탄과 박격포 총구에는 살점들이 붙어 있을 정도이다. …… 아무런 숙소도 없이 중국군 병사들은 병이 만연하고 있는 고통 속에서 지내고 있었고 수천 명의 병사들이 폐렴과 내장의 병 때문에 꼼짝 못하고 누워 있었다.[6]

리지웨이의 새로운 작전 그리고 북한군과 중국군이 처한 곤란으로 1951년 봄부터 전세는 다시 역전되어갔다.

미군과 한국군은 3월 18일에 서울을 다시 탈환했고 3월 22일에는 38선 이남을 모두 탈환한 다음 38선 이북을 조심스럽게 공격했다.

그러나 비교적 튼튼한 배후기지를 북한에 두고 있었던 북한군과 중국군은 더는 물러나지 않았다. 미군과 한국군 역시 예전의 악몽이 되살아나 주춤거리기 시작했다. 이로부터 양측은 38선을 사이에 두고 서로 밀고 당기는 장기적인 소모전에 돌입했다.

한편 미군과 한국군이 재북진을 시도하는 과정에서 극히 불행한

---

6 조지프 굴든, 앞의 책, 473쪽.
1951년 초 중국 본토에서는 수천 명이 전염병으로 쓰러져가고 있었다. 이에 인도의 네루 수상은 구호에 필요한 의약품과 의료진을 원조하기로 했다. 베이징 정부는 인도 정부가 제공한 의료물자를 노르웨이 화물선을 전세 내어 운반하고자 했다. 이 사실은 창설된 지 얼마 안 되는 미 중앙정보부에 쉽게 간파되고 말았다. 미국은 인도 정부가 제공한 의약품이 한국에 있는 중국군의 치료에 사용될 것을 두려워했다. 결국 의약품을 실은 노르웨이(미국에 우호적인) 화물선은 미 중앙정보부가 돈을 주고 사들인 패거리들에 나포되어 의약품을 약탈당하고 말았다. 당시 이 패거리들은 '중국 해적'으로 위장하고 있었다(조지프 굴든, 앞의 책, 473~486쪽 참조).

사태가 발생했다.

　종종 리지웨이는 자신이 몰살시키고자 했던 북한군과 중국군의 주둔 위치를 밝혀내기 위해 몸소 위험을 무릅쓴 채 정찰비행을 떠나곤 했다. 그가 탄 비행기는 나무 꼭대기 가까이 저공비행하며 숲속을 뒤졌고 때로는 산기슭 아래로 깊숙이 파고들어갔다.

　우리는 어떠한 움직이는 생물도, 모닥불 연기도, 바퀴자국도 심지어는 다수의 군인이 있다는 것을 나타내는 눈자국도 발견하지 못했다. (리지웨이)[7]

　결국 미군은 중국군과 북한군이 종종 민간인으로 위장한 상태로 부근 마을에 잠입해 있다는 정보를 입수했다.

　미군은 즉시 이들 마을에 대한 초토화작전에 돌입했다. 적의 병력과 민간인을 조금도 구분하지 않았다. 적의 점령지역 내에 있는 모든 마을은 적의 진영으로 간주되었다. 무방비상태에 있던 수많은 마을이 미 공군기의 기습적인 네이팜탄 공격으로 순식간에 잿더미로 변했다.[8]

　1951년 1월 15일 『런던타임스』는 "원주 지역의 연합군은 초토화작전을 추구하면서 22개 마을을 불태웠고 300개의 건초더미에 방화했다"라고 보도했다.[9]

　같은 해 2월 4일자 미 제5공군 작전 개요는 "F-80 공군기는 철원, 금촌, 춘천, 춘천리 근처의 마을 공격에서 탁월한 전과를 올렸다. 마

7　조지프 굴든, 앞의 책, 458쪽.

8　스토운, 앞의 책, 276~277쪽 참조.

9　위의 책, 276쪽.

을은 로케트, 네이팜탄뿐만 아니라 폭탄으로 강타당했다"라고 언급했다.[10]

또한 24대의 F-51 무스탕 비행편대는 홍천 지역에 5,000갤런의 네이팜탄을 퍼부어댐으로써 일대의 모든 마을과 건물을 불태워버렸다. 이들 비행편대가 작전을 마치고 돌아갈 무렵 4,000피트 상공까지 치솟는 연기가 홍천 일대를 뒤덮고 있었다.[11]

다음은 미군의 공격을 받은 안양 북쪽 마을의 참상을 묘사하고 있다.

중공군이 전진을 보류하고 있을 때 네이팜탄 공습이 3, 4일 전 그 마을을 강타했다. 마을 어디에도 사망자를 묻기 위해 살아남은 사람은 없었다. 본 특파원은 생존한 것으로 보이는 유일한 사람인, 그녀 가족 4구의 시체가 널려 있는 까맣게 탄 마당에서 멍하니 있는 늙은 부인이 인상에 남았다.

네이팜탄이 강타했을 때 거주자는 기습을 당해 마을과 들판 도처에 그들이 취했던 그대로의 자세로 죽어 있었다. 자전거를 타려는 남자, 고아원에서 놀고 있던 50명의 소년소녀들. 작은 마을에 거의 200구의 시체가 있음에 틀림없다.[12]

이렇게 하여 미군의 몰살작전은 유감스럽게도 무고한 한국 민중에 대한 몰살을 초래하고 말았다.

---

10   『뉴욕타임스』, 1951년 2월 5일자, 위의 책, 278쪽에서 재인용.
11   위의 책, 278쪽.
12   『뉴욕타임스』, 1951년 2월 9일자, 위의 책, 278쪽에서 재인용.

전쟁 개시 이후 북한군의 후방보급을 차단하기 위한 미 공군의 폭격으로 야기된 무차별적 파괴와 함께 이 같은 살상행위는 남한 지역에서조차 미군의 위신을 크게 실추시켰다. 권위 있는 영국의 군사출판물인 브래세이 연감은 1951년 판에서 다음과 같이 말하고 있다.

그 전쟁은 남한 사람들에 대한 고려 없이 수행되었다. 그리고 불행한 남한은 자유로워야 될 나라가 아니라 격전장으로 간주되었다. 결과적으로, 전투는 정말 무자비했고, 남한이 더 이상 국가로서 존재하지 않는다고 해도 과장이 아니었다. 마을들은 파괴되었으며, 생계수단의 많은 부분이 완전히 파괴되었다. 그리고 시민들은 자선에 의지하는, 의욕을 잃은 대중으로 변모했다. …… 미군이 왜 싸워야 하는가에 대한 설명이 시도된 적이 거의 없다. 공산주의에 대한 국가적 증오와 공포가 대부분의 경우에 있어서 병사들을 더욱 무분별한 교전상태로 몰아넣었다. 어쨌든 남한 사람들에 대한 어떠한 형태의 동정도 불러일으키지 못했다. 물론 예외로 무수한 작은 친절의 행렬이 아이들과 살 희망을 잃은 사람들에게 향했지만 남한 사람들은 불행하게도, 38선 북쪽의 그들의 동포처럼 멍청하게 취급당했다.[13]

이렇게 하여 극히 유감스러운 일이지만 미군은 오로지 공산세력의 격멸이라는 목표에만 집착함으로써 남한 민중까지 자신의 적으로 삼는 자가당착적인 상황 속으로 빠져들고 말았다.

---

13 위의 책, 334쪽.

2. 융단폭격과 세균전

리지웨이의 몰살작전이 효력을 발휘하면서 미군과 한국군이 38선을 향해 진격하자 패전의 살얼음판 위에 서 있던 맥아더는 다시금 '원대한 석권'을 향한 꿈에 사로잡히게 되었다.

맥아더는 중국 본토의 봉쇄와 폭격을 포함한 급격한 전쟁확대를 허락해줄 것을 합동참모본부에 요청했다. 그는 북한과 만주 사이의 국경지대인 압록강 기슭을 따라 '일련의 방사능 찌꺼기'를 퍼붓고 싶어했다. 사적인 자리에서이기는 하지만 맥아더는 한층 더 저돌적인 견해, 즉 중국에 대한 핵공격까지 고려했다. 설혹 이러한 공격이 소련과의 전쟁을 촉발한다 해도 불사하겠다는 것이었다.[14]

맥아더는 자신의 계획을 '교살작전'이라 명명하고 더욱 구체화했다. 그 내용은 다음과 같다.

1. 중공군의 보급선을 격파하는 것을 주목적으로 한다.
2. 그러기 위해서 우선 넓은 지역에 대해서 끊임없이 한정 공격을 속행하고, 서울선을 탈환하여 장래의 작전기지로 한다.
3. 다음으로 북한 전역에 대공습을 가하여 적의 후방을 분쇄한다. 압록강 이북의 적 또는 다리의 공격이 허용되지 않는 경우는 방사성 폐기물을 적의 보급로에 살포하여 한국과 만주를 차단한다.
4. 허용된다면 국부군(대만군)을 사용하여 미군의 증원 아래 북한의 북쪽 끝인 동서해안에 상륙, 공수작전을 동시에 행하여 적을 커다란 함

---

14   조지프 굴든, 앞의 책, 22쪽.

정에 몰아넣는다.[15]

"북한군과 중국군은 이미 보급 곤란에 빠져 있는 상태다. 이 작전을 실시하면 적은 굶어 죽든가 항복하든가 하지 않을 수 없을 것이다"라고 맥아더는 판단했다.

그러나 미국 정부는 중국 본토를 공격할 것을 요구하는 맥아더의 주장을 받아들이지 않았다. 미국 정부는 12월의 총퇴각과 핵무기를 사용하지 못한 데서 온 좌절을 경험한 이후 휴전협상을 고려하는 중이었다.[16] 이는 일종의 쓰라린 선택이기는 했지만 현실적으로 불가피한, 때로는 현명하기도 한 선택이었다. 이런 상황에서 제기된 맥아더의 전쟁확대 주장은 결국 맥아더의 해임으로 일단락되고 말았다.[17]

그러나 평화로 가는 길은 한없이 멀고도 험난한 것이었다. 미국의 입장에서 뚜렷한 승리를 거두지 못한 채 전쟁을 종결짓는다는 것은 세계 최강국의 체면을 크게 손상시키는 것에 다름 아니었다. 미국은 실추된 위신을 협상 테이블에서 보상받고 싶어했다. 결국 미국은 최

---

15 고지마 노보루, 『한국전쟁』 하, 종로서적, 1981, 136∼137쪽.

16 앞으로 살펴보겠지만 미국이 휴전협상을 고려하게 된 것은 휴전을 요구하는 국제여론의 압력 때문이기도 했다.

17 맥아더는 그동안 미국과 한국 사회에서 상당한 신화적 영웅으로 취급되어왔다. 그러나 맥아더의 보좌관이었던 데이비스의 진술에 따르면 맥아더는 언제나 성공에 대한 강박관념에 사로잡혀 있는 다분히 과대망상적인 기질의 소유자였다. 이러한 기질 때문에 맥아더는 실패의 위협에 직면할 때마다 번번이 권총으로 자살해버리고 말겠다는 위협을 주위에 가하곤 했다. 또한 그는 여자에 대한 일종의 새디즘적인 측면도 지니고 있었는데 볼티모어의 창녀들과도 친해지고 싶다고 하면서 창녀들로 하여금 자신이 얼마나 위대한지를 찬양하도록 했으며 창녀들이 시시콜콜 엉겨들자 욕설을 내뱉고는 했다(조지프 굴든, 앞의 책, 19∼21쪽 참조).

대한 유리한 협상고지를 점령하기 위해 북한과 중국에 대해 끊임없는 위협과 압박을 병행해나가기로 했다.

그에 따라 북한 전역에 대한 무차별적인 폭격이 거듭 감행되었다. 물론 이러한 미 공군의 폭격이 전혀 새삼스러운 것은 아니었다. 그것은 이미 밝힌 대로 개전과 동시에 이루어진 것이었다.

개전 직후부터 1950년 9월 말까지만 보더라도 미 공군은 한반도에 도합 9만 7,000톤의 폭탄과 780만 갤런의 네이팜탄을 투하한 바 있다. 이는 미국이 지난날 태평양전쟁에서 사용한 것보다 훨씬 많은 양에 해당한다.[18]

집중적인 폭격을 받게 된 북한 지역은 말 그대로 생지옥이었다. 오랜 역사를 자랑하는 평양은 두 채의 건물만 남기고 완벽하게 잿더미로 변했다. 이 과정에서 전쟁 초에는 40만이었던 평양 인구가 전쟁이 끝날 무렵에는 8만으로 줄어 있었다.[19]

미 공군기의 무차별적인 폭격은 인간의 생활에 관계된 모든 것, 예컨대 공장, 학교, 도로, 교량, 댐, 병원 등 모든 것을 남김없이 파괴했다.

미군의 공식 문서는 다음과 같이 자신들의 폭격 장면 중 하나를 소개하고 있다.

평양에서 북방 20마일 정도 떨어진 지점에 커다란 독산댐이 있다. 이 댐은 3평방마일의 관개용 저수지로 되어 있다. 공군 작전 계획자들은

18 　가지무라 히데키, 앞의 글, 222쪽.
19 　로버트 시몬스, 앞의 책, 266쪽 참조.

오래전부터 그 관개용 댐을 폭파하는 것이 북한의 쌀 생산에 심각한 영향을 미치게 될 것이라는 점을 인식하고 있었으며 일부는 인간적인 고려로 그 댐의 폭격에 반대했다. 그러나 전쟁이 진점됨에 따라 더욱더 많은 양의 쌀이 군대로 공급되고 있다는 사실을 알게 되자 댐의 파괴를 반대하는 의견은 묵살되었다. …… (댐은 결국 폭격에 의해 파괴되었다) …… 거대한 물길이 거침없이 쏟아져 내려 참화의 자국만을 남기고 흘러갔다. …… 가옥들과 곡식, 그리고 관개용 수로들이 무시무시한 급류에 온통 휩싸여버렸다.[20]

빈틈없는 폭탄 세례로 인한 완벽한 파괴로 1951년 10월경부터는 출격명령을 받은 미 공군기들이 더는 폭격 대상을 찾지 못하고 되돌아오기 시작했다.

계속되는 공중폭격에도 굴하지 않고 북한은 방공호를 파고 폭격이 뜸한 야간에 생산활동을 하는 등의 방식으로 대항해나갔다.

그러던 중 신설된 북한 비행장의 폭파를 목표로 100여 대의 호위 전투기를 동반하고 출격한 수십 대의 B29 중폭격기가 북한과 중국의 항공기 150대의 공격을 받아 참패를 당하는 일이 발생했다. 개전 이래 천하무적을 자랑하던 미 공군기가 최초로 쓰라린 패배를 맛보게 된 것이다. 이로부터 미 공군의 위력은 급속히 약화되어갔고 그에 따라 북한군과 중국군의 후방공급을 저지하는 것은 불가능하게 되었다.

그러나 악몽의 시나리오는 여기서 그치지 않았다. 1952년 2월 22일 북한 외무성은 미 공군이 북한에서 세균병기를 사용하고 있다

---

20 위의 책, 141쪽.

고 유엔에 항의했다. 북한은 세균을 지닌 다량의 곤충이 1952년 1월 28일 이래 북한 지역에 비행기로 살포되었다고 밝혔다. 또 3월 8일에 중국 외상 저우언라이는 미국 비행기가 2월 29일 이래 중국의 화베이(화북) 지방과 동북부 지방에서 세균전을 일으키고 있다는 내용의 성명을 발표했다.

북한과 중국은 이구동성으로 미 공군이 세균전을 자행한 것은 미국이 한국에서 군사적으로 승리하는 것이 불가능하다는 점을 깨닫고, 북한과 중국에 대해 계속 위협을 가함으로써 휴전회담을 유리하게 이끌기 위한 의도라고 비난했다. 3월 14일에는 소련의 유엔 대표 말리크도 유엔총회에서 북한에 동의하는 입장을 발표했다.

이에 대해 미국은 세균전 운운은 단순한 날조에 불과하며 "북한과 화북의 전염병은 그 지역의 원시적 생활조건, 불결한 위생시설, 불충분한 의료의 결과"라고 반박했다.

그로부터 얼마 후 미국의 과학자연맹에서 "미국이 세균병기를 개발해왔고 그 계획을 위한 자금을 계속 증액해온 것이 사실이다"라고 지적함으로써 세균전을 둘러싼 국제적 공방전은 더욱 세차게 달아올랐다.

드디어 1952년 6월 오슬로에서 개최된 세계평화회의 집행위원회의 결정에 따라 7인의 중립적인 과학자로 구성된 국제과학조사단이 발족하게 되었다.

조사단은 7월 9일부터 2주간에 걸쳐 중국의 동북지방을 조사하고 그다음에는 압록강을 건너 북한으로 들어갔다. 거기서 8월 6일까지 조사를 하던 중 조사단은 미군의 공습을 받기도 했다.[21]

조사단은 북한과 만주에 걸친 오염지대에 흩어져 있는 여러 가지 물고기, 풍뎅이, 거미, 벼룩, 모기, 쥐 등의 보균자를 연구했다. 이들은 이러한 보균자가 인간과 동물 모두에게 페스트, 장티푸스, 콜레라, 이질, 뇌염, 천연두를 감염시켰다는 증거를 발견했다.

상세하게 연구한 결과 이러한 곤충의 대부분은 엉뚱한 장소와 엉뚱한 시기에 발견되었다는 것이 밝혀졌다. 즉, 그 지역 토산이 아니거나 아직 발생기가 아닌 시기에, 눈 덮인 산과 가옥의 지붕에서 다수 발견된 것이다.

또한 중국 동북부 지방과 북한에는 장티푸스뿐만 아니라 폐탄저열병, 출혈성 수막염 등 이름 모를 병들도 많이 전염되었는데, 전염된 곳을 조사해보면 반드시 그러한 병원균을 지닌 '생물류'가 발견되었다.

이러한 연구 결과를 토대로 국제과학조사단은 다음과 같이 최종 결론을 내렸다.

본 조사단은 결론으로써 미 공군은 일본군이 제2차 대전 중에 장티푸스를 퍼뜨리기 위해 사용한 것과 정확히 동일하지는 않지만 유사한 방법을 사용했다는 것을 확인했다. 따라서 동 조사단의 의견으로는 장티푸스에 감염된 쥐가 비행기로부터 낙하되었다는 결론을 내렸다.

물론 이러한 조사단의 발표에 대해 미국과 그 동맹국들은 한결같이 공산주의의 악선전이라고 주장했다.[22]

---

21 김병오, 앞의 책, 123쪽.
22 이상 '융단폭격과 세균전'에 관해서는 김병오, 앞의 책, 122~124쪽 참조.

3. 남한에서의 유격전과 피의 살육

미군이 본격적으로 개입함에 따라 북한군은 장기 항전 태세로 돌입하게 되었고 일부는 계속 남한 지역에 남아 유격전을 벌였다는 사실은 이미 밝힌 대로다. 이들 북한군과 남한 지역 출신 유격대들은 험준한 지리산 일대를 거점으로 하고 노령산맥을 이동 무대로 미국과 이승만 정부에 대항한 게릴라전을 전개했는데, 그 대원 수는 4만여 명에 이르고 있었다. 전투지역도 순창, 정읍, 남원, 장성, 구례 등 호남 일대와 거창, 산청, 함양, 합천 등 매우 광범위한 지역에 걸쳐 있었다. 그리고 이들 지역 중 일부 산간지방은 이른바 해방구 혹은 준해방구(반유격구)로서 유격대의 세력권에 놓여 있었던 것으로 알려졌다.

이러한 가운데 미국과 이승만 정부는 유격대를 토벌하기 위해 새로이 육군 제11사단을 창설하고 남원에 사단본부를, 전주에 제13연대, 광주에 제20연대, 진주에 제9연대를 각각 배치했다. 미군이 38선을 돌파해 북진을 감행한 직후인 10월 초엽이었다.

그러나 대규모 군대를 투입했음에도 유격대의 토벌은 용이하지 않았다. 유격대들은 험준한 산악지대를 거점으로 전세가 불리하면 깊은 산속으로 후퇴했다가 주로 야간을 이용해 기습공격을 펼침으로써 토벌군을 심각한 곤란에 빠뜨렸던 것이다.

그리하여 지역에 따라서는 낮에는 정부군이, 밤에는 유격대가 지배하는 양상이 되풀이되고 있었다.

한편 북한군과 중국군이 총반격을 가함으로써 미군이 급속히 후퇴하자 이들 유격대는 더욱 적극적인 공세로 나아가기 시작했다. 얼마 전에는 정부군에 포위되었지만 이제는 입장이 바뀌어 미군과 한국군을 북의 전방과 남의 후방에서 동시에 협공하는 양상이 빚어지게 된 것이다. 예를 들면 12월의 총퇴각이 단행된 직후인 1950년 12월 5일, 약 500여 명의 유격대는 거창군 신원면에 있는 신원지서를 기습 공격해 50여 명의 경찰과 청년의용대에게 결정적 타격을 가했다. 유격대의 공격을 받은 경찰과 청년의용대는 40여 명이 사망하고 나머지 10여 명은 간신히 탈출하는 등 괴멸적 타격을 받고 물러나고 말았다. 이로써 승리를 거두게 된 유격대는 즉시 신원면 일대를 해방구로 만들고 동시에 부락청년 수백 명으로 대열을 보충함으로써 그 힘을 대폭 강화했다.

이후 경찰은 신원면을 되찾기 위해 여러 차례 작전을 폈으나 그때마다 실패하고 말았다. 실패 요인 중 하나는 신원면이 갖는 지형적 특수성과 이러한 지형구조를 유리하게 활용하고 있던 유격대의 독특한 전술이었다.

신원면은 덕유산 줄기인 감악산, 월여산, 보록산, 철마산, 덕갈산으로 둘러싸인 산간지방으로 거창과 연결되는 통로는 오직 하나밖에 없었다. 따라서 경찰이 이곳 신원면에 진주한다 하더라도 산악지대에 잠복하고 있던 유격대가 사면팔방으로 기습공격을 하게 되면 꼼짝없이 포위되고 마는 결과를 낳는다. 반대로 유격대는 자유자재로 진격과 후퇴를 구사할 수 있는 이점을 가지고 있었다. 그러나 더욱 중요한 점은 유격대에 대한 지역 주민들의 지원과 협력이었다. 극히 상식적인 이야기지만 본래 유격대란 민중의 지원 없이는 전투는 차치하고 생존 자체가 불가능하다. 따라서 유격대가 상당한 세력과 전투력을 지니고 있다는 것 자체가 지역 내 민중과의 협력 정도를 드러내는 징표가 된다. 나중에 밝혀진 사실이지만 유격대는 신원면 일대에서도 반드시 강제적이라고만 볼 수 없는 주민들의 지원을 얻어내는 데 성공하고 있었다. 요컨대 유격대는 그 나름대로 물고기가 헤엄칠 수 있는 물을 거느리고 있었던 셈이다. 바로 이 점이야말로 신원면이 약 한 달 동안에 걸쳐 이른바 해방구로 존속할 수 있었던 원인이었다. 물론 이러한 양상은 신원면에만 국한된 것이 아니라 유격대가 활동하고 있던 지역에서 대체로 비슷하게 나타나고 있었다.

유격대의 대대적인 공세와 일정한 승리는 미국과 이승만 정부에 심각한 불안을 안겨주었다. 이들에게는 유격대의 진군이 곧 배후에서 칼을 꽂는 것과 진배없었던 것이다.

드디어 1951년 2월 초 거창, 함양, 산청 등 지리산 남부지역의 유격대를 토벌하기 위해 제11사단 제9연대가 합동작전에 돌입했다.

합동작전을 위한 작전명령에는 다음과 같은 지침이 시달되어 있었다.

- 작전지역 내 인원은 전원 총살하라.
- 공비(유격대)들의 근거지가 되는 건물은 전부 소각하라.
- 적의 보급품이 될 수 있는 식량과 기타 물자는 안전지역으로 후송하거나 불가능한 경우는 소각하라.[23]

작전의 요지는 유격대가 의존하고 있는 모든 요소를 완전히 파괴하라는 것이며 결과적으로 지역 주민과 그들의 생활터전을 말살하는 것을 목표로 하고 있었다.

결국 미국과 이승만 정부는 유격대 공략을 민중에 대한 대량학살

23 「사료: 1950년대의 정치적 중요사건」, 진덕규 외, 『1950년대의 인식』, 한길사, 1981, 422쪽.

로 확대함으로써 결과적으로 유격대와 민중 간의 혈연적 운명관계를 더욱 분명히 해주고 자신들의 유격대 토벌작전을 더욱 반민중적인 수렁으로 빠뜨리고야 말았다.

이처럼 과거 일본인이 자행한 초토화작전과 최근 미군이 선보인 몰살작전을 계승한 유격대 토벌계획은 그대로 실행에 옮겨졌다.

유격대 토벌을 위한 합동작전이 개시됨과 동시에 곳곳에서 민중에 대한 대량학살극이 연출되었다. 산청, 함양, 합천, 남원, 순창 등 지리산 주변 산악지방 여러 곳에서는 정도의 차이는 있었지만 한결같이 이러한 집단학살의 참극이 벌어졌다. 이 밖에도 토벌군은 부녀자 강간, 물품 강요, 재산 약탈 등 온갖 만행을 저질렀다.

그러던 중 드디어 거창군 신원면에서 토벌작전 중 최대 규모의 집단학살극이 연출되고 말았다.

이미 2월 10일경 신원면 내의 대현리, 덕산리를 거쳐오면서 판량계곡과 청연부락 뒷산 등에서 집단학살의 피잔치를 즐겼던 토벌군이 2월 11일 신원면의 대현리, 중유리, 화릉리 일대에 들이닥쳤다. 토벌군은 부락에 진주한 즉시 수색부대를 출동시켜 마을 주민 800~1,000여 명을 과정리 소재 신원국민학교에 집단수용했다. 수용되어 있는 주민들의 대부분은 노약자, 부녀자, 어린아이들이었다.

다음 날 토벌군은 이들 주민 중에서 군인·경찰의 가족과 유지급 인사와 가족들만을 골라낸 뒤 나머지 주민들을 모두 근처의 박산 골짜기로 끌고 가 기관총으로 집단학살한 후 시체는 휘발유를 끼얹어 불태워버렸다. 이렇게 해서 무참히 목숨을 잃은 주민의 수는 무려 600여 명이 넘는 것으로 알려졌다. 그리고 토벌군은 자신들의 행위를 은폐하기 위해 학살된 사람의 숫자를 187명으로 줄이고 아울러 그 대상도 모두 공비 및 공비와 내통한 분자라는 허위보고를 연대에 올렸다. 이들에게는 민중에 대한 대량학살의 만행도 그날 하루에 올린 전과로 처리되었다.

그러나 학살자들의 온갖 협박과 위협에도 불구하고 사건의 진실은 결코 은폐될 수 없었다. 학살의 진상은 분노의 불꽃을 지피면서 민중의 입을 통해 급속도로 남한 전 지역으로 퍼져나갔다. 그와 함께 이승만 정권에 대한 민중의 분노는 걷잡을 수 없이 치솟아올랐다. 궁지에 몰린 정부는 마침내 신성모 국방장관의 입을 통해 적당한 변명을 하도록 조치했다.

경남지구 계엄 민사부장이던 김종원 대령과 함께 현지 답사한 결과 희생자 수는 187명이며 이들은 모두 공비와 내통한 불순분자임이 밝혀졌다.

그러고는 다음과 같은 점을 근거로 사건을 묵살할 것을 지시했다.

외국의 원조로 전쟁을 수행하고 있는 마당에 이 같은 군의 비행이 외국에 알려진다면 전쟁 수행에 지장을 초래하고 군의 사기를 해친다.

이러한 이승만 정권의 강변에도 불구하고 1951년 3월 29일 거창 출신 국회의원 신중목은 자신이 조사한 거창 양민학살의 진상을 발표했고 기타 야당 의원들은 정부 각료에 대해 사건의 진상을 추궁했다. 그 결과 국회와 내무부·법무부·국방부가 합동으로 조사단을 구성해 현지 조사하기로 결의했다.

총 16명으로 구성된 합동조사반은 1951년 4월 7일 신원면으로 들어가려 했으나 공비로 가장한 군인들의 공격을 받고 성과 없이 철수해버렸다.

그러나 학살사건을 규탄하는 민중의 목소리는 좀처럼 수그러들지 않았고 급기야는 사건을 은폐하기에 급급한 이승만 정권을 정치적 위기 속으로 몰아가고 있었다.

다급해진 정부는 사건의 재조사에 착수했고 제9연대장 오익경, 제3대대장 한동석, 동 대대 정보장교 이종대 등을 구속해 군법회의에 회부했고 아울러 사건 은폐의 주모자였던 신성모를 해임했다.

말할 필요도 없이 이승만 정권의 이러한 조치는 문제의 근본을 덮어버리기 위한 또 다른 기만술책에 불과했다. 600여 명 이상이나 학살한 살인주범들 중 극히 일부인 김종원이 징역 3년, 오익경 무기, 한동석 10년, 이종대가 무죄 선고를 받은 것으로 사건이 강압적으로 마무리되었던 것이다.

이들에 대한 재판을 끝으로 거창사건과 비슷한 양상의 민중학살사건들은 완전한 진상 규명이 철저히 저지된 채 파묻혀버리고 말았다. 그리고 이승만은 거창사건으로 실형을 선고받고 복역 중이던 학살의 주모자 3명을 복역 1년 만에 모두 석방시켜 오익경과 한동석은 현역으로 복귀시키고 김종원은 경찰 고위 간부로 다시 기용했다.[24]

4. 교차되는 전쟁과 평화―휴전회담의 전개

전쟁이 무고한 민중의 목숨만을 앗아가는 가운데 무의미한 공방전을 계속하자 내외로부터 휴전에 대한 요구가 빗발쳐 올랐다. 인도, 스리

---

24 이상 '남한에서의 유격전과 피의 살육'은 위의 글, 418~423쪽 참조.

랑카, 인도네시아 등 이제 막 식민지 상태에서 벗어난 나라들은 서로 단합해 미국의 전쟁확대 정책을 비판하고 조속히 휴전할 것을 요구하고 나섰다. 이러한 움직임은 한국전쟁 기간 중에 미국의 핵무기 사용 기도에 대해 결사적으로 저지하고 나선 아랍 여러 나라들의 노력과 함께 이후 비동맹운동을 탄생시키는 모체이자 활동의 모범이 되었다.

이러한 상황에서 소련의 유엔 대표 말리크의 휴전 제의를 시발로 휴전회담의 본격적인 막이 오르게 되었다. 말리크는 1951년 6월 24일 다음과 같이 휴전의 가능성을 시사했다.

한국문제의 평화적 해결을 위한 당사국의 준비가 필요할 것입니다. 소련 인민은 첫 단계로서 정전과 38도선으로부터의 군대의 상호 철수를 규정하는 휴전을 위한 교전 쌍방 간의 회담을 개시해야 할 것으로 믿는 바입니다.[25]

그리고 3일 후인 6월 27일 소련 외무차관 그로미코는 휴전협정 체결에 관한 구체안을 발표했다.

1. 유엔군과 인민군의 군사대표를 상호 교섭의 당사자로 한다.
2. 휴전은 정전을 포함, 필히 군사문제에만 한하고 기타 어떠한 정치·영토문제에도 관여치 않는다.
3. 쌍방의 군사대표는 적대행위의 재발을 방지하기 위하여 그 보장문제를 토의한다.[26]

---

25 노중선 엮음, 앞의 책, 299쪽.

이에 앞서 북한은 6월 24일 말리크의 성명을 지지하면서 당시 전쟁 수행의 목표를 다음과 같이 명시했다.

조선 인민은 바야흐로 조선의 역사상 가장 심각한 시련에 직면하고 있다. 조선인민군은 중국의용군과 협력하여 '적을 38도선 이남으로 축출하기 위해' 싸우고 있다.[27]

한편 미국은 중국 만주로 전쟁을 확대하려는 정책이 사실상 파탄되고 말자 이른바 한국전쟁을 국지전으로 마무리짓되 최대한 명예로운 승리를 거둔다는 방침으로 후퇴하게 되었다. 이러한 맥락에서 미국은 내외로부터 제기되는 휴전 압력에서 벗어남과 동시에 협상을 통한 유리한 고지를 점령하는 것을 목표로 휴전회담에 응하게 되었다.

반면 남한의 이승만 정부는 기를 쓰고 휴전회담 개최에 반대하며 전쟁을 강행할 것을 고집했다. 그러나 이승만 정부의 반대에도 아랑곳없이 1951년 7월 10일 미국과 북한의 대표가 참석한 가운데 휴전회담 본회의가 개최되었다.

회의 개최 즉시 북한 측은 앞으로 토의할 주제로 ① 육·해·공군의 적대행위 즉시 중지, ② 38선으로부터 양군은 각각 10킬로미터씩 남북으로 후퇴, ③ 전쟁포로의 교환, ④ 전 외국 군대의 한국으로부터 즉시 철수를 제안했다. 이에 대해 미군 대표는 쌍방의 군대가 38선에서 후퇴한다는 문제와 외국 군대의 철수문제는 정치적 사항에 속하는

26 위의 책, 299쪽.
27 위의 책, 300쪽.

것이므로 휴전회담에서 토의할 성질의 문제가 아니며, 휴전을 위한 군사경계선은 현재 양군의 접촉선에 따라 결정되어야 한다고 맞섰다.[28]

이러한 미군 측의 주장은 진정으로 그들이 평화와 한국 민족의 독립을 옹호하고자 하는지를 의심하게 만들었다. 왜냐하면 외국 군대의 계속적인 주둔은 그 민족의 독립을 결정적으로 가로막는 요소가 될 뿐만 아니라 동시에 항상적인 전쟁 발발의 씨앗이 될 것이기 때문이다. 또한 현재 양군의 접촉선을 군사경계선으로 삼자는 미국 대표의 주장은 휴전협정이 조인되기 전까지는 양쪽 군대로 하여금 조금이라도 땅을 더 차지하기 위해 계속 혈투를 벌이도록 강제하는 결과를 초래한다. 따라서 하루빨리 평화를 회복시키려는 의사가 있다면 전쟁 전으로 원상회복한다는 원칙에 따라 38도선을 군사분계선으로 못 박고 출발해야만 했다. 그래야만 더는 무의미한 전투가 계속되지 않는 것이다.

이러한 입장 차이로 휴전회담이 아무런 성과 없이 계속 지연되자 북한 측은 현 전선을 군사분계선으로 하자는 미군 측의 주장을 받아들였다. 이렇게 하여 숱한 우여곡절을 거친 끝에 군사경계선 문제가 일단 타결되었다.

1. 군사경계선은 양군의 실제 접촉선으로 한다.
2. '적대행위는 휴전협정이 조인될 때까지 계속된다.'
3. 군사경계선에 관한 협정이 채택된 후 30일 이내에 정식 휴전이 성립되면 이미 쌍방이 동의한 선을 변경하지 않고 이것을 최종선으로 한다.[29]

---

28 위의 책, 301쪽 참조.

그로부터 얼마 후인 1951년 12월 3일 북한 측은 다시 다음과 같은 사항을 추가로 제안했다.

1. 휴전을 보다 완전한 것으로 보장하며 나아가 유엔·인민 양군에 의한 보다 높은 수준의 정치회담을 용이하게 하기 위하여 유엔·인민 양군은 어떠한 구실로서도 한반도에 외부로부터 군대, 병기, 탄약을 반입하는 것을 금하게 한다.
2. 전항이 엄격히 실시되는 것을 감시하기 위해 쌍방은 한국전란에서 중립을 지킨 각국 대표를 초청하고 이들로 하여금 감시 책임을 가지는 기관을 조직시키는 데 동의한다. 이 감시기관은 비무장지대를 넘어 쌍방이 서로 동의하는 후방지구의 출입구를 감시하고 감시 결과를 합동휴전위원회에 보고하게 하는 데 동의한다.[30]

아울러 이듬해 2월 6일 북한 측은 고급정치회의 개최를 제의했다.

모든 외국 군대의 철수, 한국문제의 평화적 해결 및 한국의 평화에 관한 다른 문제를 토의하기 위해 휴전 후 3개월 이내에 조선민주주의인민공화국과 중화인민공화국 이외에 유엔 가맹 제국이 임명한 쌍방 각각 5명의 대표로 구성된 고급정치회의를 개최한다.[31]

이러한 북한의 제안은 모든 외국군의 철수와 한반도에서 전쟁이

---

29 위의 책, 303쪽.
30 위의 책, 303~304쪽.
31 위의 책, 303쪽.

재발하는 것을 방지하기 위한 조치가 미국 측의 거부로 당장에 휴전회담을 통해 해결될 전망이 보이지 않자 외국군 철수 등의 문제를 일단 원칙으로 정하는 선에서 차후 구체적인 해결을 모색한다는 방침에서 나온 것으로 추측된다.

이에 따라 미군과 북한 측 대표 간에 다음의 사항이 합의되었다.

한국문제의 평화적 해결을 보장하기 위하여 쌍방 군 사령관은 쌍방의 관계 각국 정부에 정전협정이 조인되고 효력을 발생한 후 3개월 내에 각기 대표를 파견하여 쌍방의 한 급 높은 정치회담을 소집하고 한국으로부터의 모든 외국 군대의 철수 및 한국문제의 평화적 해결 등의 문제들을 협의할 것을 건의한다.[32]

이 조항은 모든 외국군이 한반도에서 철수하는 것에 원칙적으로 합의한 것으로 이후 미군이 계속적으로 남한에 주둔하는 문제의 불법성을 제기할 수 있는 근거가 된다는 점에서 중요한 의미를 갖는다.

이렇듯 어려운 가운데서도 하나씩 하나씩 합의사항을 이끌어왔던 휴전회담은 포로교환문제에 접어들면서 결정적 난관에 봉착했다.

본래 전쟁포로는 1949년에 수정 조인된 제네바협정에 따라 실질적인 적대행위가 끝나면 지체 없이 석방한 후 송환하도록 되어 있다. 물론 미국도 이 협정에 조인한 나라 중 하나다. 그런데 문제는 미군 측이 제네바협정에 제시된 원칙에서 벗어나 이른바 포로의 자유교환을 주장하고 나온 것이다. 이는 자신이 행한 약속에 대한 명백한 위

---

32 위의 책, 306쪽.

반이었다. 그럼에도 미국이 포로의 자유교환을 들고 나온 것은 중국군과 북한군의 포로 중 일부가 송환되지 않음으로써 상대편의 위신을 실추시키고 사기를 떨어뜨리고자 하는 의도였다. 미국 측 주장에 따르면 북한군 포로 11만 1,754명 중 6만 5,000명, 중국군 포로 2만 720명 중 5,000명만이 현재 송환을 희망하고 있다는 것이었다. 따라서 포로 송환이 포로의 의사에 따라 자유롭게 결정된다면 북한군의 절반과 중국군의 4분의 3 이상이 자기 땅으로 돌아가는 것을 원치 않는다는 결과가 나옴으로써 북한과 중국의 체면은 상당히 손상되는 것이다.[33]

실제로 송환을 원치 않았던 포로들이 어느 정도였는지는 정확히 확인할 수 없다. 그러나 여기서 거제도 포로수용소에서 1951년 말부터 계속 터져 나온 포로들의 항의투쟁을 고려할 필요가 있다. 즉, 1952년 5월 7일에 포로들이 수용소 소장 돗드 준장을 역으로 포로로 삼는 가운데 피복, 식량, 약품, 기타 물자를 보급해줄 것, 포로 송환을 위한 어떠한 형태의 심사도 하지 말 것 등을 요구하며 격렬한 투쟁을 벌인 사태가 발생했던 것이다.

그럼에도 미군 측이 수용소에 억류 중인 민간인 포로 2만 7,000명에 대해서만 석방조치를 발표하고, 끝내는 1952년 6월 22일 회담에 참석 중이던 미군 측 대표가 일방적으로 퇴장해버림으로써 휴전회담은 1차 결렬되고 말았다.[34]

이와 발맞추어 미군은 재차 북한 지역에 대한 폭격을 강화해 겨우

---

33 김병오, 앞의 책, 132쪽 참조.
34 위의 책, 133쪽.

복구된 발전시설의 90퍼센트를 파괴해버렸다. 이러한 사태에 대해 소련은 "미군의 군사력 강화, 특히 발전시설에 대한 폭격은 미국이 아시아에서 전쟁확대를 기도하고 있는 증거이다"라면서 미국에 맹렬한 비난을 퍼부었다.[35]

이러한 가운데 미국은 휴전협정을 통해 자국이 한국전쟁에서 실패한 것을 만회할 만한 적당한 보상을 확보하지 않는 한 전쟁을 계속 벌이겠다는 의사를 표명했다.

애치슨 국무장관은 유엔총회에서 다음과 같이 언급했다.

미국은 한국에서 침략이 정지되고 평화와 안정이 회복될 때까지 전쟁을 계속한다는 부동의 결의를 다짐하지만 정당한 휴전조건만 발견된다면 즉시 휴전할 용의가 있다.[36]

이와 함께 미국은 유엔으로 하여금 재차 자국의 입장을 옹호하는 결의안을 채택하도록 종용했다. 이에 따라 1952년 12월 3일 유엔총회는 미국이 내세운 포로 자유교환을 요지로 하는 결의를 채택하게 되었다.

이에 대해 12월 17일 북한 외무성은 다음과 같은 내용의 전보를 제7차 유엔총회 의장에게 발송했다.

조선민주주의인민공화국 대표의 참가 없이 채택된 조선문제에 관한 제

---

35 노중선 엮음, 앞의 책, 306쪽 참조.
36 위의 책, 307쪽.

7차 유엔총회의 결의를 부당한 것으로 인정하고 총회는 다음과 같은 조치를 강구할 것을 요구한다.

1. 조선전쟁의 계속과 확대를 조장하는 미국의 침략정책을 은폐하는 총회의 부당한 결의를 취소할 것.

2. 조선에서 즉각 정전과 조선문제의 평화적 해결에 필요한 제 대책을 토의 채택할 것.

3. 유엔 기관에서 조선문제를 토의할 때에는 조선 인민의 참된 대표인 조선민주주의인민공화국 대표에게 참가자격을 줄 것.

4. 조선 정전회담의 무기한 중지를 일방적으로 선언한 미국 측 대표, 즉 판문점 정전회담을 결렬시킨 책임자를 처벌할 것.

5. 유엔의 깃발 아래 미국 침략자가 북조선에서 행하고 있는 평화적인 주민 및 도시와 농촌에 대한 무차별 폭격을 중지시킬 것.

6. 우리 측 포로를 강제 억류하기 위한 야만적인 수단과 남조선 포로수용소의 우리 측 포로에 대한 비인도적인 취급 및 대량학살과 야수적인 폭압을 즉각 중지시킬 것.

7. 국제법의 준칙과 도덕을 유린하고 북조선의 평화스런 주민을 대량학살하기 위한 세균병기, 화학병기, 기타 금지된 각종 병기를 사용하는 등 미국 전쟁 범죄인의 인간증오 범행이 아직도 그치지 않고 있는바, 미국의 전범을 국제법과 인류의 양심에 입각해서 엄중히 처벌할 것.[37]

---

37 위의 책, 308~309쪽.

제5장

전쟁 중의 남과 북

한국전쟁은 붕괴 직전의 이승만 정권이 되살아나는 결정적 계기가 되었다. 이승만 정권은 전쟁을 계기로 미국의 지원 아래 60만 대군으로 급성장한 군사력을 배경으로 유격전의 형태를 띠고 있던 남한 민중의 저항을 완벽하게 분쇄할 수 있었다. 또한 범람하는 군수물자는 이승만에게 풍부한 정권 유지 비용을 공급해주는 원천이 되었다.

자금 확보를 위한 수많은 불법행위 중 가장 빈번히 사용된 것은 석유, 자동차 부속품, 식품 원료 등과 같이 상품가치가 있는 전쟁물자를 공공연히 팔아먹는 일이었다. 보다 교묘하고 거금을 남기는 방식은 60만 대군의 부식비를 유용하는 일이었다. 또한 계약을 맺을 때뿐 아니라 불량품이 검사를 통과할 때 뇌물이 공공연히 요구되었다.[1]

이와 함께 이승만은 전쟁 수행을 빙자해 갖가지 비상조치를 발동했는데, 이는 자신의 독재권력을 강화하는 수단으로 이용되었다. 말할 필요도 없이 이러한 과정은 전적으로 방대한 규모에 달하는 미국

---

1   김세진, 앞의 글, 127쪽.

의 군사적·경제적 원조에 힘입은 것이었다.

한편 북한 입장에서 전쟁은 그동안 추구해온 새로운 질서에 대한 가혹한 시련을 안겨주었으며 그 과정을 통해 인민을 더욱 단련시키는 역사적 계기가 되었다. 또한 전쟁을 거치면서 북한에서 김일성의 지도력은 그 의미가 더욱 분명해지고 확고한 지반을 갖게 되었다.

결과적으로 한국전쟁은 남과 북의 이질성을 더욱 심화하고 분단의 장벽을 한층 높이는 계기로 작용하게 되었던 것이다.

1. 사람 죽여 배 채우는 자들―국민방위군 사건

12월 총퇴각에 연이어 서울에서 재철수(1·4후퇴)가 불가피해지자 이승만 정부는 100여만 명에 달하는 청장년들을 남쪽으로 후송시키려는 계획을 세웠다. 이는 전쟁 초기에 남한의 대부분 지역이 북한에 점령됨에 따라 병력 보충에 결정적 어려움을 겪었던 지난날의 경험을 반복하지 않으려는 사전 대응책이었다.

이에 따라 이승만은 1950년 12월 15일 「국민방위군 설치법안」을 국회에 상정했고 12월 16일 국회를 통과한 이 법안을 즉시 공포, 발효시켰다. 법안의 주요 내용은 다음과 같다.

- 군경과 공무원이 아닌 만 17세 이상 40세 이하의 장정은 제2국민병에 편입한다.
- 제2국민병 중 학생을 제외한 자는 지원에 의하여 국민방위군에 편입시킨다.
- 육참총장은 국방장관의 지시를 받아 국민방위군을 지휘 감독한다.

이승만은 16일 법안 공포 즉시 방위군 사령관에 김윤근, 부사령관에 윤익헌, 참모장에 박경구 등 대한청년단·청년방위대 요원 일색의 사령부 51개의 교육대장을 임명했다.

모두 알다시피 대한청년단이라는 단체는 1945년 해방 이후 민중 탄압과 매국적 단독선거의 돌격대 역할을 했던 대동청년단·서북청년단·청년조선총연맹·대한독립청년단·국민회청년대 등 6개 깡패 조직이 1948년 10월 이승만의 통합 지시로 하나로 합친 단체다. 김윤근은 바로 이렇게 발족한 대한청년단의 단장에 취임한 자였다.

한국전쟁이 발발하자 대한청년단은 군경의 협조 아래 준군사조직인 청년방위대를 창설해 아무런 법적 지위 없이 후방 감시와 군사지원 업무를 맡았으며 강제적인 병력 모집과 물자 징발을 위한 행동대로 나섬으로써 민중에게 원성의 대상이 되어왔다.

결국 이승만 정부는 100만 명에 달하는 장정들의 생명을 이들 불한당에게 내맡긴 셈이었다. 게다가 이승만은 급조된 방위군 사령부에 아무런 예산 배정과 지원 없이 장정들의 후방 후송을 독촉하기만 했다. 이에 따라 방위군 사령부는 최소한의 필요한 준비도 없이 무작정 업무에 착수했다.

12월 17일 서울에서 첫 남하 부대를 편성해 후송 업무에 들어간 방위군 사령부는 잇따라 경기, 강원, 충청, 전남북 일대에 걸쳐 일제히 부대를 편성한 뒤 경남북 일대 51곳에 설치한 교육대를 향해 도보 행군에 들어갔다.

부대에 편성된 장정들은 대부분 연일 계속되는 미 공군기의 폭격을 피하고 극도로 피폐해진 생활을 견디다 못해 마지막 목숨을 의탁해보고자 참여했으며 그 외에는 모두가 청년방위대 요원에게 강제로 끌려나온 경우였다.

남쪽의 교육대를 향해 도보행군에 들어간 국민방위군의 상태는 참혹하기 그지없었다. 몇천 명씩 떼를 지어 남하하는 이들 대열은 전란의 폐허 속에서, 더구나 엄동의 혹한 속에서 급식과 잠자리도 제대로 제공받지 못한 채 추위와 허기에 지쳐갔다. 정부는 급한 대로 방위군에 양곡권을 주어 현지 군수나 서장에게 급식을 요청하도록 했으나 전란으로 곳곳에서 지방행정이 마비된 상태였기 때문에 이들은 잘해야 하루 주먹밥 세 덩이로 끼니를 때우면서 학교 교실이나 맨바닥에서 잠을 자며 도보행군을 계속해야 했다. 동사자, 아사자, 동상 부상자, 낙오자가 속출했다. 이 같은 처참한 양상으로 말미암아 국민방위군 대열은 어느덧 '죽음의 대열'이니 '해골의 대열'이니 하는 이름으로 불리고 있었다.

국민방위군에 대한 예산은 방위군이 경남북 일원의 51개 교육대에 대부분이 도착한 1951년 1월 27일이 되어서야 비로소 국회에 상정되어 1월 30일에 통과되었다.

국민방위군 예산으로는 방위군 총인원을 50만으로 추산하고 1인당 하루 식량 4홉, 취사용 연료대 40원, 잡비 10원씩으로 계산해 1, 2, 3월분 총액 209억 원이 책정되었다.

이 예산은 한마디로 국민방위군 장정들의 최소한의 생존마저 보장하기 힘든 극도로 보잘것없는 수준이었다. 한창 나이의 장정에게 하루 1인당 4홉이란 적당한 급식량이 아니었을 뿐 아니라(당시 전쟁포로 급식량도 1인당 하루 5홉이었다) 부식비, 난방용 연료비, 의료비, 피복비, 훈련비, 부대 운영비 등이 하나도 포함되어 있지 않았다.

그러나 더욱 심각한 문제는 실제로 예산이 배정되는 과정에서 발생했다. 부패한 독재권력의 탐욕스러운 손길이 뻗치기 시작한 것이다. 방위군 사령부는 단위 부대에 예산을 지급할 때 일부 악덕 상인들의 도움으로 허위 영수증을 만들어 거액을 횡령하고 말았다. 이렇게 착복한 예산의 상당 부분은 이승만과 군 수뇌부의 호주머니 속으로 상납되었다.

파렴치한 사기횡령은 여기에 그치지 않았다. 단위 부대 간부들은 간부대로 터무니없이 부족해진 예산을 또 빼돌려 자기 호주머니를 채우기에 바빴다.

이러한 과정에서 방위군을 위해 쓰일 예산은 거의 바닥이 나고 말았다. 뒤늦게 출발한 장정들은 예정된 교육대에서 인원이 넘었다고 수용을 거부당해 각지를 전전하면서 유리걸식하는 사태가 일어났으며, 수용되어 있는 방위군들에게는 쌀 한 톨, 침구 하나 지급되지 않은 채 주어진 것이라고는 오로지 두 사람에 한 장씩의 가마니뿐이었다. 도처에서 먹지도 입지도 못하고 거지처럼 얼어 죽는 사람이 속출했으며, 급기야 교육대에 수용되어 있는 방위군들이 집단으로 탈출하는 양상으로까지 번졌다.

여론이 들끓기 시작했다. 이승만 정권에 대한 민중의 분노와 원망은 도저히 억누를 수 없는 수준에 이르렀다.

결국 궁지에 몰린 이승만 정권은 1951년 3월 중순부터 방위군 장정들을 귀향 조치하는 한편, 헌병 사령부로 하여금 방위군 사령부의 의혹과 부정을 수사하도록 지시했다.

그러나 공범에 의한 범죄수사가 올바르게 진행될 리 없었다. 방위군 사건에 대한 수사는 초반부터 은폐조작으로 일관되었다.

국방장관 신성모는 사건의 주모자인 방위군 사령관 김윤근을 재판에 회부하지 못하게 하고 부사령관 윤익헌, 재무실장 강석한 등 15명만을 군법회의에 회부하도록 해 윤익헌 징역 3년 6월, 강석한 징역 4월 등 실형 4명, 파면 11명 선에서 얼버무리려고 했다. 그런데 바로 이때, 국회조사단이 국민방위군 부정사건 조사 내용을 발표하고 부통령 이시영이 항의 표시로 사표를 제출하는 등 적극성을 보이자 어쩔 수 없이 사건에 대한 재수사가 이루어지게 되었다.

재수사 결과 사령관 김윤근, 부사령관 윤익헌, 재무실장 강석한, 조달과장 박창원, 보급과장 박기환, 회계과장 보좌관 노용식, 제15교육대장 박철, 제27교육대장 임병선, 제10단장 송필수 등이 다음과 같은 공금횡령 범죄를 저지른 사실이 밝혀졌다.

- 국방부 및 육군본부 등의 고급장교 초대 연회비, 생활보조금, 순금제 군번표 기증 등의 비용에 6,300여만 원
- 대통령 비서관 김광섭에 지프차 기증 300만 원
- 대한청년단 출신 국회의원 7명에 여비, 음식비 등 제공 1,000만 원
- 이승만을 지지하는 신정동지회 의원 30여 명에 1억 3,000만 원 제공
- 윤익헌의 출장비, 기밀비, 연회비 등 2,000여만 원
- 김윤근의 출장비, 기밀비 등 5,000여만 원 등
- 이와 같은 기밀비, 연회비, 출장비 등으로 예산을 유용하기 위해 상인들과 결탁하여 허위 영수증을 뗀 것이 9억여 원

1951년 7월 19일의 선고 공판에서 김윤근, 윤익헌, 강석한, 박창원, 박기환 등 5명은 사형, 송필수는 무죄가 선고되었고 김윤근 등 사형수 5명에 대해서는 1951년 8월 13일 대구 근교에서 총살형으로 사형이 집행되어 국민방위군 사건은 일단락되었다.

그러나 이 국민방위군 사건은 첫째, 방위군이 해체되고 난 뒤에 사령부 요원 몇 사람에게만 책임을 지움으로써 부정사건의 전모가 드러나지 않았고, 둘째, 이승만과 이승만을 지지하던 신정동지회에 정

치자금으로 상당한 금액이 유입되었다는 야당의 주장이 묵살되었으며, 셋째, 국방부와 육군본부의 군 수뇌부에 유용 예산의 일부가 상납되었다는 정보가 은폐되는 등 흑막의 전모가 여전히 베일에 가려진 상태로 끝나고 말았다.[2]

2. 깡패 정권─부산 정치파동

전쟁의 소용돌이는 허물어져가는 독재권력을 강권적으로 부추겨 세우는 계기가 되었지만 동시에 독재권력의 고질적인 행정상의 무능력과 부정부패를 더욱 노골적으로 드러냈다. 온갖 부조리와 사기, 협잡이 전쟁 수행이라는 미명 아래 백주에 횡행했다. 이로부터 권력에 대한 민심의 이반은 날이 갈수록 뚜렷해졌고 이러한 현상은 국민방위군 사건과 거창 민중학살사건 등 천인공노할 만행으로 말미암아 돌이킬 수 없는 지경에 이르고 있었다.

그리하여 1952년에 실시하기로 예정된 제2대 대통령 선거의 향배를 판가름하는 국회의원 선거에서 이승만이 정당한 절차를 통해 재집권을 이룩하는 것은 절대적으로 불가능한 상태가 되고 말았다.

이렇듯 자신의 목을 죄고 있는 심각한 위기를 돌파해내기 위한 일환으로 이승만은 자신의 충실한 도구 역할을 담당할 자유당 창당에 전격 돌입했다. 그 결과 1951년 12월 17일 국민회·조선민족청년단·

2　이상 국민방위군 사건에 관해서는 「사료: 1950년대의 정치적 중요사건」, 415∼418쪽 참조.

대한청년단·노동총연맹·농민총연맹·대한부인회 등 각종 어용·부랑단체를 긁어모은 자유당이 부산 동아극장에서 창당되었고, 마찬가지로 같은 해 12월 23일에는 국회의원 90여 명이 국회 건물 안에서 역시 똑같은 이름의 자유당이라는 정당을 창당했다.

이러한 가운데 이승만은 폭압적인 전쟁 분위기 속에서 자신의 당선을 더욱 효과적으로 날조해낼 수 있는 직선제 개헌안을 국회에 제출했다. 그런데 표결의 결과는 의외로 국회의원 재적 163명 중 찬성 18표, 반대 143표, 기권 1표로 완전히 부결되고 말았다. 국회 내의 자유당 자체에서조차 이승만 지지파와 반대파로 분열되어 있을 정도로 국회에서 이승만의 지지기반이 극도로 취약하다는 사실이 드러나고 만 것이다.

이렇듯 직선제 개헌 음모가 국회의 반대로 1차 좌절되자 이승만은 새로운 술수를 부리기 시작했다. 1952년 1월 말부터 임시 수도 부산에서는 이승만과 직선제 개헌을 지지하는 관제데모가 연일 계속되었다. 말할 필요도 없이 이러한 시위는 민의를 조작하기 위해 이승만의 손발인 각종 부랑단체가 벌인 일대 사기극에 다름 아니었다.

그러나 이러한 이승만의 노력에도 불구하고 국회 내에서는 반이승만 분위기가 더욱 고조되었으며 야당인 민주국민당과 내각책임제를 지지하는 다수의 원내 자유당이 중심이 되어 내각책임제 개헌안에 123명이 서명해 제출하는 일도 있었다. 국회의 분위기가 내각제 개헌으로 기우는 조짐이 역력해지자 이승만은 더욱 강력한 비상수단을 동원하기 시작했다.

우선 이승만은 비교적 온건한 타입의 장면 국무총리를 해임하고 그 후임에 미군정 시절부터 수도 경찰청장을 지내며 민중탄압의 기수로 활약해오던 장택상을 임명했다. 이와 함께 52명의 원내 자유당 의원을 매수해 직선제 개헌안을 지지하도록 돌려세웠다.

그로부터 얼마 후 이른바 서민호 의원 살인사건이 발생했다. 이는 내각책임제 개헌운동의 주동 인물이었던 서민호가 지방의회 감시차 순천에 들렀을 때 육군대위 서창선이 총격 도발을 일으켜 결국 서민호가 그를 살상하도록 유도한 사건이다.

이 사건으로 서민호가 구속되고 그에 따라 국회에서 석방을 결의하고 뒤를 이어 국회 타도를 외치는 관제데모가 속출하는 등 정국은 급속히 혼란에 빠져들기 시작했다.

상황이 이렇게 전개되자 이승만은 기다렸다는 듯이 재빨리 부산시를 포함한 경남과 전남북 일원에 5월 25일 0시를 기해 비상계엄을 선포하고 언론검열을 실시하는 한편 내각책임제 개헌 추진 주동의원의 체포에 나섰다. 계엄 선포 이튿날인 5월 26일, 계엄사령부는 국회의원 40여 명을 태우고 국회의사당으로 들어가던 통근버스를 크레인으로 끌어 헌병대로 몰고 가 버스에 타고 있던 임흥순, 서범석, 김의준, 이용우 의원 등 4명을 연행하고 나머지 의원들은 심문한 후 27일 석방했으며 이 밖에도 양병일, 곽상훈 의원 등을 연행했다. 이 같은 사태에 위협을 느낀 오위영, 엄상섭, 김영선, 윤길중, 유홍, 태완선 의원 등 40여 명은 허겁지겁 어디론가 숨어버렸다.

계엄과 노골적인 탄압에 직면한 국회는 계엄해제 요구 결의안 가결, 구속의원 즉시 석방 결의안 등으로 맞섰으나 이승만은 이 모든 것을 묵살한 채 5월 30일 이범석 내무장관으로 하여금 이른바 '정부혁신위원회 사건'을 조작하게 함으로써 더욱더 강력한 공포 분위기를 조장했다. '정부혁신위원회 사건'이란 전 남로당 특수요원 몇 명이 정부조직 내에 침투해 이미 반이승만 세력으로 돌아선 장면을 중심으로 '자유인민당'이라는 새로운 당 조직을 모의하고 이를 실천하기 위해

'대한민국 정부혁신 전국지도위원회'의 기치 아래 각종 반정부 활동을 해왔다는 것을 요지로 하는 전형적인 관제 용공사건이었다. 이범석의 발표에 연이어 계엄사도 김준연, 나용균 의원을 중심으로 정부 전복 음모가 있었다 하여 『동아일보』 편집국장 고재욱을 연행해 조사했다가 당시 내한했던 『뉴욕타임스』 사장 솔즈베리의 말 한마디에 석방 조치하는 일이 발생하기도 했다.

이승만의 재집권을 위한 독재권력의 광기 어린 폭압이 드세지자 일부 학생들과 반이승만 야당원로들 사이에서 반파쇼 민주투쟁이 솟구쳐 오르기 시작했다. 그리하여 60명이 서명했다고 알려진 호헌구국선언대회가 1952년 6월 20일 부산 남포동에 있는 국제구락부에서 '문화인 간담회'로 위장한 가운데 개최되었다. 그러나 일부 야당인사들이 참석해 대회선언문을 읽어나가던 중 갑자기 괴한 수십 명이 습격해 대회장을 아수라장으로 만들어버렸고, 그 결과 대회는 무산되고 사건 관계자 27명이 전격 구속되기에 이르렀다.

이렇듯 광란적인 독재권력의 파쇼적 공세로 내각책임제 개헌운동은 차츰 기세가 꺾이기 시작했다. 이 틈을 이용해 장택상은 한편으로는 국회 해산을 협박하면서 소위 발췌개헌을 추진했다. 발췌개헌안이란 정부가 제출한 대통령 직선제에 국무총리의 요청에 의한 국무위원의 임명과 면직, 국무위원에 대한 국회의 불신임 결의권 등 내각책임제의 일부 사항을 양념으로 덧붙인 것이다. 1952년 6월 21일 국회에 상정된 발췌개헌안을 통과시키기 위해 장택상이 동분서주할 때 이승만에 대한 암살미수사건이 터졌다. 6·25 기념식장에서 김시현, 유시태 등이 이승만을 저격한 것이다. 이에 살기등등해진 이승만 일파가 이 사건을 민국당의 사주라고 몰아붙이고 나서자 소심한 민국당은 발췌개헌안에 대한 저항을 완전히 포기해버렸다.

야당이 완전히 나가떨어지자 발췌개헌 추진에는 이제 의원 정족수만이 문제로 남았다. 장택상은 즉시 신문과 방송을 통해 국회의원들에게 신분보장을 책임지겠다면서 등원을 호소했고, 경찰과 계엄사는 피신한 국회의원들의 소재를 파악해 강제 등원에 나섰으며, 1952년 7월 3일에는 구속 중이던 국회의원 10명까지 석방해 국회 안으로 밀어넣었다.

야당 국회의원들을 강제로 국회에 수용한 뒤 경찰과 군이 국회를 포위하고 깡패 출신 국회의원들이 출입을 통제하는 가운데 1952년 7월 4일 발췌개헌안에 대한 표결이 시작되었다.

숨막히는 공포 분위기 속에서 기립투표를 강요한 결과, 출석 166명, 찬성 163명, 기권 3명으로 문제의 발췌개헌안이 전격 통과되고 말았다. 그리하여 이승만은 장기집권을 위한 새로운 길을 개척하게 되었던 것이다.[3]

3. 북한의 후방정책

세계 최강의 미국과 정면으로 맞부닥뜨리게 된 북한의 내부 사정은 그 곤란함이 이루 말로 다할 수 없었다.

미 공군의 가공할 폭탄 세례는 북한 지역의 모든 생산시설과 생존의 터전을 파괴하고 말았다. 미 공군기는 전쟁 기간에 26만 발의 대

---

3 이상 부산 정치파동에 관해서는 「사료: 1950년대의 정치적 중요사건」, 423~428쪽 참조.

중형 폭탄과 2억 발의 탄환, 약 40만 발의 로켓탄과 100미터 사방 거리에 있는 모든 물체를 순식간에 태워버리는 신종 무기인 약 150만 발의 네이팜탄을 북한 지역에 빈틈없이 쏟아부었다. 도시는 말할 것도 없고 농촌에 이르기까지, 지상에 돌출되어 있는 모든 것은 파괴의 대상이 되어 북한에 남은 생산시설은 평양의 만경대와 산이 깊은 희천군에 지었던 지하공장뿐이었다고 해도 과언이 아니었다. 전쟁이 끝난 지 거의 10년이 지난 후에도 여전히 철도 연변의 넓은 평야 한복판에 있는 논에서는 폭격의 흔적을 보여주는 웅덩이가 종종 발견되었다.[4] 이러한 무지막지한 파괴로 북한 당국은 당장 북한 주민의 생존을 해결하고 군대에 공급할 최소한의 식량을 생산해내는 것부터 심각한 난관에 봉착했다.

말할 필요도 없이 전시하에 있는 북한의 농촌은 주택, 가축, 종자, 식량뿐만 아니라 대개는 유용한 노동력마저 씨가 말라버린 완전한 폐허상태였다. 계속되는 전쟁 때문에 군인 전사자 50만 명을 제외하고도 북한 지역에서는 약 100만 명의 민간인이 희생되었고 여기에 상당수의 주민들이 미국의 원폭 투하 위협에 속아 남쪽으로 피난을 갔으며 대부분의 건장한 청장년은 직접 전투를 수행하기 위해 전장으로 동원되어 농촌에 남아 농사를 계속 지을 수 있는 노동력이라고는 부녀자, 아동, 노인들밖에 없었다. 단 한 마리의 소, 돼지도 볼 수 없는 마을이 상당히 많았는데, 남아 있는 소의 숫자를 고려해볼 때 소 한 마리가 전쟁 전의 1.5~2배 정도의 농지를 갈아야 했다. 게다가 종자마저도 절대적으로 부족했다. 1951년 봄에는 황해도, 평안남도, 강원

---

4   가지무라 히데키, 앞의 글, 222쪽.

도 등 3개 도에서만도 약 1만 600톤 상당의 종자가 부족해 파종에 어려움을 겪었다.[5]

이러한 난관을 타개하기 위해 북한은 1951년 1월 25일 「조선민주주의인민공화국 내각결정 제197호」를 발표했다. 그중 식량증산 대책에 관한 내용은 다음과 같다.

1. 민족반역자로 도망한 자 및 기타 원인으로 말미암아 경작자 없는 토지에 대하여는 토지 적은 농민 또는 영농을 희망하는 전재민들에게 이를 우선적으로 경작하게 하고 나머지 토지는 노동자 사무원들의 채소 재배지 또는 공장, 광산 및 기업소들과 국가기관, 군부대 및 사회단체의 부속 농장으로 경작시킴으로써 농경지를 휴경시키는 일이 없도록 할 것이다.

2. 전시하의 식량사정을 고려하여 1951년도 농산계획에 있어서는 조기 작물, 특히 대맥과 제류의 재배면적을 확장하도록 할 것이며 적의 약탈 또는 기타 원인으로 종자를 준비하지 못한 농민들에게 대해서는 소용 종곡을 국가에서 대여하여 주도록 할 것을 농림상 및 내각 양정국장에게 책임지우며 각 도(평양시) 인민위원회 위원장은 1951년 3월 15일까지 부족한 종곡을 조사하여 농림성에 보고할 것이다.

......

4. 농촌 노력의 부족을 보충하여 춘경 파종사업을 원만히 보장하기 위하여 국가기관(내무성 기관을 포함), 사회단체 및 기업소들의 노동자, 사무원 및 그들의 가족과 후방 군부대를 동원하여 춘경 파종사업

---

5   스칼라피노·이정식, 『한국공산주의운동사』 2, 돌베개, 1986, 525~527쪽 참조.

에 협조케 할 것을 관계 각 상 및 각 도(평양시) 인민위원회 위원장 들에게 책임지우며 파종기 전으로 농림상, 각 도 인민위원회 위원장 은 각 지방의 파종면적을 조사할 것이다.

5. 농업생산에 지장을 주지 않도록 하기 위하여 군사상 불가피한 경우 를 제외하고는 춘경파종기 및 제초기에 있어서 국가동원에서 농민을 제외하도록 할 것을 각 도(평양시) 인민위원회 위원장들에게 책임지 운다.[6]

이와 함께 북한의 지도자들은 전례 없이 위태로운 상황에 직면해 농민들의 투철한 애국심과 난관을 뚫고 나아갈 수 있는 강인한 의지 에 호소함으로써 식량생산을 더욱 효과적으로 보장하고자 애썼다.

1952년에 접어들어서도 공식적인 당 기관지에서는 농민들의 헌신 적인 식량증산투쟁을 고무하는 작업이 연일 전개되었다.

식량 없이는 전쟁에서 승리할 수 없으며 후방사업을 성과 있게 수행할 수 없고 인민들의 생활을 안정시킬 수 없다.[7]

식량을 위한 투쟁은 조국을 위한 투쟁이며 전선의 승리를 보장하기 위 한 투쟁이다.

농민 여러분!

전쟁은 지구전이 될 것 같습니다. 우리에게 무수한 고통과 난관이 닥쳐

---

6   김준엽 외 엮음, 『북한연구자료집』 2, 아세아문제연구소, 1974, 119~120쪽.
7   『로동신문』, 1952년 1월 25일자, 스칼라피노·이정식, 앞의 책, 527쪽에서 재인용.

올 것입니다. 이에 절대로 굴하지 말고 과감히 극복해나갑시다. 그것만이 승리를 보장하는 유일한 길입니다.[8]

우리의 영광스럽고 존귀한 조국을 수호하기 위하여, 자손만대의 영원한 행복을 위하여, 우리의 빵과 자유를 위하여, 당신들의 이익을 철저히 옹호하여주는 우리 당(조선노동당)과 공화국 정부 주위에 더욱 철석같이 뭉치어 식량증산을 위한 투쟁의 길로 힘차게 나아가자![9]

또한 부족한 일손을 보충하고 농민들을 격려하기 위해 1951년에는 316만 명의 노동자, 사무원, 학생, 군인들과 때로는 중국 인민의용군 병사들이 농촌에 동원되었다. 이 밖에도 빈곤한 농민들에게 각종 현물세를 면제해주거나 정부 보유의 농산물을 반환해주는 정책이 시행되었다.[10]

그러나 이러한 노력이 아무런 장애 없이 원만하게 추진되었다고는 보기 힘들다. 우선 공장이 파괴되어 화학비료 공급이 절대적으로 부족했는데 이는 인력과 퇴비만으로는 쉽게 대체되지 않았다. 노동력과 축력의 부족 역시 근본적인 해결을 기대하기는 불가능한 것이었다. 여기에 덧붙여 계속되는 미 공군기의 공습을 피해 주로 야간을 이용해 작업을 하게 됨으로써 어려움은 더욱 가중되었다.

그럼에도 북한은 식량문제에 관해 더욱 호전된 상태를 맞이하게 되었는데, 북한 당국의 발표에 따르면 1952년도의 곡물생산량은 전

---

8   『로동신문』, 1952년 4월 3일자, 위의 책, 526쪽에서 재인용.
9   『로동신문』, 1952년 5월 19일자, 위의 책, 527쪽에서 재인용.
10   김준엽 외 엮음, 앞의 책, 119쪽 참조.

년도에 비해 7.7퍼센트 증가하게 되었다.[11]

식량증산 못지않게 절박하게 요청되었던 것은 전재민의 구제와 그들의 생활을 안정되게 만드는 것이었다. 앞의 내각결정 제197호에서는 이에 관해 다음과 같이 언급하고 있다.

1. 전재로 인하여 주택을 잃은 인민들을 위하여 평양시 및 기타 각 도에서 그들의 주택을 신축 또는 수축함에 있어서 필요한 모든 방조를 줄 것이며 이미 소요되는 목재는 농민들에 한하여 지방소비재 중에서 이를 무상으로 불하하고 기타 인민들에 대하여는 국가에서 유상 분여할 것이며……

2. 전재민 구제를 위하여 1950년 내각결정 제175호 및 제187호로써 그 대책이 강구되었음에도 불구하고 아직 일부 도에서는 구제용 물자조차 운반하지 않고 있다.

인민생활 안정에 대한 이와 같은 무관심한 경향을 일소하고 인민들로 하여금 국가적 원조의 혜택을 하루속히 받도록 조치할 것이며 가재를 잃은 전재민들에게 의류, 침구 등을 국가에서 무상으로 급여하기 위하여 200만 메타의 옷감을 수입 보장할 것을 국가계획위원회 위원장, 재정상 및 상업상에게 책임지운다.

……

4. 각 도, 시, 군, 면의 의료기관을 시급히 정비하고 의료기관이 없는 무의촌에 대하여는 이동치료반을 조직 파견하여 일체 전재민들을 무상으로 치료할 것이며 일반 인민들에게 의료상 혜택을 주도록 조치할

---

11 스칼라피노·이정식, 앞의 책, 530쪽.

것을 보건상 및 각 도 인민위원회 위원장들에게 책임지운다.[12]

......

7. 노동자, 사무원들의 생활안정을 도모하기 위하여 현물급여를 포함한 임금제도를 실시할 것이며 우선 년 동복, 하복 1착씩을 그들에게 급여할 것을 국가계획위원회 위원장, 재정상 및 상업상에게 책임지운다.

8. 전시하의 인민들의 부담을 경감하기 위하여 가옥세, 대지세 및 차량세(이들 세액 연평균 8,000만 원)의 징수를 임시 중지할 것이며 전재민들에 대하여는 각종 세법에 의한 감면제도를 철저히 실시하고 지금까지의 미징수 세금은 그 정상에 따라서 이를 감면하도록 조치할 것을 재정상에게 책임지운다.

상당히 의욕적이라고 할 수 있는 이 같은 정책이 얼마나 성과 있게 추진되었는지는 정확히 알 수 없다.

그럼에도 식량난을 포함해 전쟁으로 야기되는 각종 곤란은 소련, 중국, 그 밖의 '사회주의 형제국'들로부터의 지원에 힘입어 어느 정도 타개된 것은 분명한 사실인 듯하다. 1952년 4월 14일자 『로동신문』은 "스탈린 대원수가 적들의 만행에 의하여 도시와 마을과 우리의 모든 것이 수많이 파괴·약탈된 어려운 환경과 우리 공화국의 곤란한 식량사정을 고려하고" 북한에 밀가루 5만 톤을 보내왔다고 보도했다. 또한 같은 신문 1952년 7월 1일자 사설에서는 "중국 인민들은 막대한 수량의 양곡, 직물, 피복류, 문화기재 등을 위시하여 의약품, 위문대 등 수많은 물품을 조선 인민에게 보냈다"라고 밝혔다.[13]

---

12 김준엽 외 엮음, 앞의 책, 118~119쪽.

전쟁 중의 북한에 있어서 또 하나의 심각한 문제는 파괴된 정치질서를 복원하고 전쟁 수행에 필요한 역량 동원을 효과적으로 보장하는 것이었다.

당시 북한에서는 전쟁 분위기를 틈타 각종 부패와 낭비 풍조가 팽배했고, 정권기관 내에서는 관료주의가 심심치 않게 고개를 들고 있었다.

북한의 김일성은 당과 정부의 간부들 대부분이 아직도 '일제 사상의 잔재와 낡은 봉건적 사상의 잔재'에 빠져 있음을 들추어냄으로써 관료주의의 등장을 솔직히 시인했다. 김일성에 의하면 이들 관료주의자는 상부에는 아첨하고 인민에게는 교만을 떨며, 인민의 옳은 목소리는 들으려 하지 않고 인민에게 호령만 치고 있으며, 심지어는 생산 보고서까지 위조하는 범죄를 저질렀다고 한다.

이러한 경향을 불식하기 위해 북한 당국은 1952년 초봄에 반관료주의, 반탐오反貪汚, 반낭비운동을 선언했으며, 그 이후에도 제반 악을 추방하기 위한 운동을 계속 강조했다.[14] 이에 앞서 1951년부터 북한 전역에 약 5,000여 개의 '민주선전실'을 설치해 대대적인 '성인교육사업'을 벌여나갔다. 민주선전실은 혼란에 빠진 각종 조직을 재건하고 이를 통해 정부와 일반 주민의 결합을 강화하는 것에 주된 목적을 두고 있었다.[15]

마지막으로 전쟁 중의 북한에 있어서 중요한 과제로 제기된 것은 특히 군 내부에 만만치 않게 존재하고 있던 패배주의를 불식하고 강

---

13 스칼라피노·이정식, 앞의 책, 529~530쪽.
14 위의 책, 531쪽.
15 위의 책, 528쪽.

력한 전투태세를 유지하는 것이었다.

몇몇 군지도자들의 패배주의적 행위가 지탄의 대상으로 떠올랐다. 예컨대 무정은 미군이 38선을 넘어서 북진해 오자 평양 사수명령을 어긴 채 만주로 퇴각해 만주의 심양 지역에서 인민군을 재편하고자 기도했다. 또한 김일은 비행기 없이는 적과 싸울 수 없다는 나약한 생각을 퍼뜨렸으며 강원도 당 위원장 임춘추는 미군이 북진해 오던 시기에 주요한 당 문서를 내팽개친 채 자신만 도망치기에 급급했다는 것이다. 이들은 모두 민중의 힘을 믿지 않고 모든 난관을 민중의 힘에 의거해 풀어나가려고 하지 않음으로써 야기되는 패배주의를 드러내 보였다는 비판을 받았으며 결국 그 지위를 박탈당하고 말았다.

이러한 상태를 극복하기 위해 김일성은 다음과 같이 지적했다.

우리들 주위에는 일본에게도 못 이겼던 조선이 미국과 싸워서 어떻게 이기겠는가 하고 의심하는 사람들이 있다.

그러나 우리는 이길 수 있다.

우리는 혼자서 싸우는 것이 아니다. 우리의 편에는 중국 인민이 보내준 중국인민지원부대들이 손에 무기를 잡고 우리와 같이 싸우고 있다. 우리의 편에는 세계에서 제일 강대한 소비에트 연방을 선두로 한 인민민주주의 제 국가 인민들과 세계 자유애호인민들이 서 있으며 동방 식민지 피억압 민족들이 서 있다. …… 그렇기 때문에 우리의 역량은 적들의 역량보다 더 강대하다.

더구나 북한 인민들은 자기 강토 안에서 싸우고 있지만 적은 수십만 리 떨어진 외국에서 싸우고 있다. 따라서 미군의 사기는 나날이 저하되고 있으며 그들은 조선 전선에 돈이 탐나서 달려왔지만 우리의 인민군대와 중국인민지원부대들은 자기 조국의 독립과 자유, 인민과 혁명을 위한 정의의 전쟁을 진행하고 있다. 기술상의 준비도 종전에는 적들보다 미약했던 것이 점차 향상되고 있다. …… 시간은 우리들을 위하여 일하여주고 있다. 승리의 열쇠는 인내심과 국내의 모든 자원과 역량을 더 잘 조직 동원하는 데 있다.[16]

숱한 위기와 난관을 넘어선 끝에 1953년 7월 정식으로 휴전협정이 조인되자 김일성은 다음과 같이 선언했다.

동무들! 원수들은 그들이 조선전쟁에서 당한 만회할 수 없는 군사·정치·도덕적 패배로 말미암아, 또한 그들은 조선에서 평화를 회복하기 위한 조·중 양국 인민들의 여론과 압력에 의하여 정전협정에 조인하지 않으면 안 되었습니다.
이리하여 조선 인민은 자기의 조국해방전쟁에서 영광스러운 승리를 쟁취하였습니다.[17]

---

16   위의 책, 533~534쪽.
17   위의 책, 577쪽.

제6장

전투 없는 전쟁

1. 좌절된 야망―휴전협정의 체결

미국은 이른바 전쟁포로의 자유교환, 즉 한국전쟁에서의 실패를 만회할 수 있는 소기의 성과가 용이하게 확보되지 않자 휴전회담을 일방적으로 결렬시켰다.

그러나 당시 이러한 미국의 휴전 지연 방침은 어느 모로 보나 쉽게 정당성을 부여받기 곤란한 자기 한계를 지니고 있었다. 포로의 자유교환 자체가 이미 존재하고 있는 국제조약에도 어긋날 뿐만 아니라 세계 여론의 추세도 이승만 정부를 제외하고는 한결같이 이러한 미국의 의도에 대해 반대하는 쪽으로 흐르고 있었다. 미국과 가까운 동맹국조차 북한 측이 주장해온 것처럼 제네바협정에 따른 포로의 원상복귀를 옹호하자 미국은 더욱 곤궁에 빠졌다.[1]

문제는 미국 국내 여론이 조속한 휴전을 요구하는 방향으로 흘러감으로써 더욱 분명해졌다.[2] 미국의 근로대중은 한국에서의 가망 없

---

1   김병오, 앞의 책, 131쪽.
2   미국 내의 반전 분위기는 전쟁 초기에 이루어진 추가징병 과정에서부터 나타나고 있었다. 1950년 8월의 갤럽 여론조사에 따르면 미국 젊은이의 3분의 2는 군대에 가는 것

설문: 해리 트루먼(드와이트 아이젠하워)이 대통령 직책 수행을 잘하고 있다고 봅니까, 아니면 잘못하고 있다고 봅니까?

조사시기	잘함	잘못함	무의견
트루먼 대통령			
1950. 3(전쟁 직전)	37%	44%	19%
1950. 8(전쟁 초기)	43%	32%	25%
1951. 2(전쟁 악화)	26%	57%	17%
1951. 5(맥아더 해임 직후)	24%	61%	15%
1951. 8(휴전회담 시작)	31%	57%	12%
1951. 11(전쟁 답보상태)	23%	58%	19%
1952. 4(답보상태 계속)	28%	59%	13%
1952. 6(다른 대통령 가능)	32%	58%	10%
아이젠하워 대통령			
1953. 2(취임 직후)	68%	7%	25%
1953. 7(휴전 가능성)	71%	15%	14%
1953. 9(휴전 조인 직후)	75%	14%	11%

〈표 7〉 한국전쟁에 대한 미국 내의 여론

출전: 이재원, 「미국 중요 언론에 비친 한국전쟁」, 『현대사』 창간호, 서울언론문화클럽, 1980, 125쪽.

는 전쟁에 자기 나라의 젊은이들이 무의미하게 희생되고 계속 국력을 소모하는 것에 강한 회의를 품기 시작했고, 이러한 회의는 당시 트루먼 정부에 심각한 정치적 위기를 안겨주기에 이르렀다. 이러한 가운

을 원하지 않고 있었다. 또한 제2차 세계대전에 참전했던 방위군과 예비역들도 가까스로 얻은 평화가 재징병으로 다시 손상되어야 한다는 사실에 몹시 불만을 품고 있었다(조지 프 굴든, 앞의 책, 152쪽 참조).

데 1952년 대통령 선거에서 조기 휴전을 공약으로 내건 아이젠하워가 당선되는 사태가 발생했다.

평화에 대한 전 세계 민중의 열망과 미궁에 빠져든 전쟁의 양상은 이제 조기 휴전을 더는 거역할 수 없는 대세로 몰아갔다. 그러나 이러한 추세 속에서도 전쟁으로 파멸 직전에 구출되어 장기집권을 꾀하고 있던 이승만 정권은 완고하게 휴전을 반대하고 나섰다. 이승만은 온갖 관제데모를 동원해 거듭 북진돌격을 주창함과 동시에 이미 미국과 북한 사이에 합의되어 있는 남북통일을 위한 평화적 협상조차 거부했다.[3]

이승만은 이른바 「유엔총회 의장에게 보내는 '북진통일 민족대회' 결의문」을 통해 다음과 같이 주장했다.

1. 한국의 휴전정책에 있어 현 전선하의 휴전을 절대로 반대하고 북진을 주장한다.
2. 공산침략자들을 격멸시켜 한국의 자유와 평화를 쟁취하기 위하여 북진돌격에 총궐기할 것을 맹세한다.
3. 압록강, 백두산까지 북진하여 이북의 동포를 구출하고 실지를 회복하여 남북통일함으로써 대한민국의 평화와 자유를 수호하는 것이 세계평화를 옹호하는 것임을 주장한다.[4]

---

3   1953년 5월 8일 이승만은 미국 정부에 대해 휴전을 수락하지 않겠다는 입장을 표명했다. 그리고 5월 24일에는 변영태 외무장관을 통해 통일을 위한 국제회의를 거부한다는 의사를 밝혔다.
4   노중선 엮음, 앞의 책, 310쪽.

아울러 이승만 정부는 휴전회담에 참석하는 것마저 끝내 거부하는 완고함을 보였다.

그러나 이러한 이승만 정부의 고집에도 불구하고 전쟁에 관한 최고 결정권자인 미국에 의해 휴전회담이 재개되었다. 국내외적인 압력에 쫓긴 미국은 더욱 유리한 조건에서 휴전협정을 타결하기 위해 재차 중국에 대한 원폭 투하로 협박했다.[5] 이러한 미국의 위협과 함께 계속되는 전쟁 수행으로 야기되는 심각한 어려움을 견디다 못한 북한 측은 결국 미국의 포로교환에 관한 최종안을 수락했다. 휴전협정은 이제 별다른 장애 없이 타결 직전에 다다르게 되었다.

바로 이때 이승만 정부가 극히 불미스러운 사태를 일으키고 말았다. 1953년 6월 18일 이른바 반공포로의 석방이라는 미명 아래 부산, 마산, 논산 등에 수용되어 있는 포로 2만 5,000명을 불법적으로 경찰의 손에 넘겨준 것이다. 아울러 경찰의 손에 넘어간 포로들은 행방조차 묘연한 상태가 되어버렸다.

이러한 이승만의 행위는 휴전회담을 다시 파탄시킬 수도 있는 심각한 도전임에 분명했다. 북한과 미국이 합의한 포로교환 방식은 중립국의 감시 아래 진행되는 자유교환이었는데 이승만은 이것을 거부하고 제네바협정에도 어긋나는 완전한 자유교환을 실시했기 때문이다.

---

5 미국이 휴전협정을 유리하게 타결하기 위해 북한과 중국 측에 가한 위협은 더욱 광범위하고도 완곡한 것이었다. 미 국가안전회의는 원폭의 광범위한 전략적·전술적 사용을 포함해 직접 중국 본토와 만주에 쳐들어가는 공중·해상작전을 결정했다. 곧 중국의 항구들에 대한 해상 봉쇄를 시발로 "최대의 경악과 최대의 영향을 미칠" 수 있도록 원폭 공격으로 점차 전쟁을 확대한다는 것이었다(조지프 굴든, 앞의 책, 24쪽).

사태를 수습하려는 기미는 전혀 보이지 않았다. 탈취된 포로를 즉각 복귀시키라는 북한 측의 강력한 요구가 있었음에도 미국은 이승만과 다음과 같은 구두계약까지 맺고 말았다. 이것은 형식상으로는 이승만이 휴전에 대한 양해의 대가로 요구한 사항을 미국이 받아들이는 방식을 취했지만 결국에는 한반도 내에서 미국의 위치를 확고하게 해주는 내용으로 이루어져 있다.

1. 휴전이 된 후에 한미상호방위조약을 체결한다.
2. 미국은 200만 달러를 1회분으로 하는 장기 경제원조를 준다.
3. 정치회의가 90일 이내에 성과를 거두지 못할 때에는 한·미 양국은 회의참가를 중지한다.
4. 한국군의 증강은 계획대로 진행시킨다.
5. 정치회의 개최 전에 고위급 한·미 회담을 연다.[6]

한국과 미국 정부 사이에 약속된 위의 사항은 군비 증강의 방지와 정치회의를 통한 남북의 평화적 통일을 규정한 휴전협정의 실현에 대해 중대한 난관을 조성하는 것이었다.

그러나 결국 미국과 북한은 깊은 상처만을 남긴 채 1953년 7월 27일 휴전협정 조인식을 가졌다.

이날 오전 10시 미국의 해리슨 소장과 북한의 남일 중장은 인사도 하지 않고 곧바로 토의에 들어가 적대행위의 중지, 양군의 접촉선으로 하는 군사분계선의 설정, 비무장지대 설치, 휴전 이후의 병력 증강

6   『한국일보』 1984년 6월 12일자, 김병오, 앞의 책, 135쪽에서 재인용.

방지(제2조), 외국군 철수와 통일방안 모색을 위한 참전 관계국 간의 정치회의 개최(제4조 제60항)를 골자로 하는 휴전협정에 조인한 다음 아무 인사도 없이 헤어졌다.

휴전에 즈음한 미국의 분위기는 전반적으로 착잡함 바로 그 자체였다.[7]

처음으로 미국은 전쟁을 종결지었으나 그것을 가지고 성공이라고 외쳐댈 수는 없었다. 아무도 축하하지 않았다. 휴전 조인의 소식이 『타임』지 '광장'의 뉴스란에 잠깐 동안 내걸렸다. 사람들은 그 발표를 읽기 위해 걸음을 멈추었으나 이내 어깨를 추스르더니 걸어가버렸다. 대일전승 기념일과 같은 즐거워하는 군중들의 모임도 없었다. 클라크 장군은 기자들에게 "나는 이 시간에 기뻐하며 즐거워할 수가 없었다"고 소감을 털어놓았다. 아이젠하워는 분명히 전쟁을 종결시키겠다는 그의 선거공약을 수행했으나 그러한 해결은 미국인의 사기를 앙양시키는 데 아무런 도움도 주지 못했다.[8]

(미국의) 공화당에서는 한국전쟁을 '20세기 외교정책의 대실수'라고 불

---

7 북한은 한국전쟁의 결과를 미국의 패배로 규정짓고 있는 듯하다.
"조선전쟁에서 역사상 처음으로 참혹한 패배를 당한 미제는 세계에 이르는 곳마다 연이어 얻어맞고 녹아나고 있으며 계속 내리막길을 걷고 있고 …… 국내외적으로 엄중한 위기에 빠져 있다."(스칼라피노·이정식, 『한국공산주의운동사』 3, 돌베개, 1987, 840쪽에서 재인용)
"한국전쟁에서 당한 '패배'는 미국 역시 간접적으로 시인하고 있다. 정전협정 당시의 주한 미군사령관 클라크는 자신이 '미국에서 맨 처음으로 승리하지 못한 정전협정에다 조인한 사령관'이라고 고백했다."(『말』, 1988년 7월호, 22쪽)
8 조지프 굴든, 앞의 책, 659쪽.

렀으며, "솔직히 말한다면 한국전쟁은 커다란 군사적 재난이며 부적당한 장소에서 부적당한 때에 부적당한 적과 싸운 부적당한 전쟁"이라고 합동참모본부 의장인 오마 브래들리 장군은 논평하였다.[9]

어쨌든 휴전협정을 통해 한반도는 전투 없는 전쟁상태로 돌입하게 되었다.

휴전협정은 몇 가지 점에서 중대한 의미를 함축하고 있다.

첫째, 휴전협정은 한국전쟁의 주된 당사자가 미국과 북한이었다는 것을 명료하게 드러내주고 있다. 물론 북한 스스로는 자신만이 한국 민중을 대표하는 한반도 유일의 합법정부이기 때문에 전쟁을 미국과 한국 민중의 대결로 파악할 것이다.

한편 중국은 공식적으로 국가 차원이 아닌 민간 차원에서의 군대 파견이라는 입장을 취해왔기 때문에 휴전회담과 협정 조인과정에서도 대체로 북한의 주도권을 인정하는 가운데 자신은 지원을 하는 역할에 국한했다.

둘째, 휴전은 말뜻 그대로 전쟁의 중지가 아니라 전투의 일시적 중지만을 의미한다. 즉, 전쟁 수행의 의사를 완전히 포기하는 것을 뜻하는 평화협정과는 확연히 구분되는 것이다. 따라서 한반도는 법적으로는 여전히 전쟁이 계속되고 있고 실질적인 전투 또한 언제든지 재개될 수 있는 상태에 놓여 있는 것이다. 이와 관련해 전투중지 상태에서 양군의 대치전을 의미하는 군사분계선, 즉 휴전선은 어떠한 의미에서든 결코 일반적인 국경선이 아니라는 점이 지적되어야 할 것이

---

9   위의 책, 14쪽.

다. 바꾸어 말하면 한반도는 서로 유일한 합법성을 주장하고 있는 두 개의 정부가 휴전선을 사이에 두고 대치하고 있는 하나의 국가인 것이다.

셋째, 이러한 성격에도 불구하고 휴전협정은 적어도 협정 문구상으로는 실질적으로 전쟁상태를 종식하고 더욱 안정된 평화를 이 땅에 정착시키려는 강한 지향을 포함하고 있다.

실제적인 의도가 어떠하든지 간에 휴전회담이 진행되는 과정에서 미국은 주로 전투 그 자체의 중지에만 역점을 두었다. 반면 북한은 한 걸음 더 나아가 외국군 철수와 병력 감축, 협상에 의한 남북통일 등을 위한 원칙적 확인과 그 실현을 위한 장치 마련을 휴전협정을 통해 확보하고자 시도했다.

그러나 어느 측의 주장이 채택되었는가 하는 문제는 중요한 것이 아니다. 우리에게 의미 있는 것은 협정 자체가 만인 앞에서 행한 신성한 약속이며, 따라서 이는 반드시 지켜지고 실현되어야만 한다는 사실이다.[10]

---

10   휴전협정은 그 전문에서 '최후적인 평화적 해결이 달성될 때까지' 적대행위와 무력행위의 완전한 정지를 보장한다고 하면서 그 방법으로 제2조에 엄격한 군비 동결을 규정하고 있다. 그리고 제4조 제60항에서는 평화보장의 방법으로 외국군의 철수를 협의하는 정치회담의 소집을 규정하고 있다. 따라서 휴전협정은 군비 동결과 외국군 철수에 의한 평화보장을 위한 정치회담의 소집이 그 핵심 조항이다. (이러한 맥락에서) 휴전협정의 완전한 이행은 곧 휴전체제의 소멸임과 동시에 평화조약(협정)의 체결로 이어진다(『말』, 1988년 6월호, 17쪽).

2. 강화되는 냉전체제

한반도 전체를 석권함으로써 최소한 바로 코밑에서 중국을 군사적으로 위협해보겠다는 미국의 야심은 결국 무산되고 말았다.

그럼에도 미국은 한국전쟁이라는 한판의 격전을 통해 사회주의권에 대항하는 제국주의 진영의 공동전선을 강화하는 데 일정 정도 성공하게 되었다. 무엇보다도 미국은 사그라져가는 군수산업을 다시 일으켜 세우고 전 세계적 범위에 걸쳐 제국주의적 이익을 사수할 수 있는 군사력을 대폭 강화할 수 있었다.

본래 미국은 독일, 일본과의 대전과정을 통해 비대하게 커진 군사력과 군수산업을 전쟁이 끝남과 동시에 전쟁 이전의 수준으로 축소하는 작업을 단행하려 했다. 이는 과도한 군사력이 어디까지나 세계대전을 수행하기 위한 일시적 방편이었고 동시에 미국 내 근로대중을 크게 압박하는 요소였다는 점에서 근로대중 자신들의 절박한 요구였기에 미국 정부로서는 불가피한 일이었다.

그러나 제2차 세계대전을 거치면서 제국주의 지배체제에서 완전히 이탈해버린 적대적인 사회주의권이 급속도로 세력을 확대해나가고 식민지 피억압 민족들이 도처에서 반기를 들게 됨에 따라 제국주의 진영의 맹주인 미국에게는 이러한 위기에 적극 대처할 수 있는 막강한 군사력이 새롭게 요청되었다. 유럽에서는 소련에 대항하기 위해 나토 방위군을 창설하고 아시아에서는 중국을 계속 봉쇄해나갈 수 있는 충분한 군사력을 주변에 배치해 필요에 따라 직접적인 군사작전을 펼치는 것이 절실히 요청된 것이다. 그뿐만 아니라 제2차 세계대전 중에 급속히 팽창한 군수산업은 축소 재생산이라는 위기에 직면해 새로운 활로를 개척해야만 했다.

문제는 군사비를 확대하기 위한 미국 정부의 계획이 직접적으로는 의회와 언론, 근본적으로는 근로대중의 심각한 저항에 부딪혀 원만히 추진될 수 없었다는 데 있다. 그런데 바로 이러한 장애물이 한국전쟁이라는 계기를 통해 일거에 제거되었던 것이다.

한국전쟁이 발발하기 직전에 군사비의 대폭적인 증대는 국가안전회의 비밀각서 68호(NSC-68)를 통해 쉽게 현실화되었다. 이와 함께 위축되었던 군수산업이 다시 기세를 올리게 되었고 주식시장 또한 활력을 되찾는 가운데 미국 경제를 짓누르고 있던 불황이 곧 호황으로 전환되었다.

요컨대 한국전쟁은 미국 독점자본과 군부의 숨통을 트이게 해주었다. 바꾸어 말하면 한국전쟁이 일어나기 전부터 미국은 내부적으로 새로운 전쟁을 필요로 하고 있었던 것이다.

한국전쟁이 발휘한 파급효과는 여기에 그치지 않았다.

한반도에서 벌어진 3년간에 걸친 피의 대향연은 패전국 일본을 다시 일으켜 세우는 결정적 회생약이 되어주었다.

일본은 미국이 한반도에서 전쟁을 수행할 수 있게 하는 후방 병참기지로서 전쟁물자를 만들어 팔고 용역을 제공하는 등 말 그대로 '신나는 장사'에 열을 올렸다. 이른바 특별조달이라는 이름으로 일본의 독점기업이 한국전쟁 기간 미국에 팔아넘긴 물자는 매년 평균 7억 4,600만 달러 이상에 달했다. 이 액수는 당시 일본 수출 총액의 거의 3분의 2에 해당하는 것으로 한국전쟁이 일본의 경제력을 되살리는 데 얼마나 결정적인 역할을 했는지를 여실히 보여주고 있다. 다시 말해 죽음의 기로에서 헤매고 있던 패전국 일본의 독점자본에게 회생의 빛을 던져준 황금의 달러 수입은 전적으로 한국 민족의 피의 대가로 얻어졌다는 것이다.

한국전쟁은 동시에 미국의 강력한 지지와 고무 아래 아시아에서 일본의 군사적 지위와 역할을 강화해주었고, 그럼으로써 장기적으로 는 일본 군국주의가 부활할 수 있는 길을 터준 셈이었다. 일본은 한국 전쟁 기간을 이용해 자신의 군사력을 재건하고 동시에 한반도에서의 군사작전에 직접 참여함으로써 그 지위를 강화하고자 기도했다.

과거 군국주의 침략의 원흉이었던 2만 1,815명 인사 가운데 1만 80명이 한국전쟁을 기화로 다시 복권되었고 이들 중 일부는 미군 사 령부 도쿄 본부에서 '고문'으로 복무하는 한편, 더욱 지위가 낮은 군 사 전문가들은 직접 미 8군과 함께 한국에서의 작전에 참가했다. 최 초의 주일 미국대사인 로버트 머피는 자신의 회고록에서 다음과 같이 주장했다.

일본인들은 놀라운 속도로 그들의 영토를 거대한 공급기지로 전환하였 으며 그 결과 일본 없이는 한국전쟁이 치러지지 못할 정도였다. 일본의 해군 및 철도 전문가들은 잘 훈련된 승무원과 함께 미국, 유엔의 지휘하 에 한국에서 일하였다. 이는 극비의 사실이지만, 한국에 익숙한 수많은 일본 전문가들의 도움이 없었더라면 연합군은 한국에 진주하는 데 큰 어려움을 겪어야만 했을 것이다.[11]

이러한 가운데 1951년 9월 8일 샌프란시스코 강화회의를 통해 일 본과 미국은 평화조약에 서명하고 군사동맹을 맺었다. 그리하여 일본 은 미국 제국주의 진영에 편입됨과 동시에 북한과 중국을 주요 적국

11   허버트 빅스, 앞의 글, 224쪽.

으로 삼게 되었으며, 미군은 계속 일본에 자유롭게 주둔할 수 있게 되었다.

평화조약이 조인되던 당일, 요시다 수상은 일본의 한국전쟁 개입을 공식적으로 인정했다.

또한 트루먼 미국 대통령은 회담 개최에 즈음한 연설을 통해 다음과 같이 언급했다.

태평양에 있어서 평화를 유지하기 위한 적당한 안전보장 확립에 가능한 한 빨리 일본을 포함시키는 것이 절대적으로 필요하다. 그렇기 때문에 이 평화조약은 일본이 주권국으로서 국제연합 헌장에 기초하여 자위권 및 다른 나라와의 방위 결성에 참가할 권리가 있어야 함을 인정한다. 태평양에 있어서 방위를 위한 지역적 결합을 발전시키는 것은 창설되는 일본의 방위군이 태평양에 있어서 다른 나라의 군대와 연합하게 됨을 의미한다. …… 일본은 다른 국가들의 군대와 일체가 될 경우, 일본을 포함한 태평양 국가들의 독립에 대한 위협에 대해서 상호 안전보장을 제공하게 될 것이다. …… 일본과의 평화조약에 뒤따르는 가장 중요한 조치는 한국의 평화와 안전을 회복하는 것이다.[12]

화려한 용어에 가려 본래의 뜻이 상당히 감추어져 있기는 하지만 동아시아에 한·미·일 3국 간의 집단안보체제를 구축하고 이를 계속 강화해나간다는 것이 미국의 장기적 전략이라는 점은 비교적 분명하

─────

12   사토 다쓰야佐藤達也 , 「미·일 군사동맹의 발자취」, 마루야마 나오키 외, 앞의 책, 249쪽.

게 드러나 있다. 말할 나위도 없이 이러한 미국의 전략은 남한에 대한 영속적 지배와 일본 군국주의 부활, 나아가 일본 군국주의의 한반도 재진출을 필수 요건으로 삼는다.

여하튼 이러한 한·미·일 삼각 군사동맹은 한국전쟁 기간 중에 그 모체가 마련되었으며 또한 상당 부분이 실험되었다. 이러한 결과, 미국은 직접적인 군사행동에서 실패했음에도 아시아 지역에서 중국을 비롯한 사회주의권의 세력 확대를 봉쇄하고 동시에 사회주의권의 안정을 적극 위협할 수 있는 정치·군사적 틀과 힘을 마련할 수 있었다. 반면 한국은 사회주의권과 자본주의권이 직접 맞부딪치는 첨예한 전선에 위치하게 됨으로써 항상적인 군사적 대치와 그로부터 야기되는 불안과 긴장, 민족적 분열을 강요당했다.

이처럼 세계 자본주의 진영의 사회주의권에 대한 전초기지로, 직접적으로는 일본의 전방 방위선으로 한반도가 위치 지어졌다는 사실이야말로 이후 우리 민족이 처한 상황을 이해하는 데 결정적인 열쇠가 된다.

3. 미군의 계속적 주둔

휴전협정이 체결됨과 동시에 한반도에 진군했던 미군과 그 동맹국 군대는 대부분 본국으로 철수했지만 결코 적지 않은 규모의 미군 부대가 여전히 유엔의 깃발을 달고 이 땅에 눌러앉았다. 주한 미군의 병력 수는 1970년 초에 그 일부가 철수하기 전까지 대략 6만 5,000명 수준을 유지했다. 그리하여 남한은 아시아에서 최대 규모의 미군기지가 존재하는 나라가 되었다.

아시아에서 한반도가 차지하는 전략적 가치가 비상히 증대함에 따라 1957년 7월 1일 미 국방성은 도쿄에 있던 극동군 사령부를 폐지하고 유엔군 사령부를 서울로 옮겨 와 미 8군 본부를 겸하게 했다. 그 결과 미 8군 사령관은 시간이 흐름에 따라 유엔군 총사령관, 한미연합사령관 등 도합 6개의 직책을 겸하게 되었다.

미 8군 사령부를 한국에 주둔, 배치시킴과 아울러 주한 미군의 전투력을 강화하기 위한 일련의 조치가 취해졌다. 그중 가장 중요한 사실은 1958년 초 '어네스트 존' 미사일부대, 핵포병대 '펜토믹 사단'을 배치하는 등 이 땅에 본격적으로 핵병기를 배치하기 시작했다는 점일 것이다. 이와 발맞추어 주한 미군은 1950년대 말부터 대대적인 핵전쟁 훈련에 돌입했다.[13]

이러한 사실은 휴전협정에 의해 합의된 바 있는 외부로부터 병력과 군사장비의 유입을 방지한다는 원칙에 명백히 위배되는 것이었다.

그러면 미국이 이토록 최신 장비로 무장한 대규모 병력을 남한에 주둔시키는 이유는 무엇인가?

주한 미군의 주둔 목적은 동북아시아에서 미국의 이익을 지켜주는 파수꾼 역할을 하기 위한 것이라고 간단히 요약할 수 있을 것이다. 나아가 주한 미군은 소극적인 차원에서 이 지역에 대한 미국의 이해를 지켜내는 것에 그치지 않고 그것을 위협하는 사회주의권과 민족해방운동 세력에 대해 적극 공세를 취하는 전진적 임무를 맡고 있다.

또 대중공 봉쇄정책이라는 측면에서 1954년 2월 미 하원에서 로버트슨 국무차관보가 행한 다음과 같은 연설 내용이 많은 것을 시사

13　허버트 빅스, 앞의 글, 235~236쪽.

해준다.

> 종래와 같이 중국을 회복하기 위해 직접 행동에 나서는 것이 아니라 중
> 국 내부에 붕괴가 일어나기를 기대하며 계속해서 항상 중국 주변에 무
> 력공격의 위협을 준다.[14]

즉, 미국은 한국전쟁 기간 중에 직접적인 군사적 방법에 의한 '중
국 회복'의 목표가 실패로 돌아가자 그 방침을 바꾸어 계속해서 중국
을 국제적으로 고립시키고 항상적인 무력공격의 위협으로 과중한 국
방비 부담을 안겨줌으로써 끝내는 정치적 안정성을 유지하지 못하고
붕괴되도록 유도하겠다는 것이다.

이러한 맥락에서 주한 미군은 중국에 대해 가장 근접한 위치에서
위협을 가하는 효과가 있으며, 바로 이러한 효과를 극대화하기 위해
일찌감치 중국까지 겨냥한 중거리 핵무기를 한국에 배치하고 대대적
인 핵전쟁 훈련을 통한 위협시위를 벌였던 것이다.

한편 미국은 휴전 직후인 1953년 10월 1일 원래의 계획대로 한미
상호방위조약을 체결함으로써 주한 미군의 주둔을 합법화하고 동시
에 한국군을 확실하게 수중에 장악했다. 그리하여 미국은 남한에 대
한 군사적 지배를 제도적으로 보장받게 된 반면, 남한은 독립국으로
서의 주권을 결정적으로 훼손당하게 되었다. 또한 이미 한국전쟁을
거치면서 비약적으로 팽창된 바 있는 한국군을 더욱 강화하는 조치가
잇따라 취해졌다.

---

14 위의 책, 255쪽.

휴전협정에 명시된 남북의 평화적 통일을 위한 제네바 정치협상회의가 미국에 의해 실패로 돌아가고 바로 얼마 후인 1954년 7월 말, 미국은 이승만과 한국군을 72만 규모로 대폭 강화하는 내용을 포함한 '한미합의의정서'를 체결했다.[15] 그리하여 한국군은 육군 66만 1,000명, 해군 1만 6,000명, 해병대 2만 7,000명, 공군 1만 6,000명으로 편성된 당시 세계에서 네 번째로 큰 군대가 되었다. 이토록 거대해진 한국군은 당분간 미국의 원조로 유지되었고 주한 미군과 군사고문단에 의해 훈련되었으며 또한 미군 사령부의 직접적인 통제와 지휘 아래 미국의 군사전략체계에 편입되었다. 말하자면 한국군이란 '한국인만으로 구성된 미군부대'라고도 말할 수 있다.

위와 같이 미국이 현대적 군사장비를 반입하고 한국군을 증강하기 위한 일련의 조치를 취하는 가운데 드디어 1957년 6월 21일 미국은 휴전협정에 명시된 군비축소 조항을 파기한다고 공식 발표하기에 이르렀다.[16]

이와 같은 조치들이 적극적인 중공 봉쇄정책의 일환으로 이루어졌다는 사실은 한국군의 증강조치가 베트남에 대한 미국의 군사적 개입과 같은 시기에 같은 맥락으로 이루어졌으며 수법 또한 한국과 베트남에 관련된 국제협정을 똑같이 무시하면서 이루어졌다는 점에서도 재확인된다. 요컨대 미국의 입장에서 한국과 베트남은 하나의 군사적 목표를 수행하기 위한 두 개의 전선인 것이다.

미국의 이러한 행위, 즉 자국 군대를 계속적으로 남한에 주둔시키

---

15 위의 책, 234쪽.
16 위의 책, 233쪽.

고 아울러 한국군을 대폭 증강하려는 조치는 북한과 중국으로부터 격렬한 항의의 대상이 되었다. 한미상호방위조약이 체결되자 김일성은 다음과 같이 미국과 남한 정부를 비난하고 나섰다.

> 악명 높은 전쟁상인 미국 국무장관 덜레스는 매국노 이승만과 더불어 남조선에 미국 침략군대를 영원히 주둔시킬 것과 만일 필요할 때에는 휴전협정을 파기하고 또다시 조선에서 범죄적 침략전쟁을 도발할 것을 목적으로 한 소위 한미상호방위조약이라는 것을 체결하였읍니다. 소위 한미방위조약이라는 것은 미 제국주의자가 우리나라의 평화적 통일을 반대하며, 우리나라의 내정을 간섭하며, 이승만 도당이 우리나라 남반부를 미국놈들에게 팔아먹은 노골적인 매국조약입니다.[17]

이와 함께 북한은 1958년경에 접어들어 중국인민군이 북한으로부터 완전히 철수했을 뿐만 아니라 자신들은 1만 명 정도의 병력을 감축시켰다는 사실을 제시하면서 주한 미군의 즉각 철수와 남북의 군비감축을 반복해서 주장했다.[18]

중국 역시 이 문제에 관해서는 북한과 동일한 입장을 취했다.

> 중국 정부와 인민은 조선문제는 조선 인민 자신에 의해서 해결되어야 한다는 기본적인 입장으로부터 출발하여 조선문제에 대한 외국의 간섭을 계속적으로 반대하여왔으며 일체의 외국군은 조선으로부터 철거하

---

17 스칼라피노·이정식,『한국공산주의운동사』2, 321쪽.
18 노중선 엮음, 앞의 책, 354쪽.

여야 한다고 강력히 주장하여왔다.[19]

그리하여 주한 미군의 주둔은 한반도의 안정에 기여하고 있다는 일각의 주장에도 불구하고 이 지역 내에서 최대의 쟁점이자 분쟁의 씨앗이 되고 있음이 명백히 드러났다.

4. 실패로 끝난 제네바 정치협상회의

휴전협정에서 밝힌 대로 한반도에서의 외국군 철수와 평화적인 남북 통일을 협의하기 위한 국제 정치협상회의가 한국전쟁 관련 국가들이 참석한 가운데 1954년 4월 26일 스위스 제네바에서 개최되었다.

회담 내용을 소개하기에 앞서 회담에 참가한 각 당사자들의 입장을 살펴볼 필요가 있다.

이미 앞에서 살펴본 대로 미국은 남한에 계속 자신의 군대를 주둔 시키고 동시에 한국군을 증강하는 일련의 조치를 취해왔다. 이처럼 미국이 한국을 영원한 반공의 보루로 삼고 나아가 일본과 지역적으로 통합하기 위해서는 외국으로부터 병력과 군장비가 반입되는 것을 금지하며 아울러 남북의 군비를 축소할 것을 규정한 휴전협정의 조항(구체적으로는 제2조와 부칙 제13항이 이에 해당한다)을 무효로 만들 필요가 있었다. 마찬가지로 주한 미군의 주둔을 위해서는 이에 대한 법률적 장애가 되고 있는 '모든 외국군의 한국 철수와 한국문제의 평화적

---

19 위의 책, 355쪽.

해결 및 기타 문제를 협상을 통해 해결하기 위한 양측의 더욱 높은 차원의 정치적 회의 개최'를 명시한 휴전협정 제4조의 구속에서 적당히 벗어나는 것도 필요했다.

이를 위해 미국은 제네바에서 개최하기로 예정된 정치협상회의를 무난하게 결렬시킴으로써 관련된 휴전협정 조항의 효력도 아울러 제거하고자 했다. 즉, 미국은 휴전협정의 최종적인 실현과정에서 슬쩍 비켜남으로써 협정의 원칙까지 위배할 수 있는 자유를 얻고자 한 것이다. 이는 비슷한 시기에 개최되었던 베트남문제를 처리하기 위해 제네바회담에서 보여주었던 행동과 동일한 성격을 지니고 있다. 제네바회담 당시 미국은 일찌감치 회담에서 철수함으로써 '1년 이내에 베트남의 통일을 위한 총선거를 실시한다'라는 내용을 골자로 하는 이른바 제네바협정에 조인하는 것을 거부해버렸다. 협정을 준수하기 위해 협력할 의사가 조금도 없다는 것을 솔직히 드러낸 것이다. 결국 미국은 베트남에 대한 군사적 개입을 단행함으로써 제네바협정을 파탄시키는 주역이 되고 말았다.

한편 이승만 정부는 제네바 정치협상회의에 대해 더욱 단호히 거부하는 입장을 취했다. 변영태 외무장관은 1954년 2월 20일 다음과 같이 언급했다.

> 무력으로 해결 안 된 것을 정치회의로 해결하겠다는 것은 언어도단이며 소련의 평화공세의 한 수단인 제네바 정치회의 개최를 반대한다.[20]

---

20 위의 책, 320쪽.

그러나 이미 합의된 회담에 대해 일방적으로 참석을 거부하는 것은 위신이 실추되는 것을 각오해야 했으므로 미국으로서는 감당하기 힘든 일이었다. 이에 따라 미국은 일단은 참석하는 선에서 회담의 결렬을 유도하기로 작정하고 이승만 정부와 다음과 같은 행동방침에 합의했다.

1. 일정한 기간을 정해서 제네바 정치회의를 진행시키되 그동안 진전이 없으면 한·미 양국은 동일 보조를 취하여 퇴장할 것.
2. 한·미 양국은 끝까지 공동보조를 취할 것.
3. 회의 결렬에 대비하여 육·해·공군을 증강시킬 것.[21]

이와 함께 미국은 회담에 참석하는 15개 동맹국과 더불어 다음과 같이 회담에 임하는 원칙을 결정했다.

1. 통일된 한국 정부의 수립은 자유선거에 그 기치를 두지 않으면 안 된다.
2. 한국문제에 관하여 유엔의 권위와 권능이 인정되지 않으면 안 된다.[22]

미국은 전 한반도 차원에서 자신의 지배권이 보장되는 조건 아래서만 남북 간의 통일을 허용할 수 있다는 입장을 다시 한 번 분명히 한 셈이다.

---

21 위의 책, 321쪽.
22 같은 곳.

그러나 미국의 이러한 입장은 현실적으로 오로지 무력에 의한 북진통일 아니면 분단의 고착화로 나아갈 수밖에 없게 된다. 왜냐하면 미국이 전 한반도를 예속하게 만들 수 있는 통일방안을 북한이 평화스럽게 받아들일 가능성은 전무하기 때문이다.

이렇듯 그 귀추가 뚜렷이 예상되는 가운데 드디어 4월 26일 남한과 한국전쟁 참전 15개국 및 북한, 중국, 소련 등 19개국의 대표가 참석한 정치협상회의가 제네바에서 개최되었다.

7주간이나 계속된 정치회의는 서로 대립되는 주장만을 반복하는 가운데 결국 아무런 성과 없이 결렬되고 말았다. 당시 남북한이 내놓은 통일방안의 요지를 정리해보면 다음과 같다.

남한 측 제안 (변영태 외무장관 발표)

1. 통일 독립 민주 한국을 수립할 목적으로 종전의 유엔 제 결의에 의거, 유엔 감시하에 자유선거를 실시한다.

……

7. 전한국의회의 의원 수는 전 한국의 인구에 정비례할 것.

……

10. 다음 문제는 전한국의회가 개최된 후 제정되어야 한다.

　　ㄱ. 통일한국 대통령의 신임 선출 여부

　　ㄴ. 대한민국 현행 헌법의 수정 여부

　　ㄷ. 군대해산에 관한 문제

……

12. 중국군은 선거 실시일 1개월 이전에 한국에서 철수 완료한다.

13. 한국에서 유엔군의 점진적 철수는 선거 실시 전에 시작할 것이다.

14. 통일 독립 민주 한국의 권위와 독립은 유엔이 보장해야 한다.[23]

거듭 반복되는 이야기지만 여기서 말하는 유엔의 실체는 단연 미국이다. 따라서 남한 측의 제안은 미국의 감독하에 미국이 보장하는 통일 한국을 만들어야 한다는 것으로 요약된다.

북한 측 제안 (남일 외상 발표)

1. 조선민주주의인민공화국 정부와 대한민국 정부는 조선의 급속한 부흥과 독립 및 통일 민주국가를 창설할 목적으로 다음 사항을 촉진한다.

　ㄱ. 전 조선 주민의 자유의사 표시에 입각한 통일 조선 정부와 국회를 구성하기 위하여 총선거를 실시한다.

　ㄴ. 조선 국회를 위한 자유선거에 필요한 준비를 행하고 남북조선의 경제 문화 교류를 위한 긴급조치를 취하기 위하여 남북조선 대표로서 '전조선위원회'를 조직한다. 동 위원회의 회원은 조선인민공화국 최고인민위원회와 대한민국 국회에 의하여 각각 선출되며 남북조선에 있는 가장 큰 민주적 사회단체의 대표들을 포함시키기로 한다.

……

2. 6개월 이내에 조선 영토로부터 모든 외국 군대가 철수해야 될 필요성을 인정한다.

3. 극동의 평화유지에 지대한 관심을 가진 모든 국가들이 한국의 평화적 발전을 보장하는 데 대한 필요성을 인정함으로써 평화적 방법에 의하여 통일 독립된 민주국가로서 한국을 통일하는 과업의 조속한 성취를 촉진시킬 제 조건을 조성한다.[24]

23 　위의 책, 323~324쪽.

24 　위의 책, 321~322쪽.

이처럼 양측의 입장이 팽팽히 맞서는 가운데 중국 대표 저우언라이는 북한 측 제안을 옹호하면서 다음과 같은 요지의 발언을 했다.

전 한국의 자유선거는 조선인들 자신의 문제입니다. 그런고로 조선민주주의인민공화국 및 대한민국의 양측으로 구성되는 전조선위원회는 전조선인의 선거를 준비하고 또한 시행하여야 한다는 남일 외상의 제안은 극히 합리적인 것입니다.

......

어떤 사람들은 유엔으로 하여금 전 조선의 자유선거를 감시시키자는 제안을 하고 있습니다. 그것은 우리로서는 도저히 수락할 수 없는 것입니다. 우리들은 수차 유엔은 한국전쟁에 있어서의 교전자 중의 일원이며 또한 조선문제를 공평하게 처리할 권한과 도의적 권위를 상실한 지 오래된다는 점을 지적하여왔던 것입니다.

조선 휴전협정에서 협정의 실시는 교전자 중의 일방인 유엔에 의하여서가 아니라 조선전쟁에 참가하지 않았던 중립 제 국가로서 구성되는 감시위원단에 의하여 감시되어야 한다고 쌍방의 교전자가 합의하였다는 것은 결코 우연한 일은 아닙니다.

......

중립국 감시위원단과 같은 국제기구는 조선 휴전의 협정 이행을 감시할 수가 있는 것이므로 동 기구가 전 조선에 있어서의 자유선거를 적절하게 감시할 수 없을 이유는 하등 없는 것입니다. 한국으로부터 외국 군대가 철수하여야 한다는 것은 외국의 간섭 없이 자유스럽게 전 조선에 걸쳐 선거를 행하는 기본 요건인 것입니다.

모든 외국 군대가 조선으로부터 철수한다는 것은 조선의 평화를 위태롭게 하는 것이라고 말하는 사람도 있습니다. 그러한 주장은 근거 없는 것입니다.

......

따라서 우리들은 본 회담에서 특정한 시일 내에 조선으로부터 모든 외국 군대를 철수시키는 문제와 극동에 있어서의 평화에 대하여 가장 큰 이해관계를 가지고 있는 제 국가들이 조선의 평화로운 발전을 보장하는 문제에 관하여 어떤 적절한 합의에 도달하지 못할 아무런 이유도 없다고 생각하는 바입니다.[25]

이에 덧붙여 북한 측 대표는 인구비례에 따라 전한국의회 의원 수를 결정하자는 남한 측의 제안을 다음과 같은 이유로 거부했다.

어떤 대표들은 전조선위원회에서 양측의 합의에 의하여 문제가 해결되리라는 데 이의를 제기하고 있습니다. 그들은 각 측의 위원 수가 인구에 비례하여야 하며 또한 결의는 다수결에 의하여 채택되어야 하는 전한국위원회를 제창하고 있습니다(당시 전국 인구의 3분의 2가 남한에 거주하고 있었음). 그것은 남한이 동 위원회에서 그 자체의 요구를 강제 통과시킬 수 있을 것이며 결과적으로 그 의사를 북한에 강요할 수 있다는 것을 뜻하는 것입니다. 이 견해는 한국의 현 사태를 무시하는 것이기 때문에 이에 동의하기란 불가능한 것입니다.

한국 통일과 한국문제의 평화적 해결을 위한 조치를 강구하고 특히 전한국위원회에 관하여 합의를 얻는 방법을 강구하는 데 있어서 한국의 양 부분이 현재 처해 있는 특별한 사정을 망각하면 안 됩니다. 이 같은

---

25 위의 책, 326~328쪽.

특별한 사정이 고려되지 않는다면 양측이 받아들일 수 있는 합의에 도달하기란 불가능한 것입니다. 우리는 남한 측이 이 위원회에서 특권적 위치를 점하고, 이승만 도당에 흡족한 결정을 북한에 강요할 수 있도록 함을 인정할 수 없다는 것은 도리에 합치된 것입니다.[26]

한편 정치협상회의가 진행되고 있던 1954년 5월 2일 북한의 조국통일민주주의전선은 제네바 정치협상회의와 관련해 전조선위원회의 조직을 촉구하는 「전 조선 인민에게 보내는 호소문」을 발표했다. 이에 발맞추어 이승만은 5월 6일에 회의 이외의 다른 방법으로 통일을 달성해야 한다고 강조하며 다음과 같이 언급했다.

제네바회의가 언제 끝날 것인가가 중요한 것이 아니다. 그것보다도 회의가 끝난 후 공산주의자들과 싸우기 위해 말보다도 더 유효한 수단을 취하는 것이 더욱 중요한 것이다.[27]

이처럼 남북한 당국이 정치협상회의에 대해 각각 상반된 입장을 취하고 있는 가운데 제네바 정치협상회의는 결국 아무런 성과 없이 결렬되고 말았다.

회의가 결렬되자 이미 밝힌 대로 미국과 남한 정부는 즉각 한국군을 증강하기 위한 계획에 몰두했고 이승만은 반복해서 휴전협정의 폐기와 북진통일을 소리 높여 주장하기 시작했다.[28]

---

26   위의 책, 324쪽.
27   위의 책, 322쪽.
28   1955년 8월 13일 이승만은 휴전협정의 즉시 폐기와 북진통일을 공식 주장했다. 이

이와는 달리 북한의 최고인민회의는 1954년 10월 30일 평화통일에 관한 호소문을 발표해 평화적 통일문제를 토의하기 위한 정당·사회단체연석회의 개최, 남북 간 경제·문화 교류와 서신 왕래, 상호 연락 및 자유왕래의 보장 등을 요구했다.[29]

제네바 정치협상회의가 결렬된 더욱 큰 책임은 미국과 남한 측에 있다고 봐야 할 것이다. 왜냐하면 미국과 남한은 애초부터 북한이 도저히 받아들일 수 없는 통일방안을 제시함으로써 협상의 성공 자체를 불가능하게 만들었기 때문이다. 정확히 말하자면 미국과 남한 정부는 애초부터 이러한 결과를 유도해내기 위해 유엔의 감시 아래 자유총선거와 인구비례에 의한 전한국위원회 구성을 골자로 하는 통일방안을 제출했다고 볼 수 있다.

미국과 이승만 정부의 이 같은 통일협상 태도는 크게 변하지 않고 그 후에도 지속되었다. 즉, 미국과 남한 정부는 협상을 위해 통일방안을 제시하기보다는 협상 자체를 봉쇄하는 것을 목적으로 협상에 대해 일종의 족쇄 역할을 하는 방안만을 일관되게 고집했던 것이다.

5. 뿌리내리는 반공 이데올로기

3년간에 걸친 전쟁은 쌍방의 군대와 남북의 민간인을 합쳐 240만 명에 달하는 사상자를 냈다.[30] 또한 이 기간에 남북을 막론하고 인간의

승만 집권 시 무력에 의한 북진통일은 통치의 지상명령이 되었다.

29 노중선 엮음, 앞의 책, 330~331쪽.

30 한국전쟁의 피해 상황에 관해서는 고지마 노보루, 『한국전쟁』 하, 460~461쪽 참조.

생존에 필요한 각종 시설도 대부분 파괴되어버렸다.

그러나 전쟁이 야기한 불행은 여기서 그치지 않았다. 전쟁을 치르면서 남한에 대한 미국의 지배권은 더욱 확고해졌고 남북 간의 대립과 불신은 한층 두터워졌다. 미국과 역대 남한 정권은 그들의 통치권 내에서 전쟁도발의 책임을 전적으로 북한에 돌리는 데 상당히 성공하게 되었다. 이로부터 미국은 한반도 평화의 유지라는 대단히 매력적인 명분을 지닌 채 계속 남한을 자국의 군사기지로 삼을 수 있게 되었다. 이와 함께 미국은 전후 복구에 대한 원조를 미끼로 남한의 경제를 자국 내 독점자본의 지배 아래 두는 데 쉽게 성공할 수 있었다.

이러한 과정을 통해 미국은 이제 일제 식민통치의 멍에를 벗겨준 해방자로서, 남한을 공산세력의 침략으로부터 보호해준 자유의 수호자로서, 그리고 참담한 전쟁의 피해를 복구시켜준 원조자로서의 이미지에 일관된 통일성을 부여받게 되었다. 반면 북한은 모든 불행을 야기하는 원흉으로 단죄되었다. 이는 불과 몇 년 전에 남북의 민중이 미국을 공동의 적으로 삼았던 사실에 비추어본다면 엄청난 변화라고 아니할 수 없다.

이러한 변화는 미국과 역대 남한 정권의 효과적인 이데올로기 통제에 그 원인이 있지만 다른 한편으로는 남한 민중이 완전히 무장 해제됨으로써 그러한 통제가 쉽게 먹혀들어갈 수 있었다는 데에도 그 원인이 있다.

한국전쟁을 거치면서 그동안 남한 민중을 묶어주고 이끌어주던 핵심 역량은 사실상 거의 파괴되고 말았다. 노를 잃어버린 나룻배는 물살을 헤쳐 나가지 못하고 단지 물 흐르는 대로 휩쓸려 다닐 뿐이다. 마찬가지로 남한 민중은 지도자를 상실하고 조직이 전면적으로 파괴된 조건 속에서 오로지 무기력과 수동성만을 간직하게 되었으며, 여기에 과도한 피해의식까지 추가되었다. 즉, 성공하지 못하고 결국은 엄청난 희생만을 초래한 그간의 투쟁에 대해 스스로 기피하고 불온시 하는 경향이 강하게 등장한 것이다. 그리하여 상당 기간 침묵과 굴종만이 민중의 의식을 지배하게 되었다.

물론 이러한 현상이 회복 불능의 영구적인 것이라고 볼 수는 없다. 잡초와 같은 민중의 생명력은 비록 오랜 시일이 요구된다 하더라도 반드시 소생하기 마련이다.

여하튼 지배층의 반공 이데올로기는 이 같은 남한 민중의 피해의식과 굴종의식을 토양으로 급속히 그 뿌리를 내리게 되었다.

한편 북한은 북한 나름대로 전쟁을 치르면서 미국과 남한 정부에 더욱 강력한 적개심을 품게 되었다.

북한이 이러한 적개심을 지니게 된 것은 주로 미국이 전쟁을 도발한 것으로 판단하고 있다는 점과 함께 미국이 강요한 엄청난 파괴와 살상에서 기인하는 것이다.

이렇게 하여 민족적 동질성과 주체성은 실종된 채 외세에 대한 추종과 민족분열의식만이 이 땅을 지배하게 되었다.

책을 쓰고 나서

한 권의 책을 마무리하면서 이제 저는 필자가 아닌 독자의 입장으로 되돌아가보고자 합니다.

먼저 저 개인의 이야기부터 시작하겠습니다. 저는 충청도 두메산골에서 가난한 농부의 자식으로 태어났습니다. 나이를 먹으면서 좀 더 넓은 세상을 알게 됨에 따라 저의 삶은 한 가지 뚜렷한 경향에 지배되기 시작했습니다. 도시의 번화함과 그곳에 사는 부유한 자들의 호화스러움을 알게 되면서 저 자신의 출생과 처지에 대한 깊은 열등감에 사로잡히게 된 것입니다. 시간이 흐르면서 열등감은 더욱 깊어져만 갔습니다. 더욱이 농부의 자식으로 태어난 것뿐만 아니라 한민족의 한 사람으로 태어났다는 사실이 더욱더 저를 짜증스럽게 만들었습니다.

가난하고 힘없는 나라, 그나마도 반쪽으로 쪼개져 서로 총구를 겨눈 채 항상 전쟁의 위협에 시달려야 하는 지독히도 복 없는 땅 한반도, 바로 이곳에 저는 재수 없이 던져졌다고 생각한 것입니다. '바다 건너 미국은 땅도 넓고 자원도 풍부하고 신의 축복이 그득히 내린 곳이라고 하는데, 내가 태어난 곳은 하필이면 왜 이런 곳이란 말인가.'

참으로 슬픈 이야기지만 저는 저주스러운 이 운명의 사슬을 끊어버리고자 몸부림쳤습니다. 천대받는 농사꾼의 신분을 내던지기 위해 명문대학 진학을 꿈꾸었고, 축복받은 종족의 가면을 빌려 쓰고자 해외유학이라는 원대한 포부를 부둥켜안았습니다. 그래서 저는 열심히 공부했고 드디어 그 첫 관문을 통과하는 데 성공했습니다.

그러나 대학 진학이라는 바로 그 관문을 통과하자마자 저는 심각한 혼란에 빠져들고 말았습니다. 길게 이야기할 것 없이 현실의 온갖 모순과 부조리를 발견하게 된 것이지요. '내가 꿈꾸던 삶은 부조리로 가득 찬 이 세상에서 흉악한 악역을 맡는 것에 불과하구나.' 결국 저는 고통스러운 방황의 길을 걷기 시작했습니다.

혼란 속에서 헤매던 제가 새롭게 태어난 것은 우리 민족의 살아 있는 숨결인 현대사를 접하게 되면서부터였습니다.

현대사에 관심을 갖게 된 것은 그 누가 강요해서도 혹은 직업 선택의 필요에 의한 것도 아니었습니다. 그것은 바로 저를 포함한 우리 모두가 겪고 있는 고통의 근원을 차분히 파헤쳐보고자 하는 소박한 열망 때문이었습니다.

그러나 막상 현대사의 뚜껑을 열었을 때 저에게 다가선 것은 한마디로 엄청난 충격과 분노였습니다. '도대체 이럴 수가 있는가. 어떻게 해서 이 같은 사실들이 이토록 무참하게도 은폐되고 또한 왜곡될 수 있었단 말인가.' 저는 바로 그 충격과 분노 속에서 새롭게 태어난 것입니다.

현대사라는 거대한 문을 여는 순간 저는 먼 옛날 신화 속에서나 나올 법한 무서운 영웅과 부딪쳐야만 했습니다. 어떠한 시련 속에서도 좀처럼 굴복하지 않는 강인한 인내력과 함께 조국과 민족을 위해서라면 기꺼이 목숨도 바치는 고귀한 희생심을 지닌, 그러면서도 오로지 자신의 피땀으로 먹고살며 결코 자만하지 않는 그윽한 양심의 소유자인 이 영웅의 이름은 '민중'이었습니다. 더욱이 놀라운 사실은 이 영웅이 역사의 뒤안길로 사라지지 않고 지금 이 순간에도 엄연히 살아 있다는 점이었습니다. 그 영웅, 아니 그분들은 허름한 옷차림으로 땅을 일구고 있는 우리네 조부모님과 부모님에 다름 아니었습니다.

그렇습니다. 현대사는 바로 우리네 조부모님과 부모님의 집단적 체험기인 것입니다.

저는 이분들의 생생한 체험을 통해, 그리고 온몸으로 부르짖었던 외침을 통해, 나아가 죽음으로 고발했던 그 순간들을 통해 역사의 진실을 접할 수 있게 되었습니다. 다시 말해 그분들은 단지 말뿐만이 아니라 분명한 행동으로 모든 것을 밝혀주었던 것입니다.

이 글에서는 우리 민중이 온몸으로 말해온 것이 무엇인지에 대해 구차하게 늘어놓지는 않겠습니다. 한두 마디로 정리될 성질의 것이 아니기 때문입니다. 단지 저 자신이 살아 있는 사람들의 역사인 현대사를 통해 잃어버린 뿌리를 되찾고 동시에 현재의 의미를 분명하게 깨닫게 되었다는 점을 말하고 싶을 따름입니다.

이렇게 하여 어린 시절 저를 지배해왔던 민족적 열등의식은 뿌듯한 자부심으로, 민중에 대한 경멸감은 깊은 신뢰감으로 바뀌었습니다. 아울러 제가 살아나가야 할 삶의 방향은 우리의 부모님들이 못다 이루신 뜻을 성사시키는 것에 있음을 확인하게 되었습니다.

지금까지 저는 저 개인의 이야기를 했습니다만 이는 결코 단순히 한 사람의 이야기만은 아닐 것입니다. 저의 경험은 우리 민족 전체가 겪어야 했고, 또 겪어야만 하는 쓰라린 운명의 반영인 것입니다.

그렇습니다.

이제 우리 민족은 지나온 과거를 잊고 싶은 비극이 아닌 영광의 장정으로 새롭게 인식함으로써 노예근성을 떨쳐버리고 민족적 자존심을 당당하게 회복해야 합니다. 또한 한때의 좌절을 더 큰 분노로 되씹음으로써 역사를 밀고 나가는 힘찬 동력으로 삼아야겠습니다. 민족은 본래 둘일 수 없습니다. 민족분열의 아픔을 강렬한 애국심으로 승화시켜 조국통일의 대업을 기필코 달성해야 합니다.

이러한 맥락에서 현대사의 뿌리를 찾는 작업은 몇몇 개인의 노력에만 국한될 수 있는 것이 아닙니다. 그것은 민족 전체의 깨달음과 자존심 회복의 과정입니다. 또한 현대사의 진실을 밝히는 작업은 우리 민족의 정당한 권리를 주장하기 위한 성스러운 투쟁의 일부입니다.

저는 이 책이 독자 여러분에게 어떤 만족을 안겨주기를 결코 기대하지 않습니다. 아직도 더욱 깊이 파헤쳐야 할 내용이 무궁무진하며, 특히 한국전쟁 이후의 현대사는 황무지 상태로 방치되어 있습니다. 따라서 이 책을 읽는 독자 여러분 모두가 우리 역사의 진실을 밝히는 선구자 역할을 해주시리라고 기대할 따름입니다.

참고문헌

가지무라 히데키梶村秀樹 외, 김동춘 엮음, 『한국현대사연구』 I, 이성과현실사, 1988.

강만길, 『한국현대사』, 창작과비평사, 1984.

고지마 노보루兒島襄, 김민성 옮김, 『한국전쟁』 상·하, 종로서적, 1981.

국방부, 『6·25사변사』, 1959.

김남 외, 『녹두서평』 1, 녹두, 1986.

김남식, 『남로당 연구』 I, 돌베개, 1984.

김병오, 『민족분단과 통일문제』, 한울, 1985.

김석학·임종명, 『광복 30년』 2, 전남일보사, 1975.

김성환 외, 『1960년대』, 거름, 1984.

김윤환 외, 『한국경제의 전개과정』, 돌베개, 1981.

김정원, 『분단한국사』, 동녘, 1985.

김준엽·김창순, 『한국공산주의운동사』 5, 청계연구소, 1986.

김준엽 외 엮음, 『북한연구자료집』 2, 아세아문제연구소, 1974.

김천영 편저, 『연표 한국현대사』, 한울림, 1985.

나미키 마사히토並木眞人 외, 『1930년대 민족해방운동』, 거름, 1984.

노민영 엮음, 『잠들지 않는 남도』, 온누리, 1988.

노중선 엮음, 『민족과 통일』, 사계절, 1985.

로버트 시몬스, 기광서 옮김, 『한국내전』, 열사람, 1988.

마루야마 나오키丸山直起 외, 『한반도 위상의 재조명』, 인간사, 1985.

미 국무성 비밀외교문서, 김국태 옮김, 『해방 3년과 미국』, 돌베개, 1984.

박현채 외, 『해방전후사의 인식』 3, 한길사, 1987.

브루스 커밍스, 김주환 옮김, 『한국전쟁의 기원』 상·하, 청사, 1986.

브루스 커밍스 외, 박의경 옮김, 『한국전쟁과 한미관계』, 청사, 1987.

서대숙 외, 『한국현대사의 재조명』, 돌베개, 1982.

송건호 외, 『해방전후사의 인식』, 한길사, 1979.

스칼라피노·이정식, 한홍구 옮김, 『한국공산주의운동사』 1~3, 돌베개, 1986~1987.

I. F. 스토운, 백외경 옮김, 『비사 한국전쟁』, 신학문사, 1988.

임동원, 『혁명전략과 대공전략』, 양서각.

전사편찬위원회, 『한국전쟁사』 1·2, 국방부, 1968.

조선사연구회 엮음, 조성을 옮김, 『한국의 역사』, 한울, 1985.

조순승, 『한국분단사』, 형성사, 1983.

조지프 굴든, 김쾌상 옮김, 『한국전쟁』, 일월서각, 1982.

진덕규 외, 『1950년대의 인식』, 한길사, 1981.

프랭크 볼드윈 엮음, 『한국현대사』, 사계절, 1984.

하수도河秀圖, 한백림 옮김, 『김일성사상 비판』, 백두, 1988.

한국민중사연구회 엮음, 『한국민중사』 II, 풀빛, 1986.

한동혁 엮음, 『지배와 항거』, 힘, 1988.

『의회사 초록』 제1집, 법제신문사, 1958.

『한미 수교 100년사』, 동아일보사, 1982.

『한겨레신문』, 1988년 6월 25일자.

『말』, 1988년 6월호, 1988년 7월호.

다시 쓰는 한국현대사 2권 차례

책을 펴내면서

책을 쓰고 나서

참고문헌

다시 쓰는 한국현대사 3권 차례

책을 펴내면서

책을 마무리하면서

참고문헌